U0019006

生死
愛欲

II

從中國傳統到
近現代西方

張燦輝 ── 著

Existential Questions:
Life, Death, Love and Desire

【圖 11-1】艾田蒲（René Etiemble）
《中國古代情欲研究》（*China: Studie
über Erotik und Liebe im alten
China*, München: Wilhelm Heyne
Verlag, 1980），張燦輝　攝

【圖 11-2】布雪（François Boucher）《海克力斯
和歐斐爾》（*Hercules and Omfala,* 1735），from
wikipedia, in public domain

（左圖）【圖 12-1】山東孔林：孔子死後，其墓地僅是「墓而不墳」。隨著孔子地位的提高，孔林的規模也日益擴大，漢末，孔林面積已有一頃。經過歷代的重修、增修，至今面積已達 2 平方公里，墓葬超過十萬處；其中埋葬孔子長孫已至第七十六代，旁系子孫已至七十八代，為世界上延時最久、面積最大的家族墓地。張燦輝　攝

（中圖）【圖 12-2】三清：由左至右分別為道德天尊、元始天尊、靈寶天尊，from wikipedia, in public domain

（右圖）【圖 15-1】《性命圭旨》取坎填離圖，from wikipedia, in public domain

【圖 17-1】福 特 · 布 朗（Ford Madox Brown, 1821-1893）《羅密歐與朱麗葉陽台之會》，1870，from wikipedia, in public domain

4

【圖 21-1】布龍齊諾（Agnolo Bronzino），《維納斯與邱比特的寓言》（*An Allegory with Venus and Cupid*,1542），from wikipedia, in public domain

【圖 21-2】哈耶茲（Franscesco Hayez），《親吻》（*The Kiss.* 1859），from wikipedia, in public domain

【圖 22-1】波娃和沙特在巴黎之墓,張燦輝攝於 2007 年

【圖 23-1】德拉克洛瓦(Eugène Dela-croix),《憤怒的美狄亞》(Medea〔about to murder her children〕, 1862),from wikipedia, in public domain

【圖 24-1】卡拉瓦喬 （Caravaggio, 1571-1610），《愛能征服
一切》（*Amor Vincit Omnia*, 1601-02），from wikipedia, in
public domain

目　次

《生死愛欲》①

代　序　　　　　　　　　　　　　　　　　　劉保禧　17
前　言　　　　　　　　　　　　　　　　　　　　　　31
導　論　生死愛欲：關於人類的處境的哲學　　　　　　35

第一部分　希臘神話與哲學

第 1 章　古希臘傳統下的愛與欲 —— 愛若斯　　　　　61
第 2 章　柏拉圖《會飲》中的欲愛思想　　　　　　　　71
第 3 章　古希臘傳統下的死亡 —— 塔勒托斯　　　　　113
第 4 章　柏拉圖《斐多》中的死亡思想　　　　　　　123
第 5 章　亞里士多德《尼各馬科倫理學》的德愛　　　149
第 6 章　欲望的治療 I —— 伊壁鳩魯式的方案　　　　181
第 7 章　欲望的治療 II —— 斯多亞學派的方案　　　215

第二部分　基督宗教

第 8 章　情欲 —— 基督宗教的回答　　　　　　　　243
第 9 章　死亡 —— 基督宗教的回答 I：《舊約》　　　277
第 10 章　死亡 —— 基督宗教的回答 II：《新約》　　303

《生死愛欲》 II

第三部分　中國傳統

第 11 章　生死愛欲與中國人文傳統　　　　　　　13

第 12 章　儒道論死亡，不朽與道教不死之追求　　31

第 13 章　情為何物與《情史》之情的現象　　　　71

第 14 章　唐君毅之情愛哲學　　　　　　　　　　109

第 15 章　色欲與房中書　　　　　　　　　　　　125

第 16 章　情欲之衝突：《癡婆子傳》　　　　　　173

第 17 章　浪漫之愛與道德之情　　　　　　　　　187

第四部分　近代到現代西方

第 18 章　浪漫愛與激情愛　　　　　　　　　　　205

第 19 章　愛情為幻象：斯丹達爾與叔本華　　　　233

第 20 章　愛欲的精神分析 —— 弗洛伊德　　　　259

第 21 章　浪漫愛情之延續：傳統愛情思想的轉向　289

第 22 章　本己之愛：哲學家的愛情　　　　　　　317

第 23 章　愛情終結之悲劇　　　　　　　　　　　349

第 24 章　情愛現象學與愛情意義　　　　　　　　379

附　錄　德愛之現象學　　　　　　　　　　　　409

後　記　　　　　　　　　　　　　　　　　　　421

第三部分
中國傳統

　生死愛欲

第11章
生死愛欲與中國人文傳統

在本書第一和第二部分，我們提到了古希臘及基督宗教傳統。他們對生死愛欲的看法，對整個人類歷史文化的長河影響深遠。眾所周知，在希臘哲學中，對於人類的能力，最初是透過神話來理解的，從如何創天造地，到以不同的神祇表達不同的力量，例如太陽神或死神等等。西方傳統中的「欲愛」（*eros*）與「德愛」（*philia*）等概念，也有相關的神話傳說，而這些在中國古代神話中是沒有的。

基督宗教包含天主教、新教以及東正教等以耶穌基督為中心的宗教。米開朗基羅所畫的其中一幅名畫，就是神如何創世，創造出人類，而人透過耶穌基督的話語，得知了亞當犯罪，從而打破了上帝與自己之間的隔閡，因此耶穌基督要為世人的罪負責，在地上受苦，為人類釘上十字架，後來再復活，重新拯救人。這種想法影響著所有西方人的心態。

希臘人帶給西方文明理性，是要透過自己的努力改變自己，而不是透過神的力量來改變的，雖然基督宗教開創了很多新的內容，但這兩者之間似乎潛存了很多衝突。不過我們在《生死愛慾》第三部分，要集中討論的是中國，探討中國這個我們熟悉但又陌生的古老國度，究竟他們是如何看待生死愛欲的問題。

11.1 中國之「欲」與「愛／情」

一直以來，筆者有一個疑惑：如果大家有留意的話，便會知道過往三十年，中國哲學界很少關於情欲問題的研究，即使是愛情哲學都沒有，但相關的英文研究，便可以找到很多。例如，美國哲學家辛格

（Irving Singer, 1925-2015）便寫了三大卷《愛情的本性》（*The Nature of Love*）[1]等等。對於愛、性與死亡的英文著作，十分之多。[2]相反，原創性的中文研究，在這些討論上似乎是缺席的。但這其中是否真的沒有學術研究的空間呢？為什麼中國沒有愛情哲學的傳統呢？如果性與愛的話題並無學術研究的價值，那如何解釋西方世界又有如此多的學術著作？

在古希臘文化，或者是近代西方中，有許多關於情欲的經典，也有很多書可以參考。而在本章中，我們要討論中國性與愛的問題，相關的參考資料卻貧乏得可憐。筆者在德國佛萊堡（Freiburg）唸博士的時候，看到一套從法文翻譯為德文的書，主要是關於八個文化對性與藝術的論文、繪畫和雕塑。其中一本是關於中國的性與藝術，封面則是一幅春宮圖（圖11-1）。

筆者第一眼看到這個封面的時候，最驚訝的是，為什麼畫中的兩位男女在性交的過程中，會有一個小孩在他們旁邊吃東西，甚至在玩耍？這幅畫應該是出現在晚明，而這幅畫的內容，環顧世界各地的情色藝術，從沒看過男女性交場景中，會出現小孩在玩耍。即使是布雪（François Boucher）這位著名的法國畫家，透過神話來表現性愛，在《海克力斯和歐斐爾》（*Hercules and Omfala*, 1735）畫中出現了小孩，但這兩個小孩與成人之間並無血親關係，他們是邱比特（cupid）小愛神。（圖11-2）日本的畫家勝川春章，大概在中國清初的時候，畫了十分多的春畫，但也絕無小孩在旁的性交畫面。

明末清初之際，是王陽明思想當道的年代，在正式的場合，我們要講「存天理，去人欲」，即使是心學一系，也是相信朱子理學的禁欲生活

---

1. Irving Singer, *The Nature of Love*, 3 volumes, Chicago: University of Chicago Press, 1966-1987.

2. 西方近年對性欲的哲學反省最重要的參考書可能是這本超過一千頁的「性的哲學百科全書」。Alan Soble ed. *Sex from Plato to Paglia: A Philosophical Encyclopedia*, London: Greenwood Press, 2006.

方式。但是，在晚明，正就是最多艷情小說，例如是《玉蒲團》、《金瓶梅》，春宮圖亦蔚然成風。這些畫究竟是給甚麼人看的呢？為什麼在這些畫當中，出現了小孩，特別是這些小孩可能是這些父母的子女。這與西方的春畫不同，而這對於現代的華人來說，也根本是不可能的，現代的華人，又怎麼會在小孩面前做這些「不道德」的行為呢？這是被認為極度傷風敗俗的行徑。哪怕是自詡認識中國文化的人，也不敢相信這些，除非親眼看見。

但問題是，我們該如何解釋這些現象呢？似乎直到2021年，都沒有人提出一個合理的解釋。這個令人驚訝的現象，至今仍未有一個具體的回答。

11.2 唐君毅《愛情之福音》

現代中國哲學家唐君毅先生的著作，當然是經典浩瀚。但唐先生與牟宗三先生十分不同，唐先生是比較少做翻譯的，而其中一本書：《愛情之福音》則是他一本獨特的「翻譯著作」，但為什麼他要翻譯這本書呢？

這本書有趣的地方，在於序，而他在1940年寫這篇序言時，是為了解釋這本書的緣起，內容如下：

> 這本書是十九世紀之末波蘭作家克爾羅斯基（Kileosky）作的，後來由約翰·貝勒（John Balley）譯為英文名《愛情之福音》（Gospel of Love），不過不久就絕版了。我早見一英文雜誌中介紹到此書，希望有人重印，但是一直未見原書。這次到重慶，在一舊書店中發現此書，不知自何處來。書店老闆用一白紙條寫了一不大雅的名辭，叫什麼「愛情之秘密」貼在上面，大概是希望早日賣出。但是我看那書夾在書架角上面，灰塵已很厚，大概已放了很久，仍不曾賣出。我想其原因在買書

的人如果是比較高尚的人，看見此名辭便不肯翻此書。而一般
人翻開，看見前幾篇，便覺莫名其妙，所以一直未賣出。我見
了很高興，就把它買回。我常常覺到中國現代青年的愛情與婚
姻的問題，需要有一本指導的書；但是我始終不曾在國內出版
此類書中看見一本好的。因為作這種書的人，第一必需對於青
年之心情能了解、能同情，其次還要站在一很深的人生哲學之
立場來討論此問題，這事的確不易。我本來有意對此問題作一
討論，但是自覺此二條件都不夠，所以不敢下筆。我自發現此
書後，覺此書大體很合我的理想，只是嫌它宗教的意味太濃一
點，與中國人之精神不合。但是其談理之親切卻非常難得，於
是我決心把它譯出來。[3]

其中有趣之處是，為什麼他認為這本書的原名《愛情之秘密》，會令高尚
的人不願意翻譯這本著作呢？為什麼要改為《愛情之福音》呢？又說，這
本書提及現代世界中的愛情問題，對於青年來說是十分重要的，這本書
能夠幫助青年人了解人生哲學。只不過覺得這本書的宗教意味太濃，與
中國之精神不合云云。

　　這是一本很奇怪的書，筆者曾經寫過關於唐君毅的情愛哲學，並在
學術期刊 Philosophy East and West 刊登[4]，其中我便討論過《愛情之福
音》並非翻譯的書，而是唐先生自己的著作。但若如此，為何他要模仿
翻譯別人的著作呢？他所寫的這本書，可能是幾百年來，中國哲學家所
寫的唯一一本關於愛情的哲學著作。西方的哲學傳統當中，自柏拉圖開
始，幾乎沒有一個大哲學家是不講愛情的，但為什麼在中國傳統中，沒

---

3. 唐君毅：《愛情之福音》（台北：正中書局，1940 年），序。

4. Cheung Chan-Fai, "Tang Chun-I's Philosophy of Love." *Philosophy East and West*, 48.2 (1998), P. 257-271. 中譯版：〈唐君毅之情愛哲學〉。載《牟宗三哲學與唐君毅哲學論──第三屆當代新儒學國際學術會議論文集》，頁 399-415。台北：文津出版社，1997。參看本書第 14 章。

有大哲討論愛情哲學的經典著作？筆者亦曾問過老師輩，究竟有沒有中國的哲學著作，討論愛情，老師們都說沒有。

唐先生去世前，有不少學生曾詢問老師這本書是否他自己所寫的，唐先生當時的回答是笑而不語，後來大家向唐師母多番追問，確認這本書的確是他所寫，而唐門弟子亦有不少人同意此說[5]。因此，這本書被放在唐君毅的全集當中。而我多次查證，也找不到相關的作者，似乎真的沒有這位波蘭作家克爾羅斯基，查無此人，英文譯者約翰‧貝勒也不存在。但為何唐先生要如此大費周章，繞了一個大圈，說明這並非自己的著作，而僅僅是一位譯者呢？這確實讓人費解。

是否因為這只不過是講男女之愛，而非天理人心，所以在儒家的傳統中，不講私情？難道相對於真正的公共世界重要的事情，情欲是不值一提的嗎？

在西方哲學的傳統中，欲愛（*eros*）、德愛（*philia*）、神愛（*agape*）都是極重要的哲學課題，為什麼中國哲學的傳統卻不提及愛情？西方世界關於愛的哲學很多；然而中國哲學以理論的方式來講男女之情，卻是極少的。而中國文化中，卻有很多關於情的文學。情，在中國，似乎是屬於文學的。

這裡出現了一個現象，中國人在文學中談情，而西方人在哲學中論愛，不過其中詳細區別，要在後面才能進一步分析。而明顯的是，對於傳統中國知識份子而言，性與色欲似乎是個禁忌，但是否在現實生活中，又「講一套，做一套」呢？我們在現實生活中，看了很多壯陽的方法，甚至在古時候有房中術。在傳統的中國文化世界當中，是一夫一妻多妾制，對於男人來說，女人似乎只有兩種用途，一是人倫，即「上繼宗廟，下開子嗣」之用；另一個功用是為了性欲，特別是妾之所以存在，是

---

5. 李杜：《唐君毅先生的哲學》（台北：台灣學生書局，1982 年 4 月）。

供給男人滿足性欲的。

　　除卻情與性之外，死亡也是一個禁忌，在春秋戰國當中，道家與墨家討論很多關於死亡的問題，但是近代中國哲學的討論中，並沒有很多相關的著作。最後一個禁忌，則是政治，就是我們當前的問題。但是，我們都知道性、情、死與政治，就是構成人生整體的重要部份，這便是「生死愛欲」的元素。不過，在這本書當中，我們暫時不處理政治問題，可以容後再作討論。

11.3 創世神話

要了解生死愛欲的問題，我們首先需要回到中國文化的人文傳統，而我們了解人文傳統，莫過於從這個文化的創生中洞察他們的世界觀。不過，筆者認為我們要先從神話說起。在西方文化中，荷馬的史詩是以半歷史半神話的方式解釋生命和文化存在的，時至今日，這些希臘神話也影響了現在的文化，從文學、繪畫、雕像到電影，全都來自於這裡。再加上希伯來的傳統，上帝創世的神話，深遠的影響了西方世界，甚至世界文化。人被視為被創造的（creature），而不是創造者（creator），雙方的關係是不對等，中間存在著永恆的隔閡，被創造的是永遠無法提升到創造者的層次，因此無論柏拉圖如何談提升靈魂，達致不朽，都是不可能的。

　　回到東方，中國文化又是怎樣看人和天的關係呢？因為中國沒有如希臘的神話系統或希伯來舊約《聖經》耶和華創世那樣的傳說，只能從古代文學作品中可以看到一些啟示，知道中國古人怎樣看待世界。在上古詩詞當中，屈原亦有〈天問〉一辭，追問為何會有世界的問題：

　　　　　　曰：遂古之初，誰傳道之？

　　　　　　　上下未形，何由考之？

冥昭瞢暗，誰能極之？

馮翼惟象，何以識之？

明明暗暗，惟時何為？

陰陽三合，何本何化？

圜則九重，孰營度之？

惟茲何功，孰初作之？

斡維焉系，天極焉加？

八柱何當，東南何虧？

九天之際，安放安屬？

隅隈多有，誰知其數？

天何所沓？十二焉分？

日月安屬？列星安陳？

出自湯谷，次于蒙汜。

　　屈原是在追問宇宙的創新究竟是甚麼。而西方古希臘的史詩與神話與舊約《聖經》的神話傳統，便是一種對人從何而來的回答。不過，中國似乎沒有一個真正的神話記錄，沒有一種完整系統的神話。雖然有很多散落在民間的傳說，例如《山海經》等等，但嚴格意義下，這些傳說對整個人文生活的意義不大，這些故事並沒有追問到人與自然最終極的關係是甚麼。

　　很多研究者都說，似乎孔子的時代，是一個文化早熟的時代，中國在春秋戰國之時，早已離開神話的階段，進入人文的階段。因此，他們對於世界、宇宙及人從何而來的說法，並沒有很大的興趣想知道。不過，如果要說的話，盤古初開的說法，與《易經》對世界的理解，某個程度上是中華文明當中，比較類似接近一種解釋創世的神話。其中有關盤古的說法是：

　　天地混沌如雞子，盤古生其中，萬八千歲。天地開闢，陽清為

天，陰濁為地。盤古在其中，一日九變，神於天，聖於地。天
日高一丈，地日厚一丈，盤古日長一丈：如此萬八千歲，天數
極高，地數極深，盤古極長。[6]

又有另一篇更為重要：

元氣濛鴻，萌芽茲始，遂分天地，肇立乾坤，啟陰感陽，分布
元氣，乃孕中和，是為人也。首生盤古，垂死化身：氣成風
雲，聲為雷霆，左眼為日，右眼為月，四肢五體為四極五嶽，
血液為江河，筋脈為地里，肌肉為田土，髮髭為星辰，皮毛為
草木，齒骨為金石，精髓為珠玉，汗流為雨澤，身之諸蟲，因
風所感，化為黎甿。[7]

這些故事中最重要的地方在於，盤古把自己的身體化為所有自然的
現象，而人就是盤古身體死後所生的蟲。其中最重要訊息在於，人與自
然之間的關係本來是一體的，自然一切的現象皆從盤古的身體而來。而
且，這些變化的力量，乃在於「乾坤」與「陰陽」，這兩種力量是產生萬物
的根本原因，任何草木鳥獸都是同一個根源的，萬物並不是創造的，而
是被轉化的，並沒有超越性的存在。

宇宙之上，並沒有一個超越的創世主，而在中國文化體系當中，盤
古這種神其實是自然的一部份，甚至我們可以說盤古就是自然的。某種
意義下，這種世界觀其實是一種泛神論，很像斯賓諾莎式的世界觀。但
是，這種世界觀是很日常的（mundane），一切都是來自於同一層級中的
存在，並沒有真真正正的神聖性，亦沒有真真正正的低劣。

在《淮南子》中亦同樣寫道：

---

6. （唐）歐陽詢撰；汪紹楹校：《藝文類聚》（上海：上海古籍出版社，1999 年），卷一，
   天部上，天，頁 1。

7. 《正統道藏》，上海涵芬樓影印本，太玄部，雲笈七籤，卷之五十六，職六，諸家氣法，一，
   元氣論，頁 682（上海涵芬樓影印本）。

古未有天地之時，惟像無形，窈窈冥冥，芒芠漠閔，澒蒙鴻洞，莫知其門。有二神混生，經天營地，孔乎莫知其所終極，滔乎莫知其所止息。於是，乃別為陰陽，離為八極，剛柔相成，萬物乃形。煩氣為蟲，精氣為人。[8]

人與萬物之存在，是天地陰陽之間，慢慢「變化」而來的，這只是一種內在的變化，而沒有一種外在性的超越創造。既然人是從自然而來，就沒有東西是超越於自然的，重點在於，這種世界觀影響到中國文對於生死愛欲的看法。在其他古代的經典當中，也是提到世界並沒有一個創造的神，只有乾坤陰陽二者相交，構成萬物，後來這便生出了陰陽五行與易經，以生生不息的角度理解世界的方法。

11.4 易經

剛剛談及的「生生不息」其實就是《易經》的精神，《易經》按字面的意思來說，就是「變化的書」。《易經》的整個說法是以乾坤陰陽來解釋萬物的，相對於創世神話純粹以故事來解釋世界，《易經》的出現是比較哲學性的，甚至是一套形而上學的複雜系統。一切所有的現象，對於《易經》的角度來說，不論是有生命還是沒有生命的存在物都是自然內部變化而成的。這在《易‧序卦》當中，我們已經能夠略知一二：

有天地然後有萬物，有萬物然後有男女，有男女然後有夫婦，有夫婦然後有父子，有父子然後有君臣，有君臣然後有上下，有上下然後禮儀有所錯。夫婦之道，不可以不久也，故受之以恆。[9]

---

8. 劉文典：《淮南子》（北京：中華書局，1989 年 5 月 1 日），頁 218。
9. 臺灣開明書店斷句：《斷句十三經經文 周易》（臺北：臺灣開明書店，1991 年），頁 30。

以上的說法基本上構成了後來儒家對於世界的理解方法，特別是「有上下然後禮儀有所錯」一句，當然這個「錯」應解作對應，而不是錯誤的意思。那麼這究竟是指甚麼呢？箇中妙處，在於從宇宙的天象推論出人倫關係的基礎。人的夫婦之道，是以家庭父母為基礎的，一切的人倫關係，都是透過這種對應的自然而演變出來的。

人間的夫婦，與自然之間的關係是對應的，是互相扣連的，且不能分割。這就如錢穆先生所講的「天人合一」的關係。中醫理解人體的小周天、大周天，五臟六腑就是以陰陽的方式來理解的，似乎人體的陰陽與自然界的陰陽都是同一回事。儒道之間，無論差異多大，都會承認《易經》這種思想系統。這與西方的創世神話不同，而是一個形而上學的系統，來解釋宇宙萬物變化的成因與過程，世界就是從「既濟」與「未濟」之間的變化過程。

「一陰一陽之謂道」，並不是兩種純粹對立的存在，而是陰中有陽，陽中有陰的，因此後來便成為道教房中術的基礎，《易經》是理解中國文化中性與愛的重要橋樑。而所謂的「道」就是代表整個宇宙，而在太極圖中，陰最終會變為陽，而陽亦最終會變為陰。這種講法就是指宇宙是一個循環的過程，既然沒有超越自然之外的創世神，那麼宇宙只不過是內部不斷變化的過程而已，這就是「生生之謂也」的意思。

在五行互生互剋之中，事情不能處於一個長久的對立狀態，最終一定會回到常態的平衡。平衡、不對立、和諧與內部對立，就是自然的變化而已，而世界永恆地如此。因此，我們不需要關心世界從何而來，從何而去，因為這其實是一個循環的過程。我們可以看到，中國人以甲子來理解時間，這便證明了，時間亦只不過是一個循環的過程而已。這與西方以公元紀年的方式，直線的時間觀完全不一樣。所以，中國文化當中，很少講甚至是真正的進步的，因為世界最終都會重返到平衡的狀態。

11.5 唐君毅論中國人文精神傳統

當我們講天文與人文之時，究竟「文」是指甚麼呢？特別是《易經》亦講：「觀乎天文，以察時變；觀乎人文，以化成天下。」天文的意思：文者，紋也，即是痕跡；天文就是太陽星宿運行的痕跡，觀之可以察覺時變，隱約見到一切東西皆有秩序。一切文化起源於秩序，這是文化之為文化最重要的因素。至於觀乎人文，亦有其秩序，儒家認為這是行禮、行義之道。

孔穎達《周易正義》云：「觀乎人文以化成天下者，言聖人觀察人文，則詩書禮樂之謂，當法此教而化成天下也。」[10]在儒家的立場來說，所謂的禮儀之邦，就是人所行的規矩，這些都屬人文的範疇，這當然是很重道德立場的看法，亦是禮樂為本的看法。

唐君毅發表了不少關於中國文化禮樂的研究。曾引梁啟超詩：「世界有窮願無窮，海天寥廓立多時」，他一生當中最關注的就是「人文精神」。他在《中國人文精神之發展》講過：

> 中國人文精神之發展的第一階段，乃孔子以前之一時期。此時期我們可稱之為中國人文精神表現於具體文化之時期。在此時期中，嚴格說並沒有多少人文思想。但是中國文化之根源形態，即在此時期中確定。此形態即為人文中心的。中國後來之人文思想，亦多孕育於此時期之中國人之心靈中。此所謂人文中心，不是說此時期人之宗教性信仰不濃，亦不是說此時期之人對於自然不重視。重要者在對宗教性的天帝與對自然物之態度。這只要與當時印度、希臘文化情形一比，便完全明白。人

---

10. 重刊宋本十三經注疏附校勘記，重刊宋本周易注疏附校勘記，周易兼義上經隨傳卷第三，清嘉慶二十年（1815年）南昌府學刊本，頁62。

對自然物，簡單說有三種態度。一種是利用厚生的態度。一種是加以欣賞或以之表現人之情感德性之審美的藝術態度。一種是視之為客觀所對，而對之驚奇，求加以了解的態度。只有第三種態度，可產生純粹的客觀的自然思想。而此則是希臘之科學與自然哲學之所自始。這個態度所生之思想是直傾向自然，而初是趨於忘掉人自己的。[11]

唐君毅強調的是中國人文精神與西方的人文思想有基本分別，他所講的是人文精神，而不是人文主義，後者乃是西方從文藝復興時期，肯定人的價值，對抗基督宗教為中心，處理人的問題的思想。而當他所講的是精神，而非主義之時，就是想集中講中國的創世神話，以陰陽五行《易經》為本，來理解何謂人的想法。

而中國的精神可以分為三種，即：厚生態度、藝術態度及客觀態度。他認為亞里士多德表示哲學的產生是在於對世界的驚奇，又或者是科學態度，並非是中國式的。對於唐先生來說，厚生與藝術態度。前者可以儒家式的，而後者則大概指道家理解世界的方式，但整體來說的中國人文精神，實是一種十分實用的生活態度。

早在幾十年前，英國李約瑟曾有一本大作，名為《中國科學技術史》，其中的一些講法是震驚世界的，特別是他認為中國在十七世紀的科學水平，實際上是領先整個世界的。但很多人都質疑，當時的中國並沒有真正的科學，而只有科技，這其中的差別就在於，似乎中國沒有以實證科學的態度，對經驗的證明或否證，建立一套理論系統來理解世界。

中國的人文精神，從來都是實證性的，從來都是缺乏純粹的自然思想，特別是為研究自然而研究的客觀科學精神。中國對於自然的理解，都是供實用目的而用的，最終是為了生活的，故此也就沒有如亞里士多

---

11. 唐君毅：《中國人文精神之發展》（北京：九州出版社，2016 年 3 月），頁 6。

德式的科學精神了。假如是這樣理解，似乎中國文化對死後世界完全沒有興趣，在佛教東傳之前，基本上中國人全無超人文的思想。因此唐先生接著這樣說：

> 其次，中國古代人對上帝、天、鬼神之信仰亦非不篤。「文王陟降，在帝左右」，即人死後可與上帝同在之思想。但是如印度宗教家之思及人死後之有無盡的輪迴，而產生種種如何解脫之思想，明顯是中國古人所未有。如希伯來人由視上帝有其不可測之獨立意志，而生之寅畏，如西方中古神學家，對上帝本身屬性、內向動作、外向動作等之討論，中國古人亦是不了解的。總而言之，即純視一死後之世界或神界為一獨立自存之對象，而對之加以思索之超人文思想，是中國古人之所缺乏。同時，覺人生如幻而不實在之感、在神前充滿罪孽之感，亦中國古人所缺。由此而專為神人之媒的僧侶巫覡之地位，亦較不重要。中國古代帝王之直接祀天，而上承天命以施政，以及「天視自我民視，天聽自我民聽」，「天意」見於「民意」之思想，天之降命於人，視人所修德而定之思想，即使「天」「君」「民」與「人之德性」，四觀念相融攝而難分。亦即使中國古人之宗教意識、政治意識、道德意識，相容攝而難分。中國古代之宗教思想，亦即隸屬於一整體之人文思想中，不能自成一超人文之思想領域。[12]

既然中國文化當中，對死後世界沒有興趣，絕無全能全知全善的神，亦沒謂的罪疚感的。整個文化的中心，都是人文中心的文化，是把人作為一個整體來理解的。《國語‧周語》中，有這樣的說話：

> 言敬必及天，言忠必及意，言信必及身，言仁必及人，言義必及利，言智必及事，言勇必及制，言教必及辯，言孝必及神，

---

12. 同前注，頁 7。

言惠必及和，言讓必及敵……敬，文之恭也。忠，文之實也。信，文之孚也。仁，文之愛也。義，文之制也。智，文之輿也。勇，文之帥也。教，文之施也。孝，文之本也。惠，文之慈也。讓，文之材也。[13]

以上的意思是指，所有出現的事物，都是一種相連的關係，也就是說，這些關係是以人作為最後的行事準則，所以才會有「敬」、「忠」、「信」之類的概念。人的內在德性，就是展現這種精神。

11.6 李澤厚的「樂感文化」

李澤厚先生提出一個很重要的概念，就是對中國「樂感文化」的肯定，這正正就是中國文化，貼近現實人生，以人作為中心的關係，某程度與唐先生所講的重點相契合。他在《中國古代思想史論》曾言：

孔子說「未知生焉知死；未知事人，焉知事鬼」，死的意義便只在於生，只有知道生的價值才知道死的意義，（或泰山或鴻毛），「生死」都在人際關係中，在你我他的聯繫中，這個關係本身就是本體，就是實在，就是真理。「鳥獸不可與同群，吾非斯人之徒而誰與？」自覺意識到自己屬於人的族類，在這個人類本體中就可以獲有自己的真實的「此在」。因之，在這，本體與現象是渾然一體不可區分的，不像上帝與人世的那種關係。這裡不需要也沒有超越的上帝，從而也就沒有和不需要超越的本體。正如章太炎在駁斥康有為建立孔教所說：「國民常性，所察在政事日用，所務在工商耕稼，志盡於有生，語絕於無驗」亦即「體用不二」。「體用不二」正是中國哲學特徵「天人合一」的另一

---

13. 同前注，頁 8

種提法。與印度那種無限時空從而人極為渺小不同，在中國哲學中，天不大而人不小，「體」不高於「用」，「道」即在「倫常日用」、「工商耕稼」之中，「體」、「道」即是「倫常日用」、「工商耕稼」本身。這就是說，不捨棄，不離開倫常日用的人際有生和經驗生活去追求超越、先驗、無限和本體。本體、道、無限、超越即在此當下的現實生活和人際關係之中。「天人合一」、「體用不二」都是要求於有限中求無限，即實在處得超越，在人世間獲道體。[14]

李澤厚一開始便說到，中國文化當中，死亡的意義放在生命之內，而對死後世界沒有真正的興趣，生命的價值根本在於與其他人的關係。因此，從來不需要一個超越的上帝指導人生，亦不需要建立一種形而上學來說明生命的意義。過往的老師輩當中，有很多人都嘗試運用康德哲學的洞見，來理解中國哲學，當中運用了很多西方哲學式的思考。但問題是，中國哲學的精神本來就不講上帝，不講超越性的，人是與自然同層的，互依互存。若從這個角度講的話，站在中國思想開出來的格局，可能未必需要從西方引入這些概念工具來思考的。這種互相的關聯，乃在倫常日用當中產生，理論與實踐實為一者，因此未必需要建立一種超越性的理論。

中國文化中的飲食文化是十分特別的，最重要的地方乃在於，我們把飲食變成了一種藝術。中國的飲食文化是十分發達的，各種菜式千奇百樣，這絕對比世界上很多地方的飲食文化豐富，特別是英國與德國的飲食文化，在發達國家當中，是十分貧乏的，這些地方的菜式比起中國，完全是原始的。中國飲食中光是講如何烹調雞這個食材，所做的菜式已經多不勝數。但飲食文化可以反映中國文化的甚麼特質呢？中國

---

14. 李澤厚：《中國古代思想史論》（北京：北京人民出版社，1985 年），頁 309。

的飲食文化不僅僅把食物視為充飢的東西，而是產生千千萬萬的變化，是一種在實踐層面的超越，而不需要建立一種外在的超越經驗的理論世界。因此，即使中國文化從實踐處著手，但這並不代表人應該停留在生存的層次。人應該有比純粹的果腹，更加高層次的追求，這從中國飲食中的各種色香味配搭，便可見一斑。

這樣說的話，似乎李澤厚也會同意中國文化都強調感性心理與自然生命，他這樣說：

> 中國哲學無論儒墨老莊以及佛教禪宗都極端重視感性心理和自然生命。儒家如所熟知，不必多說。老莊於是道是無情卻有生，「生生之謂易」。你看它們（天地人）不都在遵循著這同一規律（「道」）而充滿盈盈生意麼？這就是「道」，是「天」，是「理」，是「心」，是「神」，是「聖」，是「一」……。中國哲學正是這樣在感性世界、日常生活和人際關係中去尋求道德的本體、理性的把握和精神的超越，體用不二、天人合一、情理交融、主客同構，這就是中國的傳統精神，它即是所謂中國的智慧，如前面所多次說過，這種智慧表現在思維模式和智力結構上，更重視整體性的模糊的直觀把握，領悟和體驗，不重分析型的知性邏輯的清晰。總結來說，這種智慧是審美型的。因為西方文化被稱為「罪感文化」，於是有人以「恥感文化」（「行己有恥」）或「憂患意識」（「作易者其有憂患乎」）來相對照以概括中國文化。我以為這仍不免類比「罪感」之意，不如用「樂感文化」為更恰當。《論語》首章首句便是，「學而時習之不亦悅乎，有朋自遠方來不亦樂乎」。孔子還反復說，「發奮忘食，樂以忘憂，不知老之將至云耳」，「飯蔬食飲水，曲肱而枕之，樂亦在其中矣。」這種精神不只是儒家的教義，更重要的是它已經成為中國人的普遍意識或潛意識，成為一種文化——心理結構或民族性格。「中

國人很少真正徹底的悲觀主義，他們總願意樂觀地眺望未來。
......[15]

中國的其中一種文化特徵，便是他稱為的「樂感文化」，而不像西方那樣的罪感文化。西方宗教當中，無論是任何一個宗派，所強調的，就是人生是一種贖罪的文化，是直至救世者出現之前，一種承認自己的罪過、過失的文化。我們從亞伯拉罕一神教當中看到，耶穌作為中心點的基督宗教，是向上帝祈求，希望歸依信仰耶穌；而所有生命被接納的看法，是希望把亞當給世人的原罪超越，得到神之赦免從而獲得永生。所以，我們在上篇當中已經談到，西方世界當中，無論是食欲、情感，甚至是性欲問題，都是被罪感文化所決定的，而這在中國文化當中，並沒有這種類似的根源。

在《論語》當中講「學而時習之，不亦樂乎」，當中的樂，不一定要是狂歡或縱欲的，這種樂是面對大自然、身邊的朋友的自然喜悅。故此，中國文化並沒有真正的悲觀主義，其基本的主調還是樂觀的。希臘文化最重要的東西是悲劇，人在面對命運，該如何理解自己的有限性，該如何對抗之類，甚至在基督宗教當中，希望神能免除自身的罪云云。但是，中國似乎是沒有悲劇的，我們不會容許，故事沒有真正美好的結局，華人並不希望看到悲劇收場。梁祝死後，變成蝴蝶，這是一個喜劇的收場，但這裡似乎出現了一個矛盾：我們現實人生是痛苦的，卻要強行透過戲劇、小說等文學故事轉化痛苦為快樂，我們又該如何解釋這個現象？這種日常生活的通俗世界當中，已見樂感文化滲在其中。李澤厚又說：

因之，「樂」在中國哲學中實際具有本體的意義，它正是一種「天人合一」的成果和表現。就「天」來說，它是「生生」，是「天行

---

15. 李澤厚：《中國古代思想史論》（北京：北京人民出版社，1985 年），頁 309-310。

健」。就人遵循這種「天道」說，它是孟子和《中庸》講的「誠」，所以，「誠者，天之道也；誠之者，人之道也」，而「反身而誠，樂莫大焉」。這也就是後來張載講的「為天地立心」，給本來冥頑無知的宇宙自然以目的性。它所指向的最高境界即是主觀心理上的「天人合一」，到這境界，「萬物皆備於我」（孟子），「人能至誠則性盡而神可窮矣」（張載）：人與整個宇宙自然合一，即所謂盡性知天、窮神達化，從而得到最大快樂的人生極致。可見這個極致並非宗教性的而毋寧是審美性的。[16]

所以，中國文化當中的幸福論，從孟子講三樂亦可見得到：「君子有三樂，而王天下不與存焉。父母俱存，兄弟無故，一樂也；仰不愧於天，俯不怍於人，二樂也；得天下英才而教育之，三樂也。君子有三樂，而王天下不與存焉」。[17] 人生當中最快樂的是，身邊的人與自己和諧共在一起，中秋可以與家人朋友一起過，或者新年與家人一起團圓，這是十分重要的，而這正正就是中國式的樂觀精神。

這個就是中國文化的人文傳統，一個「樂」字貫通整個中國文化。我們有中國文化的背景，但相信甚少人有觀察這個現象，並就這個現象加以剖析。中國式的樂觀精神成為中國文化的主調，而這個「樂」字能夠解釋中國文化各種生死愛欲的現象。

---

16. 同前注，頁 311-312。

17. 《孟子‧盡心章句上》。

第12章
儒道論死亡，不朽與道教不死之追求

　　中國文化中的人文精神與自然取向，這在創世神話當中，已經能夠略窺一二，盤古把自身的身體化作山河大地，人與萬物都是由盤古的身體轉化而成的，而非創造的，這些內容在上一章中已有所提及，這影響到中國各家各派如何看待死亡的問題的。

　　儒家著重的「樂生安死」，對儒家來說，死亡並不是生命當中最重要的，問題是這能否是有意義的人生。第二個則是道家的方式，特別是莊子的想法，就是「死生自然」，也就是生與死的關係並不大，只不過是自然的變化。第三則是道教，要注意的是，道教其實並不完全是從道家而來的，而道教的來源包括古代的宗教和民間巫術[1]、儒家學說和陰陽五行思想[2]、古代醫學與體育衛生知識[3]，但牽涉生死學問題的莫過於自春秋戰國時候的方士，追求不死與長生的一種生活方式。[4]所以他們所求的是「求生惡死」，對於他們來說，死亡是不好的。

　　在《生死愛欲 I 》的第一和第二部分，我們已經談到西方文化中對於死亡的看法，例如蘇格拉底與柏拉圖認為，人與神之間最大的分別，就是有死與不死之別，而所謂死亡，就是靈魂離開肉體的想法，人可以透過哲學的方式，把自我的靈魂淨化與轉化，而這基本上是柏拉圖在《斐多》所講的。基督宗教對此則有很大的差異，耶穌被釘十字架而死，其後死後復活，再到最後所有人要接受死後審判。簡單來說，基督宗教是

---

1. 任繼愈主編：《中國道教史（上）》（台北：桂冠圖書公司，1998 年 3 月），頁 12。

2. 任繼愈主編：《中國道教史（上）》（台北：桂冠圖書公司，1998 年 3 月），頁 16。

3. 任繼愈主編：《中國道教史（上）》（台北：桂冠圖書公司，1998 年 3 月），頁 17。

4. 任繼愈主編：《中國道教史（上）》（台北：桂冠圖書公司，1998 年 3 月），頁 12。

以肉身復活，為復活的意思，就如《聖經》當中《哥林多前書》所言：「死既是因一人而來，死人復活也是因一人而來。在亞當裡眾人都死了。照樣，在基督裡眾人也都要復活。」[5]

這便是基督宗教中最重要的肯定，就是死是人犯錯之後的懲罰，但是這個罪是可被赦免的，就是向上帝悔改，而耶穌基督的出生，為世人受苦，被釘上十字架，然後再復活，而這個復活是肉身的復活，這便是整個基督宗教，以耶穌為中心的根本特點。保羅曾說過，人應該要相信耶穌，除了耶穌以外，根本沒有甚麼好信的，從他的出生、死亡、復活到最後審判，是基督宗教最重要的論點，這一點筆者在之前的章節已提及過。[6]

12.1 古代中國靈魂與鬼神思想

這個背景為什麼重要呢？錢穆先生的書《靈魂與心》，有一節名為「論古代對於鬼魂及葬祭之觀念」，講述到東方與西方之間對於亡魂何去何從的差異：

> 古代希臘意大利人，信人死後，其魂不離肉體，而與之同幽閉於墳墓中，詳舉當時諸土葬禮以為說明，並謂此種信念，統治彼邦極長時期之思想，影響於其家族及社會之組織，幾皆以此項迷信為根源。余因念此等觀念，古埃及人先已有之。埃及人視生人屋宇，不啻如逆旅，而死者之墳基，則若為彼等永久之住宅。其屍體用香料塗抹，以求永久保存，所謂木乃伊是也。彼輩信靈魂死後離去，他日可重返。再附屍體，即得復

---

5. 哥林多前書 15: 21-22。

6. 案：可參《生死愛欲 I》，第 10 章，死亡——基督宗教的回答 II《新約》。

活。後代人言埃及，莫不盛稱其金字塔，若為古埃及文化之最高表徵。然古埃及文化之所以綿歷不永而終於衰歇不復振者，實亦受金字塔之賜。竭生奉死，奈之何其可久。又如耶教復活傳說，此亦西方人相信死後靈魂可來再附肉體之一證。據是言之，自埃及猶太希臘羅馬諸邦，古代西方有其共同的靈魂觀、永生觀乃及復活觀，都和我們東方人想法不同。[7]

魂離開肉體，可能會復活，或者是靈魂不朽，上升天堂，這些都是西方的看法，但是東方人的看法不同。其中有兩個重要的概念：一者為「魂」、二者為「魄」。為什麼我們會說，人死去之後，會魂飛魄散呢？這個四字詞當中便牽涉到這兩個概念。魂飛魄散可以說是我們平日所講的死亡而已，不過「魂」和「魄」二者正正代表了中華化當中生命為何的看法。

「魄」基本上可以代表我們的肉體，特別是指身體內部自然而然運作的力量。當然，我們知道自己有意識，但事實上，每個人身體當中都有一些東西是屬於我們，而又不能被我們自主地控制的部份，我們控制不了自己的心臟如何跳動，也管不了自己的胃如何消化，也無法改變血液運行的方向，這就代表了我們身體當中，有一股自然而然的「力」，也就是古代中國人當中，經常講的「魄」。

「魂」這個概念則主要是指我們的思想，是能夠自主的意識。所謂有生命的物體，就是「魂」與「魄」連在一起的狀態。但我們要謹記的是，「魄」是身體當中自然而然地運作的特徵，而這便關係到後來道教對生死的看法，為什麼人不能夠純粹由「魂」來決定自身為何物呢，這就是其中的重點。所以，錢穆先生所講，在古代的文化當中，生命就是「魂」與「魄」連在一起的狀態。相反，「魂」與「魄」分離之時，便是死亡之日，最後便有「魂氣歸於天，形魄歸於地。」的說法，他這樣寫道：

---

7. 錢穆：《靈魂與心》（廣西：廣西師範大學出版社，2004 年），頁 36。

今考春秋以來，中國古人對於魂魄之觀念。《易‧繫辭》有云：「精氣為物，遊魂為變。」《小戴禮記‧郊特牲》篇謂：「魂氣歸於天，形魄歸於地。」此謂人之既死，魂魄解散，體魄入土，而魂氣則遊揚空中無所不屬。而中國古人所謂之「魂氣」，亦與西方人所謂之靈魂有不同。《小戴記‧禮運》篇有曰：「及其死也，升屋而號，告曰：皋某復，然後飯腥而苴孰，故天望而地藏也。體魄則降，知氣在上。」此處魂氣又改言知氣。當時人信人既死，其生前知氣（即魂氣）則離體飄遊。故升屋而號，呼而復之。而魂之離體，則有不僅於已死者。故宋玉《招魂》有曰「魂魄離散」。又曰：「魂兮歸來，去君之恆幹，何為四方些。」又景差有〈大招〉。此等若為當時南方楚人之信仰。然鄭人於三月上巳，出浴於溱、洧之間，其俗蓋亦寓招魂之意。則此種信仰，顯不止於南方之楚人。惟其人死而魂離，故中國古代於葬禮乃不甚重視。《小戴禮‧檀弓》篇有曰「延陵季子使齊而返，其長子死，葬於嬴、博之間，既封，曰：『骨肉歸復於土，命也。若魂氣則無不之也』。」《史記‧高祖本紀》記高祖過沛，謂沛父兄曰：「遊子悲故鄉，吾雖都關中，萬歲後，吾魂魄猶樂思沛。」則古人謂人既死，魂即離魄而遊，其事豈不信而有徵。[8]

用當代西方漢學家施舟人（Kristopher Schipper）的說法，「魂」是我們的「神魂」（god-souls），控制著我們的精神；「魄」為我們的「鬼魄」（demon-souls），故意摧毀我們。[9]我們可以這樣理解，不論從中國學者還是西方漢學家的角度，「魂」與「魄」也主宰著我們的生命。所以，我們用西方 "spirit" 或 "soul" 概念並不能夠解釋中國人的魂魄觀。事實上，

---

8. 同前注。頁 36-37。

9. Kristopher Schipper, *The Taoist Body*, tr. by Koren C. Duval (Berkeley: University of California Press, 1993), p.36.

「魂魄」早見於《左傳》：「心之精爽，是謂魂魄；魂魄去之，何以能久？」[10]不過，將「魂」與「魄」作為兩個概念去區分的就是《禮記》：「凡祭，慎諸此。魂氣歸于天，形魄歸于地。故祭，求諸陰陽之義也。」[11]我們現在經常引述古人所常說的，人死後，「魂歸天，魄歸地」就是這樣來的。簡言之，我們要理解「魂魄」這個概念就必須從中國文化說起，需要知道這是兩個不同的概念。我們常用的成語「失魂落魄」、「魂飛魄散」、「三魂七魄」也刻意將「魂」與「魄」區分兩個概念。

時至今日，當我們向先人拜祭時，為什麼會祭拜「神主牌」呢？因為，墓穴中所放置的是先人的身體，所謂「魄歸於地」，但先人的「魂」又去哪裡了呢？中國文化相信魂是附木的，所以魂附在了神主牌上，這也是神主牌都是木製的原因。「魂」是屬於思想性的，類似「氣」，這也解釋了為什麼魂魄分離便是指所謂的死亡。

12.1.1 春秋時代子產的鬼神之說

春秋時代人多相信鬼神，當然到了現代也有很多人相信。有許多人在夢中見到自己死去的親人，自然不會認為鬼是存在的。而神是甚麼呢？其實是比鬼更加高級的存在，無論如何這也是人在死後存在的形式。而錢穆先生便在《左傳》當中找到子產對於鬼神的說法：

> 及子產適晉，趙景子問焉，曰：伯有猶能為鬼乎？子產曰：能。人生始化曰魄，既生魄，陽曰魂。用物精多，則魂魄強。是以有精爽，至於神明。匹夫匹婦強死，其魂魄猶能憑依於人以為淫厲。況良霄（即伯有），我先君穆公之胄，子良之孫，子

---

10. 臺灣開明書店斷句：《斷句十三經經文》《左傳》（台北：臺灣開明，1991 年），頁219。

11. 臺灣開明書店斷句：《斷句十三經經文》《禮記》（台北：臺灣開明，1991 年），頁53。

耳之子，敝邑之卿，從政三世矣。……其用物宏，其取精多，
其族又大，所憑厚矣，而強死，能為鬼，不亦宜乎。[12]

　　趙景子問子產究竟世上有無鬼魂，子產認為鬼真的存在的，每個人
一出生便有魄，是身體自然而然有的力量，而他也觀察到，兒童發展到
某一個階段，才有真正的自我意識，他的意識不單是意識到自己，更意
識到其他人與世界，「人生始化曰魄，既生魄，陽曰魂」這一句，其實是
指人首先是有「魄」，即是肉身，後來才有「魂」，也就是意識。這種講法
就是說，生命體自身首先有一種「力」的存在，也解釋了為何冤死或枉死
之人，化成厲鬼，有極大的悲憤，極強的復仇意念，因而有很強的魄，
存在世間。接著錢先生說：

誠如此，則在子產觀念中之所謂鬼，僅是指人死後，猶能有某
種活動之表出，而此種活動，則僅是其人生時種種活動之餘勁
未息，餘勢未已。若果如此，則顯然與普通世俗意見所謂人死
為鬼者不同。因普通所謂人死為鬼，乃指人死後，仍有某種實
質存在。[13]

　　人的生命似乎會有一些未完成的部份，所以鬼只不過是「生前形體與
其種種作用」的力量，作用於世界而已，而不是指實質的靈魂存在，子產
的講法也符合了中國文化對死後世界沒有興趣的現象。

　　這種對於鬼神的看法，實影響著後來的儒家道家，甚至是道教，對
於鬼神的態度。後來的孔穎達也有類似的說法：

人之生也，始變化為形，形之靈者，名之曰魄也。既生魄矣，
魄內自有陽氣。氣之神者，名之曰魂也。魂魄，神靈之名，本

---

12. 錢穆：《靈魂與心》（廣西：廣西師範大學出版社，2004年），頁41。

13. 同前注。頁41。

從形氣而有。形氣既殊，魂魄亦異。附形之靈為魄，附氣之神為魂也。[14]

他同樣也認為，身體內部一切的自然運作，似乎都是魄所代表的力量，而後來才發展出所謂的「魂」，也就是意識活動。孔穎達接著說：「魂魄雖俱是性靈，但魄識少而魂識多」，這究竟是甚麼意思呢？「魄識少」的意思是指，魄只是負責身體內臟的運作，是內在的「力」，而「魂」則是更多是精神狀態。魄的運作似乎並不受魂所控制，它自有一套運作的模式與規律，大家都知道，如果人能夠主動地控制自己身體的內部運作，便超出了一般人的範圍，而這更關係到道教整套生死觀，甚至如何延年益壽。

接著，錢穆先生提出「無靈魂的人生觀」，以這一概念理解古代中國人對於生死與靈魂的看法為何，他說：

至少如子產，顯然並不認為在人生前，先有某種實質即所謂靈魂者投入人身，而才始有生命。中國春秋時人看人生，已只認為僅是一個身體，稱之曰形。待其有了此形，而才始有種種動作，或運動，此在後人則稱之曰氣。人生僅只是此形氣，而所謂神靈，則指其有此形氣後之種種性能與作為，故必附此形氣而見，亦必後此形氣而有。並不是外於此形氣，先於此形氣，而另有一種神靈或靈魂之存在。此一觀念，我們可為姑定一名稱，稱之為無靈魂的人生觀。當知此種無靈魂的人生觀，實為古代中國人所特有。同時世界其他各民族，似乎都信有靈魂，而中國思想獨不然。……此種所謂無靈魂的人生觀，我們亦可稱之為是純形氣的人生觀。若以哲學術語說之，則是一種自然主義的人生觀。因於此種人生觀而牽涉到宇宙觀，則亦將為一

---

14. 同前注。頁 42。

種自然主義的宇宙觀，而因此遂對於形而上的靈界之探索，在
此下中國思想史裡，似乎甚少興趣。[15]

關鍵的要點在於，儒家思想對於死後世界沒有興趣，僅視其為自
然世界中循環不息的一部份，且只對現世與此生感到興趣，這在上一節
中，李澤厚所講的「樂感文化」相呼應。靈魂與鬼神等問題，對於傳統中
國人來說，生前可以被稱為「魂魄」，死後則為「鬼神」，而後者純粹是前
者的延續而已。故此，「人生前，魂魄和合，即形神和合，死後，魂魄分
散」。

12.2 儒家的生死觀

筆者對於墳場素來有很大的興趣，多年前曾到山東曲阜，參觀世界上最
大的家族墓園，也就是孔林。這個地方十分龐大，歷經七十八代人至
今，為世界上延時最久的家族墓園。孔子的後人遍佈全球，事實上香港
亦有很多孔姓人士，是孔子的後人。（圖12-1）

為什麼人死後要埋葬呢，而且還要有那麼多人前來拜祭？難道這表
示真的有鬼，所以很多人來這裡看鬼呢？當然不是。墳場其實並不是給
死人的，實際上是為生人而設的，而這給予在生的人，一種符號上的意
義，令人覺得人死之後，仍有其重要性與影響力，與在生之人仍有著關
聯。死人，並不存在於鬼神的世界，而是存在於在生之人的意識當中。

那孔子自己又是怎樣理解生死呢？孔子的看法，可以被歸為「樂生安
死」這個概念。《論語》當中曾提及：「季路問事鬼神。子曰：『未能事人，
焉能事鬼？』『敢問死？』曰：『未知生，焉知死？』」[16]這種說法，基本上

---

15. 同前注。頁43。

16. 《論語集解義疏》，清乾隆鮑廷博校刊本，卷六，頁2。

決定了歷代儒家對於死亡的基本看法，包括宋明儒在內亦持這種看法，就是「未能事人，焉能事鬼？」死後有沒有世界，究竟有沒有鬼的存在，這些東西對於儒家來說，都是不重要的。

《說苑》當中這段文字，是子貢問孔子有關人死後有否生命的問題。孔子回答說：「吾欲言死者有知也，恐孝子順孫妨生以送死也；欲言無知，恐不孝子孫棄不葬也。賜欲知死人有知將無知也？死徐自知之，猶未晚也！」[17]這裡可以看出孔子給予一個十分精彩的回答，有人問他是否知道死後是什麼樣子，他認為如果他說知道的話，可能便不會積極面對此生，而期待著死亡；如果說不知道的話，又可能棄死去的先人於不顧。所以，最好的方法便是：人終有一死，到了你死亡之時，便會真相大白，現在談這個問題太早了。這裡我們可以看得出孔子對於死後世界，實是一位未知論者，不置可否，不予確切回答。他的根本看法是，如果我們對於生命都理解不清楚的話，知道死後仍否存在的問題，又有何用呢？

宰我曾問於孔子曰：「吾聞鬼神之名，而不知所謂，敢問焉。」孔子曰：「人生有氣有魄。氣者，神之盛也。眾生必死，死必歸土，此謂鬼；魂氣歸天，此謂神。合鬼與神而享之，教之至也。」[18]我們生命當中最重要的便是氣，這段文字當中講到，「氣者，神之盛也」，生命就是帶有「氣」這種來自自然世界的力量，宇宙萬物當中生生不息的氣，就是生命之源，因此氣使得魂魄相合。相反，鬼這個概念，就是指「歸」，而且是歸於地下，與生前的狀態不同，就是魂魄相離，形體無氣的狀態。

為什麼人死之後，我們需要下葬呢？生命離開了，但先人的所作所為，並不會因為他的生命完結而消失。雖然死後已經沒有身體，但人所

---

17. （西漢）劉向：《說苑》，明程榮何允中清王謨輯紅杏山房刊本，卷十八，頁 19。

18. （魏）王肅注：《孔子家語》（臺北：世界書局，1991 年），頁 43。

做一切的事，從意義價值的層面來講，是某程度上繼續存在的，但是存在哪裡呢？孔子認為其中的意義，是體現在祭祀當中，在《孔子家語》亦有一段文字關於孔子對此的看法：

> 昔者，文王之祭也，事死如事生，思死而不欲生，忌日則必哀，稱諱則如見親，祀之忠也，思之深，如見親之所愛。祭欲見親之顏色者，其唯文王與！《詩》云：「明發不寐，有懷二人。」則文王之謂與。祭之明日，明發不寐，有懷二人，敬而致之，又從而思之。祭之日，樂與哀半，饗之必樂，已至必哀，孝子之情也。文王為能得之矣。[19]

在祭禮之時，把死者當為生者，主要的目的並不是真的以為先人已化為鬼，而是肯定「我」的存在，乃由先人而來。先人所做的一切功業，均透過「我」的祭祀活動，得到重生的肯定，這便是「事死如事生」的意思。

在《論語》中曾提及：「慎終追遠，民德歸厚矣。」在中國文化中，把先人安置在祠堂共同祭祀，就是為了彰顯祖先的功德。我們每個人的存在，並不是無中生有的，我們的存在是來源自父母，父母之上亦有父母，也就是說，祠堂的存在是把每個人的生命，放置在歷代祖先下的生命之流中。祭祀活動，就是把個人的生命，放置在一條更長的，民族、家族的生命長河中來理解，以便證明，我們的生命不是無主孤魂，流離失所的，是有其位置的。因此，在中國文化中，人倫關係中的個體要身處在他的宗族當中，才能得到理解，絕不是一個單獨的個體，即使一個人生命的死去，亦有後代延續他的生命，這便是一種中國式對於不朽生命的看法，而死亡亦不再是個人的事，而是家族的事。

19.（魏）王肅注：《孔子家語》（臺北：世界書局，1991 年），頁 44。

12.3 義命分立與樂天知命

上一章曾提到，中國文化中以「觀乎天文，以察時變；觀乎人文，以化成天下」，人要知書識禮，要在禮儀之中行事，而以禮行事的方式，變成一切人行事的典範。人生在世，難免有很多事情是難以控制的，孔子自己一生當中也有很多不如意的事。但是，儒家的教導中，則有「義命分立」一說，來回應人生種種不如意的問題。

「命」其實是一個外在條件，是人不能夠完全改變的事實，我們不能決定的東西，是超出自己控制範圍之外的。我們為何要身處這個世界，這並非我們自己所選的，而是不能被改變的事實。不過，孔子在講命之事，是有他的價值取向，有其獨特態度的，他極少談論理論的，我們在整部《論語》中看到的其實是一個行事的方式，就如在本書導言中，我們提到了阿多（Pierre Hadot）所講的，孔子是「哲學作為一種生活方式」的其中一種形態。

孔子探討很多關於命運、際遇與當下的行事方式。所以，對於不同的學生，因應不同的情況，孔子會提供不同的回答。而孔子心目中，認為較理想的人生道路便是所謂的「仁道」，不過這並非只是理論的說法，而是要實踐的，所以關鍵是如何「踐仁」的問題。

人當然有所謂的禍福夭壽有「命」，死亡是不能改變的，因此他說：「『亡之，命矣夫！斯人也而有斯疾也！斯人也而有斯疾也！』」[20] 雖然人生會出現白頭人送黑頭人之事，十分悲哀，但對於孔子來說，這亦是命，是無法改變的。命這個概念對於孔子來說，並不是命定論，如果人生的命是注定的，那還有甚麼可以做呢？如果我們所作所為都不是自主的，那生命是不是就沒有意義的了。

---

20. 《論語集解義疏》，清乾隆鮑廷博校刊本，卷三，頁 20。

所以這個命並不是命定論的意思，人有很多事情都不能主宰，因此子曰：「不知命，無以為君子也。」[21]人能夠成為君子的其中一個因素，是「知命」，即能夠明白在客觀限制的領域當中，不計較不強求成敗得失，人有很多東西是不能絕對反抗的。不過，最重要的是，這並不代表我們要完美放棄追求美善，要做投降主義。

　　至此，我們要講另一個概念，就是「義」。生命有限，死亡是必然的，那麼在我們在生之時，有其責任，所以有「義」，而後來有所謂「義命分立」的講法。人生當然會被客觀條件，歷史環境，甚至是家族環境所決定，但這並不妨礙我們有人的自主自覺領域，要盡人應盡的責任與道義。命，這個限制條件，只不過是我們思考與行事的起點，更重要的是在這個起點之上，盡人之為人的基本責任。所以，孔子強調的是在這個基礎之上行「仁義」，或者是「仁道」。

　　正如《論語》所講，子路曰：「不仕無義。長幼之節，不可廢也；君臣之義，如之何其廢之？欲潔其身，而亂大倫。君子之仕也，行其義也。道之不行，已知之矣。」[22]換句話說，命並不是講命運，而是所身處的客觀限制條件。當人知道該如何行仁義之時，知其不為而為之，便是接近儒家所推崇的理想人格。這樣說的話，我們便會知道，儒家所講的並不是結果，更重要的是我們的動機為何。我們的行事原因是對的，那就是對的了，但結果並非我們所能控制的，所以這是「義」的要求。

　　當人知道命的時候，明白了命是難以改變的，既然不能改變，便只能以樂觀的方式面對，而便是孔子「樂天知命」的想法。在不能改變的地方，盡其責任，便會得到生命當中應有的價值。生命當中的生生不息就是這種意思，正如鄭曉江所論：

---

21. 《論語集解義疏》，清乾隆鮑廷博校刊本，卷十，頁 16。

22. 《論語集解義疏》，清乾隆鮑廷博校刊本，卷九，頁 28。

這段話可視為儒家完整的死亡哲學，它至少闡明了三點：第一，《周易》所揭之「道」是與宇宙之理合一的，故從《易》的哲學中可窺知宇宙的本體、世界的本質和生死之理，即：萬物處於「始」與「終」的永恆變動之中，其外在表現就是從「生」到「死」，又從「死」到「生」的永不止息的動態過程。第二，人死之後，尚有離開人身的「游魂」，是為「鬼」；天地間又有不附於實物之「精氣」，是為「神」。這是對人死後世界的一種含糊的描繪。第三，對宇宙之理，自然之變的深刻洞悉可以促使人明白死生的奧妙使人們面對貧賤壽夭等的變化損益皆能處之泰然、安於天命，無所憂慮。[23]

對於死生奧秘，生於富貴或貧賤當中，其實是天命的一種。一個人早死，是不能單靠人的努力而改變的，只能接受。但關鍵的是，在死之前的生命該如何過，更要對家族，歷代祖先，以及後來的他者負責，因為世界當中必然有其他人的。站在儒家的立場講，生命是在一個更大生命之流中存在的，前有祖宗，後有子孫，所以罵別人絕子絕孫，是十分惡毒的，這相當於把別人生命的根基，連根拔起，這對於一個人是十分殘酷的。為什麼過往專制皇權當中，會誅九族，把一個人的親戚朋友學生，一切相干的人等殺死，目的就是使他在意義世界中消失。一個人生命賴有的根源，並不只是他個人的，他必有所依存的群體，一人犯罪，一同當誅，便是把其背後的文化根基消滅殆盡的方法。

12.4「未知生，焉知死？」

所以，儒家認為，這個集體生命的根源俱在的話，便是一樂之事。正如

---

23. 鄭曉江：《中國死亡智慧》（台北：東大圖書公司，1994 年），頁 19。

孟子所言：「君子有三樂，而王天下不與存焉。父母俱存，兄弟無故，一樂也；仰不愧於天，俯不怍於人，二樂也；得天下英才而教育之，三樂也。君子有三樂，而王天下不與存焉。」[24] 而這些人際關係當中的基本事情都存在的話，這便是最大的快樂，於是便有安於天命，修身立德的講法。

整個儒家，特別是孔子，對於生死的立場便是「未知生，焉知死？」不問死，只著眼於生，從而修身立德。如此，便可以無懼於死，還真的可以沉積出某種死亡降臨時的微有欣喜之感的安然態度？若說，面對死亡而不懼，已然並非人人能為之；面對死亡而安然樂之，實是聖人賢者才達及。實然，大多數人縱然生時修身立德，總不能不過問死。既然人生有死，亦即死亡必為活人所要面對的，不問死就說不過去了。

不知死，就是一種無知；知死而不究之，又是另一種無知。孔子豈會不知死，他實不過問死而已。那他無知嗎？非也。他既知死而不究死，就是做了取捨，選擇審視人之生的一面，而捨卻探查人死後如何的問題。究生不究死，乃孔子的偏向，如此的選擇出於哲思，不是無知之知，反之盡了為人知其所能知而行其所能行的表現。

儒家重視的就是人之所能成禮、義、仁的現世觀，如此一來，儒家確是把原始社會以降的神靈觀念端入社會倫理範疇以內去認識與處理，淡化對信仰的倚重之餘，彰顯的乃人文精神之實踐義。因為如此，儒家向來對死後世界並不著意，對死亡本身也不堪注視。所以，孔孟都沒有直視死亡的意義；反之可以說，他倆不過問死亡本身是為什麼，因為死亡本身對他們而言並沒價值，它沒能潤色生命的意義，它只為生命的意義劃上句號而已。

在《荀子・大略篇》當中記錄了一段話，講述子貢問孔子，能夠不去

---

24. 臺灣開明書店斷句：《斷句十三經經文》（臺北：臺灣開明，1991 年），頁 43。

事君事父母，原因是侍奉了他們多年，感到一點累了，孔子認為不行，這些事情是不能停止的：

> 子貢問於孔子曰：「賜倦於學矣，願息事君。」孔子曰：「《詩》云：『溫恭朝夕，執事有恪。』事君難，事君焉可息哉！」「然則，賜願息事親。」孔子曰：「《詩》云：『孝子不匱，永錫爾類。』事親難，事親焉可息哉！」「然則賜願息於妻子。」孔子曰：「《詩》云：『刑于寡妻，至于兄弟，以御於家邦。』妻子難，妻子焉可息哉」「然則賜願息於朋友。」孔子曰：「《詩》云：『朋友攸攝，攝以威儀。』朋友難，朋友焉可息哉！」「然則賜願息耕。」孔子曰：「《詩》云：『晝爾于茅，宵爾索綯，亟其乘屋，其始播百穀。』耕難，耕焉可息哉！」「然則賜無息者乎？」孔子曰：「望其壙，皋如也，顛如也，鬲如也，此則知所息矣。」子貢曰：「大哉！死乎！君子息焉，小人休焉。」[25]

為什麼孔子會認為服侍君王、服侍父母是不能停止的呢？原因是他認為這些本來就是人生在世的基本責任，是不能逃避的。當生命來到終點，這才可以停止，在死亡之前，是不能休息的。人生必然身處在與眾人的關係之中，因而必有責任在自己身上，生命的意義價值就是不斷負責任，而這正正就是君子該做的事，所以君子只能在死亡之後才有真正的休息。

即使我們把生命的意義放在家族及民族的歷史當中，那對於儒家而言，具體又是該怎樣做呢？《左傳》當中有一段類似的回答：

> 二十四年春，穆叔如晉。范宣子逆之，問焉，曰：「古人有言曰，『死而不朽』，何謂也？」穆叔未對。宣子曰：「昔匄之祖，自虞以上，為陶唐氏，在夏為御龍氏，在商為豕韋氏，在周為

---

25. 《荀子》，清乾隆盧文弨輯刊本，卷十九，頁 15-16。

唐杜氏，晉主夏盟為范氏，其是之謂乎？」穆叔曰：「以豹所聞，此之謂世祿，非不朽也。魯有先大夫曰臧文仲，既沒，其言立。其是之謂乎！豹聞之，大上有立德，其次有立功，其次有立言，雖久不廢，此之謂不朽。若夫保姓受氏，以守宗祊，世不絕祀，無國無之，祿之大者，不可謂不朽。[26]

人如何達到不朽呢？對於儒家來說，不朽並不是成為鬼神，或者得到永生，其要點在於三不朽，即「立德、立功、立言」，因此所謂的不朽乃在於其事業，是要立足於人生圈子之上，而並不是單獨個人的層面，便能達致不朽的。三不朽，或人的成敗，世間的善惡，都是在人間，沒有一個超越性的天，或是上帝，指導人如何活。

這一節對話，正可為上引子產的一節話作旁證。正因為那時的中國人，已不信人之生前和死後有一靈魂存在，故他們想像不朽，早不從「靈魂不滅」上打算。范宣子以家世傳襲食祿不輟為不朽，叔孫穆子則以在社會人群中立德、立功、立言為不朽，不朽只能在此生之內，在另一世界中獲得不朽。依照西方宗教觀念，人該活在上帝的心裡。依照中國思想，如叔孫穆子所啟示，人該活在其他人的心裡。立德、立功、立言，便使其在後代人心裡永遠保存，這即是其人之復活，即是其人之不朽。

因此在中國人思想裡，只有一個世界，即人生界。並沒有兩個世界，不如西方人所想像，在宗教裡有上帝和天堂，在哲學中之形上學裡，有精神界或抽象的價值世界之存在。我們必須把握住中國古人相傳的這一觀點，才能了解此下中國思想史之特殊發展及其成就。

---

26. 臺灣開明書店斷句：《斷句十三經經文》（臺北：臺灣開明，1991年），頁144。

12.5 道家的「死生自然」觀

死亡的話題老子反而不多講，《道德經》所討論的都是「道」與「德」兩個概念。莊子在這個議題之上著墨較多，莊子認為生命與大自然之間是有關係的，他反覆強調，人的生命與其他生命有相連之處，而文化生命是把人的本性掩蓋著的，是一種束縛，所以在莊子的世界中不斷地強調「真」，要成為「真人」，尋覓早已失去的真我。老子認為，人基本上是屬於自然世界的一部份，不過人的種種作為，會把自然破壞掉。莊子繼承的，是要把這種思想放在人文世界中思考的。

與孔子和孟子不同，莊子是一個南方人，他的文化處境、時代處境與孔子的時代不同。莊子的時代，比孔子的時代更混亂，人民流離失所，是一個生命十分悲哀的時代，他對於人生的哀樂，有很強的洞察力的，正如〈齊物論〉所講：

> 一受其成形，不亡以待盡。與物相刃相靡，其行盡如馳，而莫之能止，不亦悲乎！終身役役而不見其成功，苶然疲役而不知其所歸，可不哀邪！人謂之不死，奚益？其形化，其心與之然，可不謂大哀乎？人之生也，固若是芒乎！其我獨芒，而人亦有不芒者乎！[27]

莊子認為生命形體出生之時，便被各式各樣的要求所逼，然後人落在眾人之間的關係世界，與其他人產生關係，實質上是沒有多大意義的，我們生命的欲求，均處於一種迷茫的狀態，一生當中形形役役，又是為了甚麼呢，又有甚麼益處呢？而且是否只有自己一人如此迷茫呢？這種想法，不僅僅是落在當時那個時代，這種對自身存在的困惑，在任何一個時代都會出現的。

---

27. （清）郭慶藩撰；王孝魚點校：《莊子集釋》（北京，中華書局，1995 年），頁 56。

莊子的問題意識，與孔子相似，同樣是了解到人生當中，對生死問題的無奈，但箇中的差異在於，儒家相信人能夠從人倫關係當中，得到生命的價值，莊子正正相反，他認為這些文化生活、仁義道德，傷害人自然而然的本性。他又說：

> 夫小惑易方，大惑易性。何以知其然邪？自虞氏招仁義以撓天下也，天下莫不奔命於仁義，是非以仁義易其性與？故嘗試論之，自三代以下者，天下莫不以物易其性矣。小人則以身殉利，士則以身殉名，大夫則以身殉家，聖人則以身殉天下。[28]

這段文字所講：小的迷惑會使人弄錯方向，大的迷惑會使人改變本性。憑甚麼知道是這樣的呢？自從虞舜拿仁義為號召而攪亂天下，天下的人們沒有誰不是在為仁義爭相奔走，這豈不是用仁義來改變人原本的真性嗎？如果說人的文化生活傷害其本性，但問題是甚麼是本性呢？《莊子》裡面所講的本性，是自然而然，順其自然而生的本性，這是不做作，不虛偽的本性，而不是儒家所講的惻隱之心等意義的性。

對於莊子來說，孟子所講的捨生取義，乃是一個無關痛癢的問題，《孟子》當中所講的義，不在於他自己，而是在兩害之間，取比自身更大義者，這個比自己的生命，有更大的價值，而這是對於整個社會文化有益處的，這是為他人成就價值的。反之莊子認為，生命必要與自身的生命相連，才會有價值的，很多人為了一些外在的理由，無論是錢財，功名，虛名等等，在世間追逐，這些「我」之外的東西，實際上是虛幻的東西，於我無益。所以，這不難看到，即使在現今世代，亦有很多人追逐這些東西，以致身敗名裂。

人最終想要甚麼呢？究竟是要怎樣才會開心呢？莊子在〈至樂〉中如此追問：

---

28. （清）郭慶藩撰；王孝魚點校：《莊子集釋》（北京，中華書局，1995 年），頁 323。

夫天下之所尊者，富貴壽善也；所樂者，身安、厚味、美服、好色、音聲也；所下者，貧賤夭惡也；所苦者，身不得安逸，口不得厚味，形不得美服，目不得好色，耳不得音聲；若不得者，則大憂以懼。其為形也亦愚哉！[29]

莊子認為大部份人站在享樂主義的立場，討厭貧賤，莊子認為這便是最大的問題，特別是最後一句所講「若不得者，則大憂以懼。其為形也亦愚哉」，意思就是指，很多人得不到想要的欲望，會十分擔憂，這是十分愚蠢的。接著他又說：「夫富者，苦身疾作，多積財而不得盡用，其為形也亦外矣。夫貴者，夜以繼日，思慮善否，其為形也亦疏矣。人之生也，與憂俱生，壽者惛惛，久憂不死，何苦也！」[30]

人在富有、價值之間憂慮，那人生還有甚麼真正的意義呢？如果人生以欲望為本，生命只停留在欲望的滿足或不滿足之間，這只會令人生處於焦慮之中，那又怎樣才有真正的快樂呢？如果我們放棄一切人間的善惡標準，甚至是苦樂標準，這些一切虛偽的價值標準，便有機會讓我們重拾人之為人的自然本性，因此他說：「吾以無為誠樂矣，又俗之所大苦也。故曰：至樂無樂，至譽無譽。」[31]

《莊子》整套哲學的論旨在於，我們要放棄一切世間人為的價值標準，不為物所累，不受物質所控制，繼而能夠保住自己，得以用欣賞的角度觀賞世界，故他所提出的「逍遙」，就是要重拾主體的自由價值。當我們能以藝術的角度觀賞外物，特別是面對死、生、存、亡等等的問題，均以自然變化的態度了解人世間種種苦難的話，使自己融合在自然變化之中，那便能遠離俗世的規劃，回到四時的變化當中，那麼才能有

---

29. （清）郭慶藩撰；王孝魚點校：《莊子集釋》（北京，中華書局，1995 年），頁 609。

30. （清）郭慶藩撰；王孝魚點校：《莊子集釋》（北京，中華書局，1995 年），頁 609。

31. （清）郭慶藩撰；王孝魚點校：《莊子集釋》（北京，中華書局，1995 年），頁 611。

真正生命的意義。

12.6 外生死：生不悅，死不悲

莊子亦覺得生命都是氣聚而生，氣散而死的，但是他反問，如果人死後是回到大自然當中，那麼究竟有沒有真正失去甚麼呢？反過來說，人生在世追求的，又是否真正得到了呢？因此他說：「生也死之徒，死也生之始，孰知其紀！人之生，氣之聚也，聚則為生，散則為死。若死生為徒，吾又何患」[32]，故對他來說，死與生實為一者，若人只不過是大自然的一部份，生與死其實都是同一回事。

大自然整個運作，就是生生不息，永無完結的，就像《易經》當中所言，因此在〈齊物論〉當中，他便有所謂：「方生方死，方死方生」之說。《易經》當中的要點，或者是太極圖所講，從生到死，從死到生，當中箇然有很多變化，但是這只不過是一個整體之中，內部的循環而已，不同的事物，不過是不同的形體之別，故莊周夢蝶，蝶夢莊周，也是同一回事。

我們要知道的是，〈齊物論〉其實是有兩層意義的，一者是齊物，二者為齊論。齊論所講的就是一切都互相影響，互相扣緊，即使事物是互相對立，兩者之間都是互相扣連的，最終亦只不過是同一回事，是一個共同的自然世界當中的不同層面而已，所以對於莊子來說，無論誰對誰錯，這亦只不過是一種意見而已，並非能夠真正指導人生意義的想法。因此他說：「自其同者視之，萬物皆一也。夫若然者，且不知耳目之所宜，而游心於德之和，物視其所一，而不見其所喪，視喪其足，猶遺土

32.（清）郭慶藩撰；王孝魚點校：《莊子集釋》（北京，中華書局，1995 年），頁 733。

也」[33]

在不同的層面當中，最重要的是生死的問題，而生死對於莊子來說，其實是同一回事。所以，他云：「死生，命也，其有夜旦之常，天也。人之有所不得與，皆物之情也。」生死乃自然而然的循環而已，人有死者，是因為有生，生命與死亡是一對概念，是一個硬幣的兩面，實情為同一件事，故他所講的，是「生死同一」。

「萬物一府，死生同狀」——〈天地〉篇這八個字擲地有聲，說出了莊子死生齊一的死亡哲學：我們在生存之時，其實是向著死亡的；向著死亡之時，亦是生存著的過程。

所以，在生死之間，根本不需要特別的傷心，這只不過是最自然不過的事情。「古之真人，不知說生，不知惡死；其出不訢，其入不距；翛然而往，翛然而來而已矣。不忘其所始，不求其所終；受而喜之，忘而復之。是之謂不以心捐道，不以人助天。是之謂真人。」[34] 所謂的真人，就是順其自然而生，不為物所累，能過自己本身的人生，就是這個意思。當有人死的時候，哭哭啼啼是沒有用的，這只不過是自然世界的變化而已。

大自然與自己的分別，只不過是一個態度的問題，從本質上沒有根本的分別。為什麼我們認為生存比較快樂，而死亡不快樂呢？這其實是沒有證明的，莊子對此亦有類似的想法。如果生死是一樣的，生與死又有何分別呢？特別是，我們根本不知道死亡具體是甚麼，這又有甚麼好悲哀的呢？死之後，如果是無君、無父、無四時，又有甚麼不好呢？人生在世，有很多煩惱要顧的，死亡之後可能便沒有那麼多人間的問題要處理，若然，死亡又有何不好？死亡只不過是沒有人間所有麻煩事而

---

33. （清）郭慶藩撰；王孝魚點校：《莊子集釋》（北京，中華書局，1995 年），頁 191。

34. （清）郭慶藩撰；王孝魚點校：《莊子集釋》（北京，中華書局，1995 年），頁 229。

已，那為什麼要把生存看得那麼重要呢？

因此，《莊子》整套哲學觀，是要講安時處順的，與儒家積極的、正面的人生觀不同，孔子是講義命分立的。安時處順，在儒家的角度來講，「時」可以理解為命，這個「時」是有一種不能反抗之義。莊子所講的便是恰恰相反，因為一切的命，一切的義，成功或不成功，快樂與困苦，都只不過是整個人文世界派生出來的，如果我們不理會這些的話，順著這個自然而過，便是哀樂不能入也，能夠回歸本性了。莊子妻之死的一段故事，正正反映著這種人生觀：

> 莊子妻死，惠子弔之，莊子則方箕踞鼓盆而歌。惠子曰：「與人居長子，老身死，不哭亦足矣，又鼓盆而歌，不亦甚乎！」莊子曰：「不然。是其始死也，我獨何能無概然！察其始而本無生，非徒無生也，而本無形，非徒無形也，而本無氣。雜乎芒芴之間，變而有氣，氣變而有形，形變而有生，今又變而之死，是相與為春秋冬夏四時行也。人且偃然寢於巨室，而我噭噭然隨而哭之，自以為不通乎命，故止也。」[35]

這段故事，是講惠子因莊子妻之死，而去弔唁，但卻看到莊子坐著打鼓，惠子便問他，別人與他共處那麼久，又為你生兒子，不哭已經夠了，為何還要打鼓，會不會太過分呢？莊子說並不是這樣的，他認為人是出生，從無到有，本來是無氣無形的，後來變成有氣有形。「氣」其實就是「道」具體化的呈現[36]，當氣散之時，乃回歸到本身抽象、無形的「道」。這種變化，只不過像是四時變化，花開花落，是自然世界中的改變而已，人本來不需要留戀這種關係，根本不用為此而悲，這是無可奈何，為了大自然的變化而哭，是無意義的。

---

35. （清）郭慶藩撰；王孝魚點校：《莊子集釋》（北京，中華書局，1995 年），頁 614。

36. Lipia Kobn, "One Dao-Many Ways: Daoist Approaches to Religious Diversity," in Perry Schmidt-Leukel and Joachim Gentz. *Religious Diversity in Chinese Thought*, Palgrace Macmillan, p.54。

總括而言，莊子的處世態度，可以用這個話來概括：「獨與天地精神往來，而不敖倪於萬物，不譴是非，以與世俗處。其書雖瑰瑋而連犿無傷也，其辭雖參差而諔詭可觀。彼其充實不可以已，上與造物者遊，而下與外死生、無終始者為友。」[37]在道家的立場來看，唯獨精神自由才是最值得嚮往的。正因如此，莊子所追求的就是萬物、生死齊同，如此一來，我們便不再懼怕死亡。

12.7 民間宗教對生存與不朽的追求

　　余英時先生的《東漢生死觀》，本來是他的博士論文。過去我們一直都以為儒家及道家把握了中國文化的核心，一方面這種視角僅限於先秦時期，很少留意到東漢；另一方面，是大部份知識份子都看不起道教，認為道教內部沒有學術界值得討論的。

　　站在儒家的立場了解生命，從《易經》，到孔孟，宋明儒學，乃至新儒家，這些都是知識份子對生死的態度而已，又或者如莊子，道家的立場，超然物外，但實際上又有多少人能夠以這般逍遙的態度處世呢？站在民間的立場，「生」的觀念是至關重要的，余先生這樣說：

> 生的觀念在古代中國人的頭腦中佔據獨一無二的位置。「生」字在先秦文獻中廣泛出現，從金文到哲學論著都有，便充分證明了這一點。可以說，中國哲學的大多數學派在奠基階段都以「生」的觀念作為出發點。我們甚至可以說，這些哲學流派各不相同的原因主要是由於其創始人從不同的角度看待生的問題，相應地得出不同的解釋。在先秦的主要哲學派別中，儒家特別強調了「生」的觀念的世俗層面。儒家因而教導人們培植世俗

37.（清）郭慶藩撰；王孝魚點校：《莊子集釋》（北京，中華書局，1995 年），頁 1098。

的德性，而將福禍與壽夭的問題歸之於天命。另一方面，墨家比其他派別更關注死，因為唯有他們特別強調鬼神的存在。至於生，墨家的觀點是無法忍受的嚴酷，其說一出便一直被責備為徹底否認人生的快樂。道家的哲學以生的觀念為覈心而建立。此外，與儒家不同，道家不僅將生想像為彌漫整個宇宙的「氣」，而且也將它想像為個體的生命過程。因而老、莊均對人的生死深為關切，亦討論養生與長壽。因此，從戰國末年到漢代初期，生的觀念沿著兩條主線發展，一條是儒、道將生視為宇宙的一種創生力量，另一條是道家的概念，強調的是個體生命的重要。[38]

若我們深入理解的話，儒家與道家兩者，均是從哲學方面理解生死的，如果我們想從民間思想處入手，則道教便是一個不能忽視的思想來源，特別是道教對個體生命的重視，對個體生命不朽的追求，與儒家及道家等知識份子所追求的東西不盡相同了。從中國人文的思想起始處，我們已經知道中國文化強調宇宙當中，生生不息的創生力量，甚至於是變化的力量。但問題是，道教又是如何把握這種文化精神，以追求長生不朽呢？

每個人的具體生命當中，均知道我們生命的可貴，慢慢便會不想死，想長命百歲，這在我們祝賀長者壽比南山當中，已經看得出來。在西方文化當中，我們通常都是祝別人「生日快樂」，很少會祝賀別人長壽的。中國的傳統文化當中，我們是向別人祝壽，希望別人安康，甚至是壽與天齊的。長命，對於普通人來說，是一個長久的追求，不單是生日快樂，這是從西周開始，到現在的一種世俗願望。傳統上，我們希望別人長壽，反過來是因為當時的人短命，這個情況與現代世界不同，而今

---

38. 余英時：《東漢生死觀》（上海：上海古籍出版社，2005 年），頁 17-18。

的人普遍長壽，因此高齡變成了社會上的一個問題。長壽究竟是不是代表幸福呢？這在現今當然是一個重要的問題，但至少在古代，當時的人會認為長壽當然比短命來得好。因此，余先生這樣說：

> 對生的普遍重視，最終會自然導向對個體生命的特別關注。在此方面，我們須考察兩個古老的觀念：長壽與不朽。壽的觀念非常古老，始於遠古。「壽」是見於周代金文的最為流行的嘏辭。向祖先，有時也向天祈求長壽是周人的一種普遍風氣。因此，長壽也許可以說是中國人最古老、最普遍的世俗欲望之一。另一方面，不朽的觀念出現得相當晚。無論是在文獻中，還是在金文中，直到東周早期（西元前8世紀），仍然看不到任何反映人們永久保存軀體觀念的痕迹。但是，西元前8世紀以後，諸如難老、毋死這樣的嘏辭在金文中隨處可見。這些詞的使用標誌著軀體不朽觀念的產生。在我們更充分地討論不朽之前，一些重要的問題必須有所澄清。首先，漢語中「不朽」這個概念，包含著一些細微差別，英語immortality無法完全表達。那些用來表達不朽的大量一般性詞語，諸如長生、不死、保身、度世、登遐、成仙等，也許可以作為單元一觀念（unit-ideas）放在一起。雖然它們全都是表達不朽，但層次卻有所不同。前三個詞語可能是由傳統的世俗長壽欲望演變而來，因為在金文及其他文獻，特別是《詩經》中，這種演變仍有迹可尋。一般說來，西周時期（前1122-前771），人們只祈求有限的長壽和得享天年，但到春秋時期（前722-前481），人們變得更貪心，開始祈求「難老」和「毋死」[39]

其實不只是民間的信仰，一般的中國知識份子也難免受這種想法影

---

39. 同前注，頁22-23。

響，很多士人都追求長壽，甚至追求不朽，這是自然而然的，一般人都是「好生惡死」的，而這是世俗長壽欲望的體現。這在先秦時期已有所體現，很多方士求長生不老之藥，祈求不死，已成為一種風尚。秦始皇在統一中國之後，很多方士對他進言，希望他能尋找到「不死」或「求仙」之道，因此他頻繁地派人尋找長生不老之藥，否則便不會有徐福到日本求藥的故事：

> 如前所論，先秦時期各國諸侯們尋求不死藥以延年益壽蔚為風氣。西元前221年秦始皇統一中國後，皇家求不死藥的活動更加頻繁、規模更大，這可能是，至少部分是因為此時方士只服務於皇帝一人而非各國諸侯。西元前219年，統一後僅兩年，齊地瀕海地區的方士聚集到宮廷，為皇帝到海上求「不死藥」。據司馬遷記載，秦始皇統一大業完成後，許多相信仙的人向他進言「仙」和「不死之藥」。西元前1世紀的一則資料顯示，秦始皇才派人入海求「仙」和「藥」，燕、齊之人就爭先恐後地大談特談仙。數以千計的方士湧到京城咸陽，聲稱服了由黃金和珍珠煉成的仙藥就能活到天長地久。
>
> 求仙的流行導致了世俗化。因此，彼世的和離群索居的仙逐漸經歷了世俗化的轉變。在秦始皇那裡我們首次看到世間不朽與彼世不朽的衝突。既然「不死」就是「仙」，那麼要想「不死」就要變成「仙」。這一事實解釋了為什麼秦始皇寧願自稱「真人」（仙的別名），而不願用皇帝自稱時更為尊崇的「朕」。儘管皇帝努力使自己成仙，但世間不朽與彼世不朽的鴻溝並非能輕易逾越。其實皇帝真正追求的是長壽或不死。顯然，令皇帝對求仙感興趣的，是因為「仙」知道達到其目的的最佳途徑。[40]

---

40. 同前注，頁 27-28。

我們看《西遊記》，唐僧一行人在取西經的路上，遇到的很多「成精」的東西，諸如狐狸精和白骨精，有的則成為妖，另有的則為仙，這些都是從各種生物一步步慢慢練出來的。從這種神仙觀，我們可以得知中國人對不朽的追求。而知識份子對於這種道教的神仙觀，卻有不同的態度：

在轉向民間思想以前，讓我們先來瞧一眼士人對求仙的態度。士人的普遍看法可以簡要地概括為理性主義的與自然主義的。儘管大多數士人認為長壽是人人想要的且值得追求的，但他們一般排除形體不朽成仙，認為這是人力無法達到的。例如揚雄（前53-18年）認為不存在神仙，以及死亡不可避免，據此強烈反對通過法術成仙的說法。同時代的思想家桓譚也認為，積學可成仙的說教是方士的空話。西元1世紀最偉大的批判哲學家王充專門用其《論衡》的一篇來逐點反駁成仙的可能性。據西元2世紀的應劭講，士人中的通行說法是「金不可作，世不可度」。儘管士人持懷疑主義，但形體不朽成仙的觀念仍在民間思想中繫下了深厚的根基。從王充對當時流行觀念的責備中，我們知道人們普遍相信形體成仙的各種方法。例如他們相信，像黃帝一樣舉行封禪可升天；像淮南王一樣服藥可升天；或像盧敖一樣服金玉之精食。據說使人身輕的紫芝之英可升天。也有人相信只有追隨老子的教導寂靜無欲，或斷食五穀，或導引養生，或甚至更為奇怪的將人體變形為鳥的形狀才能達到形體成仙。[41]

余先生覺得，當時如揚雄等人這種神仙觀的講法問題很大，他認為根本不存在神仙，人的死亡是不可免的，甚至王充等人亦持有類似的立場，他在《論衡》當中對成仙的可能性逐點反駁。不過，余先生的結論，與其他學者的研究一樣，認為中國文化是特別重現世精神的，似乎「這種

---

41. 同前注，頁38-39。

現世精神不僅可以在古代中國的普遍的長壽欲望中追溯其歷史根源，而且從觀念形態的角度看，它也得到了中國人頭腦中強調人生的普遍的人文特徵的支持。」[42]

在現世中。我們在拜祭祖先時，為何要把汽車、電腦與手機等的東西，燒給已死的先人呢？甚至更有人燒一整台麻將給先人，再加入三個人陪伴先人打麻將，這當然是在廣義的「拜神」，在道教的世界中是合理的。也就是說，在這些人眼中，人間的享樂，在陰間亦有相應，而陰間的享樂是和人間沒有分別的。天堂與地獄，其實只不過是此生世界的變形，希望我們當前的世界，一切的享受，都可以透過「燒」送到陰間，而在那麼多的祭品中，最常見的是食物，而且祭祀之後，這些食物是要一起分甘同味的。原因是在於，人們相信可以透過食物與祖先聯繫，拜祭的時候是象徵給予祖先享用，拜完之後吃掉祭品，代表我與祖先同在，因而食物便成為與祖先再一次聯繫的媒介。

這是希望死後，在陰間的先人能夠接受人間的錢財，為什麼要寄陰司錢落地府呢？這是因為人們都相信地府與人間一樣，有類似的生活。不過，地府的存在，是因為生人的出現才有意義的。《西遊記》當中講的天宮與地獄，是透過當下此生的意義投射出來的。

而這正是我們討論中國對於生死愛欲問題的重點，就是對此生、自然主義與現世精神的重視，而這甚至是貫穿著，談論中國生死愛欲問題的最主要的觀點。在西方文化中，根本沒有「補身」、「以形補形」等等的內容，如果沒有我們對身體與自然界有對應關係的自然主義觀點，根本就不可能有這種觀念。

---

42. 同前注，頁 46。

12.8 楊朱的貴生賤死

很多人會覺得道教沒有可供學術界研究的東西,認為道教思想混雜,十分原始,有很多道觀不單是拜道教的祖宗,更會拜佛教的人物,甚至有些道觀會拜祭耶穌的,大部份的高級知識份子,認為這是不值一提的。在目前學術界中,許多現代漢學家錯誤地認為道教是向「巫術性的世界觀」轉變,以及是老子道家哲學的衰敗。[43]但是我們都知道,知識份子所思的哲學問題,在一般人的世界中是不被重視的。例如,很多人關心的是七月的盂蘭節,會拜祭黃大仙與車公,他們是仙,同是亦為人,這是十分有趣的。

不過,這種貴生賤死的看法,其實可以追溯至楊朱思想。而楊朱的思想,在孟子的時代是為一種顯學,與墨家並稱,故有「不歸楊,則歸墨」的講法。孟子認為:「楊氏為我,是無君也」,因為楊朱認為「拔一毛以利天下而不為」[44],這個並非是他主張吝嗇,而是因為這樣對生命沒有真正的意義。

為什麼這樣說呢?楊朱認為,雖然萬物各有不同的形態,但最終難逃一死,故他說:

> 萬物所異者生也,所同者死也;生則有賢愚貴賤,是所異也;死則有臭腐消滅是所同也。雖然,賢愚貴賤,非所能也;臭腐消滅,亦非所能也。故生非所生,死非所死,賢非所賢,愚非所愚,貴非所貴,賤非所賤。然而萬物齊生齊死,齊賢齊愚,齊貴齊賤。十年亦死,百年亦死,仁聖亦死,凶愚亦死。生則堯舜,死則腐骨;生則桀紂,死則腐骨。腐骨一矣,孰知其

---

43. 黎志添主編:《道教研究與中國文化》(香港:中華書局,2003年),頁1。
44. 臺灣開明書店斷句:《斷句十三經經文》(臺北:臺灣開明,1991年),頁43。

異？且趣當生，奚遑死後？。[45]

　　這段文字所講的是，人生的遭遇各有不同，有人生在富貴之家，亦有人生在平民之家，無論人生只活十年，還是活一百年，最後的結果也是死而已。而當人死之後，所有人只不過變成了腐骨，根本沒有分別。因此，楊朱認為，我們只知道生命的可貴，而不需要顧及死後的問題的，故他提出「重生惡死」之說。接著他又說：

百年，壽之大齊；得百年者，千無一焉。設有一者，孩抱以逮昏老，幾居其半矣。夜眠之所弭，晝覺之所遺，又幾居其半矣。痛疾哀苦，亡失憂懼，又幾居其半矣。量十數年之中，逌然而自得，亡介焉之慮者，亦亡一時之中爾。則人之生也奚為哉？奚樂哉？為美厚爾，為聲色爾。而美厚復不可常厭足，聲色不可常玩聞。乃復為刑賞之所禁勸，名法之所進退；遑遑爾競一時之虛譽，規死後之餘榮；偊偊爾慎耳目之觀聽，惜身意之是非；徒失當年之至樂，不能自肆于一時。重囚累梏，何以異哉？太古之人，知生之暫來，知死之暫往，故從心而動，不違自然所好，當身之娛，非所去也，故不為名所勸。從性而游，不逆萬物所好，死後不名，非所取也，故不為刑所及。名譽先後，年命多少，非所量也。[46]

　　上段文字體現了楊朱與孔孟的不同，他認為既然生命短暫，最好能夠及時行樂，因此他是一個不折不扣的享樂主義者。生命中最重要的就是享樂，「知生之暫來，知死之暫往，故從心而動，不違自然所好，當身之娛，非所去也，故不為名所勸」，就是這個意思。死亡是不被人所控制的，我們並不清楚自己何時會死，因此最好的方式，便是從心而動，心

---

45. 楊伯峻：《列子集釋》（北京：中華書局，1979 年），頁 221。

46. 楊伯峻：《列子集釋》（北京：中華書局，1979 年），頁 219。

裡面想如何滿足欲望便如何滿足。他對於「心」這個概念，並非如孟子一樣講的是道德心性的問題，亦不是道家講人的自然本性，楊朱認為這純粹是關於享樂與欲求的衝動而已。

對於楊朱來說，既然生命難得，死亡是那麼容易，因此要更加珍惜生命，珍惜可以享樂的機會。即使我們認為自然世界是一個循環，從生到死，又由死到生，但我們每一個人都知道，即使取消自己的生命是十分容易的事，然而楊朱認為想再轉生為人，卻也未必那麼容易，因此他說：「凡生之難遇，而死之易及；以難遇之生，俟易及之死，可孰念哉？而欲尊禮義以夸人，矯情性以招名，吾以此為弗若死矣。為欲盡一生之歡，窮當年之樂」

他認為與其擔心儒家所講的禮儀，招來名譽，倒不如擔心當下有沒有酒可以飲，我們應該關心此生能不能享受，能不能肆情於色，根本不必擔心名聲好壞，身體是否安康等等。他認為孔子十分了不起，但總是惶惶不可終日，這些聖人生前根本沒有享受過，完全沒有擁有過快樂的生活，但是如紂王這般暴虐，在生前享受過酒池肉林，有真正享受過生活，縱使他死後有很人對他安放暴虐之名，但他已經不在，這對於紂王等暴君來說，有何重要呢？無論死後有很多人對他們或譽或毀，他們根本都不可能知道，兩者最後只是同歸於死而已。這麼講的話，除了生命的享樂之外，一切都是沒有價值的，所以他說：「豐屋美服，厚味姣色，有此四者，何求于外？」

為什麼我們要提及楊朱呢？楊朱這種心態到了今日，仍然影響著華人的心靈，就是認為死後沒有任何意義，因此認為生命只在乎享樂，特別是中國文化當中沒有創造者最高道德的東西，起初也沒有地獄的講法，地獄這些概念應該是佛教東傳之後才有的。因此，最重要的就是此生，此生以外別無他求。當然，這種唯我式的享樂主義，只追求肉體的享樂，就是唯一的享樂呢？同為享樂主義者的伊壁鳩魯，可能會質疑這

種追求物欲的生活，是否就是真正快樂的生活。

12.9 葛洪的長生成仙

大家都可能有聽過黃大仙這個道教的人物，但可能沒聽過赤松子。赤松子是比黃大仙更早出現的道教人物，黃大仙即黃初平是晉朝人，而赤松子可謂道教的傳說人物，是秦漢時期，方士之間所流傳的上古仙人。仙者，「遷」也，也就是遷入山中之人，這與陶淵明等的隱士不同，他們遁入山中，希望能夠透過修煉以懂得宇宙萬物生命的奧秘，達致天人合一的境界。

強調此生，甚至是追求不朽，尋找方法成仙，這絕對是道教的要點，葛洪曾曰：「我命在我不在天，還丹成金億萬年」[47]。金庸武俠小說《射鵰英雄傳》中的全真派便是道教的人物，而很多人物在歷史上都是真有其人的，可見道教的影響力其實十分大，特別是中國皇帝很多都是信奉道教，而不是道家，他們追求長生不老，可以使政權長治久安，享盡榮華富貴的，道家反而不能滿足這種講法，老莊追求的無為與自然，並不能幫助他們管理國家。

道教肯定此生，這是它的一個獨特的世界觀。佛教認為生命的本質是苦的，我們在生死苦海當中流轉，最好的方法就是擺脫這種輪迴，達到涅槃的狀態。基督宗教希望的則是得救，追求進入天堂，有一個更好的死後世界。這些宗教某程度上都是否定此生意義的，但唯獨道教在這個立場上，別樹一格。

葛洪的長生之說，應該是包含了秦漢以前的方士之說，但同時吸收了儒家與道家的理論，他要求的是成仙，且不僅僅是煉丹用藥，更承繼

---

47. 王明：《抱朴子校釋》（北京：中華書局，1985 年），頁 262。

了儒家的倫理觀與道家的世界觀，葛洪認為這些都與「求仙」有關係的，他這樣說：「內寶養生之道，外則和平於世。治身而身長修，治國而國太平。以六經訓俗士，以方術授知音」。[48]

究竟人能否如神仙一樣，擁有不死之身呢？在《抱朴子・內篇》〈論仙〉當中有一段相關的文字：

> 或問曰：「神仙不死，信可得乎？」抱朴子答曰：「雖有至明，而有形者不可畢見焉。雖稟極聰，而有聲者不可盡聞焉。雖有大章豎亥之足，而所常履者，未若所不履之多。雖有禹益齊諧之智，而所嘗識者未若所不識之眾也。萬物云云，何所不有，況列仙之人，盈乎竹素矣。不死之道，曷為無之？[49]

有人質疑成仙是否可能呢？也有不少人質疑這是一件荒謬之事，但葛洪認為，很多動物都很長壽，例如烏龜可有百歲壽命，只不過很多人不明白箇中所以，不明白宇宙萬物當中的變化，才會認為成仙是荒謬之談，才會有此疑惑。而這種疑惑乃源自於很多人認為仙人與凡人一樣，但對於葛洪來說，兩者正正就是不一樣的：

> 有生最靈，莫過乎人。貴性之物，宜必鈞一。而其賢愚邪正，好醜脩短，清濁貞淫，緩急遲速，趨舍所尚，耳目所欲，其為不同，已有天壤之覺，冰炭之乖矣。何獨怪仙者之異，不與凡人皆死乎？[50]

仙人是靠藥物與術數延命的，從而使身體不會出現疾病。我們甚至可以說，道教是最符合科學的宗教。根據施舟人，道教的煉丹術主要目的並不是提煉藥物，而是一個重演宇宙生成過程的儀式，從朱砂到水

---

48. 王明：《抱朴子校釋》（北京：中華書局，1985 年），頁 135。

49. 王明：《抱朴子校釋》（北京：中華書局，1985 年），頁 11。

50. 王明：《抱朴子校釋》（北京：中華書局，1985 年），頁 13。

銀，就是宇宙從陰到陽的演變過程，在這裡我們可以從有限的生命體會到宇宙無窮無盡的變化。[51] 因為人的生命有限，道教追求長生不朽，於是透過各種仙術尋求不朽的配方。但根據施舟人的說法，我們可以看出道教煉丹的關注點並不只是煉出來的金丹，更重要的是在於丹砂在燒煉變化中所展現出來的永恆性（eternity）與不朽性（immortality）。丹砂比其他物質更不易朽壞，所以對葛洪來說「丹砂燒之成水銀，積變又成丹砂」的象徵意義。[52] 大家看《西遊記》應該記得，孫悟空打翻了太上老君煉丹的用具，但究竟為什麼道教的人要煉丹呢？李約瑟在《中國科技史》亦曾說過，煉丹是古代中國偶然做出火藥等的技術，可謂是古代化學的原形，但具體來說到底是甚麼呢？不過，我們不要以為中國煉丹術與西方煉金術是同一回事，中國的煉丹術是為了製造出金丹大藥，用於長生不老，西方的煉金術是為了煉出貴金屬，以滿足自己的欲望，當中是有分別的，這是第一點。第二點是，有內丹與外丹之別，內丹有所謂的行氣導引，例如修習氣功等等的東西。第三是關於房中秘術，這就是最獨特的看法，是透過男女之間的性欲，進以修習的方法。

所以，葛洪在〈釋滯〉中說：「欲求神仙，唯當得其至要，至要者在於寶精、行氣，服一大藥便足，亦不用多也。」[53] 又在〈至理〉中說：「服藥雖為長生之本，若能兼行氣者，其益甚速，若不能得藥，但行氣而盡其理者，亦得數百歲。然又宜知房中之術，所以爾者，不知陰陽之術，屢為勞損，則行氣難得力也。」[54]

51. Kristofer Schipper, Taoism: the story of the way, in *Taoism and the art of China* by Stephen Little, the Art institute of Chicago in association with University of California Press., p.43.

52. 黎志添：〈《抱朴子‧內篇》的歷史處境：葛洪神仙思想的宗教社會意義〉，《清華學報》新 第 29 卷，第一期（2000 年），頁 50。

53. 王明：　《抱朴子校釋》（北京：中華書局，1985 年），頁 136。

54. 王明：　《抱朴子校釋》（北京：中華書局，1985 年），頁 103。

但為什麼我們要食金丹呢？葛洪認為宇宙萬物當中，金是不變的，另一種則是水銀，兩種都是不變的東西。他如果能夠從這兩種東西煉成丹，並且服用到身體當中，那樣便可延年益壽，長生不老，甚至是靈魂不死。當然以現代科學來看，這是沒有任何根據的，但至少我們知道他對於自然世界有這樣的看法。

服食金丹大藥之所以長生不死的原因，葛洪說，是因為「服金者壽如金，服玉者壽如玉。」還因為「金丹之為物，燒之愈久，變化愈妙。黃金入火，百煉不消，埋之，畢天不朽。服此二物，煉人身體，故能令人不老不死。」因此，他將仙藥按堅硬持久的特點排了座次，在《仙藥》中，他說：「仙藥之上者丹砂，次則黃金，次則白銀，次則諸芝，次則五玉，次則雲母，次則明珠，次則雄黃，次則太乙禹餘糧，次則石中黃子，次則石桂，次則石英，次則石腦，次則石硫磺，次則石飴，次則曾青，次則松脂、茯苓、地黃、麥門冬……」[55]葛洪還在《金丹》裡列舉各種服食金丹大藥之法，下舉「金液」為例：「金液，太乙所服而仙者也，不減九丹矣。」[56]

另一樣則是「行氣」。他認為宇宙萬物充塞著氣，身體與宇宙對應，所以體內也是氣的運行，我們似乎不需要控制腸與胃，就能自然而然地消化，如果宇宙是一個大周天，身體內的是一個大周天，透過氣修理身體內的魂與魄，與天地相連，這便是我們平日所講的氣功。

葛洪在〈至理〉中說：「夫人在氣中，氣在人中，自天地至於萬物，無不須氣以生者也。善行氣者，內以養身，外以卻惡，然百姓日用而不知焉。」在〈釋滯〉裡，他進一步說：「故行氣或可以治百病，或可以入瘟疫，或可以禁蛇虎，或可以止瘡血，或可以居水中，或可以行水上，或可以

---

55. 王明：《抱朴子校釋》（北京：中華書局，1985 年），頁 177。

56. 王明：《抱朴子校釋》（北京：中華書局，1985 年），頁 73。

辟饑渴，或可以延年命。……善用氣者，噓水，水為之逆流數步；噓火，火為之滅；噓虎狼，虎狼伏而不得動起；噓蛇虺，蛇虺蟠而不能去。若他人為兵刃所傷，噓之，血即止；聞有為毒蟲所中，雖不見其人，遙為噓祝我之手，男噓我左，女噓我右，而彼人雖在百里之外，即時皆愈矣。」行氣雖有效用，但絕不能獨用來求長生。葛洪在〈雜應〉中說：「道書雖言欲得長生，腸中當清；欲得不死，腸中無滓。又云，食草者善走而愚，食肉者多力而悍，食穀者智而不壽，食氣者神明不死、此乃行氣者一家之偏說耳，不可便孤用也。」[57]

葛洪對房中術也進行了論述。他首先肯定了性欲及性交的必要性。他在〈釋滯〉中說：「人復不可都絕陰陽，陰陽不交，則坐致壅閼之病，故幽閉怨曠，多病而不壽也。」[58]在〈極言〉中又說：「陰陽不交，傷也。」其次，他肯定了房中術能養生延年，但又指出，「單用房中術不能致仙」。[59]他在〈釋滯〉中說：「房中之法十餘家，或以補傷損或以攻治眾病，或以采陰益陽，或以增年延壽，其大要在於還精補腦一事也。」他又說：「若年尚少壯而知還年，服陰丹以補腦，采玉液於長欲者，不服藥物，亦不失三百歲也，但不得仙耳。」[60]

綜上所述，《抱朴子・內篇》在中國文化史上有以下意義：

一，它發揚了原始道教重生愛生，致力於長生不老的努力，又通過儒道調和等管道，改造了原始道教，使之符合上層貴族的口味。

二，它建立起完整的神仙道教體系。這個體系繼承了前代的哲學思想、養生方法、巫術禁忌等，以「玄」、「道」、「一」等為理論基礎，以追求仙道為主要目的，以服食金丹為求仙的主要途徑。

---

57. 王明：《抱朴子校釋》（北京：中華書局，1985 年），頁 242。

58. 王明：《抱朴子校釋》（北京：中華書局，1985 年），頁 137。

59. 王明：《抱朴子校釋》（北京：中華書局，1985 年），頁 223。

60. 王明：《抱朴子校釋》（北京：中華書局，1985 年），頁 223。

三，它繼承了早期的煉丹、醫療、養生等理論和實踐，在科學史上留下了可貴的一頁，特別是煉丹理論、實踐，對後世的中外煉丹家有著很大的影響。

他認為生命的奧秘，可以透過男女性交得知的，不過詳細的說法，我將會在第15章再作仔細論述。

12.10 結論：唐君毅論道教

唐君毅先生曾經有如此觀察，就是在每年陰曆七月鬼月之時，為何人要超渡亡者呢？他看到很多人十分悲怨，但為什麼要這樣做？他覺得慘死、冤死、受不公義而死的人，是需要被關懷的，在生之人才能從當中釋懷的，所以箇中亦有其義理：

> 「道教乃遙本中國原始的古代宗教之宗教，而此心情所表現之地德，即通於中國宗教精神之核心，亦通於數千年之中國文化之一核心。然此精神，今只在中國下層民眾的深心存在。」在唐君毅看來中國的宗教精神在於寬厚承載、在道教、在民間。只有從道教的思想根源、現實關注等方面入手，才能了解中國的宗教核心精神。雖然政府和高級知識份子不重視道教的廟宇、道觀，但恰恰是這些宗教場滿足了未及第儒生與普通民眾的需要。[61]

道教接受一切其他宗教的神，他們會拜道教的人物、拜觀音、耶穌、甚至是孫悟空這些虛構的人物，很多對象都是道教所崇拜的。（圖12-2）但這些被拜的對象，都是一個個具體的人，這正能滿足一般人長生不死的願望。當然唐先生亦不相信長生不死，對這些想法有很多的批

---

61. 李瑩，朱鋒剛：「唐君毅論道教」，《宜賓學院學報》第 16 卷第 5 期，2016 年 5 月，頁 11。

評，不過他認為，這對於一般人與死者之間的關係的重構，如何安撫在世之人悲痛的心靈，有著其重要的作用：

> 道教將人們對於長生與不死的美好願景落實、轉化為一套可以
> 在現實中證成的工夫。追求長生不死是道教實現超越的方式。
> 它企圖解決的這一訴求是人類對於生命不朽的永恆追求。按照
> 現代科學標準來審視道教的修煉目標，人們很容易會將其視為
> 應批判的對象。對道教而言，人與仙的兩重世界並非隔絕不
> 通，即便是修道成仙以後，神仙會重返人間、與人為伴，建設
> 人的精神。只不過神仙已超脫生死，卻還在積極地參與世俗生
> 活。這是以道教為核心的中國宗教思想追求不朽的方式。就是
> 說，神仙依然影響、關注人間的福祉，這一思想最能滿足人們
> 對於不朽鬼神功能的多方面要求。鬼神重至人間、關心人類，
> 這樣的觀念在科學主義的背景下往往是人們訴病道家愚昧、迷
> 信的重要證據。[62]

一般人希望往生者能夠透過成仙成佛的方式，重返人間，與在世之家人朋友重聚，與人為伴，並且能夠參與世俗活動。而且，這當中亦有一些價值的判準，如果人能透過自己的努力，依從正道修行，這便是成仙，反之則是成妖，甚至是成魔。無論是成仙、成聖、成妖、成魔當中，均是透過人的努力而成的，這至少肯定了現世，亦肯定了人自身努力的轉化。

在人類這麼多的宗教中，筆者相信沒有一個宗教這麼肯定現世人生。就正如佛教追求涅槃，我們的肉身只不過是有四大五蘊所成。基督宗教認為我們的肉身並不重要，唯有上帝的救贖才是光榮。但確如黎志添所言：

---

62. 同前注，頁 13。

在道教觀念中，人體的地位舉足輕重——既是生命運動的載
體，也是我們跟天地宇宙、大自然連接的唯一途徑。所謂「天人
一理」，道教常把人體比作宇宙，以致形成「小宇宙」、「大宇宙」
的典型說法。人們可以透過內丹修練（即性命修練）來達致生命
的圓滿。[63]

道教繼承老莊天人合一的思想，透過肉體達致精神上與道合一就是
道教的修練方法，所以道教的內、外丹某程度上來說也反映了道教的生
死觀。

---

63. 黎志添：《了解道教》（香港：三聯出版社，2017 年 7 月），頁 52。

第13章
情為何物與《情史》之情的現象

13.1 西方的愛

當我們談到「情」這個現象之時，我們好像都一直沒有去區分「愛情」中的「愛」與「情」，但箇中的意涵其實截然不同。故我便以「中情西愛」這個概念來描述這個現象。「我愛你」這句中文，並不出現在中國傳統情愛論述中，這種浪漫愛的想法，應該是由五四運動始，從西方傳過來的概念[1]。

在西方世界中，「愛」可以分為四者：欲愛（eros）、德愛（*philia*）、神愛（*agape*）與浪漫愛（romantic love）。前三者從希臘神話出來的概念到了柏拉圖與亞里士多德都有提及的，柏拉圖講欲愛比較多，而德愛這個概念則是亞里士多德的文本有較多的討論。柏拉圖式的欲愛，是認為「我愛你」是「因為你美」。所以，柏拉圖在《會飲》當中，認為一切的愛都是追求不朽的東西，甚至是真善美才是真正欲愛對象，所以這是精神性的，而不是身體性的。亞里士多德則認為，「我愛你」，是因為你的德性。這種德愛強調的是一種相互性，例如友情之間會給予別人好處，會為了朋友著想而做事。同時，別人對我的愛，也是為了我的好，才與我交往。而神愛的重點是「神愛你」，無論自身或美或醜，神也是會愛你的，因此這從神愛，轉化為後來所講的博愛。這三種愛都似乎是一種應然的愛，是有價值內容的。但是，第四種浪漫愛則與以上三種不一樣。浪漫愛當中的重點是，「我愛你，因為你是你」，不是因為你身上有任何

---

1. 參看本書第 17 章：〈浪漫之愛與道德之情：《羅密歐與朱麗葉》與《梁祝》「愛」的概念比較研究〉。

一種特質，而是因為你這個特殊的對象。浪漫愛與前三者最大的不同，乃在於個體與個體之間產生的激情。

特別是「愛」這個字，可以分為及物動詞與名詞兩種用法，當我們講「我愛你」的時候，其實是愛甚麼東西呢？而且為什麼我們會愛呢？西方哲學從柏拉圖開始，一切關於愛情的問題，都是追問愛情的本質，這個問題意識好像斷定了，愛情後面有一個真愛的存在，而何謂真愛，在西方世界的確是一個最重要的課題。相反，在中國文化傳統當中，我們很少把愛情放在哲學的領域討論的，一般都交由其他領域的文人雅士來談論的。所以，我們有不少愛情文學，由《詩經》開始直到五四時期，數之不盡的愛情文學作品都成為我們的經典，卻沒有愛情哲學作品，這或許是中國文化的其中一個缺失，但我想在這一篇探討當中的原因。

不過，如果真的如西方愛情哲學所言的話，那麼便有一個價值論的問題：就是一套應該如何去愛的方法，而這是從本體論（ontology），討論何謂愛的問題，到應該如何愛的價值論（Axiology）問題。這便如亞里士多德所講，當兩個人相愛之時，如果愛對方的德性，而不是為了純粹的快樂，便是對真善美的追求了，而這就是完美之愛（perfect love）。

13.2 情，性，欲

在當代西方文化當中，愛情往往就是浪漫之愛。關於浪漫愛的起源，其實不是在十一世紀的時候出現的，雖然這比羅密歐與朱麗葉的故事來得早，所以在十一世紀之前已經有相關的討論。但如果我們要講的是，人們歌頌浪漫愛情起源的話，這就是《崔斯坦和伊索德》（*Tristan and Iseult*）的故事。無論我們講的是以上這個故事，還是《羅密歐與朱麗葉》，甚至是《夢斷城西》（*West Side Story*，亦譯「西城故事」），這些浪漫愛情的故事都有一個特徵，都重複一個重點，就是兩個人在一起，

就是要違反當時所有的道德規範，當投入愛情的世界，願意為對方付出所有，沒有為什麼，就是因為一個「愛」字。西方世界對這種浪漫愛（romantic love），其實是一種逾越愛（transgressive love）。[2]

但中國文化又是如何理解情和愛呢？在這裡我們要做一個區分：前面提到，中國文化似乎把這種人與人之間的關之愛情，看作為一個名詞，而非如西方一樣當作一個動詞，因次將之視作「情」。

當我們說「有情人」，就是指兩個個體之間產生了一種特殊的關係，與其他的人區別出來。即我的心中有你，而你心中亦有我，這在中國文化當中乃屬「相思」之情，這種情特別的地方在於，在人與人之間，或者是人與事情之間呈現的。人與一切的事物都可以有情，亦可以無情。所以，當我們討論這種情的現象時，是問這究竟是如何呈現的呢？這不是一個關於「甚麼」的問題，而是關於「如何」的問題。

「情」這個字的意涵非常豐富的。首先，情可以指情感，或者是情欲，按照《郭店楚墓竹簡》〈性自命出〉當中的文本，這概念可以這樣用的：

> 凡人雖有性，心亡奠志，待物而後作，待悅而後行，待習而後奠。喜怒哀悲之氣，性也。及其見於外，則物取之也。性自命出，命自天降。道始於情，情生於性。始者近情，終者近義。知情者能出之，知義者能內（入）之。[3]

「性」可以指是人的本性，但在與物相接之外，便會產生情了。那甚麼是情呢？例如喜歡、快樂和討厭等等的一切情緒。所以在中國文化對情的早期討論當中，通常都是從人的情緒開始討論的，且認為人之為人有根本的本性，而情只不過是因為人要與外物接觸，所以才產生所謂的

---

2. 參看本書第 18 章〈浪漫愛與激情愛〉。

3. 引自湯一介：〈「道始于情」的哲學詮釋——五論創建中國解釋學問題〉。《學術月刊》，2001（7）：40-44。

情。故此有所謂七情六欲的講法：

> 「七情六欲」之說古已有之，如《禮記・禮運》曰：「何謂人情？
> 喜、怒、哀、懼、愛、惡、欲七者弗學而能。」此處之「欲」或
> 「飲食男女，人之大欲」之「欲」，均是說「飲食男女」是人性自
> 然的要求，所以告子說：「食色，性也。」（注：《禮記・禮運》
> 亦云：「飲食男女，人之大欲。」）實際上先秦儒家論「性情」者
> 有多派，王充《論衡・本性》中提到的就有五派，而所言五派可
> 以說都是對孔子「性相近」的發揮：或言性無善無不善；或言性
> 善；或言性惡；或言善惡混；或言善惡以人殊分上中下。在《論
> 衡・本性》中王充只講「六情」：「情有好惡喜怒哀樂」，而沒有把
> 「欲」列於「情」之中。[4]

人與外物接觸，其後產生種種的情緒是自然而然的事，這些都不需
要學習。但問題是，我們該如何控制這種情呢？例如我們怎樣節哀，控
制我們的哀傷，我們怎樣遏怒，控制我們的憤怒，以上這些話題便變成
了中國哲學討論的主軸。人本來就有性，後來才產生出情，所以關鍵是
如何把接應外物後，發出來的情，變得合乎「理」了。因此，在整個中國
哲學的討論當中，性、情、理三者之間的關係為何，成為一個核心的議
題。

新儒家當中，例如是唐君毅先生與牟宗三先生等，均認為儒家最
重要的是討論心性之學，因此要重新講明孟子之學，如何回應當代的問
題。不過，樂黛云便認為這種講法忽視了中國文化當中，對情的討論：

> 「情」是中國傳統文化的一個重要關鍵字。近年出土的、成書於
> 西元前200餘年前的郭店楚簡《性自命出》篇更是明確記載：「道

---

4. 湯一介：「道始于情」的哲學詮釋——五論創建中國解釋學問題」。《學術月刊》，2001
（7）：40-44。

始於情，情生於性」，「性自命出」，「命自天降」。為什麼說「道始於情」呢？這裡說的「道」是指可以言說的那個「道」，而不是「道可道，非常道」的那個高於一切，不可言說的「常道」。這可以從〈性自命出〉篇的第9節和第4節提到的「唯人道為可道也」得到證明。可見「道始於情」的「道」是指可以言說的人道，即社會之道、做人之道。「道始於情」就是說「人道」是從「情」開始的。社會和人的發端首先是由於人與人之間存在著「情」；而「情生於性」，「情」是由人的本性中發生出來；人的本性又是由天命所賦予。「天命」按儒家的說法，有種種含義，但大體可以解釋為一種超越於萬物之上，可以支配萬物的力量和必然性。「命自天降」，是說「情」的存在不以人的意志為轉移，而是「天」作為一種非人的力量所表現出來的必然性和目的性。為什麼說社會之道、做人之道是從「情」開始的呢？在儒家看來，這種天生的「情」首先表現為父母兒女之間天生的親情。有了這種愛自己親人的感情，才會「推己及人」，作到「老吾老以及人之老，幼吾幼以及人之幼」而建構成社會，因此是社會人生的出發點。[5]

　　樂黛云認為，從郭店竹簡的文本看出，情與理兩者，比心與性更加重要的，這似乎是產生世間一切情感的基礎，這是相對描述性的看法，而不是從人的本體是甚麼，甚至該如何做人等價值論的討論。與其他人交往的過程當中，從現象層面上，的確不一定會關懷別人的，而是可以討厭別人的，這在七情六欲當中有惡、厭等概念便證明了這種講法。那麼，情與欲又有甚麼關聯呢？兩者會不會生出惡這個問題呢？樂黛云這樣回答：

---

5. 樂黛云：「『情』是中國文化的一個重要元素」，《涅槃與再生》，北京：中央編譯出版社，2015，頁171。

那麼，「情」和「欲」又是甚麼關係呢？儒家的荀子強調「性惡」，他常將「情」和「欲」分開來談，認為無限制的「欲」是「惡」的根源，但他仍然承認「欲」是自然合理存在的。他說：「凡人有所一同：饑而欲食，寒而欲暖，勞而欲息，好利而惡害，是人之所生而有也，是無待而然者也，是禹、桀之所同也。」關鍵在於「節用禦欲」，「欲雖不可去，求可節也」。但也有一些儒家並未把「情」、「欲」截然分為兩個概念。如《禮記·禮運》曾有「何謂人情？喜、怒、哀、懼、愛、惡、欲七者弗學而能」之說，此處之「欲」是作為「人情」之一種而提出來的，或即指該篇下面所「飲食男女，人之大欲」，肯定「飲食男女」是人性自然的要求，所以告子說：「食色，性也。」儒家不反對「情」和「欲」，但提倡對「情欲」加以節制。《呂氏春秋》指出：「天生人而使有貪有欲。欲有情，情有節。聖人修節以止欲。故不過行其情也。故耳之欲五聲，目之欲五色，口之欲五味，情也。此三者。貴賤、愚智、賢不肖欲之若一，雖神農、黃帝，其與桀、紂同。聖人之所以异者，得其情也。由貴生動，則得其情矣；不由貴生動，則失其情矣。此二者，死生存亡之本也。」對於「情欲」的是否節制和是否節制得當被視為「死生存亡之本」，足見其對於節制「情欲」的重視。關於「情欲」講得最好的是朱熹，他說：「性所以立乎水之靜，情所以行乎水之動，欲則水之流而至於濫也。」他認為如果把「情」比作水，「欲」便是水的氾濫，他也認為「性靜情動」，而「欲」是對「情」不加節制地過度氾濫。[6]

在這段文字中，引述荀子的講法，性本身是無善無惡的，「生之所以

6.　樂黛云：「『情』是中國文化的一個重要元素」，《涅槃與再生》，北京：中央編譯出版社，2015，頁 172。

然」就是性。但欲望很容易會產生貪念，然後追隨純粹的快樂，並且不加以節制的話，這就會變成惡。於是剩下來的問題便是如何去克服欲望，或者是怎樣控制它，所以荀子就是要人生禮義、起法度。

對於情感與情欲的分別，湯一介如此解說：

「情感」與「情欲」不同，「情感」是「性」之自然流露之要求，「情欲」（欲）則往往出于「私心」所追求而欲取得之。雖然「情感」與「情欲」有所不同，卻並不意謂「情欲」應廢。但在先秦典籍中，對「情」（情感）和「欲」（情欲）並未作出明確分疏。無論「情」或「欲」本身都不能說是善是惡，而要看它們是否合「理」（禮）。故漢儒的「性善情惡」之說影響後來各朝各代的儒學大師甚鉅。如唐李翱〈復性書〉中說：「人之所以為聖人者，性也；人之惑其性者，情也。」至宋有所謂「理欲之辯」，而倡「存天理，滅人欲」，但此「人欲」是指人之「私」（欲），它和人之情（感）不同。「情」是「從性中流露出來者」。（注：朱熹云：「性中只有仁義禮智，發之則為惻隱、是非，乃性之情。」）（《朱子語類》）[7]

13.3 儒學對四端與七情的立場

在宋明理學當中，朱子對於七情亦有其說法，台灣的新儒家其中一位代表人物李明輝先生，有一部著作《四端與七情》亦有論及此問題：

朱子的心性論是其共同的思想背景。在朱子理、氣二分的存有論架構中，性、情分屬於理、氣，心則為「氣之靈」。借用康德的用詞來說，孟子所說的「四端」（惻隱、羞惡、辭讓、是非）即是「道德情感」（《禮記・禮運篇》）所說的「七情」（喜、怒、哀、

---

7. 湯一介：〈「道始于情」的哲學詮釋──五論創建中國解釋學問題」〉。《學術月刊》，2001（7）：40-44。

懼、愛、惡、欲）即是「自然情感」。正如康德將道德情感與自然情感一概歸於感性領域，朱子也將四端與七情一概歸於氣。朱子與以張南軒（1133-1180）為首的湖湘學者間的辯論主要環繞著「以愛言仁」、「萬物與我為一」、「以覺訓仁」等問題。整體而言，湖湘學者傾向於將「仁」視為一種先天的「覺情」，而可以接上現象學倫理學的基本方向。[8]

他借用康德術語，認為七情都是自然情感，而四端則是道德情感，所以重點是，無論是四端或者是七情，其實都是情感，情緒是不能把四端與七情分開，兩種類別都有基本的關係。

在中國大部份的哲學討論中，均是集中討論性、情與心的關係，而情這個概念通常是指情緒或者是情感，但似乎沒有討論人與人之間，如何產生「情」的問題。我們不禁要問：「在日常的人際關係中，究竟人是如何產生相思之情呢？」似乎從傳統的儒學當中，甚至從他們如何使用情這個概念時，已看出他們忽略了人的這個面向。

綜合以上中國傳統所講的情，一般可以分為三方面：

第一點是情感或者是七情六欲；

第二點是人情；

第三點是男女之情。

觀乎中國歷代哲學家的論著，這些討論似乎都只是集中在第一種，因此，情在某一意義下是被動的，是被外物牽引所帶動的情緒，接近英文 being affected 的意思。因為情乃人的情感或者七情六慾，所以以上情都有共同的起點，就是人與人及人與事物之間感應而起的情，是情緒反應的活動；人有「人性」，與外物接觸然後產生情，情必定是與事物接觸的結果。這便如《中庸》所講：「喜怒哀樂之未發，謂之中」，這種「中」

---

8. 李明輝：《四端與七情——關於道德情感的比較哲學探討》，台北：台大出版中心，2005

是未發出來的，當發出來便為情而已。

儒、釋、道三家都肯定情欲是自然的，不學而能，是人之為人的能力。然而，人如何把這種情持久下去？人是否把情持久下去？情感本身是否對人生有積極意義的影響？它有沒有正面的意義？透過對這些問題的探討，我們可以看到儒佛道三家對情的不同看法。

從《易經》所謂的情欲觀，即在男女乾坤之道裡，《易經》的情欲觀都以自然為起點。孟子所重視的並不是情，也不是情緒的反應；而是人對萬物那種比情更深一步的關懷，即所謂四端、性善、良知。他認為人對萬物有所謂惻隱之心、羞惡之心、辭讓之心、是非之心，這些都是作為人性本善的重要元素。這便如朱子云：「有是形，則有是心，而心之所得乎天之理，則謂之性。性之所感于物而動，則謂之情。」[9] 這裡談到有關中國傳統「心」、「性」、「情」的關係。「心」即「理」，「心」在理中等於「情」。「理」是一個大的方向，一個內在的規範，是人性之所在；「情」是透過人與外物交接而產生出來的，故云有感動有感愛的為「情」。「情」其實是人與外物互相交感之下而呈現的現象，它是附於物中。人對物之喜歡、恐懼、憎恨，全是人對物之反應而已！

情感固然重要，但人不能夠讓情感無限發揮，因為它會影響我們理性的判斷，影響我們道德的關懷，所以儒家提出要以理規情。就正如《中庸》也認為喜怒哀樂之發要合乎中節，合乎規矩。以理規情，把情立於禮，這是儒家所重視的。男女之情不單只是情感之情，還有情欲之情，而且是需要以理以禮去規範之情，它不能從男女兩個個體中去決定。男女之情如果只是強調男女之私情，把情緒變成一個個人化的關係，便沒有任何意義，因它不是最重要的道德情操。儒家所關懷的就是公共的人

---

9. （宋）朱熹撰：《朱子文集》，正誼堂全書，清康熙張伯行編，同治左宗棠增刊本，頁3226。

倫規範，所以私情是不值得哲學家討論的，原因是這不是公共的問題，因此不是一個普遍而規範的課題，這便是儒家把愛情當成情緒一種的理論後果。既然公心大於私情，男女之情便沒有哲學上的重大意義了。

「理」和「禮」是一個普遍意義，是屬於公的。人與人之間若能把私欲加以克制，把情緒提升至一個公的位置，這才有意義。就儒家立場言，把情緒變成人與人之間的關係，而這個關係是建立在一個合禮的、合理的、合乎仁義的倫理關係中，才可以導情於理，才不會造成情緒氾濫。可見儒家認為理（包括仁、義、禮）比情更為重要。在合乎禮義的規範當中，任何情緒都不能氾濫，一切必須要得其正，在適當的環境要合乎適當的關係。由此可知，正因為儒家把男女之情納入倫理範圍去理解，把情透過禮的規範在人倫秩序中表現出來，情的哲學就自然在中國哲學思想中被排除出來了。

朱子所講的「存天理，去人欲」，把外界一切的貪欲，或者不同情緒的欲望，去除了私心的欲望，而男女之情僅為其中一種私欲，又不值得討論的。但為什麼夫婦之間的關係又會再作討論呢？這是因為夫婦是男女之情，從私有的領域提升到公共的領域，夫婦二人再不是情感，雙方多了一份責任與義務，至於當中有沒有情，是不太重要的。重要的是，當中的情受不受到禮義規範，而在人文秩序之中展現出來。

13.4 佛道兩家論情所生的問題

道家思想主要從老子及莊子的思想啟迪下發展出來。他們皆認為人的問題是，在分化的世界中，人喪失了真我的本性，所以一切人類文化現象都是「虛假」的，並不是真正的存在。人類的文明只是人與自然喪失了最基本的關係而得出的結果。人的行為也是虛假的行為，損失了人類真我本性後而表現出來的。人如果對萬物產生情，而情反過來決定人的行

動，決定人的生命時，人便為物所累，被情所累，失其自由，忘記自我本性，所以人要反璞歸真。老子說人要無欲、寡欲。雖然欲能夠使人得到短暫的滿足，但是唯有無欲反而會令人尋回自己早已喪失的本性，而當人得到自己的本性之時，就是一種自由的狀態。這也可以解釋為什麼同為道家的莊子喪妻仍然鼓盆而歌，因為莊子主張無情。由此可知，從道家的立場看，無欲、無情都並非今天意義的冷漠，而是重拾屬於自己本性的表現。

莊子認為生死只是自然變化，而人是活在幻化當中，有了這個生死觀，就自然生不喜、死不悲。縱使妻子死去，亦不用悲哀，因為這只是人生的變化而已，人生本如此，故謂「且乎得者時也，失者順也，安時處順，哀樂不能入也。」月圓月缺、生生死死皆是宇宙基本的自然活動。人生的生老病死，就如自然界當中的四時變化，氣聚氣散，萬物的一切生滅就是本然如此的，而人間的痛苦在於人有情之故，這種看法與儒家思想相反。莊子認為人世間的一切功名利祿，一切成功、失敗、快樂與痛苦，都是被這種成敗之間的框架反過來控制自己，因此甚至連生命亦不值得驕傲。所以，道家不單是不重視男女之情，乃至對一切的情都是負面的，因此要求達到「不動情，不為物所惑」的境界。

佛家強調三法印與四聖諦，所謂的四聖諦，即「諸行無常，諸行皆苦，諸法無我，涅槃靜寂。」其實這一切所講的，就是人生來就是苦的，而苦的根源就是因為有欲望，有欲望則有所求，而求不得正是佛家所講的「八苦」之一，甚至一切的情都是苦的。佛家所言的「行」就是現象，所有現象都是無常態的，沒有不變的道理，因為一切現象都是因緣所生，所以到了大乘佛教，就有所謂「因緣所生法，我說即是空」的說法。佛家講「空」，萬事萬物都是鏡中之像，此像不是我，非鏡亦非持鏡人，但亦不能說鏡中沒有影像。既然一切的事物都是不定的，因此他們便言事物都是無自性的，是無住的。

所以一切宛然事物好像有，可是，這「有」不是永恆的有，而是無常的「有」。萬事萬物都無自性及獨立存在的基礎。鏡中之像是非有、非無、非非有、非非無，不能說它有或無，不能對它作任何「有」或「無」的決定，因為兩者皆錯誤。每件事物在當下宛然出現時只是當下呈現，而且迅即消逝。人的痛苦便是將無常因為個人的執著看待為有常，所以諸行皆苦。有時候我們在戀愛當中，認為這種事情十分美麗，希望這種感覺永恆不變，幸福不會消逝，然而，這份美麗剎那間便可化為無。所以，執著於有常就會產生痛苦。

人之所以生苦，在於不了解何謂永恆的變化，他們往往將苦視作非永恆的變化，以為苦中諸法有我，其實諸法無我。人乃四大和合：地、水、火、風所組成，既會生，也會死；人必須依靠條件而生存，人的存在是眾多條件所組成的。因緣所生，皆為無常現象。因此，人最終只有在涅槃境界，離開欲求生死海，才能到達真正的彼岸，證悟解脫。一切生命是苦，皆因我們都是無常的生命。

從十二因緣裡面講，從「無明」出現的自己，到「生老病死」，種種的事情都是互相影響之下產生的現象而已。而當中與情相關的，乃是從「受」生「愛」，從「愛」生「取」。愛可以說是一種要求，一種渴望。所以，從佛家看愛，愛是想擁有一些東西，因此是一種負面的執著。廣東話十分能把握這個本質，當我說：「我愛這個」，這個「愛」是指「要」某東西，是有所取的。十二因緣便能解釋了諸生相當中，種種欲望所產生的煩惱而已。

人類的問題在於欲望、執著，不知萬事萬物只是十二因緣的湊合。欲望是正面的，而快樂是負面的。人因欲望得到滿足而快樂，快樂的出現只不過是欲望的暫時停止，快樂本身並無任何正面的意義，所以對任何快樂的追尋都是虛妄的，都只是一種幻覺。可悲的是，人從一出生開始便有著無窮無盡的欲望，欲望永恆伴隨著每一個有形的眾生，所以人

對快樂的追求永無止境，人的痛苦也因此永無止境。

欲望是痛苦的來源，人之所以憤怒、悲哀，乃因無數欲望要求的不能實現，無數的痛苦就隨著人的欲望產生。人生是悲哀的，正如叔本華也說，人生的悲哀之處在於知道欲望才是人生的真正本相，快樂只是使人暫時忘記真相而已，但當酒醉醒來，痛苦的真相仍然存在。一切情愛全都是欲望貪念，所以，要離苦，先去欲，繼而絕情。因為情生於欲望，無欲便無情。人要超越感情，超越人與人之間的關係，甚至男女之情。所以，佛家反對一切情欲欲望，不贊成情欲，因它只會帶來無限痛苦。

欲望對於佛家來說，便是一個負面的概念，而情便是其中一種欲望，所以這對於解除人生痛苦達到涅槃是有害的。

13.5 史華羅：《中國之愛情》以及關於情的中國文學

中國哲學討論「情」這個概念往往只限於道德議題，以宋明理學為甚。宋明理學基本上全無男女之情，更遑論情愛和性愛了。關於情愛與性愛等等的話題，中國知識份子對這些的研究是極少的，基本上可以說是缺席的。反倒是外國的學者，對中國文化如何理解性與愛，有著較多的研究，這可能是外國學者沒有太多的忌諱，而中國知識份子也在某程度上劃地自限，逃不出這種禁忌。其中一位意大利的學者史華羅（Paolo Santangelo），在《中國之愛情》中，對中國傳統的情愛與性愛觀有一定的描述：

> 在中國的傳統中，「情」和「愛」二字是表示「愛情」的最常用的字。「愛」字與現代義大利語中的amore一詞的許多含義相同；然而，古時候，在中國，它卻常被用於哲學和倫理道德文章之中，表示對他人的同情，具有倫理道德的含義，並無性愛的含

義；從中國古代哲學家墨子（西元前480-前370）的兼愛，到儒家的仁，都是這個意思；在一定程度上，這種愛與古希臘語中的*philia*一詞所表示的意思相似，現在的「家庭親情」（caritas）一詞所表示的意思也相似，與責任（*pietas*）一詞也有緊密的關係。我們再想一下「愛民」一詞的含義，它表示的是君主及其官員們對臣民所要承擔的主要義務。《四書人物演義》是一部話本故事集，成書於17世紀；書中批判了古代哲學家墨子的兼愛，將其稱之為「情」，視其為虛偽之愛。「愛」也被用來表示親屬之間的情意，如「相愛」一詞，曾經出現在一篇表現母親去世後一篇青年婦女患上抑鬱症的文章之中；再如「寶愛」一詞，在蒲松齡的小說中描寫的是胭脂的父親對女兒的感情。

使用「愛」字表示性愛，可追溯到漢代（西元前206-220）的詩歌，唐代以後，「愛」的詞義得到了豐富，具有了夫妻之愛、婚前之愛、婚外之愛等含義。當時，人們不僅在口語中這樣使用，而且在古典著作中也這樣使用。這一點可以在妓女的故事、形象反覆出現在眼前等。其他一些類似的詞彙是：「悅」、「風情」、「恩愛」，等等。[10]

但是，在中國的眾多民間文學作品中，「情」這個概念，並非一定是道德意義的。按照史華羅的講法，中國所討論的情愛問題當中，並不是落在知識份子的哲學討論之上，乃落在民間的文學討論之上，史華羅接著說：

> 通過用隱喻和轉喻等修辭手段對愛情一詞的概念進行研究，我們可以從中獲得一系列豐富的詞義，並可以進行廣泛的概念聯想；「愛情」不僅局限於描寫愛的經歷，而且意味著不斷地用新的方法展示人物內心世界。前面我們曾談及到「寶愛」一詞，

---

10. 史華羅：《中國之愛情》，王軍，王蘇娜譯。北京：中國社會科學出版社，2012年，頁5-6。

「寶」強調了緊密相關之意。它最直接的概念可能是「聯繫」的意思，而不是來自於柏拉圖主義的把兩個不完整且相互補充的部分統一起來的概念：這裡的「聯繫」指的是感情的聯繫，它一般通過性的欲望得到完成，通過婚姻的形式得到社會和法律的承認。然而，與西方現代觀念不同的是，在中國，只有友誼才能使兩個聯繫體處於平等的地位；兩性之間的愛情(同志也仿照兩性愛情關係)和親屬之間的關係是建立在等級制度基礎之上的。[11]

而且在這些文學作品所描述的情，遠比傳統理學所分析的情還複雜，至少不是把「情」看作為心性的對立面那麼簡單的，當中的意義十分豐富。裡面的作品，透過把人的經驗描述出來，而通常人們都把這種情感與快樂扯上關係：

> 另一個有關的重要概念是「快樂」，人們常把它與生理快感混為一談；生理快感來自於美的誘惑，誘惑力和它所具有的潛在危險又常被解釋為神秘的魔力。漢語中，人們常用「熱」和「火」字比喻愛的深度，特別是比喻愛的強烈度；這種感情的程度，往往可以體現在小說對人物性格的刻畫之中。愛情的力量常常勢不可擋，它征服作品的主人公，使其失掉理智，書中經常有這樣的描寫：靈魂無論在人間還是在上天都失去了控制。如果愛情得到了回報，一見鍾情和諧美的愛可以發展到極點，達到瘋狂的程度；如果愛情得不到回報，悲傷和絕望就會控制主人公，此時的情況可以用古典名言「相思之痛」加以形容：不思茶飯、夜不能寐、心灰意冷，直至思念而死或殉情而亡。[12]

如果「情」這個概念不單單是道德範圍下的意思，那麼具體而言，中

---

11. 同前註，頁 9-10。

12. 同前註。

國文學當中又是如何理解「情」這回事呢，這可生出種種「問世間情是何物，直教生死相許。」等的問題了。

13.6 情之文學

與西方對愛情哲學，有豐富的討論，從柏拉圖的《會飲》到近代辛格三大冊巨著《愛情的本性》，可見愛情在西方的哲學傳統中，是一個受重視的課題。

回看中國，儒家、道家、佛家，對男女的情愛哲學，著墨並不多，沒有把情愛作顯題化處理。中國人不關心對情的理論反省，但不代表中國文化不重視情。相反，情的文學在中國源遠流長，早至《詩經》已經有對情的文學描寫。在傳統中國哲學當中，有關於情這個概念的使用，基本上只是能解為情感或情緒之類的東西，而情感當中，僅為眾多用法當中的其中一個。不過，在中國文學當中，「情」可謂文學當中相當重要的意念。大家可以看看，有關於「情」的詩，有無數的多，中國歷代的「情」詩至少有上千上萬種。而且這些關於情的討論亦可以再作仔細區分，例如國仇家恨，對風景感嘆之情，抱怨仕途失意等等，不過眾多的情當中，男女之情可謂當中的佼佼者。

中文字中的「情」，是有很多不同意義與用法的（例如：事情、情況、情緒），要分析是很複雜的。我們難窮盡「情」的意思，但長相思就是一種情的表現。愛是動詞、名詞；情永遠是名詞，不能是動詞，沒有人說「我情你」。所以情一定是在人與其他人（或事物）中間發生的，兩個人中間有情。

如何表達有情呢？就是「相思」，相思是很多文學的主題。你在我心中，我在你心中，這就是情。情不是事物，是在兩個人關係中的一種呈現的現象。

讓我們先從白居易的〈長相思〉開始：

汴水流，泗水流，流到瓜洲古渡頭，吳山點點愁。

思悠悠，恨悠悠，恨到歸時方始休，月明人倚樓。

「問世間情是何物？直教生死相許。」這千古名句並非疑問，而是感嘆的反問。元好問並不是想問情是什麼，而是對人為男女之情，竟會生出恨意，甚至不顧性命的一種感慨。其中有趣的地方是，在整個中國文學當中，似乎沒有深究情的本質為何，它只不過是一個現象，就是描述出一個人與另一個特殊個體之間，形成一種猶如不能分離的現象，故生出種種的恩愛、纏綿和嫉妒之情。而中國的情詩當中，絕大部份都是表達兩人之間情的關係，特別是一種惦念、神不守舍之獨特關係。在《詩經》當中便有很多的例子：

青青子衿，悠悠我心。

縱我不往，子寧不嗣音？

青青子佩，悠悠我思。

縱我不往，子寧不來？

挑兮達兮，在城闕兮。

一日不見，如三月兮。

這些詩都是講述情人之間的心境，通常是講他們對見面的盼望，就如「一日不見，如隔三秋」等等意思。而另外李商隱的詩，亦有很多關於男女之間的思念之情：

錦瑟無端五十弦，一弦一柱思華年。

莊生曉夢迷蝴蝶，望帝春心托杜鵑。

滄海月明珠有淚，藍田日暖玉生煙。

此情可待成追憶？只是當時已惘然。

而這首詩當中，最重要的是最後一句：「此情可待成追憶？只是當時已惘然。」當然李商隱的詩以意象朦朧見稱，讀者並不容易解釋他的

意思，原因是當中包含了他自身特殊的故事，而整首詩的上片，大致上都是寫景的，而下片就是描述他自己的思念之情，他認為這份情已過去了，當初最美麗的畫面已經淡然，還要去追求它又有何用呢？另一首是李白的〈長相思三首〉，可謂情詩當中的佼佼者：

> 長相思，在長安。
>
> 絡緯秋啼金井闌，微霜悽悽簟色寒。
>
> 孤燈不明思欲絕，卷帷望月空長嘆。
>
> 美人如花隔雲端。
>
> 上有青冥之高天，下有淥水之波瀾。
>
> 天長路遠魂飛苦，夢魂不到關山難。
>
> 長相思，摧心肝。

> 日色欲盡花含煙，月明欲素愁不眠。
>
> 趙瑟初停鳳凰柱，蜀琴欲奏鴛鴦弦。
>
> 此曲有意無人傳，願隨春風寄燕然。
>
> 憶君迢迢隔青天。
>
> 昔時橫波目，今作流淚泉。
>
> 不信妾腸斷，歸來看取明鏡前。

> 美人在時花滿堂，美人去後花餘牀。
>
> 牀中繡被卷不寢，至今三載聞餘香。
>
> 香亦竟不滅，人亦竟不來。
>
> 相思黃葉落，白露溼青苔。

這些詩中，是描述情人對另一半的想念、掛念，這是一種相思之情。而相思與單思不同，相思的重點是「我在你心」，「你在我心」，這種兩者互相掛念的描述。這些詩所講的情，與宋明儒學所講情不同，當中

基本上沒有道德判斷，純粹是把情描述出來，特別是這種情是從人與很多不同事物的關聯之間體現出來的。或許，文學作品的情雖然沒有理學家一樣重視邏輯，但比起哲學卻真摯得多。

德國哲學家海德格曾經提及過的「現身情態」（，Befindlichkeit, state of mind），便正正說明了，人的存在本來就是無可避免受到事物的影響，人與事物是不可能分開的，而最重要的一點在於，這是一種情感上的東西，是人在某程特殊的情況當中的感受。當人在相思之情的狀態下，便會被這些情感著了色，看的世界就是不一樣，看的景，就會多了歡喜或傷感之義。因此以上這些詩人當中，透過描述景與情，便體現出二者的交互關係。除卻唐詩以外，宋詞亦有大量關於寫情的作品，例如蘇軾的〈江城子‧乙卯正月二十日夜記夢〉：

> 十年生死兩茫茫，不思量，自難忘。千里孤墳，無處話淒涼。
> 縱使相逢應不識，塵滿面，鬢如霜。

> 夜來幽夢忽還鄉，小軒窗，正梳妝。相顧無言，惟有淚千行。
> 料得年年腸斷處，明月夜，短松岡。

這首詞是描寫蘇軾對亡妻的懷念，甚至到了詞的下片，更寫了蘇東坡希望在夢中能夠見到亡妻，而這便是他的盼望，是他自己對自己的獨白。無論是李白的〈長相思〉與蘇軾的〈江城子〉，都是講對亡妻之情，是對過去美好生活的一種追憶，其中雖表達詩人的強烈悲傷之情，但卻沒有提及一個「情」字。因為，李白和蘇軾並不是想探討「情」的問題，而是借文學創作作為宣洩情感的媒介，表達自己內心的情。

除了悲傷之情以外，亦有詩作關於節日當中，男女之間的期盼之情。中國文化當中的情人節並不是二月十四日，而是七夕，而秦觀的〈鵲橋仙〉，便寫出了這種情感中的美麗：

> 纖雲弄巧，飛星傳恨，銀漢迢迢暗度。

金風玉露一相逢，便勝卻人間無數。

柔情似水，佳期如夢，忍顧鵲橋歸路！

兩情若是久長時，又豈在朝朝暮暮！

此詩所寫的相思之情，並不是一種負面的描述，當中的內容是比較正面的。秦觀認為真正的長久之情，是男女之間的真愛，其實不需要每天見面的，不需要朝朝夕夕的，更重要的這是一種不朽永恆之情。

當一個人認定了另一個人為情人，把對方放在自己心裡，這不單是會令雙方互相牽掛，極端的情況更會令人放棄自己的生命。但為什麼會這樣呢？這正正就如前面我講元好問在〈雁丘詞〉所問的問題一樣：

問世間情是何物，直教生死相許。

天南地北雙飛客，老翅幾回寒暑。

歡樂趣，離別苦，就中更有痴兒女。

君應有語，渺萬里層雲，千山暮雪，隻影向誰去。

橫汾路，寂寞當年簫鼓，荒煙依舊平楚。

招魂楚些何嗟及，山鬼暗啼風雨。

天也妒，未信與，鶯兒燕子俱黃土。

千秋萬古，為留待騷人，狂歌痛飲，來訪雁丘處。

其實，第一句的感嘆就是整首詞的主旨，我們或許需要反思：為什麼男女之情，會有這麼大的魔力，會令到人肝腸寸斷呢？如果大家有讀過金庸的小說，特別是《神鵰俠侶》這部作品，當中李莫愁鍾情於陸展元，但後來對方移情別戀，她因愛成恨而性情大變，最後吟誦著以上元好問的詩詞，中情花毒而死。我們並不是想討論究竟情這回事的道德面向，諸如男女之情究竟是好，還是不好，追問的是，可令人生死相許的情，究竟是怎麼回事呢？

「情」一定涉及情感，但「情感」不一定有情。一切文學之間，都是講

個體與個體之間的關係。哲學與文學最大的不同，乃在於哲學的目的在尋求普遍性，但文學所寫的東西，是講某一個具體的人與另一個具體的人之間的關係，是有特殊的意義。不過，這並不代表文學所寫的東西是完全私人的，文學經典之所以是經典，正正就是因為這些看似是殊別個體的經驗，當中有著普遍的意義的，讀的人會尋到共鳴。哲學最大的難處，反而從普遍的意義中，怎樣落在人的生命，這個問題很多哲學家都沒有處理。

在筆者看來，大部份的哲學，均看似能抽離當下的社會文化關係的，而文學作品卻往往直面這種問題。如果把歷史學與文學作對比的話，歷史似乎是想描述過去發生的事，而文學是討論可能發生的事，後者比前者重要，因為每個人都可以有這樣的經驗。所以文學作品當中的感動，是因為讀者從中能夠對應到自己相應的經驗，例如離鄉背井必然會有一份「獨在異鄉為異客」的落寞；與友人餞別，自然升起「西出陽關無故人」的感慨，這都是理所當然，因為我們是人，我們都要共同面對這些普遍存在的經歷，這便是文學的重要性。

13.7 情的現象學與馮夢龍的《情史類略》

環顧各種中國文學的資源當中，晚明馮夢龍的《情史類略》可說是收集了大量關於「情」的故事，而且他亦做了進一步仔細的分類，有助我們了解中國情的文學。很多人都聽過馮夢龍，而且很多民間的故事，均來自他的《三言兩拍》，不過就比較少人留意到《情史類略》這部大編著。馮夢龍於此的工作並非是作家，而是從中國歷代的筆記當中，找到了各式各樣關於情的文章，編集成書。全書共二十四類，計故事八百七十餘篇。

雖然中國人不解釋情是甚麼，但知道情的後果，例如強烈得令人生死相許。中國用文學來呈現以及記錄情，沒有談情的本質、情的意義，

是否不夠理論性？沒有顯題化、哲學地處理是不是不夠哲學？這些都是我們需要處理的問題，這些都是我們一直未知的問題。

當我們問「甚麼是X？」，就是為X下一個定義。如果用相同的方式去探索情，會否反而把情的其他重要呈現消除了？舉例說，《會飲》中，有參加者提出「愛是對善的追求」，假若我們跟從此定義，就會對種種情愛現象作判斷，去判斷甚麼是真愛，甚麼不是真愛。又例如唐君毅在《愛情之福音》中，把愛視為「人間最高的情懷，宇宙的真理」，那麼假如一對普通情侶，假若達不到這境界，是不是代表他們並沒有在談情？如果我們強行定義，其實並不能把情愛的豐富性，完整地捕捉。沒有為重要的概念，下一個定義，這在中國傳統中很常見，孔子也沒有為仁下一個定義，仁要在不同的情況下去討論的。所以，這個是中國文化特殊性的問題，並不是定義可以處理的。

筆者認為《情史類略》是「情」的現象學，當然馮夢龍寫的時候並不會這樣想。何謂情的現象學呢？簡單來說，就是對情的現象如何呈現，不同呈現的方式，作出仔細描述；因為情已經存在，所以不需要解釋為何會有情，有人就有情，所以關心的是情是如何呈現。我們不需要透過論證去證明情的存在，就是追問人是否存在，首先因為你已存在。有別於之前提過的西方對情的定義，西方的情與善有關，而馮夢龍看到情可以是假的、痴的、錯的。

《情史類略》中的故事不是馮夢龍自己作的，而是他選錄歷代筆記小說和其他著作中的有關男之情的故事編纂成的一部短篇小說集，再分成二十四類：例如情貞、情緣、情愛、情痴、情靈、情仇、情穢、情鬼、情外、情通等。小說的情況是否真人真事呢？或者只是文人加工虛構？這不得而知，但還是有參考價值的，因為就算是故事，也只有特定的社會文化下，才會想到這種故事情節，所以故事也反映了當時的文化與習俗。對於他所收集的故事是否真實的歷史，這並非本章重點。

馮夢龍是明末的人，他可以說是一名收藏家，只不過他收集的是故事而非文物，這在他身處的時代背景，主流受到宋明理學的限制，重視道德情操，「存天理、去人欲」成為當時的思想主流，當中的理是道德之理，因此他是對當時主流儒學的一種反彈而已。這種人文精神均體現在他同時代的人物當中，例如戴震等人亦反對「去人欲」的想法，人的基本欲望是不能完全去掉的。

　　以現代的觀點看，這本明朝的書，所寫下的也算是「偏鋒」、不保守，也因此難被社會接受。例如〈情外〉是同性戀的故事、〈情穢〉是性變態的故事。在1984年大陸再版時，〈情外〉、〈情穢〉兩篇沒有被選入。1986年再版時，刪去的內容才全部被恢復。〈情外〉中選錄的故事足以說明同性戀並非「源於西方」，而是一種在於各個民族、社會和階層的自然現象，而〈情外〉篇中沒有貶低或批評同性戀行為，這都可以見到馮夢龍開放的一面。

　　就分類法而言，西方乃從「愛」的本質上分類，正確的愛、真正的愛，錯的愛不是愛，肉體的愛是低下的；而馮夢龍的分類，則是根據「情」在不同情況下如何呈現而作分類。

　　情史，余志也。余少負情痴，遇朋儕必傾赤相與，吉凶同患。
　　聞人有奇窮奇枉，雖不相識，求為之地，或力所不及，則嗟嘆
　　累日，中夜展轉不寐。見一有情人，輒欲下拜。或無情者，志
　　言相忤，必委曲以情導之，萬萬不從乃已。嘗戲言，我死後不
　　能忘情世人，必當作佛度世，其佛號當云「多情歡喜如來」。[13]
　　情史的意思是，關於情的個案記錄：
　　乃為詹詹外史氏所先，亦快事也。是編分類著斷，恢詭非常，
　　雖事專男女，未盡雅馴，而曲終之奏，要歸於正。善讀者可以

---

13. 見《馮夢龍全集》冊七《情史》（南京：江蘇古籍出版社，1993年4月第一版第一刷），頁3。

廣情,不善讀者亦不至於導欲。

馮夢龍想透過此書進行情的教育,當中有道德教誨的意味。為何這些故事,可以用來進行情的教育?因為人透過故事(小說、電影、電視),嘗試去感受他人的經歷。唯獨我們了解別人的故事,才知道他人的經驗是這麼豐富。小說的內容,會牽動人的情緒,使人歡笑,使人落淚,透過移情作用可以去體會故事中人的經驗,體驗現實生活中以外的人生。中國傳統的戲劇,也是有這種作用。

13.8 生生不滅之情

而這本著作的序當中的〈情偈〉,則解釋了編輯這部著作的動機:

> 天地若無情,不生一切物。一切物無情,不能環相生。生生而不滅,由情不滅故。四大皆幻設,惟情不虛假。有情疏者親,無情親者疏,無情與有情,相去不可量。我欲立情教,教誨諸眾生:子有情於父,臣有情於君,推之種種相,俱作如是觀。

> 萬物如散錢,一情為線索,散錢就索穿,天涯成眷屬。若有賊害者,則自傷其情。如睹春花發,齊生歡喜意。盜賊必不作,奸宄必不起。佛亦何慈悲,聖亦何仁義。倒卻情種子,天地亦混沌。無奈我情多,無奈人情少。願得有情人,一齊來演法。[14]

「偈」當然是從佛家來的,例如「菩提本無樹,明鏡亦非台,本來無一物,何處惹塵埃」,便是佛偈。而馮夢龍則以這段偈來解釋何謂情。開首他以陰陽五行的自然的變化來解釋情,一切的物都是因情而生,而且環環相扣的。這種情不是指情緒,而是指情欲,如果世界上的萬物都沒有

---

14. 見《馮夢龍全集》冊七《情史》(南京:江蘇古籍出版社,1993年4月第一版第一刷),頁3。

情欲，則萬物不生，這對生物較是合理。

「有情疏者親，無情親者疏」這一句更指情從自然現象，落到人倫關係之中。他追問，為什麼我要對這個特定的人有情，而不是其他人呢？本來兩個是無親屬關係的人，亦都因有情而在一起的。這種關係甚至到了君臣父子之間的，馮氏以情作為線索，用情這個概念來解釋為何某些人構成這個特定的君臣父子關係，而不是其他人，這是否比起理學家用「理」，或者是「性」，更具現實感呢？

朋友之所以成為朋友，是有因為有「情」，並不是因為道德上我們有理由去愛我們的朋友，這沒有道德上的束縛。因此，人倫關係之上，是講情的，而非講理。一切的孝順或服從，都可能是因為責任而已，當中並不一定有情的，因此他說：「子有情於父，臣有情於君」。

人世間由眾人構成的意義價值，都是因為有情才走在一起的，很多人喜歡聽哲學課，甚至筆者有時候為大家免費講課，向大家教授哲學的樂趣，某程度上就是因為和大家之間有情。正正就是因為大家有情，而不是因為「法」、「禮」、「理」之故，從而走在一起的，因此便是馮氏「萬物如散錢，一情為線索，散錢就索穿，天涯成眷屬」所言。

佛陀普渡眾生，是因為對眾生有情，如果眾生沉淪苦海，人是不能成聖成佛的。而這種普渡眾生的願望，並不是因為道德責任，不是如康德所言的道德律令，而是因為對人有情。如果對世間的人無情的話，實際上這些行為，只不過是假仁假義而已。當然，我們亦可以從討論這些道德價值的起源，討論何謂不公義的行為，怎樣才是一個理想的社會，但這些都是一種描述脫離了脈絡的形式討論，並未落到有情世間與人互動，人對不公義之事有所不滿，乃是因為他對別人有情。所以回到最終，我們仍然需要討論情的問題。

一切人與人之間的關係，其實在於有情或無情的區別，五倫的關係是有著內在的道德關係的，卻是無情的。而馮認為，情比起倫理更為重

要。若純粹以理去維繫的話，當身份出現變化，維繫就會中斷；但若是以情作為維繫的話，反而可以不受影響。

　　情的出現是沒有必然的，有其不定性。舉例說，父子的關係是客觀的，但是可以無情，就算作出道德指責，也不能勉強使情感出現。在男女關係中，更易看到這一點，一個追求者，付出很多，對方可能會感恩，但不代表能換來對方的情。人與人之間，情的必然性是最難解決的，所以元好問才會有「問世間情為何物？」的感嘆，古今中外才會有很多痴男怨女殉情，這些都是因為一個「情」字而起。但對於馮氏而言，「情」的來源根本不構成任何問題，「情」本身已經在人際關係中發揮作用，因此可謂不證自明。一切人類現象，包括苦、樂、喜、悲、憂、怒、嫉妒、放縱、貞潔、道德等，都是「情」在人與人之間發揮作用的結果，所有輯錄在《情史類略》中有關「情」的故事就是最具體的明證。

> 若有賊害者，則自傷其情。如睹春花發，齊生歡喜意。盜賊必
> 不作，奸宄必不起。佛亦何慈悲，聖亦何仁義。倒卻情種子，
> 天地亦混沌。[15]

　　根據馮氏所言，「情」是化生一切生命的終極宇宙實體。沒有情的話，就算「仁義」也是虛假的，唯有「情」之所在，一切人際關係才有存在的可能，「情」給人生和人際關係賦予意義和價值。沒有「情」，宇宙又會回復混沌。

> 無奈我情多，無奈人情少。願得有情人，一齊來演法。[16]

　　馮夢龍亦提及自然世界或宇宙論的情，他指出地水火風四大作為本源存在，皆不是獨立而存的；如果不是情衍生萬物，四大都無意義。

---

15. 見《馮夢龍全集》冊七《情史》（南京：江蘇古籍出版社，1993 年 4 月第一版第一刷），頁 9-10。

16. 見《馮夢龍全集》冊七《情史》（南京：江蘇古籍出版社，1993 年 4 月第一版第一刷），頁 9-10。

「情」給人生和人際關係賦予意義和價值。對於馮氏而言,「情」的來源根本不構成任何問題,「情」本身已經在人際關係中發揮作用,因此可謂不證自明。一切人類現象,包括苦、樂、喜、悲、憂、怒、嫉妒、放縱、貞潔、道德等,都是「情」在人與人之間發揮作用的結果。所有輯錄在《情史類略》中有關「情」的故事就是最具體的明證,這便如他所說:

> 萬物如散錢,一情為線索,散錢就索穿,天涯成眷屬。[17]

13.9《情史類略》選段

《情史》將情分作二十四類可說是一種現象學分類。情是一種人類本體性的現象,是人類的喜好、要求和價值的現象,但是情是如何呈現?有情不一定就是情貞、情痴或情靈;馮夢龍利用二十四個與「情」組合的詞把情如何在不同的地方、場合、對象中呈現的性質表達出來,《情史》便是將情的不同現象按分類逐一道來。

《情史》之分類

《情史》之序曰:

六經皆以情教也。《易》尊夫婦,《詩》有《關雎》,《書》序嬪虞之文,《禮》謹聘、奔之別,《春秋》於姬、姜之際詳然言之。

豈以情始於男女,凡民之所必開者,聖人亦因而導之,俾勿作於涼,於是流注於君臣、父子、兄弟、朋友之間而汪然有餘乎!異端之學,欲人鰥曠以求清淨,其究不至無君父不止。情之功效亦可知已。[18]

---

17. 見《馮夢龍全集》冊七《情史》(南京:江蘇古籍出版社,1993年4月第一版第一刷),頁1。

18. 見《馮夢龍全集》冊七《情史》(南京:江蘇古籍出版社,1993年4月第一版第一刷),頁6。

馮夢龍對儒家的理解與傳統的不同，傳統認為是「以理規情」，「由倫入綱」，綱是道德規範性，告訴人應如何行事。馮認為相反，情才是最根本的，實況是由情而開出理，不是由理去限制情。例如「貞」，是由於太愛一個人，不能再接受其他人，而表現出來的特質，這並不是因為道理如是，而使自己不對其他人動心。這是從感性的角度出發，並非從理性的道德判斷而論。

馮夢龍說出他分類的理念，由「貞」開始，到「疑」結束，共二十四類：

> 始乎「貞」，令人慕義；
>
> 繼乎「緣」，令人知命；
>
> 「私」「愛」以暢其悅；
>
> 「仇」「憾」以伸其氣；
>
> 「豪」「俠」以大其胸；
>
> 「靈」「感」以神其事；
>
> 「痴」「幻」以開其悟；
>
> 「穢」「累」以窒其淫；
>
> 「通」「化」以達其類；
>
> 「芽」非以誣聖賢，
>
> 而「疑」亦不敢以誣鬼神。[19]

第一類是「情貞」，描述一見鍾情便終生不再另嫁的貞烈之情，此情若受外在壓迫或阻礙，甚至殉情自殺亦不會變。此情乃出自己的至情，一個無情的丈夫，一定不會成為義烈男子；一個無情的妻子，也一定不能成為貞節之婦。雖然情要靠理去規範，但理還必得以情維繫。女子以真情甘作奉獻，男子亦不得以不誠之心去猜疑她。在今天看來，殉

---

19. 見《馮夢龍全集》冊七《情史》（南京：江蘇古籍出版社，1993 年 4 月第一版第一刷），頁 10。

情絕非理智的表現，我們不是要認同，而是要探討為何這個「貞」字對古今痴男怨女有如此重要性，甚至可以為此犧牲生命。

馮夢龍以「情貞」作為《情史》的第一類，可見他儘管對儒家禮教有所批評，他仍專崇傳統天長地久、生死相許的情。「貞」乃指全情的投入，是貞定、堅定和貞潔的意思；它不是單方面，而是雙方互相承諾投入，這是愛情的至高境界，在行動上、生命上表現出海枯石爛此情不變。

然而，這種情不是「理」可以規範的，也不是倫常綱領可以規範；如沒有貞定不移之情，一切也不重要。儒家將情放在規矩或理的壓迫下去了解，不過，「禮」要以情來維繫才得以堅固，它並不是倒轉過來的關係。所以「情」加上「貞」就是貞定不移的投入承諾，連貫著中國人理想的看法。

以范希周的故事為例，故事中，沒有對呂氏與希周如何愛上對方的原因多作著墨，主要寫兩人都確定對方為唯一的所愛都對對方有所承諾。儘管兩人幾經波折分散，但最後還是再次相遇，得到兩家人的認同。並有情人終成眷屬。類似的故事就好像項羽不欲向劉邦投降，寧願自殺，他的愛妾虞姬跟從他的情人一起自刎。馮夢龍在此篇中有按語批評儒家重視理，而忽視了情：

> 情主人曰：「自來忠孝節烈之事，從道理上做者必勉強，從至情上出者必真切。夫婦其最近者也。無情之夫，必不能為義夫，無情之婦，必不能為節婦。世儒但知理為情之範，孰知情為理之維乎！」[20]

他重新強調情的重要，甚至認為情是義的基礎，沒有情必不能有義。魯迅曾經批評「禮教食人」，禮教變成純理的規範，把人的情欲過分壓低。

---

20. 見《馮夢龍全集》冊七《情史》（南京：江蘇古籍出版社，1993年4月第一版第一刷），頁1。

「情緣」就是人與人之間難得的相會，不能強求的緣分。緣分在天，男女之情全受它所支配，只是人不自知。如果緣分已定，就是再無情，也無法割斷這情緣。反之，如果沒有緣分，就是再多情，也不能成為夫妻。所以，多情者不一定就有好姻緣，而無情者也未必就不遇佳偶。

愛情就是充斥著種種的不確定性，例如有時很難去解釋，世上這麼多人，甚為什麼會喜歡上這一個人，而不是另一個人。西方人會以「另一半」去解釋，中國人則會覺得是因為緣分天注定，弗洛伊德則認為是基於潛意識中的戀父／母情結。這個問題不同文化會有不同的詮釋，但中國文化的緣為這個不確定性提供了答案。

以趙簡子的故事為例，如果趙簡子沒有南渡，又如果娟的父親沒有飲醉酒，那就沒有兩人的相遇，更不會有二人之後的情緣。這些巧合，是不能由人力所控制與計劃出來。這些我們沒法解釋，純粹一個「緣」字。

這幾個例子，皆指出一個人愛上另一個人，並不是因為一些客觀條件，更重要的就是各種不確定因素。例如一般人都愛美貌，但就算沒有美貌，還是有可能有美滿姻緣。緣的出現，把情呈現出來。

《情史》中的「情愛」並不是指現代所謂的愛情。情為何帶來死亡滅絕？是因為貪欲或貪愛，在情欲中因貪欲而沉迷。當人為愛而忘記所有其他的關係，忘記其他一切的價值，在情愛的貪欲中便會滅絕。

> 情史氏曰：「情生愛，愛復生情。情愛相生而不已，則必有死亡滅絕之事。其無事者，幸耳！雖然，此語其甚者，亦半由不善用愛，奇奇怪怪，令人有所藉口，以為情尤。」[21]

由情而產生的執著，使人只看到片變，因而不正常，最後要付出代價。吳王夫差便是一個好例子，由情生愛，因愛又生情，執著不放，終

---

21. 見《馮夢龍全集》冊七《情史》（南京：江蘇古籍出版社，1993年4月第一版第一刷），頁506。

致滅亡。

「情痴」是因情而生虛妄的人，完全只憑單一己的觀念去看事物，對其他事物及價值失去了平衡，忘記情之處還有其他的東西，因而往往做出愚蠢的痴情行為。由於對情的執著、迷痴，導致生妄、生恨，甚至生毒，因而造成了不少的悲劇。

我們且看尾生的故事，有一個人，約了女孩在橋下等，不見不散，但是女方沒有來，時有洪水來襲，男子還是不肯走，最終浸死了。在今天看來，這些故事荒唐得很，也讓人難以置信，但背後的象徵意義是甚麼呢？

> 情主人曰：「凡情皆痴也，男女抑末矣……情史氏曰：雖然，未及死也。死者生之，而生者死之，情之能顛倒人一至於此。往以戕人，來以賊己；小則捐命，大而傾國。痴人有痴福，惟情不然，何哉？」[22]

馮夢龍就是要告訴世人：情總會伴隨著痴的，必有迷戀。但如何轉化，就是問題。若然處理得不好，情可以使人滅亡。

「情靈」是以一種超越人的形態以外的姿態出現，就像精靈的在一樣。人會死亡，但是情，不一定會跟隨人的死亡而消失。例如伴侶去世，兩個人之間的情還是可存在未亡者的心中。

> 情史氏曰：人，生死于情者也；情，不生死于人者也。人生，而情能死之；人死，而情又能生之。即令形不復生，而情終不死，乃舉生前欲遂之願，畢之死後；前生未了之緣，償之來生。情之為靈，亦甚著乎！夫男女一念之情，而猶耿耿不磨若此，況凝精翕神，經營宇宙之魂瑋者乎！[23]

---

22. 見《馮夢龍全集》冊七《情史》（南京：江蘇古籍出版社，1993 年 4 月第一版第一刷），頁 542-545。

23. 見《馮夢龍全集》冊七《情史》（南京：江蘇古籍出版社，1993 年 4 月第一版第一刷），

情靈與情貞類似，最大的分別是，「情貞」的貞定，在二人在世時呈現；「情靈」的貞定，延續到人死之後，這份情是可以穿越生死幽冥。

　　馮夢龍將《梁祝》歸入「情靈」一類。現根據馮夢龍的歸類，探究梁祝故事的意義。馮夢龍高度評價的自然不是有浪漫色彩的結尾「禱墓化蝶」，而是這段甘願為愛承受一切苦楚的至死不渝愛情。事實上，因為堅守某些道德責任而令這段愛情不得善終，是最可悲的事情；然而，這份感情卻非常值得尊重。

　　情並不是因人的生死而消失，人生在世可以沒有情。人在生時，情可生死，但情卻不會因人的生死而生死，即是說人死了，情猶可繼續在。梁山伯把情交託於祝英台一人，其情是凝聚在一點的，假使最後他死了，這份凝聚之情是不會因他的死而消逝，今生未了之緣，唯有償之來世。當中全靠情之所鍾，只要大家能夠堅定不移，死後也可以相聚。另一個例子就是湯顯祖的《牡丹亭》，杜麗娘因為柳夢梅茶飯不思，最後賠上了生命。最終因為情的力量能夠感動上天，得以還魂。由此可見，中國文化特別注重情的力量，這「情靈」可以忘卻生死的隔閡。

　　情的現像，固然是甜蜜的，叫人嚮往的，但同時亦可以是最狠毒的，很多的情殺案，都是由情而生恨，再生毒而來。恨不是情的反面，而是情失去了之後產生的附帶物。

　　「情仇」描述負心人的故事，起始自情，一旦失意，便會憎恨一切，沒有情便成不了仇，沒有仇也生不出至情。有情，即是重要，有意義，有價值，會引起情緒的反應。而責任，可以是沒有情的，例如我在一間公司打工，處理好事務是責任，盡了合約的責任離開，可以不會有情感反應。所以，筆者重申，這個「情」並不能夠放在倫理責任的脈絡來看。

　　情的表現是相思，但情的悲劇是「我愛你不代表你也會愛我」，當

　　　　頁859。

兩個人的期望不符時，便會有悲劇產生。傳統中國社會，男女是不平等的，女性的作用是供男性享樂，或用來生育的。男尊女卑，男主外，女主內。人倫關係不是講情的，而是責任，若然二人之間有情，只是幸運。而且男人不用對女人貞定，但是女人要對男人貞定，這是不對等的。或許，就是因為這種不對等的關係才會產生種種悲劇，負心漢可以輕易拋棄枕邊人，才有各式各樣拋妻棄子的悲劇和復仇故事。

故事的主角杜十娘是一名歌妓。在中國古代，歌妓是有文化素養的，是有才氣的女子，就正如《桃花扇》中的李香君學養和氣節兼備。讀書人去青樓，除了性欲外，也尋求精神的交流。中國的文人，有不少詩作，是為了青樓女子而作的。

杜十娘與窮書生李生兩情相投，杜十娘決心從良與李生一起。在渡船回家途中，新安人被杜十娘的醉人歌聲迷倒，欲以千兩銀子向李生換取美人，李生感於難以回家之困，又不想父母看見他一身窮酸相，便答應新安人的要求。杜十娘見負心人李生把自己賣掉，便於交易當日，在李生、新安人面前把自己一箱箱的金銀珠寶打開，逐一掉入江中，然後投江自盡。杜十娘把大量的寶物投入江中，甚至自己也投江自盡。所其他人也被杜十娘所感動，認為李生是負心人。

為什麼杜十娘要死？因為面對負心人，被愛人出賣，她的死是表達仇恨的方式。因為中國傳統中，女性是沒有自主性的，杜十娘也不例外。沒有自主性，就要依靠男人去肯定，當不受男人肯定時，就再沒有存在價值。透過投江自盡，杜十娘在某種程度上來說反而能夠實踐自我價值，重新塑造和肯定自己的自主性。

西方希臘神話中，也有情仇的故事，但結局很不一樣。在金羊毛的故事中，美狄亞（Medea）放棄了一切，跟從伊阿宋（Jason）。但是後來伊阿宋為了地位，與另一個女人在一起。於是美狄亞把她與伊阿宋生的子女，在伊阿宋面前全部殺死，也把他的新歡殺死，以此來報復。我們

可以看到，這兩種對仇恨截然不同的反應。西方女性的報復凶狠得多，也反映出西方女性比中國女性更有自主權。[24]

我們又看看崔鶯鶯的故事。儘管兩人曾經卿卿我我，張生離開了一個特殊的環境，回到現實世界後，就不可再接受這些私情，因為會對他的身份產生負面影響。

《西廂記》改篇自《鶯鶯》，但是有大團圓結局，一如傳統中國文學，重視大團圓結局。《西廂記》受不少人的批評，因為在當中，鶯鶯作為主動者，主動去愛人，主動去投懷送抱，這是不為當時所容許的。有情才有冤家，有冤家才有對對方有要求，當要求不被滿足時，就會產生恨仇。女人在這社會結構下，只有無可奈何地接受被壓逼的命運。從「情仇」可以看出中國古代女性的地位是如此卑微，這也是中國文化獨有的特色。

至於「情穢」是有關情的變態現象，是一種引發自欲望、色欲在不能受控時的一種現象。可以說，〈情穢〉篇中所言的都是性變態的例子，情穢中的情並不是相互性的東西，對方只是作為發洩欲望的對象。

「情外」則記載了三十九個男同性戀的故事，而沒有記載女同情戀的。記載的是男男之間的情，但很少描述男男肛交。中國傳統沒有對男同情戀有道德禁忌，後而是房中術的考慮，認為他們浪費了陽精。

到了最後，馮夢龍所寫的就是「情通」，指情可通於人以外的生物或死物。例如雁，也是有情的生物。

> 雁雙雙、正分汾水，回頭生死殊路。天長地久相思債，何以眼前俱去。催勁羽，倘萬一、幽冥卻有重逢處。詩翁感遇，把塞北江南，風嘹月喚，並付一丘土。仍為汝，小草幽蘭麗句。聲聲酸楚。桐江秋影今何在，草木欲迷堤樹。露魂苦，算猶勝、

---

24. 參看本書第 23 章。

王嬙青塚真娘墓。憑誰說與。對鳥道長空，龍艘古渡，馬上淚
如雨。

雁為禽類，而且有恩義。人之夫婦相拋棄而不顧者，何獨無人
心哉？[25]

連動物都有情貞的一面，那人又怎能無情呢？「情之呈現」中有所
謂「感通之情」，亦即是同情心；它是不須詳加解釋而大眾又自然明白的
情，是自然呈現的，大眾也有同感的。雖然處境不同，但對人家的遭遇
卻有感同身受的情感反應，這便是感通之情；透過把自己代入其他人的
處境去了解他人，便產生同情心。《孟子》中有「四端之心」，即惻隱之
心、羞惡之心、辭讓之心和是非之心。所謂「今人乍見孺子將入於井，皆
有怵惕惻隱之心」，這是因為人有不忍的感覺。

四端之中除了是非之心是知性之外，惻隱、羞惡和辭讓之心都是
人的情感表現。喪失四端的人便會顯得麻木不仁，人若不理會他人的
死活，說謊話也不覺慚愧，做錯事也不承認，這樣絕情冷酷的人乃非人
也。人的不忍人之心在某個意義下也就是同情心，沒有同情心的人也不
算是人。中國人相信人與人之間有感通之情，有交互的感通，它不是理
性的，而是屬於情感方面；意思是當你看到某人的不幸遭遇時，儘管你
不是他，但亦會感同身受，即時發出同情之心。

在男女之情的表現中有「相思」之情，即男女互相掛念之情，它是中
國傳統文學中最重要的題材之一。每個文人或多或少都會利用文學作品
抒發相思之情，例如晏殊的「天涯地角有窮時，只是相思無盡處」、張九
齡的「海上生明月，天涯共此時，情人遙怨夜，境夕起相思」白居易也有

---

25. 見《馮夢龍全集》冊七《情史》（南京：江蘇古籍出版社，1993 年 4 月第一版第一刷），
    頁 2227-2228。

「借問江潮與海水，何似君情與妾心，相恨不如潮有信，相思始覺海非深。」中國無數的愛情小說和詩詞也言「相思」，以相思表達互相成為對方關懷的對象。「相思」中的主角是作為特殊的對象顯現，只有獨特的「對方」是唯一被思念的。所謂「有情人終成眷屬」也是強調雙方的。相思是雙方在情之中，互相思念；它表現了深、遠、堅、貞，關乎兩人不變不移之情。

中情西愛 —— 中國的情淡然得來卻充滿力量

「人生若只如初見，何事秋風悲畫扇」，我們相識最初見面是美好的，曖昧的若即若離才是最甜蜜的。但當日子久了，這份情就變得淡然。納蘭性德說得真好，他也感嘆得好 —— 他點出了「情」的不確定性。

筆者經常反覆思量：為什麼中國只有情的文學，但沒有情的哲學呢？為什麼在納蘭性德一樣的文學家數之不盡，卻沒有一個朱熹去討論情落在生命中的意義呢？其實，就是因為情本來就伴隨於我們人生中，所以討論情的本質是沒有意義，只有騷人墨客就著自己對情的經歷透過文學作品分享給廣大讀者。

這並不代表中國並不重視情，相反，中國十分重視情愛。正如馮夢龍要立「情教」一樣，因為他認為不可能沒有情的，假如沒有情，一切也變得沒有意義了。相信大家也有談戀愛的經歷，同樣都是逛商場、看電影，但當牽著對方的手，就頓時發覺這個世界已經不同了。這種心跳的加速，手心流汗，內心充斥著一種難以言語的快慰，這時候就會發現世界多麼的美好。這就是情為人賦予的意義，所以馮夢龍之說絕無誇張，更能夠補充其他文化的愛情哲學觀點。

中國的情並沒有西方的愛一樣來得轟轟烈烈，我們從來沒有看到哪一本小說戲曲，或者民間傳說有像羅密歐與朱麗葉一樣的殺人與自殺情節。反而只有梁山伯與祝英台一樣，仍然受到禮儀約束，卻沒越過禮

儀，反而在死後的世界中再續前緣。更甚者，湯顯祖的《牡丹亭》，杜麗娘還魂的情節就是要說明情的力量去感動理學。從表面上看來，中國的情顯得淡然無味，面對著禮教的束縛，仍然不敢超越，只是祈求得到禮教的豁免。

但從實際論之，這個就是中國文化對於情的珍重。試想一下，假如祝英台、杜麗娘這些不該出現的愛情故事女主角強行超越禮教，在中國文化的角度來看這絕對不允許。沒有以禮規情，這份情只是一份激情。筆者並不是說禮教的束縛是理性，只是想指出這些故事的象徵意義。

西方的羅密歐與朱麗葉並沒有談及死後世界，但不論梁祝化為蝴蝶的故事，抑或湯顯祖的《牡丹亭》，其實都是在有限的束縛中爭取屬於自己的愛情，這份情是細水長流，所以才能夠穿越生死幽冥。

或許，納蘭性德初見的感嘆也是如此，只有中國人才會這麼長情，才會關心情是否細水長流。這是中國文化情的故事，這是屬於我們每一個人的愛情生活。

第14章
唐君毅之情愛哲學

14.1 前言

在唐君毅先生眾多的著作中,他的早年作品《愛情之福音》是本十分奇特的小書,研究唐先生思想的學者,卻似乎從沒有留意過。表面的理由很明顯:因為唐先生是此書的譯者而非作者。唐先生死後,其門人李杜先生的《唐君毅先生的哲學》一書中,在第一章之生平大略及著作提到唐先生「又寫了一本《愛情之福音》,介述理想的愛情的涵意」,[1]之後再沒有任何討論,甚至在李書末有關唐先生的詳盡著作年表中,《愛情之福音》竟然未列出來。但是在八十年代出版之《唐君毅全集》裡,《愛情之福音》一書收在第二卷,內附編者按語:從唐夫人處確定此書是唐先生在一九四〇年寫成的。因此,這本書便成了唐先生著作裡的一個謎:為什麼唐先生稱自己為譯者而非作者?為什麼他要寫這本書?在一九四七年滬一版時的譯序裡為什麼他刻意創造一個故事傳奇描述他得此書的經過?此書是否一本遊戲之作?或者,唐先生不以真面目示人有其更深一層的意義?

我相信這本小書絕對不是唐先生的遊戲之作,而是在他生命與學問歷程中一本很重要的著作;它更可能是中國哲學史上第一本情愛哲學的書。我希望在本文探討兩方面的問題:第一是《愛情之福音》在唐先生思想與生命中的位置,第二是情愛這個課題在中國哲學中的意義。

---

1. 李杜:《唐君毅先生的哲學》(台北:學生書局,1982 年),頁 60。

14.2《愛情之福音》的作者問題

我手上的《愛情之福音》是一九八二年台灣正中書局的修訂十二版，從版次來看，證明此書可算是暢銷書，一定有很多人看過。此書初版日期為一九四五年，列出著者為克爾羅斯基（Kileosky），譯者為唐君毅，並無譯序；一九八二年《唐君毅全集》卷二之附錄，說明一九四七年版有一譯序，一九四九年台灣正中書局重印此書時，將譯序抽起。即是說：一九四五年的初版並無譯序，後來加上之譯序只刊在一九四七年上海版，兩年後抽起。似乎唐先生已知道這譯序不妥，因此才有如此舉措；但對於著者和譯者的問題，他卻一直無意糾正。一九四九年後至唐先生去世前，《愛情之福音》的作者仍是署名克爾羅斯基，譯者為唐君毅，書內並無篇幅解釋成書的經過。聽說有學生曾向唐先生問及此書作者問題，唐先生只笑而不答。

《唐君毅全集》卷二附錄有唐夫人謝廷光的說明，確定《愛情之福音》是在一九四〇年寫成的，並提出唐先生寫此書的動機和目的，同時解釋為何這本書是翻譯而不是自己撰寫的原因。一九四〇年，唐君毅和他的妹妹都正在談婚論嫁，因此之故，引發起唐先生對男女情愛問題的反思。唐夫人認為唐先生覺得當時男女對戀愛婚姻的事情看得太片面，因此要寫一本有關情愛理想的理論書，以提昇一般青年對情愛婚姻的意義。對唐先生以譯者名義發表的問題，唐夫人有兩個猜想：（一）「因為書裡的智者以先知的口吻訓誨世人，不符合唐先生謙虛的個性，所以書成以後，他不願以其真姓名發表」；（二）「唐先生以未婚青年的身份去寫指導同輩的青年戀人，雖然以大智大慧洞燭幽微，卻仍不便讓讀者知道自己的真正身份。」[2]最後唐夫人提出自己的意見，認為唐先生故意這樣，是

---

2. 唐君毅：《唐君毅全集》卷二（台北：學生書局，1988），頁 87-88。

別有一番苦心的：年青人對古人或是遠方人歷代相傳的智慧，是比較容易接受的，因此「唐先生說這本書是自己翻譯的，有意造成著者與讀者之間的時空距離，希望收到較佳的效果」。[3]

我覺得這三個解釋似乎言之成理，但卻從未在唐先生思想中找到更合理之根由。就唐夫人提出的第一個猜想而言，那時中國文人以筆名寫書撰文已蔚然成風，因此即使唐先生以筆名發表，也根本不會構成任何問題。至於第二個猜想，如依唐夫人的意見，著者必是古人同時亦是遠方人；但從一九四七年的譯序來看，唐先生提及得書和譯書的故事，與唐夫人之說似乎互有矛盾。根據唐先生之譯序，此書「為十九世紀末波蘭作家克爾羅斯基所作，後來由約翰・貝勒（John Balley）譯為英文名《愛情之福音》（*Gospel of Love*），不過不久就絕版了，我早見英文雜誌中介紹到此書。」[4]相信任何人讀完這段文字，也會同意此書確是譯作，因為原著者姓名、原英文譯者姓名、英文雜誌提及此書等等，皆是言之鑿鑿，似乎不是捏造；但筆者遍尋所有百科全書，根本找不到這位波蘭作家及英文譯者。依唐說，原作者為近代西方作家，但書中的背景卻為印度；書中的德拉斯這位先知，本是波斯教徒，後參悟了婆羅門教中梵天的真理。如果原作者為西方人，其書應有一合理解釋，為什麼西方人要以一東方智者去談論愛情的問題。況且愛情這一課題，自柏拉圖（Plato）之《會飲篇》以降，已成為西方哲學的一個重要問題，差不多所有西方哲學家皆有討論愛情的哲學；[5]既然西方自有其愛情哲學傳統，因此應該不需靠東方印度智慧去闡釋。《愛情之福音》的英文書名為 *Gospel of Love*，"gospel"一字也顯示了此書應更接近西方基督教傳統論愛之說。總之，

---

3. 同前注。

4. 同前注，頁 88。

5. 參看拙文〈愛與情——中西「愛」的概念比較研究〉。台北：《哲學雜誌》，第 9 期（1994），頁 98-109。

原作者克爾羅斯基和書中所述的愛情思想的關係，成為不可解之謎。但唐先生繼續創造得此書之故事。他稱此書是從重慶的舊書店發現，但書上有「一『不大雅』的名辭，叫甚麼『愛情之秘密』貼在上面」。書已遭塵封，大概放了很久仍未賣出。唐先生認為，「其原因在買書的人如果是比較高尚的人，看見此名辭便不肯翻此書。」[6]值得注意的是「愛情之秘密」是不太雅的名辭，同時是比較高尚的人不會看的書！但唐先生認為此書「大體很合我的理想」，覺得中國現代青年的愛情與婚姻的問題，需要一本指導的書，而當時在國內又不曾出版一本關於情愛問題的好書，故唐先生決心把它譯出來。此書本應有八章，但最後三章之原文被他人偷去，不能譯出，因此唐先生只整理前五章出版；況且唐先生認為後三章太玄妙，對中國一般讀者沒有用處。最後，唐先生說：「因原書已失，有些地方的錯誤無法改正，恐失原意，這是我要向已死的原著者道歉的地方。」[7]

這個得書和譯書經過寫於一九四〇年十一月三十日，故事明顯是希望證明唐君毅是譯者而非作者。這是頗成功的。但譯序只刊於一九四七年版，一九四九年版就已經抽出了。

證明唐先生是此書的作者而非譯者可以從兩方面來看。首先，根據唐夫人的說法，以及唐先生門人李杜、唐端正的記述，[8]我們可以相信唐先生是作者；但是，唐先生生前從未承認此事。如果要進一步確定這事實，便需要從唐先生的著作中找證據；不過，唐先生的所有出版著作中，似乎並未提及此書。《愛情之福音》作者之謎，要直到一九八三年唐夫人出版《致廷光書》，才找到答案。

《致廷光書》收集了從一九三九年至一九四二年間唐先生結婚前寫給

---

6. 唐君毅：《唐君毅全集》卷二，頁88。

7. 同前注，頁90。

8. 唐端正先生告訴我，唐先生生前曾承認他是《愛情之福音》的作者，但似乎並無解釋他為何自稱為譯者的問題。

謝廷光（即後來的唐夫人）的三十六封信，其中一九四○年間即第五至十六封信至為重要，因為《愛情之福音》的成書時期就在此時。[9]一九四○年五月中的五封信都很長，內容是討論男女愛情的理想及其形上意義，與《愛情之福音》的內容極為相似，我們會在下一節討論這問題。

一九四○年十月十九日的第十三信中，第一次提到寫書的計劃。唐先生認為最重要的「便是使人們了解婚姻及愛情的正當道理……所以我想著一部關於婚姻愛情的道理的書，使人間多有些美滿的姻緣，我願意以自己作例證，我要同你實踐我認為正當的道理。」[10]一九四一年十一月二十日的第廿六封信，再次說及此書，這時《愛情之福音》一書應早已完成，因為他說：「我那論婚姻之道一書，不知你可能找著人鈔否？」[11]

儘管在唐先生著作中並無提及《愛情之福音》這書名，我們有理由相信第十三及第廿六封信所說及愛情婚姻的書，應為《愛情之福音》，因為除此之外，唐先生並無其他論及愛情之作。是故，唐君毅是《愛情之福音》的作者而非譯者是確定的了。但是，為什麼唐先生說自己是譯者呢？回答這問題之前，我們應了解「愛情」在此書中的意義。

14.3 愛情之形上意義

《愛情之福音》首要肯定的是：男女愛情絕對不是生理欲望的現象，而是精神的表現，是超越個體直通到宇宙真實的道路。唐先生說：

> 根本上宇宙間只有一種愛，一切的愛都是一種愛的分化。宇宙
> 間只有一種愛，因為只有一精神實在生命本體。一切的愛，都

---

9. 唐先生在一九四○年譯序提到成書期為「去年五月」。見唐君毅：《唐君毅全集》卷二，頁 89。

10. 唐君毅著，謝方回編：《致廷光書》（台北：學生書局，1983），頁 112-113。

11. 同前注，頁 196。

是那精神實在生命本體在人心中投射的影子，都是在使人接觸
那精神實在生命本體。男女之愛決不是與其他所謂純精神的愛
根本不同的愛，它與其他之愛之不同，只是模式之不同，在本
質上與其他之愛，全是息息相通。所以男女之愛本身便含各種
所謂純精神之愛，純精神之愛即常由男女之愛脫化而出。[12]

　　唐君毅之愛情理論基本上是一種形上學的進路。宇宙本體就是生命
本體，一切生命存在從宇宙本體分化出來，但同時亦要還歸於原始之太
一。愛情是甚麼？愛情就是一切存在都是想破除自身存在的限制，而求
與其他存在的交感流通，愛情就是這種超越有限而達到其他存在，進而
回歸到無限的渴求。他說：

然而一切存在中，只有人類才能真正自覺的要求破除他存在之
限制，而自覺的渴慕無限。所以只有人類才能真實現無限的生
命意義，領略無限的精神意味，要求與世界之主宰、宇宙之靈
魂冥合無間，還歸於原始之太一。但是人類憑藉甚麼以還歸於
那原始之太一？這就是人類自內心流出之源源不息生生不已綿
綿不斷浩浩不窮之愛。[13]

　　因此，人類的愛本是無限無窮。而根據此無限之愛情渴求的對象來
說，愛可以分成四種：愛真、愛美、愛善和愛神，即愛宇宙靈魂本身之
愛。唐先生解釋：

這四種愛，真是成為無限的開展時，就是人類最高的愛，因為
這四種愛，都是純粹的要求超越自己而投到自己以外。當他是
無限的開展時，會忘了自己而犧牲自己，以完成此愛之開展；
如是便能還歸於那原始之太一，生命本體，精神實在，世界主

---

12. 唐君毅：《愛情之福音》（臺北：正中書局，1980，第 10 版），頁 8。

13. 同前注，頁 5。

114　　生死愛欲

宰，宇宙靈魂，獲得真正的內在之滿足，享受宇宙靈魂，世界主宰，創造世界宇宙之愉快與歡樂。[14]

依此說，唐君毅的愛情有以下的幾個意義：

（一）人類之愛源自宇宙本體無窮無限的分化合一之開展的精神現象。此精神現象表現為一種生生不息綿綿不斷之愛。

（二）愛只有一種，一切愛情現象：愛真、善、美、神、男女，以及人間一切之愛情皆是這種形而上的愛的不同模式。

（三）愛是種渴求，一方面是超越自我有限而歸還無限的渴求，另一方面是要求合一的渴求。

（四）愛情是人類的自覺活動，其表現於和其他人之交感流通，互相滲融的精神活動中。

（五）愛是實現人類一切價值之源。

唐君毅之愛情形上學應該是兩種傳統的結合。生生不息綿綿不斷之愛和宇宙本體之說，可以說是儒家仁愛和天人合一之說的發展；渴求之愛應源出希臘柏拉圖之愛欲觀。愛情為主體自覺活動，互為主體之感通之情同時是人類價值之根基，皆可以儒家仁學之說解釋，但作為渴求超越自我有限性而達到無限的真、善、美、神的意義之愛，應該不是中國傳統，而是屬於自柏拉圖愛情哲學開展出來之愛欲（Eros）傳統。柏拉圖在《會飲篇》論愛情，主要是肯定愛情為一追求真善美和不朽的欲求，超越個體而達到永恆之說。唐君毅明顯地熟悉柏拉圖愛情思想，他至少有兩次在致謝廷光的信中提到柏拉圖。在第九封信中更清楚地說：「我介紹你去看柏拉圖的五大對話集，其中有論愛情的哲學，不懂這種哲學的人，決不會有一天真忘卻他自己，而從他自己解放以獲得一精神的革

---

14. 同前注，頁 6。

新。」[15]

此一精神的革新在於自我超越個別肉體的有限性，而達到一精神永
恆之境界。柏拉圖在《會飲》末透過蘇格拉底複述第沃馬（Diotima）之言，
說出愛情之最高真諦：

> 人於愛情之道，曾受若是之教，於美之因果之序甚明者。及其
> 至也，必恍然悟得一絕美之境⋯⋯人苟能見此神聖之美，純潔
> 無疵，不染塵垢，仰望想像，與之冥合，以孕育真正之德業，
> 其所得為何如乎？夫觀美以心，然後得美之真，而非美之偽，
> 然後能立德以配天，而垂無窮。誠欲求不朽者，必由是道矣。
> 若此者，君猶得謂為未足乎？[16]

綜觀《愛情之福音》，柏拉圖之重精神輕肉體之說處處皆見其影響。
唐先生寫此書之時，柏拉圖哲學似乎是他最大思想之源。他在第十八
封信與謝廷光討論哲學的問題與意義，肯定蘇格拉底解釋哲學為愛智之
說。最後亦以柏拉圖哲學貫通生命、宇宙、人生與智慧。唐先生說：

> 的確學哲學要以智慧的情人自居，學哲學要以整個宇宙人生為
> 愛情的對象，你如果愛一個人你必須對他體貼溫存，所以學哲
> 學便須對「宇宙人生」體貼溫存，這就是愛宇宙人生的智慧。
> 你必須對於智慧迫切的表示親愛，然後智慧才愛你，你愈愛智
> 慧，智慧愈愛你，最後你便與智慧擁抱為一。你的生命與智慧
> 互相滲透融化，最後你也分不出愛，與智慧，與你，此三者的
> 分別，這是真正的哲學精神。[17]

總言之，通過愛，人與宇宙互相滲透融化成一體。這就是唐君毅之

---

15. 唐君毅：《致廷光書》，頁 76。

16. 柏拉圖著，郭斌龢、景昌極合譯：《柏拉圖之五大對話》（上海：商務印書館，1933），
頁 126。

17. 唐君毅：《致廷光書》，頁 155。

愛情的形上意義。然而，這普遍形上之愛，如何解釋男女間之愛情？

14.4 男女愛情之形上轉化

《愛情之福音》一開始便由一青年人向先知德拉斯詢問男女的問題。他認為這是非常普遍的問題，但是過去的聖者先知卻少有對此認真討論。相對於超世間的境界，男女情愛並不重要；但從俗情世間來看，這卻是極普遍、極重要的問題。因此，這青年的疑問是如何從精神哲學解釋男女愛情的現象，如何指出一條由「男女愛情通到宇宙真實的道路」。[18]

這是唐君毅在《愛情之福音》要解決的理論問題，由德拉斯這位先知回答。然而在《致廷光書》中，唐先生要處理的是真實的存在問題：他與謝廷光的感情理智衝突和對自己愛情感受的苦痛與快樂的問題。

解釋這問題之靈感亦是從柏拉圖而來。第四封信中提到男女關係的意義，他說：

> 男女關係則是不同之血肉而要求合一，或者本是一，後又分為二，今又求合一。如柏拉圖書中所謂在原來男女本為一人，後被神嫉妒遂剖之為二。故現在男女要求混為一塊。這一種關係是一微妙的關係，一方有距離，一方要合一，有距離是敬，要合一是愛。朋友間則以敬為主，父母兄弟間則以愛為主，男女關係則在其間。所以男女之互相安慰體貼又是一種意味，我從此便悟到男女之愛情之價值。[19]

柏拉圖之《會飲》中，阿里斯托芬（Aristophanes）之論愛情以人性本有三的神話為始點，即男性、女性、男女性。同時人原初身體是圓形，

---

18. 唐君毅：《愛情之福音》，頁 3。

19. 唐君毅：《致廷光書》，頁 20。

有四手、四足、一首雙面，後因自傲而冒犯諸神，終被剖開為二，因此人是不完全的，只是一半，而這半常欲求另一半以完成其整體性。「蓋人性本一，本全。求其全，即愛也。」[20] 誠然，唐先生以愛為求合一之意義源自柏拉圖，但其情愛觀念並不停留在阿里斯托芬之以半求全的性愛理論，而是從男女互求合一之欲轉化而成二生命精神求合一之愛。根據唐先生之說，對異性之欲求是與人類之愛真、善、美，及宗教之情緒是同時發展的。愛情形上意義之四種愛，皆可以在男女互相慕求對方的關係中顯露出來。對異性之注目是由於她之美，即是愛美之心；對她的身心一切有一種探問心好奇心，即是愛真之心；對她希望共同歡樂，則這是一種愛善之心；覺得對方可以主宰你的靈魂與生命，這種力量可以看成一種宗教情緒在其中透露，是為愛慕神聖之心。[21] 所以「在最粗淺的愛異性的心中，便包含有那四種愛，如果把那四種愛抽出，你之愛異性根本不可能」。[22]

男女之愛是實現宇宙四種愛的場所，亦同時是男女雙方超越自我的限制的道路，是擴大內在精神自我之表現。第六封信中詳論男女合一之意義。唐先生說：

> 而男女關係則是要化生理關係為精神關係，而以此生理關係為精神關係之象徵。然而人與人的關係只有男女關係才有此生理之關係之象徵。我們說人所求的只是其內在精神自我之擴大。擴大其自我即是要與他人精神相通，相通即是求合一，合一即是自我之擴大。然而一切人與人精神相通，只有男女關係中才有一實際的象徵，因為有身體上之要求合一。此外的一切

---

20. 柏拉圖：《柏拉圖之五大對話》，頁 115。
21. 唐君毅：《愛情之福音》，頁 9。
22. 同前注。

人與人精神相通均無如此之象徵，然而精神相通必須要求有一象徵。精神相通是內部的，象徵是外部的，內部又要與外部合一，而只有男女關係才有此外部之合一的象徵。所以男女間有三重合一的關係，這就是男女之愛在一切人類愛中之特殊地位。[23]

在《愛情之福音》中，唐先生將男女合一之說擴充為宇宙靈魂被割裂而重新恢復自己的過程。男女兩性代表宇宙的相反質素，男女結合時，便是這相反質素「互相配合和諧而成為完整之一體，如一小宇宙」。[24] 所以男女之愛情「實際上不是男求女，也不是女求男，卻是那被割裂部分的宇宙靈魂，要恢復他自己，要把被剖分出的兩部分，重新合一起來，要使男女兩方一齊還歸於宇宙靈魂之自體」。[25]

如此說來，男女之愛情便提升到一形上精神之層次。然而，男女之愛情之合一，並不是自然現象，而是人類自覺和道德的精神活動。故此，男女相愛要以專一、堅貞、敬愛為本。生命本身的結合，更要有道義之結合。「道義的結合與生命本身的結合互為基礎，兩種結合，自相結合，自相環繞，這是使（你們）愛情永遠堅固的路道之一。」[26]

唐君毅以男女愛情為一切愛的典範，透過男女之愛情結合，才可體驗其他人間之情愛關係，父母子女之愛、兄弟朋友之情及至人對萬物之愛皆源出男女生命之合一的愛。「宇宙靈魂的愛之光，表現在父母之間的是男女之愛之光。此愛之光通過此男女，照澈此男女之心，此男女復以如是之愛之光，轉而去照他的兒子，則為父母之愛子……這是由男女之

23. 唐君毅：《致廷光書》，頁 35。
24. 唐君毅：《愛情之福音》，頁 18。
25. 同前注，頁 19。
26. 同前注，頁 30。

愛而化生的最偉大的倫理愛——孝。」[27]

14.5 克爾羅斯基與德拉斯之謎

德拉斯是《愛情之福音》中之先知，他已洞悉了真理，在歸隱高山前向青
年朋友評述男女愛情與精神哲學之深義。德拉斯是誰？他當然是唐君毅
創造之人物，他同時也是唐君毅自己。全集卷二之附錄裡，唐夫人以書
中智者先知的口吻訓誨世人，不符合唐先生謙虛的個性為理由，解釋唐
先生自稱為譯者而非作者的原因。但如果從《致廷光書》來看，一九四○
年時期三十歲的唐先生是個極自負的年青人。在第四封信中，唐先生說：

> 以我這樣的環境，而將世界上中西印的哲學書重要者均讀過，
> 能了解文學科學，而自己有一貫思想，寫這樣多文，我老實說
> 我不曾見第二人。[28]

第十一封信中又說：

> 去年一月十七日我三十歲我自己認為我之哲學思想規模已立，
> 我之人生觀大體已定，我自命為已到三十而立之年。我現在已
> 成立一哲學系統可以由數理哲學通到宗教哲學。其解決哲學史
> 上之問題，許多地方真是神工鬼斧、石破天驚。我的志願想在
> 十五年內寫三部大著作，一關宇宙者、一關人生者、一關宗教
> 者，自以為必傳後世，但現代人恐尚無多能了解者。[29]

第十三封信中更揚言：

> 我自己認為至少在現代中國尚莫有其他的學哲學者能像我這樣

---

27. 同前注，頁 21。
28. 唐君毅：《致廷光書》，頁 19。
29. 同前注，頁 96。

對於人格之價值，精神之價值，愛之價值不特有更深切的體驗，而且能貫通古今中西印三方先哲之學說，以一新體系之面貌說出者。所以我自己覺得我的責任非常之大，我希望我的哲學書，能為一改造現世界之殘忍冷酷欺騙醜惡的力量之一，以解除人類今日之苦難於萬一。……而且我要宣傳一種愛之福音於世界。[30]

當然，我們應該知道，唐先生以上之言論，只是在他的情信中出現；在其他公開著作中，他鮮有如此自大自負的說話。在愛人面前盡說自己的感想感受，當然是絕對允許的，但同時亦是最真實的；即是說：唐先生在那時候，已確認世間無人可以與他相比較。世人很少可以自稱貫通古今中西印之哲學，同時已經掌握真理，進而可提供一全新哲學體系，去解決人類苦難問題；唐先生以此自居，他當然覺得自己是智者，是先知。男女愛情之問題，在過去沒有哲人先知討論，是因為他們不懂得精神哲學的深義與男女愛情形上的意義之間的關係。[31]中國哲學史中差不多沒有哲學家討論男女愛情問題。儒家論仁愛，只在人倫道德層面上反省，男女愛情視為私事不值得重視。另一方面，西方雖有自柏拉圖開出之愛情哲學傳統，但只重視愛為求真善美之欲望，而不能開出人與人之感通之情，對萬物的一種仁愛之心。故唐先生之《愛情之福音》確是一本貫通同時又超越中西哲學傳統之論愛情之書。加上書中之背景為印度，故整本書是融匯貫通古今中西印哲學的創作。這不可不謂極自負和極傲慢之表現。唐先生晚年自省，乃覺得三十歲前後，傲慢之心習最為熾盛。三十歲以後才漸趨滅弱，後來更歛抑其慢心。[32]

---

30. 同前注，頁 114。

31. 唐君毅：《愛情之福音》，頁 3。

32. 唐君毅：《病裏乾坤》（臺北：鵝湖出版社，1970 年），頁 13。

相信唐先生當時亦應感覺到不妥，是以他不能以作者身份發表此書，而改稱譯者。但是，譯者儘管不是作者，仍是一詮釋者，他的任務是將其他文化的思想以自己的文化系統重新表達出來。因此《愛情之福音》的愛情理論，應該是唐君毅融合中西印哲學思想才寫出來。從這個角度而言，唐先生以譯者身份出現，也頗為貼切。

至此，唐君毅作為《愛情之福音》之譯者而不是作者之理由，可以從上述的猜想回答。唐先生正正是了解寫此書時之自負傲慢之心，其意是向自己和向謝廷光表達自己的高超思想。他確信他了解愛情之真諦，不單是理論上的了解，同時亦是他當時愛情生活的存在感受之反省所得到之真理。《愛情之福音》當然與《致廷光書》不同，前者是給世人之書，後者只供一人閱讀，故唐先生化身為一洋人作者克爾羅斯基，在書中則變作一印度先知德拉斯，透過此二人敘述他自己的真理信念。[33]

14.6 結語

三十歲前後之唐君毅是他一生學問與存在的重要階段。在他最後的重要著作《生命存在與心靈境界》的後序裡，有對此時期的反省，他說：

> 吾今之此書之根本義理，與對宇宙人生的根本信念，皆成於三十歲前。
>
> 吾於三十歲前後，嘗寫人生之體驗，與道德自我之建立二書，皆以一人獨語，自道其所見之文。吾當時雖已嘗讀古今東西之哲人之書，然此二書對他人之說，幾無所論列，而其行皆極幼稚而樸實。然吾自謂二書，有一面對宇宙人生之真理之原始性，乃後此之我所不能為。吾今之此書之規模亦不能出於此二

---

33. 為什麼唐先生採用「克爾羅斯基」和「德拉斯」這兩個名字？究竟當中有無其他意義？筆者至今仍未找到合理的解釋。

書所規定者之外。此固可證吾之無大進步；然亦證宇宙人生中實有若干真理，歷久而彌其新也。至於此後三十年中，吾非無所用心，而知識亦盡有增加。然千迴百轉，仍在原來之道上。[34]

《愛情之福音》也是唐先生三十歲前後之作。雖然，唐先生在上文並無提及此書，但書中愛情之超越性及精神哲學之深義，其重要性決不在人生體驗與道德自我之下。事實上，人生與道德的最高境界是人超越自我之有限而與宇宙合一之體驗；而男女愛情，依唐先生所言，是此合一的最深奧的體驗。儘管唐先生在這書之後，甚少談及愛情，但人類之互相交感，互相滲融之情乃是唐先生哲學之基礎。《生命存在與心靈境界》千言萬語，最後亦要建基於一「性情之形上學」上。[35]

---

34. 唐君毅：《生命存在與心靈境界》（台北：學生書局，1977），頁 1157。

35. 同前注，頁 1180-1184。

第15章
色欲與房中書

15.1「色欲」之禁忌

西方傳統當中自柏拉圖開始，已經把精神和肉體對立起來，把理性置於感性之上，結果柏拉圖便把「欲愛」（Eros）視為人能夠超升自己，達致靈魂不滅的動力，而在《斐多》當中，他是這樣說的：

> 柏拉圖《斐多篇》：每一個尋求智慧的人都知道，當哲學接管靈魂的時候，他的靈魂是一個無助的囚犯，手腳被捆綁在身體中，只能透過靈魂的囚室間接地看到實體，在無知的泥淖中打滾。哲學知道這個囚犯自己主動的欲望在狡猾地影響著這種監禁，對靈魂的監禁來說，使靈魂進監獄的首先就是靈魂自己。在這種情況下，哲學接管了靈魂〔……〕此時，真正哲學家的靈魂會感到一定不能拒絕這個解放的機會，因此靈魂盡可能節制快樂、欲望和悲傷，因為靈魂想到放縱快樂、欲望和悲傷的結果不是像人們所設想的那種微不足道的不幸〔……〕（82e2-83c2）」[1]

身體只不過是靈魂的監獄，而且靈魂亦不應該為感性所染污的。當然，這種強調靈魂高於肉體的說法，並非所有希臘人都這樣看，例如伊壁鳩魯便不是這樣看的。不過，柏拉圖的重靈魂理論，的確是為西方哲學「定調」，意思是指，這種說法，無論後人同意或不同意也好，都是一

---

1. 王曉朝譯：《柏拉圖全集》（北京：人民出版社，2002 年），頁 87-88。

個有影響力的理論，特別是認為理性比感性重要，在後來西方哲學的發展過程之中，並不是一個小眾的說法。

基督宗教的傳統把人的結構分為靈魂、心靈和身體。當上帝吹氣，給予亞當靈魂生命之時，便已說明了靈魂的重要性，但這個靈魂的意思與柏拉圖的講法不同，柏拉圖所講的是與理性連在一起的，而基督宗教則是強調靈魂與神連在一起的。這種說法至少可以追溯到《創世記》，亞當與夏娃吃了禁果，其中的意義是他們有了性行為，有了創生的能力，而生出下一代。所以，基督宗教當中，對於性欲有著二元的態度：一方面認為生育而是神聖的，另一面這個性行為是源於反叛神的意志，因此性欲又是罪惡的。[2]如在《哥林多前書》及《加拉太書》便有相應的講法：

> 你們要逃避淫行。人所犯的、無論甚麼罪、都在身子以外。惟有行淫的、是得罪自己的身子。豈不知你們的身子就是聖靈的殿麼。這聖靈是從神而來、住在你們裡頭的，並且你們不是自己的人。[3]

> 我說、你們當順著聖靈而行、就不放縱肉體的情慾了。因為情慾和聖靈相爭、聖靈和情慾相爭。這兩個是彼此相敵、使你們不能作所願意作的。但你們若被聖靈引導、就不在律法以下情慾的事、都是顯而易見的。就如姦淫、污穢、邪蕩……。凡屬基督耶穌的人、是已經把肉體、連肉體的邪情私慾、同釘在十字架上了。我們若是靠聖靈得生、就當靠聖靈行事。[4]

結婚是唯一一種令性欲合法化的手段，但人絕不能夠把性欲視為享樂，這便是基督宗教的傳統對性欲的看法，直到今日，大家都應該會感

---

2. 《柏拉圖全集》王曉朝譯，北京：人民出版社，2002 年，頁 87-88。

3. 哥林多前書 6:18-19。

4. 加拉太書 5:16-25。

受到這種講法的影響力。但這對於香港的處境又有甚麼關係呢？

在上世紀的香港，同性戀一直都被視為刑事問題。因種種政治和社會原因到了一九八○年代才有關於是否應該把同性戀非刑事化的討論，這個並不是同性戀合法化，而是非刑事化的，所以大眾似乎對於同性戀，預定了是有罪和不道德的。但是，為什麼兩個人私人的事，要被判為有罪呢？在一九八○年代的討論當中，有很多有趣的內容，例如以下這段文字：

「我真誠地希望你能認真考慮放棄在香港將同性戀合法化的問題。」

「我再次寫信強調，同性戀合法化是完全不可取的，它完全違背了香港華人社會的習俗和生活方式。」

「呼籲堅決反對同性戀合法化。我認為建議的修正案不應該實施。」

「少數無恥的騙子，認為世界還不夠亂，建議將同性戀合法化。這是與道德和理性相悖的事情。」

「同性戀合法化將被視為對中國文化和傳統的一種嚴重侮辱。」[5]

這當中的一些理由表示，同性戀對於香港的傳統中國文化當中，是格格不入的，有違傳統倫理道德，同時認為同性戀違反「道德」與「理性」。然而，即使同性戀等同於肛交等性行為，但為什麼兩個人在私人房中所做的事，會牽涉到刑事罪行呢？某些地區曾對同性戀者判終身監禁，甚至死刑，但為什麼一個男人的性器官，進入另一個人的身體內，是這麼大的罪行，要被判死刑呢？同樣地，這跟一個人的手指放在另一個人的體內，為什麼就沒有問題呢？這其中的差別究竟是什麼？當然，

---

5. The Law reform commission of Hong Kong, Report on Laws governing homosexual conduct(topic 2), A38.

這並非筆者本章要討論的問題，不過這仍是值得我們思考的。而我們要討論的其中一項是，中國是否真的沒有同性戀？

一位名為小明雄的香港作者，在一九八〇年代曾寫了一本《中國同性愛史錄》的書，當中便有不少反對的意見：

> 1984年，當我出版所寫的《中國同性愛史錄》時，社會大眾對同性愛者的態度剛剛可以說是「好轉」，不再像六、七十年代以極端憎惡和歧視的眼光，來辱罵和嘲弄同性愛者。〔……〕
>
> 現在，愛滋病是「同性愛絕症」的帽子已被摘去，中國人也再不視「同性愛為外國貨」；與此同時，同性愛運動又再蓬勃地在各國發展，包括中國大陸有關同性愛的書籍開始見到天日，香港和臺灣民眾對同性愛者的態度，也越來越趨理性化，港臺兩地的同性愛組織和參與同性愛人權運動的人，也越來越開放、越來越多；乍看起來，中國的同性愛者前途好像真的光明一面。但是實際上，作為中國同性愛者仍然面對不少的問題，尤其是香港同性愛者在1997年7月後，不單要面對認同（come out）自己是同性愛者的問題，也要面對中國大陸對同性愛者處理態度的問題。[6]

其實在漢代之前，中國已有大量的文獻記錄關於同性愛的現象，根據《晏子春秋》：

> 《晏子春秋》：景公蓋姣。有羽人視景公僑者。公謂左右曰：「問之，何視寡人之僑也？」羽人對曰：「言亦死，而不言亦死，竊姣公也。」公曰：「合色寡人也，殺之。」晏子不時而入見曰：「蓋聞君有所怒羽人。」公曰：「然，色寡人，故將殺之。」晏子

---

6. 小明雄《中國同性愛史錄（增訂版）》，香港：迷紅三角出版社，1997年（1984年），頁552。

對曰：「嬰聞拒欲不道，惡愛不祥，雖使色君，於法不宜殺也。」

公曰：「惡，然乎！若使沐浴，寡人將使抱背。」

　　有男性官員因為齊景公的美貌，愛上了他。齊景公原本想將這名官員處死，最後卻選擇讓這名官員替他沐浴按摩。這就是先秦時期的同性戀風氣，這從漢代以前就已經有的，所以中國傳統根本不是不容許同性愛的存在，而且指控同性戀是西方傳入的說法也不成立。在本書第13章我們在討論《情史類略》時，在〈情外篇〉便是討論同性戀。而且馮夢龍也不認為同性愛是甚麼大問題，甚至我們也很難在其他文獻中，找到傳統中國社會，認為同性戀是罪大惡極的想法，中國在這方面比西方的基督教傳統更為開放。

15.2「保守」的中國色欲傳統

在第11章，筆者曾經提及，在德國的時候買了一套有關性愛與文化的書，其中一本《中國的色欲藝術》(*Ars et Amor: Die erotic in der Kunst, China*)，這是從法文翻譯為德文的書，封面就是一幅春宮圖，但有趣的是，圖中的夫婦在進行由後進入的性行為，同時有一個小孩（可能是他們的兒子）就在他們的身旁，這令筆者感到十分驚訝，因為世界各地關於性的畫作當中，很少見到夫婦二人性交之時，旁邊會有小孩子。即使我們認為西方文化對性比較開放，但是在西方的畫作當中，筆者亦未曾見過，而中國這個現象並非單一的特殊現象，明末有很多類似的作品，在當時這也不是一種不正常的現象。但為什麼中國有這樣特別的現象呢？這是筆者想討論的問題。

　　宋玉的〈高唐賦〉云：「妾旦為朝雲，暮為行雨，朝朝暮暮，陽台之下」，這些古代關於男歡女愛的詩句，關於性欲的內容，似乎在我們小時

候，都被認為是禁忌，是不道德的。但事實上，這似乎是我們不肯面對以前真實的歷史，不肯承認中國過去有很多關於情愛的文化，純粹幻想了一個所謂的「傳統」該是如何。因此，我們為傳統中國的性議題，重新論述是極有意義的。

這套書中還有一本《歡悅花園》，裡面便說明中國關於性的畫作當中，與其他文化不同，即使對比同樣是亞洲的日本亦有所不同。日本的春畫特別強調男性性器的龐大，特別誇大男性的男權暴力，而把女性置於男性的控制之下，甚至有種被強姦的感覺。但是我們可以看到，大部份中國的春宮圖都不是這樣的：

> 在每件藝術作品和整個系列中，有兩件事非常突出。首先是溫和、合意的情調。最接近暴力的行為是一個嫉妒的妻子撐著丈夫的耳朵，這比任何事情都要幽默。窺視癖，無論是偷看女士的獨處樂趣，或暗中觀看夫婦的行房，還是作者自己參與的藝術作品，總是沒有威脅性。幽默往往是是貼地的，是快樂人自然的幽默。[7]

中國的春宮圖所描述的性愛，似乎都有一種兩性間平等和諧的感覺，而其他文化中未必會突顯的。西方關於裸體或者關於性的畫作，都有一種關於完美身體的描寫，例如米開朗基羅的畫作，或者是日本的浮世繪當中，對於男性性器的誇大，中國的春畫重點則在描寫性愛之間，雙方和諧的表情，這是大異之處。在明末清初時，有兩位著名的畫家畫這類作品，一位是唐寅，另一位則是仇英，他們所畫的春宮圖流傳後世的並不多，但是現在仍能找到相關的畫作，而我們可以從他們的畫作中，看到關於表情的描畫。

福柯在《性史》第一卷中，對西方的性文化作了以下的描述：

---

7. Ferdinand.M. Bertholet, *Garden of Pleasure: Eroticism and Art in China, Munich*：Pretel-Verlag, 2003.

在歷史上，存在著兩種展示性真相的宏大程式。一方面，像中國、日本、印度、羅馬、阿拉伯－穆斯林等許多社會，都有一套「性愛藝術」（ars erotica）。根據性愛藝術，真相是從快感中抽象出來的，它被理解成實踐和經驗。理解快感不是從一種允許和禁止的絕對法律出發，也不是以有用性為標準的，而是首先對快感自身而言，根據快感的程度、特別的質量、延續的時間和在身心中的影響來認識快感。〔……〕因此，這就構成了一種必須保密的知識，不過，它保守秘密不是因為對其對象不名譽的猜忌，而是出於最大限度地保留它的必要，因為根據傳統，一旦洩密，它就會失去影響和價值。[8]

他所講的是，在西方關於性的論述當中，與身體和理性有關係的，甚至從基督教的文化當中，理解性這種活動作為人墮落的現象。但是福柯觀察到，在中國的文化當中，認為性欲是自然而然的事。他雖然沒有講到「一陰一陽之為道」，甚至整個宇宙的發生，都是兩性交互後自然而然的結果。而在中國的傳統語境中，似乎並沒有對性交所產生的快感，感到負面或罪惡感。故此，福柯便認為在西方的性欲描述當中，僅是從知識論的立場來理解的：

根據這第一種途徑，我們的文明沒有「性愛藝術」。相反，它是惟一實行「性科學」（scientia sexualis）的文明。或者，確切地說，為了說出性真相，它在許多世紀中發展出一套套納入到不同於密授藝術和教授秘密的權力——知識的嚴格形式之中的程式：它看重的只是坦白。[9]

與之相對的，就是中國對於性所帶來的歡愉，似乎相對而言是直言

8. Michel Foucault. The History of Sexuality. Vol 1: An Introduction. Trans Robert Hurley, New York: Pantheon Books, 1978.

9. Ibid, p. 58.

不諱的，會承認性活動帶出來的歡愉乃自然而然之事。當然福柯所關心的是西方文化當中對於性的看法，因此並非我們要討論的重點。

14.3 生生不息的性愛觀

那麼我們該如何理解男女關係呢？與西方比較，中國是比較接近古希臘的。但是希臘神話是一種人跟神的鬥爭關係，神話並非童話，是古代的一種將宇宙的關係聯繫在一起的文化。為什麼山有神，地有神，我們住的地方有神？是因為大自然的力量所賜予的。當人對宇宙萬物的奧秘不能理解的時候，我們就用人格化的「神」來表達。宇宙其實是人能夠把握得到的，但我們用比人更加大的「神」去表達。我們拜黃大仙、車公廟甚至自己家裡的灶君，祂們都是人格化的神，由人演變出來的，就是神話的進一步。透過人的想像力投射對宇宙萬物的想像，可以使這些神為人們做事情。基督宗教的宇宙萬物是由神所創造，但是這個跟中國的文化並不一樣。根據《藝文類聚》及《廣博物志》有這樣的描述：

> 天地混沌如雞子，盤古生其中，萬八千歲。天地開闢，陽清為天，陰濁為地。盤古在其中，一日九變，神於天，聖於地。天日高一丈，地日厚一丈，盤古日長一丈：如此萬八千歲，天數極高，地數極深，盤古極長。（《藝文類聚》卷一引《三五曆記》）

> 盤古之君，龍首蛇身。（《廣博物志》卷九引《五運歷年記》）

中國的神話故事在上古時期，逐漸變為一種很低的層次，因為「子不語怪力亂神」。然而，透過對於中國古神話的閱讀，我們可以對中國人世界觀有一個更深入的理解：

> 元氣濛鴻，萌芽茲始，遂分天地，肇立乾坤，啟陰感陽，分布元氣，乃孕中和，是為人也。首生盤古，垂死化身：氣成風

雲，聲為雷霆，左眼為日，右眼為月，四肢五體為四極五嶽，血液為江河，筋脈為地里，肌肉為田土，髮髭為星辰，皮毛為草木，齒骨為金石，精髓為珠玉，汗流為雨澤，身之諸蟲因風所感，化為黎甿。（《繹史》卷一引《五運歷年記》）

昔盤古氏之死也，頭為四嶽，目為日月，脂膏為江海，毛髮為草木。（《述異記》上）

　　西方文化人和神的關係就是「神在人的上面」，人和神是沒有關係的，神是創造者，人只是被創造者。而中國人的江河、日月、風有共同的血脈相連，這是另一種意義下的「天人合一」。中國人的世界觀中沒有創造者，一切都是盤古變化所生成的。宇宙萬物都是一元，一切的人類和萬物都是自然，因此性行為也是自然的。我們學太極的符號就是陽中有陰，陰中有陽，陰陽是互生互克的，構成了中國文化的各種現象。現在的中醫依循《黃帝內經》，仍然是看陰陽，可見陰陽是中國文化的根本，正如《周易》所言：

天地不交，而萬物不興。（《易·歸妹》）

天地絪縕，萬物化醇；男女媾精，萬物化生。（《易·繫辭下》）

乾坤，其易之門邪！乾，陽物也。坤，陰物也。陰陽合德，而剛柔有體，以天體之撰，以通神明之德。（《易·繫辭下》）

乾，天也，故稱乎父。坤，地也，故稱乎母。（《易·說卦》）

夫乾，其靜也專，其動也直，是以大生焉。婦坤，其靜也翕，其動也辟，是以廣生焉。（《易·繫辭下》）

有天地然後有萬物，有萬物然後有男女，

有男女然後有夫婦，有夫婦然後有父子，

有父子然後有君臣，有君臣然後有上下，

有上下然後禮儀有所錯。夫婦之道不可以不久也，故受之以

恒。(《易‧說卦》)

雲行雨施，品物流形。(《易‧彖辭》)

陰陽解釋宇宙一切人事變化的原則，整個中國文化看世界的人倫關係都是從混沌而來的。這一切都是天然秩序產生出來的，就好像道家一樣。夫婦之道的意義並不在於生育這麼簡單，這個只是其中一個意義，還有快樂、養生的意義。「一陰一陽之謂道」，陰中有陽，陽中有陰，而古代的讀書人也有可能是雙性戀的。

這一原則建立在古老的中國二元宇宙觀之上。宇宙因兩種原始力量：「陽」(肯定的方面)和「陰」(否定的方面)的持續相互作用而產生和發展。「陽」代表天、日、火、光和雄性；「陰」代表地、月、水、陰和雌性。陰和陽的相互作用導致了成為宇宙基礎恆久的變化和更新。這種作用被認為是一種永無休止的迴圈運動：陽衰歸陰，陰盛轉陽。後來這一思想被著名的太極圖表述出來；左半邊表示包含了陽的萌芽，右半邊表示包含了陰的萌芽。

中國的時間是使用甲子，即循環不絕的時間觀，而不是像西方一樣用耶穌基督的死作為記錄時間的方法。循環是因為陰陽的動力，乾坤、陰陽、天地是一種自然的動力。而咸卦正體會到這種生生不息的動力：

第三十一卦澤山咸

卦辭：咸：亨，利貞，取女吉。

《象》曰：山上有澤，咸；君子以虛受人。

《象》曰：咸，感也。柔上而剛下，二氣感應以相與，止而說，男下女，是以「亨利貞，取女吉」也。天地感而萬物化生；聖人感人心，而天下和平。觀其所感，而天地萬物之情可見矣！

初六 爻辭：咸其拇。《象》曰：咸其拇，志在外也。

六 二 爻辭：咸其腓，凶，居吉。《象》曰：雖凶，居吉，順不害也。

九 三 爻辭：咸其股，執其隨，往吝。《象》曰：咸其股，亦不處也。志在隨人，所執下也。

九 四 爻辭：貞吉，悔亡，憧憧往來，朋從爾思。《象》曰：貞吉，悔亡，未感害也。憧憧往來，未光大也。

九五 爻辭：咸其脢，無悔。《象》曰：咸其脢，志末也。

上 六 爻辭：咸其輔頰舌。《象》曰：咸其輔頰舌，滕口說也。

因此現代人所說的「鹹濕」，其實就是出自於易經對以上「咸卦」的白話翻譯。

感應卦：可發展、繁榮、結果，娶個女人，是吉象。

六在最下面一行：碰她的大腳趾。

六在倒數第二行：碰她的小腿，不好，不動，不好。

九在倒數第三行：碰她的大腿，她用手推開他的腳，再下去就不好了。

九在第三行：不動就好，動了就糟了，內心志忐，朋友，照你想的去做吧！

九在第二行：抱住她的背，不要後悔。

六在第一行：吻她的嘴唇，親她的臉頰，舐她的舌頭。

《易經》強調這個事實：性交是宇宙生命的基本元素之一，因為它是陰陽的宇宙交感的一種顯現。此書的《繫辭下》第四部份說：「天地氤氳，

萬物化醇；男女媾精，萬物化生。」《繫辭上》第五部份注意到：「一陰一陽之謂道」；「生生之謂也」。出自《易經》的這些段落常常被房中書引用。在房中書中，「一陰」和「一陽」分別指一個女人和一個男人。

　　「一陰一陽之謂道」這個哲學命題貫穿了中國所有性行為的理解，這個哲學問題先於儒家和道家。中國沒有將性行為列為不健康的事情，因為這個男女關係是跟隨著宇宙萬物的天地運作，所以男女天地陰陽是正常不過的事。中國也常用美麗的文字描述男女之間的性行為，例如常見的「雲雨」一詞，就是出自於宋玉《高唐賦》。

15.4 中國性學研究之先驅

筆者記得小時候，當生物學的課要講關於人類繁殖時，當時的老師是不敢講的，常會講得滿臉通紅。但是如果這種關於生理學的知識也不敢講，又怎麼講性教育呢？所以，我們在那個年代，對於性知識是極度模糊的。但人總是好奇的，因此同學們都在小報中，理解性是怎麼回事。總而言之，就是沒有人會公開討論這個問題。

　　即使香港接觸西方文化過百年，表面上好像會比較開放，但是大部份的心理都是保守的，對於男女之事就如淫邪之事一般，所謂正經人根本不會講這些問題，想來大學教授又怎會講這些問題呢？但事實並非如此，社會並沒有這麼封閉。有關中國性學的研究，其實自晚清開始，已有人談論，例如葉德輝（1864-1927）、張競生（1888-1970）、潘光旦（1899-1967）；討論近代中國性學經典，則不能不提及一位荷蘭的漢學家高羅佩（1910-1967）；而當代中國性學研究，則有江曉原（1955-）、劉達臨（1932-）、潘綏銘（1950-）等人。

　　葉德輝可謂一奇人，可算是一位書籍收藏家。他的《雙梅影闇叢書》收藏了《素女經》、《素女方》、《玉房秘訣》、《玉房指要》、《洞玄子》等

等著作。這本書收藏在香港大學馮平山圖書館當中，且為線裝書。這本書有何重要呢？大家可能未聽過這本書的書名，但是可能聽過裡面的文章。這些文章本來已在中國散佚了一兩百年之久，但卻在日本保存下來，當時葉德輝便從日本收編回來。他認為，《素女經》裡面的討論，在中國自古已有，後來卻忘記了，而現在的關鍵則在於如何重新研究討論這些經典。

張競生則是首批公費留學法國的人，他寫了一本《性史第一集》的書，而這本書是訪問他的朋友、學生，把他們的故事寫出來，當然書中大部份講的，都是人與人之間的性行為。當時這本書一出版之時，便成為暢銷書，不過可惜的是大眾僅視其為「色情刊物」。而現在我們回頭看，其實並沒有多大的問題。例如有年輕女性被男同學引誘，後來便發生了性關係，這些東西在今日看來十分日常，甚至對於明末清初的艷情小說來講，也是小巫見大巫。不過，這便是從側面看到，在上世紀初期，大部份人對於談性這個問題，都是聞風色變的，然而，暗地裡卻十分好奇。

潘光旦無疑是上世紀最重要的學者之一，他在中國性學的領域當中，也有一本《性心理學》。這本書雖然只是他的譯著，但這本書確實有其重要性。他在書的序言中有幾首自題的詩詞：

二《南》風教久銷沉

瞎馬盲人騎到今

欲挽狂瀾應有術

先從性理覓高深

人生衣食住行私

墨翟而還孰費辭

禮失野求吾有意

風流靄氏是良師

私淑於今二十年
狂言驚座敢先傳
獨憐孺子披猖甚
一識相思百事蠲

發情止禮對誰論
禁遏流連兩議喧
漫向九原嗟薄命
人間遍地未招魂

我亦傳來竺國經
不空不色喚人醒
名山萬卷余灰燼
何幸茲編見殺青[10]

　　這便是潘光旦先生所寫的詩，這位作為費孝通先生的老師，在百年之前以這些詩詞講述當時社會對於性知識的態度，認為上古中國早有關於性知識的論述，然而到了近代中國卻抹殺了相關知識的存在，由清代開始便變成了一種禁忌了，這到了上世紀的初期，社會大眾仍是看不起這類知識。

　　接著下來，要講一位對於中國性學研究非常重要的人物，這就是來自荷蘭的高羅佩（Robert van Gulik），這位先生寫了很多關於東亞研究的書，懂很多很多語言，而他的正職卻是一位駐日本的外交宮。有趣

---

10. 潘光旦：《性心理學》，作者序。

的是，他能夠寫出很多精緻優美的詩詞，漢語的程度可能比我們母語還好。他的重要性在於甚麼呢？我們知道中國古代有不少關於性的描述，不如當今社會所想像有這麼大的禁忌，更重要的是，高先生作為一個外國人，以極多的考據說明了中國傳統文化對於性的看法。

其中一本重要的著作為《秘戲圖考》，另一本則為更嚴格的學術著作《中國古代房內考》。《秘戲圖考》當中的序便從《易經》開始，講述了中國傳統的性文化：

中國房中術一道由來已久，《易》論一陰一陽，生生化化，其義深矣。其為教也，則著之於書，道之以圖，自漢以來，書圖並行，據張衡《同聲歌》可知也。蓋此術行而得宜，則廣益人倫。故古代希臘、羅馬、印度皆有其書，至今歐美醫士立房中術為醫學一門，編著夫婦必攜兒女必讀之書，而中土則自漢已然，海外知之者鮮矣。夫男女構精，互古不易，而人之所以視之，則代有同異。《漢書·藝文志·方伎略》特著房中八家，可知兩漢之時對於此道，視為醫術之一，初不視為猥褻之行也。其後六朝道家之行房益壽、御女登仙等說，復為人所誦習，不以為諱，觀《徐陵與周弘讓書》可證也。隋唐之時，佛教密宗之儀軌傳來中國，交媾覺悟之說與道家合氣成仙之旨融洽為一，馬郎婦觀音故事即其一例。自爾以來，此類著述浸多，敦煌出土《大樂賦》注所引，足備一隅。其後趙宋之時，程朱學興，據男女有別之義，遂謂房中一切均是淫事，以房中術為誘淫之具。胡元肆虐中土，文士無所施展，乃多放縱於酒色艷詞。褻戲流行海內，而房室之諱得以稍寬，可謂此道不幸之幸也。及夫有明，宋學復興，儒家拘泥亦甚，故此類書籍一時不振。明末，高人墨客多避閹勢，卜居江南，殫精於燕閒雅趣，多改編《素女》、《玄女》等經，並加講解，頗極一時之盛。暨滿清入主，制度服

色為之一變。但閨門之內，卒不肯使滿人窺其秘奧。且清之獎勵宋學又甚於明，儒者遂於此種圖書深藏不宣，後竟遭毀禁之阨。乾嘉之際，所存者什一而已。[11]

透過高羅佩以上詳細的描述，我們可以知道，原來中國從古代開始，便已透過《易經》了解性事為何了，這部份可以從張衡《同聲歌》中得知。漢代亦有房中書的著作，而到了唐代有密宗與道教合一的講法，講採陰補陽之術，只不過到了宋代，理學興起，才一反傳統，視性事為淫事而已。接著他又說：

十八、十九世紀，訪華西人考察風俗，書籍既不易入手，詢人又諱莫如深，遂以為中國房內必淫污不堪，不可告人，妄說誤解因之而生。甚至近世西人所傳中國房室奇習，大抵荒唐無稽。書籍雜誌所載，茶餘酒後所譚，此類侮辱中華文明之例，已不勝枚舉。一則徒事匿藏，一則肆口誣蔑，果誰之罪歟？

此種誤謬，余久所痛感，但以無證可據，訂正莫由。客年於日本，搜羅佚書，偶得明刊房中術書數種，並明末繡梓春宮若干冊。康、乾間，此類圖書多流入日本，為彼土文士畫家所珍。浮世繪版畫實多取材於此，而德川幕府亦未嚴禁，故得保存至今。本年夏，余於西京舊家購得萬曆雕《花營錦陣》春冊版本，尤為難能可貴，至是而資料略備矣。

余所搜集各書，除《修真》、《既濟》二種外，殆可謂有睦家之實、無敗德之譏者。可知古代房中書籍，不啻不涉放蕩，抑亦符合衛生，且無暴虐之狂、詭異之行。故中國房室之私，初無用隱匿，而可謂中華文明之榮譽也。至於《花營錦陣》、《風流絕暢》等圖，雖是軒皇、素女圖勢之末流，實為明代套版之精粹，

---

11. 《秘戲圖考》，作者序。

勝《十竹齋》等畫譜強半，存六如、十洲之筆意，與清代坊間流傳之穢跡，不可同日而語。外國鑒賞家多謂中國歷代畫人不嫻描寫肉體，據此冊可知其謬也。[12]

《中國古代房內考》本來是一本英文書，幸得李寧先生的翻譯，現在有中文的版本。當中作者的序，亦提及清代中國對於性的態度，純粹是假作正經而已：

中文著作對性避而不談，無疑是假裝正經。這種虛情矯飾在清代（1644-1912）一直束縛著中國人。清代編纂的汗牛充棟的書面資料對人類生活的各個方面幾乎巨細無遺，但惟獨就是不提性。當然希望在文學藝術中儘量迴避愛情中過分肉欲的一面本身是值得稱讚的。這的確給人一種好印象，特別是當前，無論在東方還是西方，肉欲的一面在文字和圖畫上都被強調得太過分，以至掩蓋了性行為基本的精神意義，但清代的中國人是墮入另一極端。他們表現出一種近乎瘋狂的願望，極力想使他們的性生活秘不示人。[13]

在《中國古代房內考》這本書的重要性在於，我們以為中國從來沒有關於性的講法，但根據高氏所做的研究，原來傳統中國本來就已有談論性的種種。而且，外界一直以為中國的性習俗是墮落反常的，但他反認為中國人具有高度文化教養的民族，早就意識到性問題的重要性的，而且「總的說來，他們的性行為是健康和正常的」，高氏如是寫道：

驗以上述材料，使我確信，外界認為古代中國人性習俗墮落反常的流俗之見是完全錯誤的。正如人們可以想見的那樣，像中國人這樣有高度文化教養和長於思考的民族，其實從很早就很

---

12. 同前注。

13. 同前注，頁 1-2。

重視性問題。他們對性問題的觀察體現在「房中書」，即指導一家之長如何調諧夫婦的書籍當中。這些書在兩千年前就已存在，並且直到13世紀前後仍被廣泛傳習。此後儒家禁欲主義逐漸限制這類文獻的流傳。1644年清建立後，這種受政治和感情因素影響而變本加厲的禁欲主義，終於導致上述對性問題的諱莫如深。從那以後，這種諱莫如深一直困擾著中國人。清代學者斷言，這種諱莫如深始終存在，並且男女大防在兩千年前就已盛行。本書的主要論點之一，就是要反駁這種武斷的說法，說明直到13世紀男女大防仍未嚴格執行，性關係仍可自由談論和形諸文字。古代的中國人確實沒有理由要掩蓋其性生活。他們的房中書清楚地表明，從一夫多妻制（這種制度從已知最古老的時期到不久前一直流行於中國）的標準看，總的說來，他們的性行為是健康和正常的。[14]

這本書重要的地方，是給真正關心學術的人看的，雖然當中有很多對性事場面的描述，但在1961年出版的版本當中，高氏均用拉丁文來描述這些場景，如果沒有一定的學術水平，不懂高深的拉丁文，根本不可能明白這些內容，而懂得拉丁文的，除了是神父以外，亦只能數博士級別的拉丁文專家，才能看得懂這些東西。

另一位近代中國性學研究的大師級人物，則要數江曉原先生了。他的研究具有理論性，也有足夠的學識來討論這些議題，而這書就是《雲雨》。他的講法與傳統中國講性的問題並不相同，中國傳統談性是以故事與比喻的方式來表達，高羅佩則是以理論的方式論述，他的論述核心便是認為中國性文化是在禮教與性壓抑的張力下產生的。我們來看看他所寫的序言：

---

14. 同前注，頁 2-3。

現在，本書的主題和我對這一主題的認識，使我陷入必須勉為其難的境地：我的立足點在很大程度上將放在歷史情況的研討分析之中，但同時將引入對當代情況的觀察和思考，或者說對當代情況保持某種「觀照」。這種做法與一些西方學者的所謂「歷史方法」（指用追溯歷史的方法去理解或分析某些現存問題）可能稍有相似之處。不過另一方面，在對歷史情況的論述中，我更願意適度使用文化人類學的目光和著眼點。

近幾年來，我一直在為本書所論主題尋找一種新的視角、或者說新的分析思路。「性張力」的概念在我腦際盤桓了四五年之久，逐漸在此基礎上浮現出一個看起來較為可行的「工作假說」。按照科學史和科學哲學領域中普遍被接受的看法，「工作假說」和客觀實際不是一回事；客觀實際（或歷史真相）是尚待探索認識的對象，而只要有助於增進對這一對象的理解，或者能導致新的發現，就可以是一個有用的（成功的）「工作假說」。將此「工作假說」之法用於人文學術，在現代學術史中也已經極為常見。對於本書中以「性張力」概念為基礎的分析思路、視點或框架，亦作如是觀可矣[15]

關於性的描述性報告，還有一位劉達臨先生的研究，他所做的便是參考《金賽性學報告》（*Kinsey Reports*），對中國人的性行為做了詳細的調查，而他的著作是比較通俗易懂的，例如在《性與中國文化》中，便是一些記述性的事例，因此閱讀起來，並無太大的理論困難。還有一位則是潘綏銘，他寫了一本書叫做《存在與荒謬》，當初筆者購買此書時，誤以為是一本關於存在主義的哲學書，原來這本書是關於中國性產業的問題。我只是想強調，在中國的學者當中，很少人會直接討論關於性的問

---

15. 江曉原：《雲雨：性張力下的中國人》，作者序。

題，特別是大學的學者，通俗者已然極少，更遑論是理論著作。

15.5 高羅佩《中國古代房內考》

《中國古代房內考》之「房內」二字已經是代表了性交的意思，這種借代
似乎隱含了兩者有很密切的關係，那是否代表我們可以通過研究何謂夫
婦間進行性愛的空間，來了解中國古代的性文化呢？高羅佩便在書的開
首，提及過相關的問題：

> 同樣本書題目中的「性生活」（sexual life）一詞也有更寬泛的含
> 義。特別是鑒於中國文化是在與我們的文化有許多不同的環境
> 中發展起來的，只講性關係是不夠的。為了正確估價中國人的
> 性關係，讀者至少要對中國的社會文化背景有一般了解，故我
> 想儘量簡要地提供一些有關情況，特別是那些與主題密切相關
> 的細節，諸如室內陳設和穿戴打扮。[16]

但是，中國人的基本性觀念究竟是甚麼呢？高羅佩與很多學者的看
法一樣，似乎都認為中國文化對於性方面乃採取自然主義的態度，便是
把男女性交看作自然而然之事，真的是「一陰一陽之謂道」的想法。而他
在書的開始，已經交代了他的結論，他認為由西周到漢初的時期，特別
是從《漢書‧藝文志》已提及過「房中書」：

> 本書第一部分可以概述中國人的基本性觀念來作為結束。為了
> 給讀者提供全貌，我們不得不提前使用一些只能由周以後的資
> 料所證實的事實，如「房中書」。雖然在周代史料中此種概念尚
> 未得到明確表達，但我們盡可相信，它們在當時就已存在。
> 最初，古代中國人對女性生殖器的生理功能並沒有明確概念，

---

16. 高羅佩：《中國古代房內考》，頁 4-5。

他們不懂受精是男子的精子和女子的卵子相結合的結果。他們分不清陰道分泌物和卵子，把卵子和所有子宮、陰道的分泌物和液體都當作陰氣，即男子精液長成胚胎所必須的子宮內含物。以後「精」一詞幾乎專門是指男子的精子，而「氣」、「血」則指卵子。進而古代中國人甚至還得出錯誤的結論，認為男子的精液數量有限，而女子是陰氣取之不竭的容器

人們認為，性交有雙重目的，首先，性交是為了使婦女受孕生子，綿延種族。這不僅是為了合乎天地陰陽之道，而且也是履行對祖先應盡的神聖職責。因為死者來世的幸福全靠地上的後人以時奉享。其次，性交又是為了讓男人采陰以壯其陽，而同時女人也可以因激發其陰氣面達到強身健體。[17]

高羅佩的講法，從側面證成了中國人對於「精」與「血」之間的關聯，為何我們會告誡年輕人不要過度手淫呢？其原因就是在於「一滴精十滴血」這個想法，而這種想法則來源自中國古代對於男女生殖器當中，以陰陽概念來理解的想法，這是自古以來的想法。早在《黃帝內經》已經有相關概念：

人之所有者，血與氣耳。

人的身體就是由血、氣所組成。古代中國人，很快便知道男性和女性之間最大的不同，乃在於生殖器結構的不同，男性性器的勃起並非以隨意肌的方式來控制的，這不是男人想就能做的，因此古人便以「氣」「血」不足等概念來描述。

在西方世界也有如此大哉問，即使在中世紀神學背景濃厚的時期，奧古斯丁亦會問，為什麼上帝創造男人，身體有一個器官是不受意志所控制的呢？甚至，當男性性交以後，這不是他想繼續性交便想性交的，

---

17. 同前注，頁5。

他的身體並不完全受控，並不一定能夠再勃起的。相反，這裡便突顯出女性的不同，女性的性交行為，似乎是沒有次數限制的。因此，中國古代的人，便認為女性的性器是「取之不竭的容器」。

另有一點關於「祖先應盡的神聖職責」的看法則十分有趣，可說是中國特有。在之前幾節當中，我們提及到儒家主張「性」是為了「上繼宗廟，下開後世」，這種對於性的觀念，並非僅為歡愉的，而是為了讓血親氏族的傳統傳承下去，是宗族的歷史責任。這種傳宗接代的看法，便超越了個體之間的生死，所以便把這份責任與精神，透過祖先給予我的具體生命，而給予下一代。所以根據郭沫若，「祖」字的「且」乃男性的陽具。對於儒家來說，受孕性交是對祖先盡責，合乎陰陽之道，乃自然不過之事。

奇怪的是甚麼呢？就是給予男子「採陰補陽」，用於「強身健體」的功能，這一點是中國性文化中最獨特的看法，基本上世界上其他文化中是沒有的，不過具體內容，我將會在論及「房中書」時，再作仔細討論。

接著，高羅佩亦提及到關於中國婚姻制度的看法，因為這關係到古代中國社會的家庭結構，而當時中國人怎樣看待女性，似乎都關係到「性」這個主題的，他這樣說：

> 一夫多妻制的家庭制度也對這一原則經久不衰、終於保存下來
> 起了一定作用。習慣採用止精法的男性家長能夠滿足妻妾的性
> 欲而不致弄壞身體，損傷元氣。

因此在中國性文獻中人們一再強調下述兩個基本事實。第一，男人的精液是他最寶貴的東西，不僅是他健康的源泉，而且也是他生命的源泉。每次射精都會損傷元氣，除非從女人那裡得到等量的陰氣才能彌補。第二，男人與女人性交，每次都要使女方充分滿足，但男子則只應在特定情況下使自己達到高潮。[18]

---

18. 同前注，頁 54。

傳統中國以男性為中心，不過當中奧妙之處，不僅僅是指妻妾都是為了他而設的生育的助手及玩樂的對象，而是古代中國似乎有一套「技術」滿足眾多妻妾，不致弄壞身體，以致不能行房。同時，古代中國亦認為這種性事，需要滿足女性，在這個方面是性平等的，男性並非女性所服務的對像，事關陰陽交合，是一種對等的互動關係。

不過，筆者不太同意高羅佩所說的「一夫多妻制」，筆者主張以「一夫一妻多妾制」來描述傳統中國社會的家庭結構。這當中關係到妻與妾的不同，而不同之處又在哪裡呢？按著《禮記‧內則》的講法：「聘則爲妻，奔則爲妾」，似乎受父母之命，媒妁之言，要名門正娶，正大光明地把一女子娶進門，成為宗廟人倫當中，即五倫當中，夫妻一倫的重要一環，則是為妻，而妻子為正室是帶著社會宗族，傳宗接代的任務的。與妻子發生關係是為了傳宗接代，《易經》也指出：

有天地然後有萬物，有萬物然後有男女，有男女然後有夫婦，

有夫婦然後有父子，有父子然後有君臣，有君臣然後有上下。

中國人一直認為「不孝有三，無後為大」，如果不能夠承繼父親的責任，是最大的不孝。但是除了生育意義，也不會否認肉體上的歡愉是很重要的。中國不像西方，並沒有肉體和心靈之分，中國所關心的問題就是在性事之中有所規範。

關於中國性事之規範，儘管很多人認為荀子是主張性惡，其實他並非認為人性本身是惡，而是認為如果我們順著人的情欲而不加以規管的話就會產生種種混亂。因此整個儒家思想認為最重要的地方就是明白欲望是自然的，需要控制與規範。相反的，妾的功用恰是為了滿足男性性欲的一種制度設定而已。因此，妻是為了人倫，妾則是為了人欲。

高羅佩這本書當中，筆者有一點想特別強調的，就是關於中國對性方面取一種自然主義的態度，而且總體來說，傳統中國文化對於性方面的態度是健康的。既然性是自然秩序的一部份，那麼便沒有那麼大的性

壓抑，從而相對的性變態的行為較少。高氏如是說：

> 上述所有觀點都將在下文詳加描述和闡發。此處我只想強調一
> 點，即由於中國人認為性行為是自然秩序的一部分，而且性交
> 是每個男人和女人的神聖職責，所以性行為從來和罪惡感及道
> 德敗壞不相干。性行為只是家庭內的私事，並且被嚴格限制在
> 後世儒家的禮教規定之內，這並不是因為它是什麼見不得人的
> 醜事，而只是因為它是一種神聖的行為，所以正像其他禮儀，
> 如祭告祖先一樣，是並不在外人面前進行和談論的。

　　也許正是這種幾乎不存在任何壓抑的精神狀態，使中國古代性生活
從總體上講是一種健康的性生活，它顯然沒有像其他許多偉大的古老文
化那樣有著許多病理和心理的變態。[19]

　　當然，這種講法有很多人質疑的，中國也還是有出現性變態等現
象的。不過總體來，高氏對於中國傳統性文化的描述，還是有參考價值
的，按照譯者李寧的講法，這本書大體上算是客觀的：「從整體上看，
還是屬於描述性。批判雖然少了點，因為對中國文化好感，難免津津樂
道，的確存在某些不足之處。但他的描述大體上還算客觀，並無刻意的
文宣在其中。」[20]

15.6 江曉原《雲雨：性張力下的中國人》

　　西方的性文化主要有兩種力量的拉扯，一方面是神聖性，另一方面
則為罪惡性。這對於傳統西方文化在性方面，出現了兩極搖擺的現象。
而這種現象則成為後來弗洛伊德以性壓抑等相關概念，來理解西方文化

---

19. 同前注，頁 57。

20. 同前注，譯者前言。

根源的一個重要切入點。但中國的性文化是否能如此理解呢？

如果高羅佩對中國傳統性文化是一種描述性的說法，那麼江曉原這本書所講的，便是一本理論性較重的著作。這本書主要想討論的，都是圍繞著一個論旨：就是禮教與人欲之間所產生的性張力問題。江曉原在該著作開始不久後，便這樣概括地說道：

> 以下各章的討論將要表明，在中國傳統文化中，對於性問題，
> 長期存在著看起來是對立的兩極。一極，是重生殖、重子嗣、
> 多妻和重人欲的。中國傳統文化極重視子嗣，由此也聯繫到對
> 祖先的崇敬，而這些皆與上古的生殖崇拜一脈相承，特別值得
> 注意的是，中國人不僅重視生殖，同時也贊成和重視生殖功能
> 以外的性欲，而且對後者的重視程度較前者有過之而無不及。
> 至於中國古代狹義的性學（房中術之類），同樣是這一極上開放
> 的神奇之花。關於這一系列問題，在本書第二章中將有適度的
> 研討舊。另一極則是禮教。禮教的涓涓細流，昉自先秦，但是
> 直到宋代以後它才勃然興盛，受到大力提倡，成為在理論上必
> 須嚴格遵守的社會規範，而且越來越帶上明顯的禁欲色彩。對
> 此將在本書第四章中作較詳細的論述。[21]

這部著作一開始，便介紹了「河間婦」這個故事，為什麼一個飽讀詩書，行為端莊的女人，在被性侵犯失身過後，變得濫交與縱欲呢？

> 古人之重禮教，或者還有別的理由，但最大的是由於性意識之
> 過強與克制力之過薄，這只要考察野蠻民族的實例可以明白，
> 道學家的品行多是不純潔的，也是極好的例證。現代青年一毫
> 都沒有性教育，其陷入舊道學家的窠臼本也不足怪，但不能不
> 說是中國的不幸罷了，因為極端的禁欲主義即是變態的放縱，

---

21. 江曉原，《雲雨：性張力下的中國人》，上海：東方出版中心，2006 年，頁8。

而擁護傳統道德也就同時保守其中的不道德，……我相信這絕
不是過分刻毒的話。

對於絕大多數人而言，為了不至於無所措手足，必須設法在性
張力下達到某種平衡，使張力有所緩釋。平衡之法不止一端，
人們因自身所處環境地位、所受教養薰陶，所秉資質天賦之异
而作出不同選擇。

於是我們可以回到《河間傳》的故事上來。河間婦人的故事，其
實是在性張力之下不善自處，未能保持適當平衡以致心理崩潰
的例子。早先河間婦人「有賢操」之時，禮教的一極在她身上
作用甚強，人欲那一極相對很弱，因此她雖然也處在性張力之
下，尚不難自持，但後來由於惡少們的陰謀，過分引誘、刺激
她的人欲那一極，性張力在她身上陡然增強，使她不能自持，
終至跌入極端縱欲的深淵。[22]

而他曾引述周作人的講法，並對傳統道學家有所批判，認為這些道
學家所主張的，乃是過度禁欲，而且他們自己也做不到，且有不少人更
是妻妾成群。這種過度的禁欲根本不能解決自身人欲的問題，兩者之間
似是不能互相消融的，因此便引申出種種的性壓力，便有「河間婦」等
等的現象。但問題是，究竟怎樣才算是一個合理的平衡呢？現代社會表
面上十分自由，即使真的是這樣，我們又該如何節欲？甚至，禁欲與縱
欲之間看似是一個對立的關係，但兩者是否內在互相含蘊，互相依存的
呢？江曉原這段文字當中，便引述了羅素的講法：

性張力太強固然產生了許多弊端，但如果完全沒有性張力，對
社會的安定與發展也不利。這或許正是中國古代社會發展到先
秦時代而禮教出現，構成性張力另一極的根本原因——只要這

---

22. 同前注，頁 8-9。

一極不被強化過分，情形本來可以比較令人滿意。由此引導到這樣一個問題：性張力之說完全是依據中國古代社會文化的情形而提出的，它作為一個更普遍的概念有無可能？

性張力問題，歸根到底，可以說就是社會在性方面如何進行制約、平衡的問題。西方學者也在這方面作過各種思考，例如羅素（B. Russell）認為：那些沒有嚴格的道德約束的人，勢必會沉溺於過度的性行為之中，這種行為最後將帶來一種疲憊和厭惡的感覺，而這種感覺自然會產生一套禁欲的理論，當嫉妒和性疲乏同時出現時，而它們往往是同時出現的，反對性的熱情就會變得極為高漲。我認為，在那些非常淫亂的社會中所以會產生禁欲主義，其主要原因就在於此。他注意到了淫亂與禁欲的對立這一事實，但在談到原因時，對於體會到……

性疲乏的縱欲者和鼓吹禁欲理論的道學家是否總是同一批人，他似乎含糊其辭。當然，少數「浪子回頭」的事例確實是有的，中國古代「以淫止淫」之類的說法也近於此意，但是這種現象不具有普遍意義。[23]

《聖經》新約中保羅說：「與其欲火焚身，不如嫁娶為妙。」[24] 這種說法便已經提及欲望自身所帶來的張力，但這種張力是甚麼呢？是否要以某種社會規範消解人欲呢？既然是這樣的話，為何又要以婚姻制度對此作調解？對他們來說，性欲本身是不合理的，所以便用婚姻制度來使其變得合理，且可供其他人效法，因此是一個普遍的做法。當然，現在我們知道，即使有婚姻制度，這種張力仍是無法完全消解，世界上有無數多的性變態，以及對性有逾越欲望的人，似乎性張力是永恆的問題。

---

23. 同前注，頁 11。
24. 哥林多前書 7:9。

江曉原追問的是，早期中國是否已經如宋明儒般禁欲呢？他認為早期儒家比後來的宋儒，對性的態度更為開放的。他如是說：

> 自從宋儒大談「餓死事極小、失節事極大」（程頤）。「革盡人欲，複盡天理」（朱熹），明、清理學家又繼而推波助瀾；這些道學家又常儼然以儒家正統自居，遂使儒家學說蒙上了濃重的禁欲主義色彩。其實這些道學家十足是孔、孟的不肖子孫；孔、孟的學說在他們手中遭到嚴重歪曲——本來倒也無妨稱之為「發展」，然而他們既然硬要將己意說成是先哲的本意，是「代聖人立言」，那他們就逃不過「歪曲」之罪。因而在德與色、禮與欲等問題上做一番「正本清源」的功夫，再進而考察其影響，也就十分必要了。[25]

接著他從《論語》的文本當中，說明孔子認為「好色」乃人之本性。

> 在早期儒家學說中，「德」與「色」並不是對立的範疇。孔子在《論語》中兩次出現「吾未見好德如好色者也」這句話，一次在〈子罕〉篇，一次在〈衛靈公〉篇，後一次在句前還有「已矣乎」的感歎語。這話看起來似乎很像將「好德」與「好色」對立起來——宋儒中不少人大約就是這麼認為的，其實不然。孔子此語實際上是感歎人們之「好德」不能如「好色」那樣發乎本性。由此至多只能推論出對德行的熱愛必須來自後天的灌輸教育和自我修養，卻絕對推論不出對「好色」這種天性的否定。認為「好色」是人的本性，這在早期儒家著作中是普遍可見的看法，先舉較常見的幾例：
>
> 好色，人之所欲。（《孟子·萬章上》）
>
> 食色，性也。（《孟子·告子上》）

---

25. 江曉原：《雲雨：性張力下的中國人》，頁 22-23。

飲食男女，人之大欲存焉。(《禮記・禮運》)

君子有三戒：少之時，血氣未定，戒之在色。(《論語・季氏》)

最後一則看上去是叫人「戒之在色」，其實仍是承認「色」為人之
本性，只是告誡少年時特別要注意，不要在「色」上越軌犯錯誤
而已——此意可從下文壯年時戒之在「鬥」、老年時戒之在「得」
參詳旁證。《大學》中說「所謂誠其意者，毋自欺也」，也是以
人們對「好色」的愛好發乎本性來作比喻，以強調愛憎應出於至
誠——對於壞的，像厭惡惡臭那樣去厭惡它；對於善的，像喜
愛美色那樣去喜愛它。不要虛偽和偽善，就可臻於不「自欺」之
境。[26]

孟子與告子的討論當中，亦顯出當時的人認為，食色是人類自然而
然的欲望來的。雖然孟子認為，生之謂「性」，「性」即人生出來的自然本
性，而何謂「性」呢？他們的討論便進展到「食色性也」。不過，孟子並不
是反對食與色是人的天性的問題，關鍵在於人該「如何」進行食與色，怎
樣才是合理。早期儒家的討論當中，似乎有兩大方向，其一是不能「過
淫」，即欲望不能過多，要有所節制，不可出現玩物喪志，性欲是需要規
範的。另一件事則是「亂倫」，當中的意思在於不能違反家庭角色當中，
人的既定位置所產生出來的責任。「君君臣臣父父子子」，指指父親要按
照父親的角色做人，臣子要為人臣的身份負責。如果這個責任被大破，
則是大罪惡！因此人不能過貪，例如是貪兄弟朋友之妻，這是不適的。

但是，在早期儒家當中，有否把性行為本身當成為罪惡呢？這似乎
是沒有的，江曉原如是寫道：

早期儒家既然將「好色」視為人之本性，它當然也就不是與「德」
冰炭不容的邪惡之物。「德」之大者，蓋莫過於推行「王道」，澤

26. 同前注，頁 24。

被天下蒼生，而在孟子看來，這也可以與「好色」並行不悖。在《孟子·梁惠王下》，記載著孟子竭力勸誘齊宣王推行「王道」，齊宣王難之，說自己有「好勇」、「好貨」、「好色」諸疾，孟子一一為之開解，關於「好色」一節，尤為精彩動人之至，孟子的說辭云：

昔者大王(即太王，周文王之祖)好色，愛厥妃。《詩》云，「古公亶甫，來朝走馬，率西水滸，至於岐下，爰及薑女，聿來胥宇。」當是時也，內無怨女，外無曠夫。王如好色，與百姓同之，於王(去聲，指王業之成功)何有？

孟子認為王者與百姓同樣都有「好色」的權利，這是何等開明的見解！可恨中國此後兩千年間的統治者，鮮有能真正實踐孟子此義者(連這位親聆孟夫子苦口婆心開導的齊宣王最終也未能實踐「王道」)，而且似乎是越往後越壞——自己在深宮裏縱情聲色，卻要求人民羣眾去過連宋、明理學家都未想像過的禁欲生活。[27]

如果大家看過關於皇帝的野史，天下的美女都像是供皇帝淫欲的，這便解釋了為什麼中國宮廷需要大量的太監為皇帝及其後宮服務，太監失去男性的性器，便不能與後宮的妃嬪私通。順帶一提，雖則太監失去了性器，但這並不代表太監沒有性欲的，按照弗洛伊德的講法，性器官不在兩腿之間，最大的性器官乃是大腦。因此，即使失去了外陰，亦不等於沒有性欲，性欲仍然是他的存活底層的。

男女關係其實是十分重要的，所謂「男女居室，人之大倫也」。但是，我們可以看到，兩性之間的事可能比「禮」更為重要。江曉原接著說：

現代中國人一談到「性交」、「性結合」之類，總不免覺得是羞、

---

27. 同前注，頁 24-25。

醜、穢、褻之事，頗難啟口，但先哲們卻絕非如此。先看《禮記‧禮運》：飲食男女，人之大欲存焉。

這句名言在古代廣為傳誦，不必多說。還有不那麼為人注意的言論，比如《荀子‧大略》：

《易》之《咸》，見夫婦。夫婦之道，不可不正也，君臣父子之本也。《咸》，感也，以高下下，以男下女，柔上面剛下。

《易經》中的《咸》卦與性交有關，古今論及者不少。荀子之說，已屬較為明確。有的學者還從中看到更為具體的細節，如「男下而女上」的女上位性交姿勢之類；也有人認為該卦的各爻辭所述皆為性交前戲，「並且自外而內，步驟分明」[28]

有不少學者均認為《易經》的《咸》卦，實際上指的是男女性交之前的前戲。同時，在《禮記》當中，亦指出男性有責任與其妻妾行房：「妻雖老，年未滿五十，必與五日之御。」[29]或者是：「妾雖老，未滿五十，必預五日之御。滿五十不御。」[30]

所以，在早期儒家當中，他們甚至認為飲食男女之欲，比「禮」本身更為重要。江曉原的看法是一反傳統的看法的，認為孟子根本不會認為禮比較重要，如果禮與人倫互相衝突之時，他的回答是認為對人倫之欲，傳宗接代的需要，絕對比禮更為重要：

儒家經典雖然承認人類的性欲及其滿足是極為重要之事，但並不就此主張完全放縱性欲。總的來說，儒家先哲贊成對情欲有所節制。有人認為「禮」的功能，就在於節制情欲，這種說法至少從表面上看是可通的。不過在儒家經典的有關論述中，給人

---

28. 同前注，頁 29。

29. 《禮記‧內則》。

30. 《白虎通‧嫁娶》。

印象最深刻的卻不是強調以禮節欲，而是反復告誡不可過分拘禮以免違背人情或壓抑人欲。〔……〕照理說在這樣的情境中，回答應該是寧可不以禮食也要吃飯，寧可不親迎也要娶妻，但如果這樣照直說出來，就要與前面「禮重」的答辭相互衝突了。於是孟子先分析說：

「金重於羽者，豈謂一鉤金與一輿羽之謂哉？取食之重者，與禮之輕者而比之，奚翅食重？取色之重者，與禮之輕者而比之，奚翅色重？」

這就指明了食，色有時比禮更重要〔……〕結論是顯而易見的：娶妻最好是行親迎之禮，但如果行親迎之禮與得妻兩者不能兼顧，則得妻為重，親迎之禮為輕。然而為得妻也不能不擇手段毫無顧忌，要是非得逾牆去對東鄰處女實行非禮才能得妻，那就只好打光棍，先將娶妻之事放一放了。[31]

儒家絕對不是否定食與色，問題是如何食，如何色，因此儒家並不是採取禁欲主義的立場，而是希望透過禮來節制欲望，從而使得人生不會被欲望操控。而接下來亦有一個有趣的問題，我們所講的男女之間的欲望，均以房內為標準，但性欲是否僅限於房中呢？或者，這個房間的空間又是如何的呢？特別是在明末清初的春宮畫當中，有時候是在花園中進行的性行為，有時候則在房間之內。不過，這似乎透顯了一些關於古代中國性文化之中，對於性空間之想法。江曉原對此則如是說：

在這一小節裏談及寢室問題，似乎有些奇怪，其實不然。寢室問題不僅與古代中國人對男女大欲的傳統態度有很深的內在聯繫，而且古代中國人的性行為、性心理也與此直接有關。

古代中國人男歡女愛的寢室，普遍有一個明顯的特徵，即私密

---

31. 江曉原：《雲雨：性張力下的中國人》，頁 32。

性很差。關於這一特徵，似乎尚未見正式的研討論述，古人在
這樣的寢室中生活了數千年，視之為當然之事，自然也不會留
下專門論述。但是這一特徵至少能從兩方面得到證實，一是現
存古代建築的實物，二是古代小說中的有關描寫。

從現存古代建築（主要是明、清時代留下的）實物看，古人的寢
室與作其他用途的房間相比，私密性沒有甚麼區別。寢室的正
面通常是一長排落地長窗，這些窗（也可以稱為門扇）用木料做
成，下半部由木板封住，上半部是鏤空的花棱，用紙糊住，這
樣可以不透風並採光。室外的人可以很容易地窺看室內情景（比
如舊小說中常見的用手指蘸唾沫將窗紙濕一個洞）。同時，這
種房子的隔音效果幾乎為零，窗外的人可以聽見室內的各種響
動。常用的古代成語「牆外有耳」、「隔牆有耳」等，正是古人居
室缺乏隔音效果的反映。[32]

江曉原認為傳統中國建築中，房間的私密性十分差，完全大異於現
今世代的想法。古人的窺室基本上是完全不隔音，只用一般的紙來進行
空間上分隔，而且很容易便可以從四周觀察裡面的情況。古代中國似乎
不甚在意私密性，甚至可能沒有多大的私密性概念。我們現在會認為去
洗手間，即使是同性別，亦需要保有性密性。

我們有時候去法國或者是日本的公共廁所，有些設計是比較開放
的，這對於當代的華人來說，似乎是不太自在的做法。其中的原因是，
無論是進行性行為也好，排泄也好，只要是露出性器官的動作，在眾目
睽睽之下是不太恰當的，這些應該都是私密的行為。但是，如果我們觀
察古代的大宅，其設計也是沒有私密設計的，當時的人不太在意性交或
排泄的私密性，並非是文明或不文明的行為，純粹是一種現象的描述而

---

32. 同前注，頁 37。

已。

甚至，在男女進行性交之時，有丫鬟在旁侍候亦能在春宮圖中反映出來，他如是寫道：

在古人寢室中，除當事的男女之外，另有丫鬟之類同在室中是常見的。這些丫鬟侍妾——她們有時也會被男主人收納為性配偶——即使當男女主人做愛之時也往往需要隨侍在一旁，擔任端茶送水遞毛巾之類的雜務，許多春宮畫中都描繪了此種情形。此即古時「侍寢」之遺俗，如男主人地位尊貴，則侍寢之女更多，比如前面提到古有天子「九女侍寢」之說；又如《楚辭·招魂》中「二八侍宿，射遞代些，九侯淑女，多迅眾些」，所述也正是眾女侍寢的狀況。〔……〕

寢室中既然在男女主人做愛時都可以有他人在側，那麼這樣的寢室當然不必保持很高的私密性。因此當一對男女夫妻恩愛或偷情幽會之時，旁人也就很容易去偷看或偷聽。

〔……〕大床所形成的室中有室之局，絲毫不會新增私密性，相反還會減少它——因為丫鬟、僕人、親友等很容易進入寢室而來到床邊，而帳幔，屏風之類既不隔音也不能完全阻斷目光。[33]

這似乎是解決了當初筆者的疑惑：為何夫婦性交，會有兒女在旁呢？對於古代的中國人來說，在大宅當中進行性交，純粹是為家族盡人倫之責，這又怎會是可恥之事呢？因此，這種事便出現在明末的春宮圖。當然，對於現代人來說，明顯是一個變態的、不道德的行為，但問題是這又怎從「自然不過」之事，變成「不道德的問題」呢？同樣性交又怎樣變成一個「私密」的行為呢？這明顯是西方傳來中土後的結果。

但為什麼又有不少關於性行為的事，例如是《房中書》，以房事來借

---

33. 同前注，頁39。

代性交一詞呢？這應該也代表了某種私密性。不過，夫婦性交是為家族內盡責之事，因此這種私密性乃指家族內的私密性，而不是指個人的私密性的，這點是要注意的。

以上的講法，其實就是指即使有禮教的存在，人欲亦不會完全消失，而大體上在宋明之前，中國文化對於性的態度是較為寬鬆的。於是乎，是否男女之間真的不可以有身體接觸，甚至在救人的時候亦不接觸女性的身體呢？因此江曉原便引用孟子的講法，回應這個問題：

> 淳于髡曰：「男女授受不親，禮與？」孟子曰：禮也。曰：嫂溺，則授之以手乎？曰：嫂溺不援，是豺狼也。男女授受不親，禮也；嫂溺援之以手者，權也。
> 看來男女之間手的接觸當時已被一些人強調得過分了，以致連嫂嫂掉在河裡時是否應該用手拉她都成了疑問。孟子將那種不通人情的極端主張斥為「豺狼」，正可看做對後世道學家們的預先警告。
> 「男女授受不親」在後世的一個可笑產物是所謂「垂帳診脈」——男醫生為女病人診脈時，他們的手勢必兩相接觸，為此想出一個辦法，讓女病人躲在帳中，只伸出一隻手讓醫生把握診脈（還有更玄的說法，用絲線繫在女病人手上，靠絲線傳遞脈動而診，此不具論），古人相信這樣就可以封鎖男女之間產生非分之想。[34]

孟子主張在一些特殊的情況下，要權衡輕重來行動，因此在危急關頭，男女之間當然可以有身體接觸，而且他認為如果有人認為這樣是有問題的，則根本是「豺狼」。只要不搞亂親屬之間的人倫關係，在私人的層面，是沒有那麼多限制的。道學家所講的男女授受不親，只不過是後世

---

34. 同前注，頁 98-99。

的假正經。後來更有所謂「男女大防」的講法，兩性之間最好不要見面，否則便會產生情欲的問題，而有情欲的出現，則有可能逾矩，這也是宋明之後要禁絕的。

而宋儒的講法帶來了道德的規條與禁欲主義，問題是即使是當時的道學家自己亦不能完全守規矩的，而且他們對禮教的歌頌確實到了不太現實的地步，同時亦使傳統中國女性的生命，受到了極大的束縛：

有一個關於二程與妓女的故事，特別有名，可見《宋豔》卷一引《人譜類記》：

二程先生一日同赴士夫家會飲，座中有二紅裙侑觴，伊川見妓即排衣起去，明道同他客盡歡而罷，次早，明道至伊川齋頭，語及昨事，伊川猶有怒色。明道笑曰，某當時在彼與飲，座中有妓，心中原無妓，晉弟今日處齋頭，齋中本無妓，心中卻還有妓。伊川不覺愧服。

從此「大程心中無妓」成為文人常用的典故，對這類故事的真實性不必過於拘泥，它們即使出於虛構或訛傳，至少也反映了道學家在世人心目中的形象。

宋儒所倡男女大防之禮教，要求人人都作道德自律，盡量過禁欲主義的生活，其中對婦女則更加上從一而終、「節」、「烈」等苛求。關於宋儒力倡禮教所產生的社會效果，清初方苞有一段論述，見《方苞集》卷四「岩鎮曹氏女婦貞烈傳序」：

嘗考正史及天下郡縣志，婦人守節死義者，秦、周前可指計，自漢及唐，亦寥寥焉。北宋以降，則悉數之不可更僕矣。蓋夫婦之義。至程子然後大明。……而「餓死事小，失節事大」之言，則村農市兒皆耳熟焉。自是以後，為男子者，率以婦人之失節為羞而憎且賤之，此婦人之所以自矜奮與！嗚呼！自秦皇帝設禁令，歷代守之而所化尚希，程子一言，乃震動乎宇宙，

而有關於百世以下之人紀若此。此孔、孟、程、朱立言之功，

所以與天地參，而直承乎堯、舜、湯、文之統與！

這番誇張而令人厭惡的禮教頌歌，對婦女則冷酷無情，論「道統」則迂腐可笑，但也確實反映了宋儒大倡禮教的「功效」──而這正是一個難解之謎。[35]

對於儒家思想的性文化，筆者可以總結：中國古代沒有正確生理理解，不知道性行為怎樣可以帶來生育。「陰」一方面是講遮蓋，「精」是需要保存的，正所謂「一滴精十滴血」。男性需要勃起才有性行為，女性的陰部是無限的，帶有取之不盡的意義。性交一方面就是受孕，另一方面就是可以讓人採陰補陽，是一種強身健體的運動。但是性交這個行為也可以達到歡愉，透過男歡女愛獲得無盡的歡樂。儒家怎樣理解性行為這個規範呢？就是對性行為進行規管。

因為中國人在男女性交上下左右前後也有很多姿態，並非純粹為了生育下一代。由此可見，中國人相當享受性行為，認為這是家庭內的私事。在以前，父母走進兒女的房間並不會拍門，房間作為私人空間其實只是現代西方的概念。中國古代並沒有個體的觀念，中國人是透過「關係」來理解的：「我是我太太的丈夫」、「我是我兒女的父親」、「我是我學生的老師」……人倫關係肯定每一個人，因此唯有透過網絡來確定自己。在中國社會中「六親不認」便失去了所有的關係網絡，繼而失去了做人的所有意義。

中國的家庭觀念對於我們的私隱並不重要，傳統文化認為我們的大小二便並不是私隱的問題。筆者之前到老師牟宗三先生拜年的時候，他不關門小便。作為現代人來說我們當然覺得不能夠接受，一名教授、儒者怎會做這些失德的事情啊？但從另一個角度來說這是我的家，做這些

---

35. 同前注，頁 106-107。

正常的行為其實就是私穩。這種文化只有中國家庭內才會出現，父母在子女面前做愛是天經地義的事情，中國人很早便知道。因此他們不認為在兒女面前做性行為是一件羞恥的事情。

15.7 中國本土的宗教

除了儒家思想，中國另一個主流就是道家思想。大家或許知道，中國文化從來都是「入則儒，出則道」。我們可以從許多道觀中看到「道教」會強行將「道家」人物加入自己的宗教。但我們現在要談的並不是道家，而是作為本土宗教的道教。道教與自己的文化息息相關，根據任繼愈《道家與道教》：

> 道教是中國本土的宗教，它形成于東漢末年，方術、巫術是它的前身。神仙方術信仰由來已久，古代巫、史、祝、卜是與神打交道的專家，他們處在國家的領導層。民間巫術用符水治病，借卜筮占吉凶。戰國以後，神仙方士宣傳不死之藥可以長生，投合上層貴族要求長期享樂的欲望，得到他們的支持；廣大群眾缺醫少藥，方士們用符水治病，驅鬼祭神，在下層群眾中也得到推廣。早期道教還沒有系統的理論。到了東漢末年，天下大亂，民生困苦，于是出現了《太平經》。此書成書時間約東漢安帝、順帝統治時期，此書寫集體創作，書成于吉、宮崇等人之手。[36]

為什麼我們平常需要拜黃大仙或車公呢？車公是香港獨特的神，道教的神仙本來都是人。「仙」這個中文字意思就是人得道之後遷入山中，由此可見神仙本是人。滿天神佛都是人的變化，但是這種變化是透過修

---

36. 《文史知識》，1987 年 5 期，任繼愈，〈道家與道教〉，頁 4。

行而來，並且強調長生不死。這個文化是很獨特的，其他的宗教都是強調此生，是要贖罪的：佛教強調我們的生命是苦的，需要到達彼岸，脫離苦海；基督宗教更加強調此生並不重要，最重要的就是要達到生命的救贖。只有道教認為生命本身就是最重要的價值，如果做到生命的不老不死就是道教的終極關懷。基於這個觀點，我們就了解到房中術理論根據，就是我們如何了解宇宙萬物運作的生命奧秘。

中國傳統文化常常被概括為「儒釋道」三家，其中的「道」指道家與道教而言。道家與道教不同，前者是一個哲學學派，後者是一種宗教。道家是以老、莊為代表的先秦哲學派別，道教是東漢中後期形成以修道成仙為信仰的宗教，繼承、發展了道家。道家哲學是道教重要的思想淵源。

道家和道教的共同之處就是同宗於「道」：老、莊被道教奉為教主、神仙；他們的著作被尊為經典，《道德經》更是教徒必須習誦的功課；《老子》、《莊子》闡發的「道」是道教的基本信仰，道教的教義思想與神仙方術無不發端於此。「道」被視為天地萬物的根源，老子被尊為「道」之化身「太上老君」，而成為「混沌之祖宗，天地之父母，陰陽之主宰，萬神之帝君」。道教的三清尊神及包羅天神、地祇、人鬼的神仙譜系也都是從「道」衍化而來。道教之得名即是由於其基本信仰是「道」。

我們看到宇宙萬物生生不息的變化，把握得到背後的原理就能夠順之而生天生地，逆之而成聖成賢。如果我們能夠主宰規律，我們就能夠主宰自己的生命了。葛洪曾經說：「我命在我不在天。」這句話就是指我的生命順自己生死，卻能夠把握自己的生命。

道家對道教的影響十分大，道教核心的成仙思想和各種修煉方術也有道家神秘思想及養生術的淵源。老子有「長生久視」、「穀神不死」之類的言論；莊子書中有關於「真人」、「至人」、「神人」和他們「不食五穀，吸風飲露」，「入水不濡，入火不熱」，「乘雲氣，御飛龍」之類的思想。

道教繼承發展了這些思想，相信「道」可「因修而得」，並為此而實行

一系列的「道功」、「道術」,如服食、行氣、房中、守一、外丹、內丹以及齋醮、符籙、禁咒等。所以,道家是道教最要的理論基礎,道教是道家某些思想的發展和實踐。(圖15-1)

15.8 長生不死之探索

外丹、內丹與人丹是道教的三個重要概念,外丹即在資源之中找到不死的藥,這影響到中國對化學的理解。如果能夠服食藥物讓自己的身體變成金的話就不用死了,但是甚麼最穩定不變呢?就是汞,即水銀。人服食了藥之後把自己練到好像金和汞,如此就可以不死了。這個理論就是如果能夠在自然世界中提煉到永恆不變的物質成為丹藥,那就可以了。

內丹就是我們控制自己的身體、飲食、血液運行:魂是我們的意識,魄是我們的身體,前者負責我們的思想,後者負責我們的呼吸。《黃帝內經》認為人的身體和宇宙一體,透過內功控制自己的氣,那麼就和宇宙的運作一樣了。如此一來便明白了宇宙的奧秘,並且自己的魂魄相連。

人丹就是參天地,人與人之間的性交把握奧秘,那麼不但可以長生,更可不死。

道教的理論是以養生為主旨的,其主要做法有四:

第一是清靜恬淡。唐人孫思邈在《六書》中概括得更明白:「口中言少,心中事少,腹中食少,自然睡少,依此四少,神仙訣了。」

第二是胎息練氣。道教認為,腹中長存清氣,是長生的秘訣之一,因此研究出一套長存清氣的呼吸法,稱為「胎息」或「吐納」,其做法是在日出之前面向東作深呼吸,最好是腹式呼吸,大量地吸收新鮮空氣。

第三是導引按摩,即今人所習稱的「健康操」。

第四就是講求房中術,藉以養生。道家十分崇尚自然,性既然是人的一種自然本性、自然需求,那麼就應順其自然,因勢利導,通過男女

「雙修」、「合氣」以強身健體，開求永年。「黃帝御千二百女而成仙」，雖是一個神話，但卻是道家所追求的一種理想境界（房笫）。

因此中國的男女性交有養生之用。與儒家思想不同，道教對於性沒有規範意義，反而是採取積極的態度。以下我們將會從《素女經》等房中書了解道教的人丹思想：

15.9 房中書與《素女經》

《素女經》一書，早於漢朝已有記載。在漢朝的張衡的《同聲歌》中，亦有提及。

> 邂逅承際會，得充君後房。情好新交接，恐栗若探湯。

提到新婚：

> 重戶結金扃，高下華燈光。衣解巾粉禦，列圖陳枕張。
> 素女為我師，儀態盈萬方。眾夫所希見，天老教軒皇。

素女是指《素女經》。關於中國古代房中術的著作，在兩漢出現較多。據《漢書・藝文志》中對醫書的記載，當時共有八家、一百八十六卷之多。房中書，大多分為六個部分：

1. 開首語，論陰陽天地知道及其對雙方身體健康的重要性。

2. 表述性交前的愛撫動作。

3. 性交本身性交技巧包括可以採取的各種性姿勢。

4. 性交的治療作用。

5. 性伴侶的選擇，懷孕期間的護理和優生學。

6. 各種食譜和藥方。

房中書是學習床事的教科書以及指南：

> 房中者，情性之極，至道之際，是以聖王制外樂以禁內情，而
> 為之節文。傳曰：「先王之樂，所以節百事也。」樂而有節，則

和平壽考；及迷者弗願，以生疾而殞生命。

男女性事，是重要的，而且只要依從規則，就對人有益，反之則有害。把性交當成一件嚴肅的學問，不能放縱欲望。房中書有系統地，結合了中醫醫術，宇宙觀，用以說明性事。

15.9.1《素女經》

《素女經》，中國關於房中術的古代作品，在漢朝已經非常著名，成書在漢朝之前，傳說作者為黃帝時代的素女。此書在唐朝之後失傳。982年，日本人丹波康賴在他編成的《醫心方》一書中收錄了此書，現今《素女經》發行本即為日本收藏本。

> 黃帝問素女曰：吾氣衰而不和，心內不樂，身常恐危，將如之
> 何？素女曰：凡人之所以衰微者，皆傷於陰陽交接之道爾，夫
> 女之勝男，猶水之勝火，知行之，如釜鼎能和五味，以成羹
> 臛；能知陰陽之道，悉成五樂。不知之者，身命將夭，何得歡
> 樂？可不慎哉！

女人在中國人心中，是危險的，因為女人屬水，男人屬火。火能夠很快升起，但同時很快消退。水是慢慢來，但強大的。男陽女陰，水比火的力量大。男女性生活，要水火互相配合。

> 王使採女問彭祖延年益壽之法，彭祖曰：愛精養神，服食眾
> 藥，可得長生。然不知交接之道，雖服藥無益也。男女相成，
> 猶天地相生也。天地得交會之道，故無終竟之限；人失交絕之
> 道，故有夭折之漸，能避漸傷之事而得陰陽之術，則不死之道
> 也。採女再拜曰：願聞要。彭祖曰：道甚易知，人不能信而行
> 之耳。今君王御萬機治天下，必不能備為眾道也。幸多後宮，
> 宜知接之法。法之要者，在於多御少女而莫教瀉精，使人身
> 輕百病消除也。

天地知道交接之道，所以無限永恆；但人不知道交接之道，所以早死，只要懂得男女交合之道，則得醫百病。

> 素女曰：御敵家當視敵如瓦石，自視如金玉，若其精動，當疾去其鄉。御女當如朽索御奔馬，如臨深坑，下有刃，恐墮其中。若能愛精，命亦不窮也。

獨我的，自私的，因為只把女方思為煉丹的工具。從這角度看，房中術只把女性視為工具，女性的感受不是他們考慮的因素。令女性有高潮，也是取得陰精的手段，沒有「情」的成分。女性是自己的妻子、性人、妾待，是甚麼身份也沒有關係，只要她能幫助我修練就可以了。

> 今欲長不交接，為之奈何？素女曰：不可。天地有開闔，陰陽有施化，人法陰陽隨四時。今欲不交接，神氣不宣布，陰陽閉隔，何以自補？練氣數行，去故納新，以自助也。玉莖不動，則闢死其舍，所以常行。以當導引也。能動而不施者，所謂還精。還精補益，生道乃著。

男女是不能沒有性生活的。女人是被動的，男性才是中心，表面上看來的男女平等是假的。令女性高潮也是為了吸她的陰精。是把女性視為敵方，去要去駕馭的，好讓她為我服務。

> 黃帝曰：夫陰陽交接，節度為之奈何？素女曰：交接之道，故有形狀。

《素女經》中記載了九法性愛技巧，在此不詳細提及。

15.9.2《洞玄子》

《洞玄子》對男女性交的姿態，有很仔細、明顯的描述，令高羅佩譯的時候，選用了那時不是一般人懂得的拉丁文作翻譯。《洞玄子》的作者真實姓名和生平年代很難查考。此書從丹波康賴的《醫心方》中找到，首尾連貫，看來是完整的。

洞玄子自言曰：「至於玄女之法，傳之萬古，都具陳其梗概，仍未盡其機微。余每覽其條，思補其闕，綜習舊儀，纂此新經。」

此書是作者綜合了古代不同的房中著作，再加上作者的見解「補缺闡微」的。《洞玄子》這樣寫道：

夫天地萬物，唯人最貴。人之所上，莫過房欲。法天象地，規陰矩陽。悟其理者，則養性延齡；慢其真者，則傷神夭壽。至於玄女之法，傳之萬古，都具陳其梗概，仍未盡其機微。余每覽其條，思補其闕……

根本上，房中之術，傳來以久，只是作者覺得，以前的書籍，都只是很粗略地談論原理，沒有很細緻的內容。於是作者想寫出一本齊全完備的房中術書。書中的內容包括：性交的意義、性交的過程、性交時會見到的徵象、生育助孕的方法，甚至性無能應食甚麼藥。

夫天左旋而地右回，春夏謝而秋冬襲，男唱而女和，上為而下從，此事物之常理也。若男搖而女不應，女動而男不從，非直損於男子，亦乃害於女人。此由陰陽行很，下下了戾矣，以此合會，彼此不利。故必須男左旋而女右回，男下衝女上接，以此會合，乃謂天平地成矣。

以上是一種很象徵式的思考方法，以天地的運動，對應男女之道。男女要模仿天地的運動，才是正確的交合之道。

凡初交會之時，男坐女左，女坐男右，乃男箕坐，抱女於懷中。於是勒腰，撫玉體，申燕婉，綢繆，同心同意，乍抱乍勒，兩形相搏，兩口相吻，男含女下唇，女含男上唇，一時相吮，茹其津液，或緩嚙其舌，或微咬其唇，或邀遣抱頭，或逼命拈耳，撫上拍下，吻東嚙西。

這一段很具體地形容男女間的親吻，《洞玄子》強調性交的前戲，不能快速完事，在正式性交前要作出充分準備。

使往來拼擊，進退揩磨，女必求死求生，乞性乞命……女當津
液流溢，男即須退，不可死還，必須生返。如死出大損男，特
宜慎之。

此一段仔細形容女性於高潮時的生理變化，並告誡男方要在射精前
離開女方，千萬不可等到陽具軟掉時才從女體抽出。《洞玄子》三十法（蠶
纏綿、龍婉轉、魚比目、燕同心、鴛鴦合……），總共記錄了三十種技
巧，其中四是前戲，另外二十六法是性交姿勢。

以上四勢為外遊戲，皆是一等也

考核交接之法，更不出於三十法，其間有屈伸俯仰，出入淺
深，大大是同，小小是異，可謂括囊都盡，採摭無遺。余遂象
其形而建其名，知音君子，窮其誌之，妙矣。

對比起西方文化，受宗教影響，只有傳教士式的姿態才被接納，並
且要以生育為目的；在《洞玄子》三十式中，體式無論上下左右都有，唐
朝的性文化顯然比西方傳統多姿多彩得多。《洞玄子》系統化地對性經驗
進行詳細描述。

凡欲洩精之時，必須候女快，與精一時同洩。男須淺拔遊於琴
弦、麥齒[37]之間，陽鋒深淺如孩兒含乳，即閉自內想，舌柱上
齶，局脊引頭，張鼻歙肩，閉口吸氣，精便自上節限，多少莫
不由人，十分之中只得洩二三分矣。

這一段，教男方控制射出的精液的比例，不可全部放出來，只可放
當中的兩、三成。如此多方法，都是為達到男女交合的目的：使身體健
康。

教生子的方法：

凡欲求子，候女之月經斷後十三日則交接之，十三日為男，

十四日、十五日為女，十五日後徒損精力，終無益也。

當然，這不合符現代的醫學知識。高羅佩的總結：房中書是用來指導正常的夫妻關係，這兒的正常，是指古代的家庭結構：「一夫一妻多妾」，這個背景要考慮。一名社會地位中等階層的男性，可以有三至四個妾待；高級階層甚至可以有六至十二妻妾。就算普通人，也可以有一妻一妾。這些房中書，令到中國的男性與女性都有雨露均霑的性生活，有助人倫關係維繫。

男人要明白女性的性需求和性行為，書中以水火的關係去說明男女性高潮之前與之後的分別。並且強調正式性交前的前戲的重要性。男人是不能強逼女方的。性交中高潮的重要性，性權利。性交的醫療養生作用是虛構的，但健康滿意的性關係對男女雙方的健康是十分重要的。禁欲，反而會產生不少問題。

15.10 房中思想與日常生活

這些房中書十分強調男子要理解女子的性需求和性行為。書中反覆告誡，如果雙方沒有達到情緒上的完全一致，男子切勿強迫自己或對方進行性行為。簡單一點來說中國的性事是健康的、有理論的。

房中書基本上都屬於指導正常夫妻性關係的書。「正常」，當然是指相對於中國古代社會結構來說的正常。這些材料中談到的夫妻性關係必須以一夫一妻多妾的家庭制度為背景來加以考慮，這也解釋得到夫婦發生性行為的時候為什麼孩子可以在場觀看。

書中反覆建議男子應在同一夜裡與若干不同女子交媾，這在一夫一妻制的社會裡是似乎鼓勵人們放蕩，但在中國古代卻完全屬於婚內性關係的範圍。在一夫一妻多妾制家庭中，性關係的平衡極為重要，因為得寵與失寵會在閨閣中引起激烈爭吵，導致家庭和諧的完全破裂。古代房

中書滿足了這一實際需要。

在對性行為本身的描述中，讀者可以看到書中總是強調在每次性交中使女子達到性高潮的重要性。書中細緻入微地描述了性交中男子如何估量女子快感程度的標誌。當然，性交的治療作用大多是虛構的。

但是現代醫學可以同意它的總原則，即和諧一致、雙方滿意的性關係對於男女雙方的健康幸福非常重要的。同樣，所謂一個精心安排的正常性交過程可以治癒因性挫折或縱慾造成的各類失調，這一原則似乎也含有真理的萌芽，尤其應用於神經病方面的問題。

道教房中術承認男女地位平等，承認婦女的重要地位；認為健康長壽需要兩性合作，不受禁慾主義和階級偏見的約束。道教認為性交對男人和女人都具有神奇的力量。雖然有些道士只是自顧自地一心榨取女方以增強自己的元氣，而不顧女方的健康，甚至損害她的健康，但總的原則卻是雙方應當分享性修練帶來的益處。總之，道教確實更能體貼婦女，而且從來都比儒教更多地慮婦女的生理需要和情感需要。

講優生學的部份，注意它反覆勸告男子要根據季節變化調整性生活。另外，對性交吉利時辰的選擇和對四季性交要採取相應方向的規定。即男子的體能是與自然的運行緊密相聯的。

15.11 小結

通過此章，我們可以明白性在中國是如何呈現的。道教支配著中國的性文化，雖然有房中書收錄於《道藏》以外，但這些與道教都或多或少扯上關係，因此房中書無不與道教有關。道教修練既重視外丹，也強調內丹。但我們或許忘記了，道教仍然有「人丹」修練。

在今天看來，房中術「還精補腦」並不合乎現代科學，但我們並不能因此就對人丹修練嗤之以鼻。因為，這反映了中國獨特的性文化，將性

視當作為性命雙修的法門。相對於西方傳統，古希臘人覺得性乃肉體的污穢，基督宗教則認為這是人類不服從耶和華而墮落的表現。但中國恰恰相反，中國古人認為「性」是健康的。

性也是自然的，而道教認為只要是自然就是正確的。透過男女交合，便可體會到陰陽相配，從而明白宇宙自然的奧秘。某程度上來說，這可以說是一種儀式，透過「性」穿越時間的循環與永恆。

佛教認為這是邪淫，妨礙人追求正知正見，基督宗教認為這是人類的墮落，所以只有婚姻、生育意義下的性才合理。儒家思想或許好一點，但仍然認為我們需要用「禮」、人倫約束和限制人類的性生活。筆者可以大膽說，在人類的偉大宗教文明中，只有道教對此持正面積極的態度。

第16章
情欲之衝突：《癡婆子傳》
論明代中國婦女在性剝削與情欲自主之衝突[1]

16.1 引言：中國性事

中國性事的嚴謹學術研究源自兩部著作：荷蘭漢學家高羅佩（Robert van Gulik）的《秘戲圖考》（1951）與《中國古代房內考—— 中國古代的性與社會》（1961）。懷爾（Douglas Wile）在他研究中國性瑜伽（sexual yoga）的著作中，對這兩部書推崇備至，「（這兩部書）是迄今中國對性習俗、色情藝術、文學和神秘性習俗唯一的學術研究專著。這兩部書還有另一特點，就是它實際上是二手研究及翻譯的唯一根源。」[2]高羅佩是一位有熱誠、治學極為嚴謹的漢學家，他對中國性愛的研究只是他興趣的一面。[3]他著這兩部書的目的，是袪除中西方對中國性事的愚陋無知。他指出：

> 外界認為古代中國人性習俗墜落反常的流俗之見是完全錯誤
> 的。正如人們可以預見的那樣，像中國人這樣有高度文化修養
> 和長於思考的民族，其實從很早就很重視性問題。古代的中國

---

1. 本論文原稿為英文，題為 *"Chipozi Zhuan-On the Tension between Sexual Exploitation and Sexual Autonomy"*。

2. *Art of the bedchamber: the Chinese sexual yoga classics including women's solo meditation texts.* Ed. Douglas Wile. Albany: State University of New York Press, 1992.

3. 高羅佩（1910-1967）是荷蘭籍的外交官，也是著名的中國漢學家。他著譯等身，漢學功力深厚，不單反映在這兩部中國性事的經典，對中國文化深厚的認識，涉獵面甚廣，其他如有關中國的琵琶、版畫、長臂猿等都有專著；此外，更有一部有關唐朝公案的著作。有關詳細資料，參看《秘戲圖考》的序言與陳之邁（Chen Chih Mai）所著的 *"Sinologue Extraordinaire"*，收於澳洲的期刊 *Hemisphere*, 1968 年。

人確實沒有理由要掩蓋其性生活。他們的房中書清楚地表明，從一夫多妻制（這種制度從已知最古老的時期到不久前一直流行於中國）的標準看，總的說來，他們的性行為是健康和正常的。[4]

　　高羅佩主張的性是自然之道（sexual naturalism），主要的根據是他搜尋了那些迄今仍未為人注意的房中書資料，這些資料在中國失傳，但卻一直藏於日本國內。[5]自從他對原典進行翻譯、詮釋、討論後，一個中國性學（Chinese sexology）研究的新典範正式誕生。房中書討論的是有關道家、陰陽學說、春藥、性技巧、性心理等問題。這個典範為往後三十年有關中國性事的研究定下方向。[6]

　　顯然，書中所述的性觀念及性技巧是中國文化的一環，但如果把房中書等同於中國性文化本身，實在有點言過其實。陰陽學說是中國性事的基本前設，重點在於兩性間的調攝採補，陰陽調和。陰陽學說預設陰陽是宇宙萬物生生不息的二重動力，性交是一切生命的基礎。然而，若從現實生活去作深究，似乎完全是兩回事。中國社會以儒家父權思想為主導，對性並沒有平等的觀念。傳統中國男性獨享一切性的歡愉，但女性卻不斷受到剝削傷害。因此，要全面檢視中國對性事的觀念，就不能囿限於房中書的探討。無可否認，這些房中書都是饒富趣味的：文學取材宏富，醫學知識遼闊，加上五花八門的性技巧；再者，書中蘊含深刻

---

4. Robert van Gulik, *Sexual Life in Ancient China*, Leiden: E.J. Brill, 1974, p.xii., 中文翻譯參考自李寧、郭曉惠等譯的《中國古代房內考》（上海；上海人民出版社，1990），頁數以英文版為準。

5. 中國學者葉德輝（1864-1927），最先把日本醫書《醫心方》中有關中國古代五本房中書譯介回中國，見《中國古代房內考》，頁122；另，有關現代中國性學的發展，請參考 Douglas Wile, p.51-56。

6. Douglas Wile 的近著 *Art of the Bedchamber: The Chinese Sexual Yoga Classics, The Chinese Sexual Yoga Classics*，是晚近循此進路研究的典範。Wile 的關注在於系統地研究「中國性瑜伽的文字記錄，如從現在的觀點看，即是性交的目的是達到兩性生理及心理健康的和諧，以及追求長生不死的養生之道。」（頁4）對西方有關中國性學的研究及綜觀的評價，請參考第56-69頁。

的哲理，以及心理學的灼見，文化成就實在超越《洞玄子》及印度的《愛摩經》（*Kama Sutra*），甚至現代的《性愛的愉悅》（*The Joy of Sex*）。事實上，高羅佩的書是開山之作，他的書面世後，坊間出現揭秘中國性文化的書籍多不勝數。[7] 然而，除房中書外，其他研究資料實在也不容忽視。高羅佩在《中國古代房內考》的序言中坦言：「我是偶然的機會才接觸到中國古代性生活這一課題，我之所以能夠發表專著，只因從一個東方主義者的立場對人類學有的一般興趣。」[8] 簡言以，高羅佩了解到自己不是一個性學研究者，而只僅是一個漢學家，對中國傳統文學、藝術、文化有廣泛的興趣。事實上，除了房中書外，他對中國版畫及文學作品中性事的卓見分析，卻未有引起學者朝這個方向進行廣泛的研究。[9]

　　本文旨在探究呈現在文學作品中的傳統中國性文化，尤其是言情小說，這類作品當時同時屬於禁書之列。本文討論的對象是明代的一篇小說《癡婆子傳》，這篇小說是典型的言情小說，內容觸及性愛與道德之間的衝突。這個故事有不少大膽露骨的性愛描寫，因此在明清兩代被列入禁書。根據高羅佩所說，小說在清朝已遭查禁，清代文獻沒留下任何記錄本，但卻收藏於京都的修道院。[10] 這篇一直被忽略遺忘的淫穢小說，重要之處不單因為它用古典中國文學甚少運用的自傳體形式表達，而且將女主角的情欲主動掙扎道出，充分揭露了傳統中國兩性極度不平等的現象。

---

7. 也許有關中國色情藝術的研究是 Akira Ishirara and Haward Levy, *The Dao of Sex*, Yokohama: General Publishing Co., 1969；及 Douglas Wile 的專著。

8. 高羅佩：《中國古代房內考》，作者序，頁 17。

9. 在普及讀物裡，中國性色顯然是一個大受歡迎的議題，因為從來不缺乏對性有興趣及窺秘心態的讀者。John Byron 圖文並茂的著作 "*Portrait of a Chinese Paradise - Erotica and Sexual Suctoms of the Late Qing Period*" 就是一個好好的例子。John Byron, *Portrait of a Chinese Paradise - Erotica and Sexual Suctoms of the Late Qing Period*, 1987.

10. 《中國古代房內考》，頁 271 的注釋。

縱使儒道兩家哲學思想強調陰陽平衡、兩性互補，在傳統的父權思想的宰制下，女性是被剝削的對象。《癡婆子傳》的作者對女主角的遭遇流露惻隱憐憫之情，可說是同時期言情小說所欠缺的。在某個意義上，《癡婆子傳》也許是第一本漢語的女性主義小說。小說的文字淺白，敘述流麗，以細膩的筆觸與旁觀式的筆法，把女性由青春期到成年對性的心理狀況表露無遺。事實上，這本小說可謂是前無古人，即使後來描寫女性情欲的色情小說也無可比擬。再者，小說本身雖是屬色情小說之列，卻含有一股拮抗世道的精神，批判了當時社會所謂的衛道之士。然而，雖然小說本書有許多獨特的地方，但其重要性卻不應過分重視；畢竟，小說在傳統中國只是稗官野史，並非文學創作的主流。再者，性與色情（erotica）從來都不是中國哲學家所關心的課題。小說只能對當時保守的社會風氣產生微不足道的影響。

筆者對這個小說的研究，不只是純粹興於文學作品的趣味，而是出於哲學的關懷。事實上，筆者關心的是中國哲學傳統有關性與道德的一連串問題，希望藉著《癡婆子傳》的分析，探討女性在中國傳統父權社會下的宇宙觀與倫理觀。同時，希望探討隱藏在小說中對傳統中國文化的反抗。

16.2 禁書與《癡婆子傳》

中國傳統從來沒有出版及言論自由。自秦朝（前221-206）以降，大量文學遭到禁毀及審檢，主要是與政治有關，而不出於宗教與道德的理由。許多情況下，無論書籍對當權者的批評是露骨、還是隱晦，只要不合統治階級的意識型態，都一律禁毀。有時，只要這些書不合當權者的口味，都難逃被禁的厄運。清朝（1644-1911）的情況最糟，可說是出版業的大浩劫，被禁的書包羅萬有，各式其式，而且往往牽連甚廣，無數作家被處

以死刑。朝廷欽准以外的哲學論著及歷史詮釋，都不能倖免，首當其衝被禁，即使是與政治完全無關的風月作品，也不能倖免。色情小說當然不容在坊間流傳。[11]

　　明朝後半葉，言情小說的出版有如雨後春筍。[12]如果借用西方文化的術語，這些小說可歸入豔情小說（pornographic novel）一類[13]，因為文中有大量露骨的性愛場面。然而，豔情小說在西方有一定的指涉內容，西方文化對於性一直含有既定的意義，認為性是污穢不堪的；但中國的言情小說卻不一定是墮落及不道德的。[14]明代最著名的小說是《金瓶梅》及《肉蒲團》，這兩部小說都屬於言情小說一類。《癡婆子傳》的作者至今仍未明，事實上這類小說的作者一向都是姑隱其名。至於小說的出版日期，根據考據，卻可斷定是在十六世紀中葉，早於《肉蒲團》成書的日期。[15]因此，《癡婆子傳》可以說是中國最早出現的色情小說。[16]這本小說短小精悍，內容合共兩章，由於以文言鋪演成文，所以相比起白話小說所用白話文是濃縮簡練得多。

---

11. 安平秋及章培恆合著的《中國禁書大觀》詳列了歷代禁書的資料，見安平秋、章培恆：《中國禁書大觀》（上海：上海文化出版社，1990 年）。據高羅佩所說，淫穢小說在清的嚴格審查制度之下，大多在中國散佚，卻有很多書在日本卻以明代的原本或抄本保存下來。見《中國古代房內考》，頁 299。

12. 見高羅佩：《秘戲圖考》，頁 105-148。《中國古代房內考》，頁 285-317。有關中國古典文學中性事的討論，可參考康正果：《重審風月鑑》，臺北：麥田，1996 年。

13. 本文翻譯 erotic novel 為色情小說，pornographic novel 為淫穢小說，是以《中國古代房內考》中文版書序前的翻譯為準，西方的 pornographic novel 則為「豔情小說」，以茲識別。

14. 高羅佩認為小說屬於淫穢小說。言情小說一詞的定義及用法，可參考林辰：〈豔情小說和小說中的性描寫〉，收於茅盾編：《中國古代小說中的性描寫》（天津：百花文藝出版社，1993 年），頁 31-52。

15. 《肉蒲團》第三章中也有論到《癡婆子傳》。李夢生考據《癡婆子傳》的出版時期應在明朝，見李夢生：《中國禁毀小說百話》（上海：上海古籍出版社，1994 年），頁 33。

16. 明朝以前色情小說並不常見。除了唐朝張鷟（657-730）的《遊仙窟》，在小說的末段，有大量的性愛場面的描寫，不過，性愛都不是小說的重點所在。見《中國古代房內考》，頁 208。

高羅佩把《癡婆子傳》翻譯為"*Biography of Foolish Woman*"，即「愚女子傳」的意思[17]。事實上，這個翻譯可謂盡失原意。「癡」並沒有愚不可及或魯笨之意，只有「迷戀」與「執著」的意思。一般而言，「癡」往往與「情」連用，癡情是指愛的沉溺、不能自拔。無獨有偶，小說編者便名叫情癡子。在小說短短的序言中，「癡」以三個相關的概念作解釋：一、情，濃烈的愛意；二、性，人的本性；三、心，哲學的思慮。在序中詳道：

> 從來情者性之動也。性發為情，情由於性，而性實具於心者
> 也。心不正則偏，偏則無拘無束，隨其心之所欲，發而為情，
> 未有不流於痴矣。

筆者稍後會回到這三個重要概念的討論，探索性與道德的哲學問題。

16.3 小說內容

《癡婆子傳》是由第一人稱寫的小說，全書由主角回憶開始。上官阿娜生於書香世家，本來對性一無所知，十二歲時情竇初開，漸漸對性萌生好奇，於是求教於北鄰少婦，北鄰少婦遂向阿娜細細道來男女兩性之別，交合乃自然之道及閨女初嘗性事的先苦後樂。阿娜為滿足自己的性幻想及好奇心，逐與到訪的表弟偷嘗雲雨，但是由於二人性技巧的拙劣幼稚，阿娜失去童貞的經驗並沒換來快感。二人接連數次之後，始懂其事。不久，東窗事發，終被阿娜的母親揭穿這樁家醜，表弟被遣回家中。阿娜初嘗雲雨後，肉欲難耐，於是便與家僮搭上。這次，阿娜終於享受到性事的樂趣。阿娜十七歲時，嫁予一儒家學者的次子為妻。在洞房之夜，她在夫君面前扮成非常痛苦的模樣，丈夫對她完璧之身深信

---

17. 《中國古代房內考》，頁 271 註釋。韓南（Patrick Hannan）翻譯為 "The Life of Foolish Woman"，見 *The Chinese vernacular story*, Harvard University Press, 1981. p.161。

不疑，更在親友面前大讚她出嫁前是黃花閨女。一年後，她的丈夫到遠處求學，阿娜空房難守，不甘寂寞，於是便引誘其大伯的家僕，兩情相洽，以至不擇時地，卻又被另一家奴撞破好事，於是這個家僕要脅阿娜與他相好，否則揭破其醜行，阿娜無奈從命。事畢，阿娜匆匆趕回自己的房間之時，卻被她的大伯撞個正著，大伯見她神色慌張，料她與人苟合，於是便把她強姦了。一天，阿娜到嫂子沙氏的房間，不巧卻撞破嫂子與家翁的奸情，翁嫂二人合力制服阿娜，把她強佔狎玩，寡廉鮮恥的家翁更稱「以身奉之，不失為孝」。此後，她被迫與此一干人等發生性關係。後來，戲子、和尚及她的小叔或強姦誘姦、或自願都先後與她有染。她先後與十三名男子發生性關係。以至她懷有身孕卻不知其子之父是誰。她與這些男人一直維持著性關係，直至她與其子的塾師墜入愛河。於是，她與這個塾師打得火熱，一情專注，拒絕與其他男人的性苛索。這引起了其他人的妒嫉及憤懣，於是他們便向她的丈夫揭露奸情。丈夫被蒙在鼓裡多年，此時老羞成怒，恨不得置她於死，幸有其子替她求情，終免一死，遭毒打後遣返娘家，阿娜時年三十九。直至阿娜七十歲，仍「逸態飄動，豐韻瀟灑」，因喜與路過的人暢談自己年輕時的風月故事，故人稱「癡婆子」。而整個故事就因她向一路過的人憶悔自己人生經歷開始。

16.4 小說引起的思考

本小說是否屬於淫穢小說一種，以誨淫取樂為成書目的，書中的性描寫有甚麼深意？

目標讀者是誰？這小說與當時風行的白話小說顯然不同，因為本書雖敘述直白，卻以文言寫成，可以想像目標讀者群是知識階層，而非一般的地攤讀物。

為什麼整個小說要以女主角的回憶展開？尤其是在中國古典小說裡中，自傳體裁並不常見，加上由女主角親身以第一人稱的獨白，將故事娓娓道來，更屬罕見。

阿娜出自詩禮之家，後來又嫁到另一個儒生的家中。但她犯的卻是七出之條，並且她破壞了最為社會不容的破壞倫常禮規一條，根據當時社會的理法，阿娜理應處死。然而，她的下場只是被休棄遣回娘家，甚至能活到七十的高齡。小說的道德教訓是甚麼？為什麼作者對她這樣寬容呢？

16.5 性的自然之道

《癡婆子傳》由一個中國女子回憶自己的性史來表說故事，較西方豔情小說克萊蘭（John Cleland）的 *Fanny Hill, The Memoir Of A Woman Of Pleasure*（1748）早了二百多年。《癡婆子傳》可能是世界文學中這類小說的始祖。小說對色情場面的描寫繪影繪聲，而且不乏心理細節的描述，尤其是阿娜的心理狀態，以及她與表弟初試嘗禁果那幕的情緒變化，都異常細膩。小說更提供了五花八門的性姿勢性技巧。雖然小說的作者、性別至今俱已不可考，但由於小說描寫阿娜的性經驗時，寫得極其細緻，如果作者不是女性，他至少對女性的生存狀況有著身同感受的憐憫。

Fanny Hill 在十八世紀的英國出版時，引致社會產生極大震撼，由於小說對縱欲及享樂主義不但不加鞭撻，反而大為歌頌，對性的歡悅更有詳細及生動的描寫，這在在是與當時教會對性觀念所持的態度相違。教會認為性是負面的、罪惡的，與原罪有關，這說明當時社會性壓抑十

分普遍。[18]克萊蘭用盡心思，濃筆彩染寫這本豔情小說就是為男性讀者提供娛樂及消費。小說雖由女主角Fanny Hill的視點出發，以第一人稱敘事，但故事顯然並不是真的女性觀點，只是男作家將他的性幻想投射在女主角身上而已。女性的情欲，變相成為引誘男性的工具，男性讀者引起的性想像和性遐想無需抱有絲毫的罪疚感。小說開首對性帶來的歡愉及快感當然跟當時教會的道德價值大相逕庭。所以倫敦的主教譴責這書為「對宗教及良好德行的公然侮辱，對國家法律及政府名譽的抵毀。」[19]*Fanny Hill*毫無疑問是情色小說，因為小說描寫情欲的場面並無他意，只為滿足及激起讀者的性幻想。

明清兩朝時，以同樣心態創作的小說可謂十分流行。《繡榻野史》（1600年前）及《株林野史》（1810年前）兩部書，高羅佩稱之為「淫穢小說」（pornographic novel）。[20]在這類小說中，最廣為人知的首推《肉蒲團》（成書在1644年左右）。學術界已大致認同，這本書是由明朝學者李漁所作。[21]韓南（Patrick Hanan）認為這本小說是「中國古代豔情小說的經典」，並且認為這小說包羅萬有，從恣情縱欲、男人對女性情欲形形式式的幻想、強調男子陽道壯偉，甚至不惜移植狗的陽物壯偉、縱欲無度，因此小說在同類作品中頓顯鶴立雞群。[22]事實上，小說一開首勸人誡色、宣揚因果報應的調子，已成為淫穢小說慣用的伎倆。

---

18. 見 Vern L Bulloughand Bonnie Bullough, *Sin, Sickness and Sanity: A History of Sexual Attitudes.* New York: A Meridian book, 1977.

19. 請參考 *Fanny Hill.* 譯者前言。John Cleland, Fanny Hill, Ed. Peter Wagner, Harmondsworth: Penquin books, 1985, p. 14.

20. 《中國古代房內考》，頁 314。有關晚明後的淫穢小說及以上諸本小說的內容，見頁 299-317。

21. 中國及西方對《金瓶梅》作者的說法大相逕庭。韓南在他的 *Chinese Vernacular Story* 有大章的篇幅引證李漁就是此書的作者。中國學者則不然，對《金瓶梅》的作者仍存疑。見李夢生：《中國禁毀小說百話》，頁 210。

22. 見 *Chinese Vernacular Story*, p.165。

人生在世，朝朝勞苦，事事愁煩，沒有一毫受用處。還虧那太古之世，開天闢地的聖人制一件男女交媾之情與人息息勞苦，解解愁煩，不至十分憔悴。照拘儒說來，婦人腰下之物乃生我之門，死我之戶；據達者看來，人生在世若沒有這件東西，祇怕頭髮還早白幾歲，壽算還略少幾歲……世上之人若曉得把女色當藥，不可太疏，亦不可太密；不可不好，亦不可酷好。未近女色之際，當思曰此藥也，非毒也，胡為懼之？既近女色之際，當思此藥也，非飯也，胡為溺之如此？則陽不亢陰不郁，豈不有益於人哉？

作者於小說開首殫精竭慮強調男女交媾乃是有益宗祠之事，也不忘向規勸讀者道德訓誡一番。作者指出，寫這本淫穢小說的目的可謂是用心良苦，因為若架出一副諄諄告誡的樣子，必不能引起讀者的興趣；藉著這本小說卻可帶出：若縱欲無度，則傷精耗血；若謀淫他人妻女，則暗傷陰德，必有報應的道理。作者繼續解釋說：

> 不如就把色欲之事去歆動他，等他看到津津有味之時，忽然下幾句針砭之語，傳他瞿然嘆道：「女色之可好如此，豈可不留待樂之身，常遠受用，而為牡丹花下之鬼，務虛名而去實際乎。」

不過，即使穿上因果報應的道德幌子，《肉蒲團》是一本淫穢書籍這個事實都不會改變。如果我們把小說中所有的性愛場面刪去，內容就會變得空空洞洞，所餘無幾，而《肉蒲團》與《金瓶梅》的最大分別，就在於此，儘管兩部小說的題目都是有關性以及有大量的性愛場面。《肉蒲團》的結局是男主角飽嘗天下美女後，最終體悟到人間色欲的虛妄，因果終有報的屢試不爽，於是頓入空門，潛心向佛。讀者則可自行判斷主角是對自己以前的獸行痛改前非，還是害怕報應的懲誡而不敢再犯。

在明及清代成書的淫穢小說，大多有道德教訓的外衣所掩飾。不過，只要小說寫得饒富趣味，性愛場面極盡挑起情欲的能事，這個問題

就變得無關重要了。

　　再回到《癡婆子傳》的討論。《癡婆子傳》屬於淫穢小說一類嗎？如果我們將淫穢小說的定義，僅限於書中有大量的性愛場面的話，《癡婆子傳》當屬此類無庸置疑。如果小說刪剪所有的性欲場面後，就無甚可觀。但是，這本小說與同類小說的最大分別，在於對女性情欲的描寫及處理；所以，探勘小說如何及為什麼要這樣處理女性的情欲問題，比純粹歸類小說於淫穢小說更有意義。小說雖然採用的是女性的第一人稱的自傳體，不過，在中國傳統小說裡，女性作為小說的主角並不是見所未見，聞所未聞。明清兩朝中最有名的是《如意君傳》（1514年）、《株林野史》（1810年前）及《昭陽趣史》（1621年）。第一本是有關武則天在後宮荒唐淫亂的行為。其餘兩本都是以美艷的女人對男人敲骨吸髓的性榨取（sexual vampirism）為題。三部小說的人物都真有其人。[23] 不過，小說攀經附史的目的不是將小說寫成歷史小說，而是為了使小說的性愛場面添油加醋，極盡渲染的能事有所根據。不過，以上的三部小說中，所有負面的道德責任都推在女人身上。古代的君主，後宮佳麗三千只是天道人事，不足為奇；武則天雖然與其他君主般治理國家大事，但小說對她的性欲不知饜足的描寫及諷刺，反映了對女人把持朝政抱有僭禮越規的看法外，更是有違道德的。不過，這種觀點在《如意君傳》都只是含沙射影，隱隱約約。到了《株林野史》及《昭陽趣史》，女人都變成如狼似虎、性飢渴的動物，為求長生不老，把男人的元精榨取。女人在這些小說中到底是邪惡的。

　　《癡婆子傳》與這些小說比較，可謂別出心裁，當然不是指性場面的處理，而是敘述語言的運用及心理描寫的細膩刻劃。正如上文所述，小說有以下的特色：全書採用倒敘，以阿娜的回憶成篇，以淺白的文言文

---

23. 《中國禁毀小說百話》，頁 24-29、108-115、393-398。

寫成，心理描寫細膩，把女性由性無知到漸知風情的過程，寫得入木三分。從這個角度看，似乎沒有其他中國傳統小說可超越《癡婆子傳》。

　　阿娜的縱情淫欲是循序漸進的。最初，阿娜求教北鄰少婦性知識一幕，可謂是一堂真正及富有教育意義的性教育課。性的觀念一開始就置於陰陽天道之中，強調性事乃自然之道。然後，小說把男女於性交時的生理變化詳細解釋：「實隱隱有痛，初不知其樂，後漸覺其樂……美之至矣，真有莫得而形容者也。」按照這個說法，阿娜便躍躍欲試。如果小說把性寫成自然之道，則不足為奇，其他的色情小說對性濫交都會用這藉口開脫，但是小說的獨特之處，就是小說對女性在性事上享有性快感的觀念抱有正面的看法，以及強調這是她們擁有的權利。這種觀念，事實上與中國古代對性的看法更吻合。

　　中國人認為性是自然之道這個看法，是源自《易經》的陰陽之道。天道變化中的陰陽、天地、男女相生相息衍生人類性事。「一陰一陽之謂道」。兩性的互補互惠是這理論基調，所以維持兩性平衡是這關鍵所在。道教把這種觀念發展至房中書的性事理論時，當中互補的概念卻未見落實於理論之中。李約瑟指出：

> 承認婦女在事物體系中的重要性，接受婦女與男人的平等地位，深信獲得健康和長壽需要兩性的合作，慎重地讚賞女性的某些心理特徵，把性的肉體表現納入神聖的群體淨化──這一切既擺脫了禁欲主義，也擺脫了階級區分，所有這些再一次顯示了道家在某些方面是儒家以及原來的佛家所無法比擬的。[24]

這種觀念也反映在房中書內。《洞玄子》的卷首說：

> 夫天生萬物，唯人最貴，人之所尚，莫過房欲，法天象地，規

---

24. Joseph Needham, *Science and Civilization in China*, Vol. 2, *History of Scientific Thought*. Cambridge: Cambridge Univesity Press, 1956, p. 151. 中譯參考自李約瑟：《中國科學技術史》，第二卷，（上海：上海古籍出版社，1990 年），頁 165。詳細的解釋，請參考《中國古代房內考》。

陽矩陽。悟其理者則養性延齡，慢其真者則傷神夭壽。[25]

　　然而，我們不應忽略男女平衡是性的自然，是道的重點所在，而這亦是性事以外一切人類關係的前提。後漢的班昭在《女誡》中，指出女性規範在傳統中國文化從屬的角色之中。班昭從儒家立場出發，認為婦女應受教育，「但卻堅持認為這種教育的最終目的是使女人懂得男尊女卑，反覆告誡女人要絕對服從丈夫。」[26]所以，所謂的陰陽調和，兩性互補只是男性壓迫女性的一個虛有其表的藉口。

　　《癡婆子傳》的價值是以女性情欲自主來批評傳統中國儒家文化。如果阿娜的縱情遂欲是彌天大罪，她敗德亂倫，傷風敗俗，更是十惡不赦。但是，作者對阿娜卻抱有同情的態度。作者把大伯強姦阿娜一幕寫得非常噁心，但是我們不應忘記那些男人都是所謂飽讀詩書的儒者。作者顯然認同性的自然之道，並鼓勵阿娜以此追逐性愛的權利及選擇。在中國傳統上，男性只要不擾亂家庭的倫理綱常，他是有三妻四妾、拈花野草的權利。女性就沒有這種權利，因此阿娜被貶為敗德之婦。阿娜是性剝削的受害者，她成為悲劇人物只是她希望行使自己的情欲主動權。另一方面，她的性伴侶之中，只有她真正孺愛的塾師被懲罰，其他都能脫罪。這個塾師「罪有應得」被責打，因為他獨得阿娜歡心，而使她拒絕了其他男人的性苛索。小說最終利用阿娜的悲劇，揭露了儒學家庭的虛偽，並以此對抗傳統中國父權社會的性意識。

25. Akira Ishirara & Howard Levy, *The Dao of Sex*, Yokohama: General Publishing Co., 1969, p. 20.《洞玄子》收於葉德輝編：《雙梅影闇叢書》（海口：海南國際新聞出版中心，1995 年），頁69。

26. 《中國古代房內考》，頁 97。

第17章
浪漫之愛與道德之情
《羅密歐與朱麗葉》與《梁祝》「愛」的概念比較研究 [1]

> 任何類型的浪漫主義、理想化或類似神秘色彩的熱情除外，我
> 們自十二世紀以來所理解的「愛」（love），在他們〔中國〕的語言
> 世界裏甚至連名字都沒有。在漢語裏，最接近我們「愛」的動詞
> （to love）之〔漢〕字只是指母子關係而已。從「愛」的概念之角
> 度來看，東西方說完全是兩個世界。
>
> —— 魯熱蒙（Denis de Rougemont）[2]

17.1 序言

本文旨在對西方學者魯熱蒙（Denis de Rougemont）有關「愛」之論斷
作一分析，進而探究中西愛情觀之差異。魯熱蒙認為中西文化對「愛」之
意義存在著根本的分歧，並指出中國文化從來沒有出現過「浪漫愛情」
（romantic love）的概念。基本上，筆者同意魯熱蒙所言：西方傳統
「愛」的觀念包含欲愛（*eros*）、德愛（*philia*）、神愛（*agape*）三種涵義，
而此種以形上學和神學來探討愛情的方法對中國人是陌生的。中國傳統
以「情」言「愛」，而「情」在意義上與西方的「愛」（love）可謂全然兩樣。[3]

---

1. 本文初稿原為英文研究論文："Passion or Duty? A Comparative Study of the Idea of Love in *Romeo and Juliet* and the story of *Liang-Zhu*"，曾於一九九四年四月六日在中文大學人文學科研究所之比較傳統文化小組宣讀。後譯為中文，翻譯過程得王劍凡先生協助，謹此致謝。

2. Denis de Rougemont, *"Love" in the Dictionary of the History of Ideas* (New York: Scriber's Son, 1973), p. 100.

3. 參看拙作：〈愛與情——中西「愛」的概念之比較研究〉，《哲學雜誌》，第九期（1994），

顯然，魯熱蒙不了解漢語「情」字之豐富多義。在本文開首的引子裡，他對有關中西方「愛」的概念所提出的論述相當模糊，他根本未有深入中國哲學與文學領域對之作詳細闡釋。他在這方面雖然無知，但亦無須予以苛責。在西方，無數哲學及文學著作都曾對「愛」作過深入探討；與之相反，中國卻鮮有論及此一課題。中國古代從沒出現像柏拉圖（Plato）《會飲》（Symposium）之類的著作，而近代亦沒有如歐文‧辛格（Irving Singer）《愛的本性》（The Nature of Love）之類的作品面世。從古到今，對於中國知識份子而言，「愛」都不是一個值得討論的課題。[4]

男女之愛是人類文化普遍而共有的現象。然而，不同文化對此現象自然會有不同的理解和詮釋。在西方傳統，人際關係中有關「愛」的概念都不能離開欲愛、友愛、博愛之思想模式來理解和詮釋。辛格贊同魯熱蒙的看法，認為希臘和基督教兩大西方文化傳統定出了「愛」的意義，並指出：「在古代的東方哲學 —— 印度教、佛教、儒家、道家、禪宗，都幾乎沒有出現過欲愛的傳統。與此同時，東方對愛的概念之理解也不如西方般獲得較高的發展。」[5]另一方面，宗教的愛亦是西方文化獨有的。辛格進而指出：「宗教愛主要為猶太基督教傳統的產物⋯⋯二千多年來，基督教神學與哲學促使教徒力圖理解：愛就是上帝。」[6]希臘傳統之「欲愛」與基督教傳統之「博愛」顯然是西方獨有的傳統。魯熱蒙與辛格之所以斷言「浪漫愛情」是西方所發明的產物，是因為：沒有希臘之「欲愛」與基督教之「博愛」概念，便無從理解「浪漫愛」的真確意義。

頁 98-109。

4. 以筆者所見，中國傳統哲學家從未對情愛問題作過系統論述。近代哲學家亦鮮有論愛，唐君毅的《愛情之福音》（1945）可能是唯一的中國論愛情哲學之書，但唐氏不以作者自居，反而自稱是此書的譯者。其中涉及的問題，可參考本書第 14 章〈唐君毅之情愛哲學〉。

5. Irving Singer, "The Nature of Love," Vol. 1, Plato to Luther (Chicago: The University of Chicago Press, 1984), p. 150-151.

6. 同前注，頁 159。

無論如何，現代世界沒有孤立的文化。西方文化傳統正受到現代化之巨大衝擊。與此同時，所有文明社會都面臨西方現代化之挑戰。結果，全世界都處於轉型階段。正如英國歷史學家羅伯茨（J. M. Roberts, 1928-2003）於《西方的勝利》（*The Triumph of the West*）一書中指出：「西方改變了歷史，令世界成為一體。」[7]最後，所有社會都逐漸吸收西方思想以為己用，包括意識型態、價值、標準，甚至是整個西方文化；而當中的過程有時是無意識的，有時卻要經歷艱苦的鬥爭，方能完成。政治與經濟自由、人權、政府、科學與技術、生活水平、娛樂等概念，都是源自西方，但現在我們都視之為理所當然，就正如是植根於本土文化一樣。事實上，我們這一代生於這樣的境況：我們既是中國人，又是西方人。引用現象學的術語，我們在日常生活上的知識，是過去一百五十年來中西文化交融沉澱累積而成的。如果是這樣的話，僅討論純粹的中國文化傳統便顯得毫無意義，因為，西方傳統亦是「**我們**」的傳統。

　　再回到有關「愛」的概念之討論研究。可以說，過去東西方確是有各自不同的愛情傳統，而中國亦沒有浪漫愛情的觀念。但這種論斷在現代世界裡（至少在香港）似乎不甚恰當。現時流行的傳媒文化顯示，「浪漫愛情」就是最佳和最受歡迎的商品，甚至連有關愛情的概念和用語，都在我們意識不到的情況下而大大改變了。現在大家都視之為最普通不過的話——「我愛你」，在大概一百年前根本沒有在任何中文文章裡出現過，更遑論會有中國人對他／她的愛人說這句話。

　　因此，筆者認為中西「愛」的概念之比較研究不僅有學術上的趣味，更是以揭露深藏在現代人類裡「愛」的真確意義，作為我們對生命存在的關注。現在所謂的「浪漫愛情」，是指兩個原來大相逕庭的愛情傳統經過相互交融後的產物。筆者把莎士比亞（Shakespeare）的浪漫愛情經典劇

7.　J. M. Roberts, *The Triumph of the West* (London: BBC, 1983), p. 430.

作《羅密歐與朱麗葉》(*Romeo and Juliet*)與中國的民間故事《梁山伯與祝英台》(《梁祝》)作一比較,以說明此點。現在大多數的國人都會認為《梁祝》與《羅》劇一樣,都是浪漫的愛情故事。然而,筆者卻認為《梁祝》根本一點也不浪漫,以下會嘗試對此點作較深入的論述。事實上,在《梁祝》故事中,既沒有激情,也沒有鬥爭;而西方浪漫愛情傳統的兩大特徵 —— 愛欲至死(Liebestod)與越軌的愛(transgressional love)在《梁祝》中更可謂完全欠缺。筆者認為現代人對《梁祝》的理解,是此故事經過浪漫化加工後的結果。本文試圖探討此一浪漫化加工過程,並對中西傳統中愛的意義作一比較。

17.2《梁祝》與《羅密歐與朱麗葉》之比較:相同之處

《梁祝》與《羅密歐與朱麗葉》在表面上確有許多相同之處。洪欣將這兩個故事的內容作一比較,所得的結論是兩者之間「具有驚人的相似之處及相通之處」。他列舉了五點,以說明此點:「第一,男女主人公都是邂逅相會,自由戀愛的。第二,男女主人公的愛情都潛伏著危機。第三,他們的愛情都有人從中成全。第四,同樣遭到反動勢力的破壞和摧殘。第五,兩者都是終成慘劇。」[8]

在悲劇結局這個意義上,洪氏褒揚這種殉道精神,認為這是人文主義戰勝了保守封建制度的表現。他強調兩個故事都表現了個人自由和平等愛情的追求。「《梁祝》力圖反映的就是一種民間的要求男女平等,要求婚姻自主的樸素的民主思想。在反封建這一點上,它與《羅》劇有相似的一面。」[9]毫無疑問,由於洪氏所作之比較是全以馬克思的意識型態為基

---

8. 參看洪欣:〈《梁祝》《羅密歐與朱麗葉》比較說〉,《戲劇學習》,第四期(1985),頁21。

9. 同前注。

礎，可謂有點言過其實。

　　至於學術味道較少的著作，有江楓《古代戀愛逸話》一書。他認為，與傳統的愛情故事比較，「梁祝的情節更為曲折，梁祝的用情更為專一，就是和朱麗葉、羅密歐相比，也覺毫無愧色。所以，在地方劇裡，它是最受青年男女歡迎的一齣悲劇，它不啻給千千萬萬的青年男女做了代言人。」[10]

　　大體上，《梁祝》中的所謂「浪漫」性質是與《羅》劇中的「愛」對照而言。我們應該注意的是，以上的比較研究全都是當代中國作家所作的。據筆者所知，直至目前為止，沒有外國學者將《梁祝》與《羅》劇作過任何類似的比較研究。

　　《梁祝》中的浪漫愛情之所以變得家傳戶曉、街知巷聞，相信並不單單是話劇和電影的緣故，而是何占豪和陳剛於一九五九年所創作的《梁祝小提琴協奏曲》所致。自此，《梁祝協奏曲》的表演接踵而至，而無數唱片與鐳射唱片的出售更證明這個愛情故事在音樂上大受歡迎。或許，這是唯一一首由中國人創作但具有西方浪漫風格的小提琴協奏曲。然而，更值得注意的是，無論是調子或風格，《梁祝協奏曲》與柴可夫斯基（Tchaikovsky）的《羅密歐與朱麗葉》序曲都有相像的地方。眾所周知，柴可夫斯基是十九世紀西方音樂界最著名的浪漫作曲家之一。

　　綜觀上述，《梁祝》與《羅》劇在表面上確有相當多相似的地方。以下筆者首先對兩方面作一探究：（一）《梁祝》原來版本中愛的概念；（二）《羅密歐與朱麗葉》中浪漫愛的概念。然後嘗試把以上兩者作一比較，並對《梁祝》之浪漫化加工過程作一理論分析。

---

10. 江楓：《古代戀愛逸話》（香港：出版日期不詳），頁 46。

17.3《梁祝》中愛（情）的概念

梁山伯與祝英台的故事源遠流長。《梁祝故事說唱集》一書的編者路工指出，根據確實可靠的資料，梁祝的故事在唐代已有記載。[11]之後，不同的版本便相繼出現。而在眾多的版本中，晚明作家馮夢龍在其《情史類略》一書中所輯錄的《梁祝》，可說是梁祝故事的原來版本。因此，本文以此作為討論對象。[12]最重要的是，馮氏明確地將《梁祝》歸入愛情故事一類——「情靈類」。在以下的討論中，筆者嘗試證明：梁氏有關「愛」的分類對了解中國情愛概念具有相當高的價值。

　　由於這故事的篇幅不長，現將全文引述如下，以作討論：

> 梁山伯、祝英台，皆東晉人。梁家會稽，祝家上虞，嘗同學。祝先歸，梁後過上虞尋訪之，始知為女。歸乃告父母，欲娶之，而祝已許馬氏子矣。梁悵然若有所失。後三年，梁為鄞令，病且死，遺言葬清道山下。又明年，祝適馬氏，過其處，風濤大作，舟不能進。祝乃造梁冢，失聲哀慟。忽地裂，祝投而死，馬氏聞其事于朝，丞相謝安請封為義婦。和帝時，梁復顯靈異效勞，封為義忠，有事立廟于鄞云。（見《寧波府志》）
> 吳中有花蝴蝶，橘蠹所化。婦孺呼黃色者為梁山伯，黑色者為祝英台。俗傳祝死後，其家就梁冢焚衣，衣于火中化成二蝶。蓋好事者為之也。[13]

　　相信一般對《梁祝》浪漫化版本有先入為主的現代讀者，都會覺得以上原版本的故事簡直是反高潮。故事中的戀人沒有為愛情向父母作出反

---

11. 參看路工編：《梁祝故事說唱集》（上海：上海出版公司，1955），頁7-16。

12. 馮夢龍：《情史類略》，本文所依之版本為1984年長沙岳麓書社所輯。

13. 同前注，頁282-283。

抗、鬥爭。梁山伯沒有對祝英台作過任何愛的承諾,更沒有想過與她私
訂終生。他只是要求雙親批准他娶祝為妻;而得知沒有希望與愛人共諧
連理後,即一病不起。這對戀人沒有一見鍾情。整個故事的發展歷時頗
長(至少七年)。馬家到底也不是甚麼大奸大惡之徒,他們甚至將梁祝二
人的事蹟上奏朝廷,以求表揚。整個故事中,只有結尾「禱墓化蝶」表現
有浪漫主義色彩,但這只是後人的傑作。

　　假如我們摒除浪漫的標準去了解這個故事,並且回到原來版本中
去,自會發現梁祝二人所呈現的愛情,根本在中國傳統文化中最為普通
不過。這段愛情可說是最保守、最純潔的。他們根本不曉得甚麼是所謂
個性與個人自由。中國傳統文化以「禮」為最高的道德原則。對一個像梁
山伯的書生而言,首要的責任就是堅守禮教。因此,他清楚知道自己與
祝英台相愛是一件事,而與她談婚論嫁又是另一件事。事實上,在當時
的封建社會裡,婚姻只能由父母作出決定,個人根本沒有任何自決的權
力。《孟子‧滕文公下》有云:「不待父母之命,媒妁之言,鑽穴隙相窺,
逾牆相從,則父母國人皆賤之。」這對戀人的悲劇下場,完全在於互相暗
許與所謂「父母之命」之間的衝突所致。由於祝英台的父母早已將她許配
給馬氏,祝必須堅守這婚約;不然,便會敗壞父母的聲名。因此,梁山
伯與祝英台只能慨嘆相逢恨晚。

　　如前所述,馮夢龍將《梁祝》歸入「情靈」一類。現根據馮氏的歸類,
探究梁祝故事的意義。馮氏高度評價的自然不是有浪漫色彩的結尾「禱墓
化蝶」,而是這段甘願為愛承受一切苦楚的至死不渝愛情。事實上,因為
堅守某些道德責任而令這段愛情不得善終,是最可悲的事情;然而,這
份感情卻非常值得尊重。馮夢龍在〈情靈類〉一章的評論中,詳細闡釋了
「情靈」的意義:

　　人,生死於情者也;情,不生死於人者也。人生,而情能死
　　之;人死,而情又能生之。即令形不復生,而情終不死,乃舉

生前欲遂之願，畢之死後；前生未了之緣，償之來生。情之為
靈，亦甚著乎！[14]

梁山伯與祝英台的愛情清楚說明這種「靈」的特質：愛並沒有因為死
亡而結束；愛的結局就是永不分離。

情，令有情人永不分離。這是中國傳統對愛情最簡單的解釋。馮氏
在《情史類略》中將古今情事分為二十四類，並不是說「情」有二十四種。
情只有一種，但卻以二十四種的關係形式呈現出來。據筆者了解，馮夢
龍在《情史類略》中想表述的主要有兩點：(一)透過「情偈」的方式和半理
論的形式說明「情」的性質，以顯示出情是至為重要的；(二)對「情」的現
象作一具體分析，指出「情」是以二十四種形式，呈現在人類與其他存有
物之間的具體生活戀愛經驗中。這表示不一定男女之間才有「情」；同性
戀人、人與鬼神之間同樣有「情」，甚至人與動物之間亦是有「情」。對於
「情」是至為重要這點，他說：

天地若無情，不生一切物。一切物無情，不能環相生。生生而
不滅，由情不滅故。四大皆幻設，惟情不虛假。有情疏者親，
無情親者疏，無情與有情，相去不可量。我欲立情教，教誨諸
眾生：子有情於父，臣有情於君，推之種種相，俱作如是觀。
萬物如散錢，一情為線索，散錢就索穿，天涯成眷屬。若有賊
害等，則自傷其情。如睹春花發，齊生歡喜意。盜賊必不作，
奸宄必不起。佛亦何慈悲，聖亦何仁義。倒卻情種子，天地亦
混沌。無奈我情多，無奈人情少。願得有情人，一齊來演法。[15]

根據馮夢龍所言，「情」是化生一切生命的終極宇宙實體。唯有「情」
之所在，一切人際關係才有存在的可能。沒有「情」，宇宙又會回復混

---

14. 同前注，頁310。

15. 同前注，頁1-2。

沌。因此，「情」給人生和人際關係賦予意義和價值。對於馮氏而言，「情」的來源根本不構成任何問題，「情」本身已經在人際關係中發揮作用，因此可謂不證自明。一切人類現象，包括苦、樂、喜、悲、憂、怒、嫉妒、放縱、貞潔、道德等，都是「情」在人與人之間發揮作用的結果。所有輯錄在《情史類略》中有關「情」的故事就是最具體的明證。

　　無論如何，馮夢龍輯錄這些故事自有其教化的目的。通過這些故事，讀者或許會學習到道德的訓誨，進而了解到「情」在生命中的意義。他在書中的序中有言：

> 是編也，始乎「貞」，令人慕義；繼乎「緣」，令人知命；「私」「愛」暢其悅；「仇」「憾」以伸其氣；「豪」「俠」以大其胸；「靈」「感」以神其事；「癡」「幻」以開其悟；「穢」「累」以窒其淫；「通」「化」以達其類；「芽」非以誣聖賢，而「疑」亦不敢以誣鬼神。[16]

　　馮夢龍在〈情貞類〉第一章的評論中，以「情」比理，結論是「情」比理更為重要。他說：「世儒但知理為情之範，孰知情為理之維乎。」[17]因此，對於沒有賦予「情」的道德責任，不是偽善，就是無意義。另一方面，只有在堅守道德規範的情況下，「情」才能獲得充分的顯現。

　　透過馮夢龍有關愛的概念的論述，自然可以理解《梁祝》之悲劇結局，完全是由於「情」與道德責任之間的衝突所致。在這個塵世裡，道德勝了。可是，「情」超越了道德，並通過死後永不分離而獲得自我完成。

17.4《羅密歐與朱麗葉》中愛的概念

　　《羅密歐與朱麗葉》的故事與《梁祝》可謂截然不同。《梁祝》中的愛

---

16. 同前注，頁 3。

17. 同前注，頁 36。

基本上是純潔保守、具有道德本質的，而《羅》劇所表現的則是激情愛（passionate love），且同時包含反叛和越軌的愛。魯熱蒙在《西方世界的愛》（*Love in the Western World*）一書中指出，《羅》劇是十二世紀以來崔斯坦（Tristan）神話發展史的一部份。[18]崔斯坦與伊索德（Iseult）的傳說所描述的是關於男女通姦的愛情，其起源不詳，但相信大概形成於十二世紀，其後由於法國南部遊吟詩人的唱誦而廣泛流傳。魯熱蒙認為這傳說是西方後來興起的激情愛和浪漫愛的原型。從莎士比亞的《羅密歐與朱麗葉》、華格納（Wagner）的歌劇《崔斯坦》（*Tristan and Isolde*），到伯恩斯坦（Leonard Bernstein）配樂的電影《西城故事》（*West Side Story*），都是以崔斯坦的傳說為原型。事實上，崔斯坦不僅是傳說，它更包含神話故事的特點。這塑造出過去七百年來西方的愛情思想型態。魯熱蒙解釋：

> 無論人們把這崔斯坦神話的激情（passion）夢想成一種完美的境界，而不是怕它像怕惡性熱病一樣；或不管人們對這種激情的悲劇性是歡迎也好，是夢寐以求也好，還是把它想像成驚天動地令人神往的悲劇，而不是簡簡單單的悲劇，這神話仍能對人產生影響。這神話之所以能長存，活在人們的生命中，是因為有人相信愛情是命中註定（就正如在這個浪漫史中「愛藥」〔love-potion〕的效力是不能抗拒一樣）；因為有人相信愛會襲擊無助著魔的男女，把他們吞沒於火焰中；也因為有人相信愛比快樂、社會、道德更實在更有力。[19]

經過分析後，魯熱蒙認為這種激烈、狂暴、悲情的愛，都只不過是毫無用處的自我沉溺罷了。因此，他對這類所謂激情／浪漫愛予以極度嚴

---

18. 參看 Denis de Rougemont, *Love in the Western World*, Eng. trans. Montgomery Belgion (1940; rev. and augm. ed., New York: Harper & Row, 1956)，特別是 Book III, p. 189-191。

19. 同前注，頁 24。

屬的批判。激情戀人所嚮往的，並不是美滿的婚姻，更不是如童話故事般的結局：「以後過著幸福快樂的生活。」實在矛盾得很，激情戀人並不真正深愛對方，「他們所愛的只是愛與被愛」，[20] 即「愛」本身。不論是先天還是人為的障礙衝突，都是燃起激烈愛火的必需條件。死亡是戀人衝破一切障礙的唯一方法，透過死亡，他們的激情便會化成永恆，這即所謂「愛欲至死」（Liebestod）的意義。

激情愛中的越軌性和反叛性正在於：當戀人相信他們的愛是命中注定無法逃避時，即使清楚知道他們的愛是不為人所接受、不可能成事，甚至是不道德，他們都誓會堅持這份愛。這樣，他們便與全世界對立起來。《聖經》十誡中有言：「不可姦淫」。 由於十二世紀依然是基督教統治的時期，崔斯坦與伊索德通姦，簡直是罪犯滔天。在《羅》劇中，蒙太玖（Montaque）與凱普萊脫（Capulet）兩家是世仇，羅密歐和朱麗葉分別屬於兩個家族，因此二人實在不應相愛。但二人一見傾心，互生情愫。愛令他們變得盲目，更甘願受命運擺佈，走上激情的絕路。他們認為所有障礙，包括家庭、友誼、道德、宗教等，都是毫無意義的。只有死，他們才能衝破這些障礙。

然而，這種越軌行為是有更深層的意義的。從柏拉圖到中世紀，西方傳統「愛」的概念都是受欲愛、德愛、博愛的思想模式所支配。根據這個思想模式，愛的真正對象是真、善、美，而不是個人。正如柏拉圖在《斐德羅篇》（Phaedrus）中所描述的一樣，所謂「激情」是非理性的，因此必須受到理性的抑制和轉化。在《會飲》中，「欲愛」被定義為善美的追求，其終極目的即是不朽的追求。[21] 而亞里士多德所提出的「德愛」是指德行而言，當中不包含任何激情和快樂的成分。因此，只有品德高尚的

---

20. 同前注，頁 41。

21. Plato, *Symposium*, 270a.

人才有真正的德愛。[22] 至於博愛，則是神施予人無條件的愛。聖經中有言：「親愛的弟兄啊！我們應當彼此相愛，因為愛是從神而來的，凡有愛心的，都是由神而生，並且認識神。」「你們要愛人如己。愛是不加害與人，所以愛就完全了律法。」[23] 簡而言之，在中世紀之前，支配著西方愛的概念都是與智性、道德和宗教有關的。

因此，激情愛可謂完全是古典愛（classical love）的反動。古典愛強調的是客觀、普遍性和一般性，而激情愛強調的則是主觀、個體性和特殊性。當然，激情愛的概念，是經過一段頗長的歷史發展而成的。歐文・辛格在《愛的本性》（第二冊）中描述了從十二世紀宮廷愛（courtly love）到十九世紀浪漫愛有關激情愛的起源和發展大綱。雖然一般對宮廷愛和激情愛的定義依然未有定論，但辛格認為兩者的衡量標準確有相同之處。他提出了以下五個準則：

（一）男女性愛是值得追求的崇高理想．（二）愛令愛者與被愛者都變得尊貴；（三）性愛是道德和美的完成，不應淪為純粹的性衝動；（四）愛是男女互相尊敬、互相傾慕的行為，不一定與婚姻制度有關；（五）愛是由男女結為神聖一體所建立的激情關係。[24]

對古典愛和激情愛的概念解釋清楚後，現在回到《羅》劇的分析。羅密歐與朱麗葉的愛情明顯不能歸入古典愛的任何類別中。如果亞里士多德依然在生的話，他必會對這對青年男女的幼稚行為一笑置之，並會認為他們應該接受道德訓誨。他在《尼各馬科倫理學》（*Nichomachean Ethics*）一書中指出：

---

22. Aristotle, *Nichomachean Ethics*, Bk. 8.

23. 《新約聖經・約翰一書》（和合本），4:7；《新約聖經・羅馬書》（和合本），13:9-10。

24. Irving Singer, *The Nature of Love*, Vol. 2, *Courtly and Romantic* (Chicago: The University of Chicago Press, 1984), p. 22-23.

青年人是很容易動情的。他們的愛情大多是因為情感而萌發，以快樂為目的。火速地戀上，火速地分手，往往是朝不保夕。但是這些人都希望能一起共渡時光，並從中獲得了交朋友所要得到的東西。[25]

眾所周知，遇上朱麗葉之前，羅密歐正迷戀著羅莎琳（Rosaline），後來因為被朱麗葉的美貌深深吸引，一見鍾情，而立即把羅莎琳忘記得一乾二淨。從二人墮入愛河到雙雙殉情，整個故事的發展前後不到一個星期。[26]因此，除了性欲和情感的衝動外，他們相愛的理由實在令人懷疑。「陽台會」中（圖17-1），二人互訴愛情後，便墮入無法自拔的愛火中。他們深信對方是自己命中注定的愛人。羅密歐對朱麗葉說：「你只要稱我為愛人，我要重新洗禮命名，從今以後，永遠都不再叫羅密歐了。」[27]此話一出，他們即與全世界對立起來，而二人的命運亦注定是悲劇收場。法國心理分析學家克里斯蒂娃（Julia Kristeva, 1941- ）在《愛的童話》（*Tales of Love*）一書中，對這種激情戀人的行為作出評論。她指出：「透過對法律的挑戰，秘密戀人陷入瘋狂的邊緣，他們隨時準備犯罪。」[28]事實上，第三者的存在是維繫這種愛的必要條件。克氏回應魯熱蒙這方面的論述：「戀人追歡尋樂，享受官能上的刺激時，第三者（例如，親屬、父親、通姦者的配偶等）的影子無疑會纏繞在他們的腦海中，雖然單純的人都不願承認有那麼多的顧慮和牽掛。假如沒有受到第三者的影響，戀人總會失去幾分激情，而追求情欲的熱情亦會因而下降。最後，整個關係

25. Aristotle, *Nichomachean Ethics*, 1156b, 2-5.

26. Romeo and Juliet (Oxford: The Clarendon Press, 1981), p. 10.

27. 莎士比亞著，朱生豪譯：〈《羅密歐與朱麗葉》第二幕，第二場〉（香港：大光出版社，1984 年），頁 42。

28. Julia Kristeva, *Tales of Love* (New York: Columbia University Press, 1987), p. 211.

亦會崩潰。」[29]清楚了解這個假設,自然可以理解繼後發生的事情。

如果以上的假設是合理的話,羅密歐與朱麗葉的所謂激情愛、浪漫愛,只不過是一對少年男女為情感愛欲而瘋狂的表現罷了。然而,為什麼激情愛會對西方的愛情意識構成深遠的影響呢?斯丹達爾(Stendhal)和弗洛伊德(Freud)均否定激情愛,斯丹達爾指出激情愛是自欺的行為,而弗洛伊德則認為它只是性心理病的表現。[30]除了這兩點以外,到底激情愛有沒有任何正面的價值和意義呢?

筆者認為《羅》劇中所描述的「愛」和其他浪漫愛的最大貢獻,就是確認自我為愛情的個體主義(individualism)。在欲愛、德愛、博愛的傳統中,古典愛是以普遍性、完美和不朽為終極目標。正因如此,卑微的人根本沒有能力追求這種愛。畢竟,一般人都是懦弱的。所以,對大多數的人而言,這種對真與善的智性追求實在是太過理想了。然而,當意識到自己墮入愛河時,戀人亦同時獲得了自我轉化:儘管是欺騙自己,但這種由激情愛人的結合而產生的巨大力量,卻令戀人與整個世界割裂開來。他們真的成就了個別的自我。在愛人面前,每個戀人都是獨一無二的個體(individual)。個別性的兩個個體亦會矛盾地化為普遍性的愛。因此,在中世紀時期,神秘主義者每每將激情愛與神人合一的概念相提並論。[31]

羅密歐對朱麗葉說:「我藉著愛的輕翼飛過圍牆,因為磚石的牆垣是不能把愛情阻隔的;愛情的力量所能夠做到的事,它都會冒險嘗

---

29. 同前注。

30. 斯丹達爾將愛視作人之自我心理投射作用,是種自欺的行為,他稱之為「結晶作用」(crystallization);弗洛伊德則認為愛情是人類性欲衍生的現象。對二者之討論,參看 Irving Singer, *Nature of Love*, Vol. 2, p. 351-371; Vol. 3, *The Modern World* (Chicago: The University of Chicago Press, 1987), p. 97-158。

31. 參看 Julia Kristeva, *Tales of Love*, 第 4 章有關 Bernard of Clairaux 之神秘主義的愛。

試⋯⋯」[32]自此以後，羅密歐便獲得了最大的快樂和力量。羅密歐將整個人交予朱麗葉，而朱麗葉亦將整個人交予羅密歐：完滿的結合——這種完滿性（wholeness）正是阿里斯托芬（Aristophanes）在柏拉圖《會飲》中所提出的愛的理想（雖然他的理論後來被蘇格拉底〔Socrates〕駁斥）。愛所追求的是整體。「人類的快樂就是在於——成功的追尋愛情；尋回原來是自己另一半的愛，然後回復原初的完整狀態。」[33]不幸地，完滿的結合就是與世界對立，而悲劇的出現，正是由於這種兩極化所致。然而，任何無法衝破的障礙與衝突都會繼續存在，永不消失。顯然，解決的方法只有一個：死亡能令完整性化成永恆。死亡就是激情愛的「最後高潮」（final orgasm）。[34]

無論是屬於宮廷愛還是浪漫愛的傳統，激情愛終究不是甚麼新的概念。激情愛的意義可追溯到古希臘阿里斯托芬的神話。這個關於被分開的整體尋找失去另一半的神話故事，後來以激情愛的形式在中世紀重現。

17.5 總結：論《梁祝》的浪漫化過程

綜觀以上分析，我們自會同意魯熱蒙對有關「愛」的概念所作的論斷：東西方完全是兩個世界。顯然，傳統中國文化沒有出現智性愛、宗教愛，更沒有出現激情愛和浪漫愛。1940年，中國早期著名翻譯家林紓把莎士比亞的 *Lamb's Tales* 翻譯成漢語；而《羅密歐與朱麗葉》的故事，不僅被翻譯成漢語，更被翻譯成中國文化。然而，現在我們普遍使用的漢字——「愛」，並沒有在林紓的翻譯中出現。筆者認為有關這個字的詞

---

32. 莎士比亞著，朱生豪譯：〈《羅密歐與朱麗葉》第二幕，第二場〉，頁 43。

33. Plato, *Symposium*, 193c.

34. Julia Kristeva, *Tales of Love*, p. 215.

語，例如：「戀愛」、「愛情」等，又或是作為動詞使用的「我愛你」，都應該是在1900至1918年間引入中國的。[35]

自此，中國文化經歷巨大的轉變。五四運動時期，中國知識份子不但視學習西方科學和民主思想為現化代的出路，更是中國思想的文化革命。當時中國知識份子之所以積極引入西方文化，是為了將傳統中國文化思想轉化為現代化思想，而以此來解放過去保守思想的束縛。其中的一種觀念的改變就是愛情。李歐梵強調西方愛情在當時有重要的意義。他說：「愛情成為新道德的所有象徵，它輕易地取代了與外在束縛相等的傳統道德禮教。」[36]從「解放」這一點的意義上看，愛情是與自由等同的。透過愛情的追求，透過激情與精力的發放，個人便能真真正正成為一個完全的自由人。顯然，這即是西方浪漫愛的意義，與中國傳統「情」的概念可謂完全兩樣。李氏指出，五四時期的知識份子實在是浪漫的一代。

筆者認為中國「情」的浪漫化即於那時開始。自此以後，道德不再是「情」的主要成分；反之，激情、浪漫才是愛情的真正意義。從這個意義上說，現代版本的《梁祝》自然不包含任何古代「情」的意義，而《梁祝》之所以被視為與《羅密歐與朱麗葉》有許多相似之地方自然也不足為怪。

---

35. 參看潘光旦譯注，靄理士原著：《性心理學》（1993；再版，北京：生活・讀書・新知三聯書店，1987年），頁464。

36. Leo Ou-fan Lee, *The Romantic Generation of Modern Chinese Writers* (Cambridge, MA: Harvard University Press, 1973), p. 265.

第四部分
近代到現代西方

第18章
浪漫愛與激情愛

讀到古今中外的愛情文學作品，才發現愛情魔力之大，無分地域國界、種族與年齡，這是我們每一個人共同經歷的，共同擁有的。在不同類型的愛情之中，最令人心醉的顯然就是「浪漫愛」（romantic love）。對於現代人來說，「愛情」就是「浪漫愛情」，愛情必須浪漫，不浪漫的就不是愛情。無論中西方，現代人都將浪漫愛（或激情愛，passionate love）等同於愛情的全部內容，這個現象在西方文化尤其明顯，從西方古代愛情神話可窺見愛與欲有著緊密的關連。所謂「浪漫愛情」，究竟是情愛的最高境界，還是自欺欺人的幻象呢？為什麼現代人總是嚮往這種激烈的浪漫愛情，以致誤以為這種激情與浪漫必定就是愛情呢？其實，激情、浪漫、愛情是三個不同的概念，我們必須弄清楚，才能好好談情說愛。在這一章，我們將探究浪漫愛情的原型。

18.1 浪漫與激情

在討論「浪漫愛」之前，首先剖析何謂「浪漫」。文潔華在《誰最浪漫》一書中寫道：

> 浪漫的真諦不在於玫瑰或燭光晚餐，只是一顆活潑的心靈、天真的幻想與盼望，並以此抵抗現實的無情與僵化，誰說現實不需要逃避？那才是人重新得力的途徑。[1]

「玫瑰」與「燭光晚餐」之所以成為浪漫愛情的最具體象徵，顯然是

---

1. 文潔華：《誰最浪漫》（台北：允晨文化股份有限公司，1993），頁 36。

愛情商品化後的結果。每逢情人節、聖誕節，人們都喜歡送花給心愛的人，以表心意。贈送數十枝玫瑰花、日落之時，伴著黃昏，在海灘漫步，留下來我的足印，或者在微雨中散步，一起體會著雨水灑在微暖的身軀，共嘗肌膚的溫度慢慢蒸發，這些都是浪漫調情的行為，文學作品常常記載著這些類似的情節。但海灘漫步、燭光晚餐就是浪漫的真諦嗎？顯然不是。每天都在海灘拾垃圾的清道夫，一定不會覺得「海灘漫步」浪漫，而居住在窮鄉僻壤、靠燭光照明的村民，亦不會認為「燭光晚餐」浪漫。正如文潔華所說，「浪漫的真諦不在於玫瑰或燭光晚餐」，「燭光晚餐」之類的情調實不足以作為「浪漫」的定義。逃避日常生活的刻板枯燥和現實世界的無聊，跟情人一起做些平時極少做或不敢做的事情，大概才算得上是普通人所認為的浪漫行為。

台灣作家曾昭旭似乎對「浪漫」有另一種看法，他在《不要相信愛情》一書中指出：

> 「浪漫」的意思，就是沒有軌道，沒有邊緣，沒有輪廓，沒有形態。所以才叫浪叫漫，就是漫無邊際、模模糊糊。那麼為什麼是模模糊糊、沒有輪廓、沒有軌道呢？因為愛情的本質是在一個非人間的天上，它是超現實的，在一個形而上的世界裏，所以愛情是沒有辦法去描寫的，在這個時候，我們就說它是浪漫。[2]

曾昭旭與文潔華雖然用語不同，但他們的立場大致相同：浪漫似乎與現實世界是有所對立的。所謂浪漫，似乎代表應該做一些「不平凡」的事情，例如是當每天都過著刻板生活，營營役役，突然心血來潮，獨個兒走到大排檔吃晚飯，一樣可以很浪漫。另一方面，「浪漫」又似乎與「自由」息息相關，或許正是這個原因，葉明媚在《天地人間總相逢》中寫道：

2.　曾昭旭：《不要相信愛情》（台北：漢光文化事業股份有限公司，1989 年），頁 100。

愛情之所以醉人，之所以累人也正在此浪漫自由的選擇。[3]

就以上三位當代中國知識份子看來，所謂「浪漫」，似乎是指自由、隨意的行為。然而，如果我們將「浪漫」放置在情愛文化思想史的脈絡來了解，其意義會顯得更為複雜。

西方兩位愛情研究學者：魯熱蒙與歐文‧辛格斷言，「浪漫愛情」是西方文化獨有的一種現象。浪漫愛到底是怎麼回事呢？要回答這個問題並不容易，但有一點可以肯定：浪漫愛與激情愛有著緊密的關聯，浪漫愛必須包含強烈的激情與欲望，同時又與越軌的愛相關聯。

西方浪漫愛的原型，基本上有兩個源頭，可追溯到十二世紀初：其一是以《亞瑟王》（King Arthur）為主的英國故事；另一則為法國南部遊吟詩人杜爾巴多（Troubadour）的詩作，尤其是《崔斯坦》的故事。人們將男女偷情視為浪漫愛情的觀念，其實是十八世紀後才出現的。另外，「浪漫」（romantic）這個字眼與十八、十九世紀歐洲大陸興起的「浪漫主義」（romanticism）思潮關係密切。假如我們從文化現象的角度去了解「浪漫」一詞時，我們所取的就不僅是一種描述性的方法，而是要檢視「浪漫」如何在文化歷史的脈絡中呈現。漢語「浪漫」一詞英文為 romantic，而 romantic 除譯作「浪漫」外，也可譯為「羅曼蒂克」。漢語的「浪漫」，又作「漫浪」，含有「放蕩不羈」的意思。蘇軾有一首詞，名為〈與孟霞同遊常州僧舍〉，其中一句便寫道：「年來轉覺此生浮，又作三吳浪漫遊。」

按漢語的用法，「浪漫」指浪蕩不羈、自由自在、無拘無束、不受形式限制，進而引申至富有詩意、充滿幻想的意思。此意顯然與十八、十九世紀歐洲浪漫主義的精神相符。就「浪漫」的意義而言，中西方顯然有共通之處，即自由自在、遠離現實的意思。換言之，貼近世俗的很難稱得上浪漫，因為浪漫是有一種逍遙灑脫的感覺。

---

3. 葉明媚：《天地人間總相逢》（香港：突破出版社，1993 年），頁 91。

然而，要給「浪漫」或 romantic 下定義，實在並不容易。西方學者洛夫喬伊（Lovejoy）認為，「『浪漫』（romantic）這個字指涉太多東西，以致它本身變得毫無意義。」[4]巴曾（Barzun）亦贊同洛夫喬伊的論點，並在《古典、浪漫、現代》（*Classics, Romantic, and Modern*）一書中羅列出多個與「浪漫」一詞同義的形容詞，以說明「浪漫」的意義相當複雜，甚至充滿矛盾。根據巴曾所說，「浪漫」基本上與以下的形容詞同義：

> 吸引人的、無私的、活力充沛的、裝飾的、虛幻的、寫實的、非理性的、唯物主義的、瑣碎的、英雄的、神秘與熱情的、值得注意的、保守的、革命性的、誇張的、逼真的、北歐人的、無規定形式的、形式主義的、激情的、空想的、愚蠢的。[5]

　　事實上，「浪漫」一詞的意義與「浪漫主義」息息相關。「浪漫主義」是一種反傳統、反權威的文化哲學思潮，在十八世紀後期到十九世紀中期橫掃整個歐洲。廣義來說，浪漫主義是一種立場或思想狀態，集個性、主觀、非理性、想像、感性等共為一體；在歷史上，浪漫主義是一場對十八世紀古典主義的自覺反抗。《簡明不列顛百科全書》對「浪漫」一詞的來源有相當清楚的說明：

> 英語 romantic 一詞源出自南歐一些古羅馬省府的語言和文學。這些地區的不同方言原系拉丁語，和當地方言混雜而成，後來發展成羅曼系語言（the Romance language）；在十一和十二世紀，大量地方語言文學中的傳奇故事和民謠就是用羅曼系語言寫成的。這些作品著重描寫中世紀騎士的神奇事跡，俠義氣慨及其神秘非凡，具有這類特點的故事後來漸漸成為 romance，即現今所謂的騎士故事或傳奇故事。浪漫主義精神

---

4. 轉引自 Lilian R. Furst, Romanticism (London: Menthuen & Co. Ltd., 1971), p. 1。

5. 同前注，頁 1-2。

最早出現在文學中，在英國，浪漫主義作品在十八世紀六十年代開始出現。[6]

「浪漫」一詞所涵攝的意義雖然複雜，然而，假若我們細心分析，似乎又可找到一些共同的內容，即注重自由、個體、感性，以及對傳統的反叛、擺脫束縛等等。

上文說過，浪漫愛與激情愛關係密切，所謂「激情」（passion），原指「耶穌基督在十字架上所受的痛苦」。[7]「激情」固然含有激烈、瘋狂的感情之意，但最重要的是它也有「痛苦」的意思。浪漫愛與激情愛含有一種非常特殊的元素，就是「苦與樂」共同呈現的現象：它一方面令人極度狂喜，另一方面又令人極度痛苦。浪漫愛情幾乎都充滿矛盾對立：愛恨交逼、恩怨情仇。試問有多少人會認為，戀人就是從小的青梅竹馬，在愛情道路上毫無困阻順利結婚生子，這樣就是浪漫的愛情故事？這樣陳腔濫調的愛情故事並不為人稱道，也不值得為偉大的文學家書寫，所以湯顯祖的《牡丹亭》，杜麗娘必然要因茶飯不思，繼而單思病起，與柳夢梅陰陽相隔。文學家並不是要喜歡騙人，虛構一些假的故事取悅讀者，他們的目的是塑造浪漫的感覺。是的，人們所歌頌的愛情是充滿困阻、災難的激情，只有這樣的愛情才能打動人心；換言之，沒有波濤起伏的所謂幸福婚姻，實在枯燥乏味，絕不浪漫。

我們大都認為愛情應該如是。如果一生只有一次愛情，就應該愛得轟轟烈烈，愛得義無反顧。這種觀念透過流行媒介如小說、電影、歌曲等不斷強化，經典電影如《戰爭與和平》（*War and Peace*）、《齊瓦哥醫生》（*Doctor Zhivago*）、《魂斷藍橋》（*Waterloo Bridge*）等，都沒有完滿的結局，顯示出以悲劇告終的愛情才能成為偉大的愛情故事；而最打

---

6. 中國大百科全書出版社《簡明不列 百科全書》編輯部譯編：《簡明不列顛百科全書》，第五冊（北京：中國大百科全書出版社，1986 年），頁 128。

7. 參看《牛津大字典》，頁 533，原文為 "The sufferings of Jesus Christ on the cross"。

動人心的小說、歌曲幾乎都是描述失戀或苦戀的。浪漫愛情必須以悲劇告終，愛情一定要悲感、苦澀。這種觀念深深滲入每個現代人的心靈，以致我們都以為真正的愛情必須如此，沒有別的方式。

這種浪漫愛情完全是西方式的愛情，並不等於愛情的全部內容。魯熱蒙在《西方世界的愛》（*Love in the Western World*）一書中強調，浪漫激情愛是西方獨有的產物，源自十一世紀歐洲出現的騎士愛（amour courtois/courtly love）。這種浪漫激情愛的原型，是在怎樣的情形下出現呢？我們接下來一起看。

18.2 中世紀騎士之愛

所謂「騎士愛」，又稱「宮廷愛」，大概是在十一世紀前後出現。踏入十一世紀，歐洲思想為基督教文化所支配，信仰高於一切是這個時代的特徵。根據基督教的教義，基督的救贖就是愛的表現，是一種以全人類為對象的無私的愛。一般人都錯誤以為，西方人一直都有擇偶自由，但事實上，在十七、十八世紀之前，大部份人的婚姻都不是自主的。愛情之所以出現浪漫激情愛的現象，源自某些特殊階層。中世紀時代的騎士就是這種特殊階層，他們與貴族夫人的愛，開啟了浪漫愛情的先河。

十字軍東征可說是歐洲中世紀最重要的歷史事件。十字軍是指十二、十三世紀從西歐到近東的基督宗教遠征軍，目的是要從伊斯蘭教徒手中奪回巴勒斯坦聖地，並在該地建立基督教王國。據載，十字軍共東征八、九次，但事實上，在十二、十三世紀之間，從西方跨越地中海的十字軍從未間斷過。[8]在那個時代，騎士肩負著十字架的愛所具有的侍奉、犧牲精神，離鄉別井，過著長期的羈旅生活。在階級森嚴的封

---

8. 參看光復書局大美百科全書編輯部編：《大美百科全書》（台北：光復書局企業股份有限公司，1994 年），頁 92-95。

建制度下，騎士必須對他們的封建主效忠，這個特殊的階級努力維護正義、對抗強權、忠心事主，並為正義而戰。結果，一種新的愛情模式誕生了。以騎士精神的愛情為主題的文學，藉著杜爾巴多的傳誦而廣泛流傳。「騎士愛」一詞最初由十九世紀的中世紀文藝研究者加斯頓・帕里斯（Gaston Paris）所提出，專指十二世紀法國文學所描寫有關騎士對其封建主的妻子的戀慕之情。[9]騎士選擇一位貴夫人（lady），對她呈獻一生，以獲得她的愛。在中世紀基督教禁欲主義的宰制下，貴夫人一方面是騎士所信奉的上帝，另一方面，騎士對貴夫人戀慕之情其實是對聖母戀慕的一種轉移。這種騎士愛顯然就是激情愛的典型。辛格在《愛的本性》一書中指出，「就中世紀基督教來說，神就是愛；就浪漫愛的意識形態來說，愛就是神」。[10]然而，騎士不能以貴夫人為肉體官能的對象，[11]騎士若失卻封建主的恩寵庇護，就無法生存，因此他們與貴夫人的關係，猶如臣子與君主的關係，臣子誓言永遠對君主效忠。事實上，這種愛情永遠不能實現，騎士把貴夫人視為服事效忠的對象，而貴夫人則成為騎士努力建立功勳的原動力。因此，貴夫人是騎士純潔化、形象化、理想化，甚至是偶像化的對象，更成為他們生命的目的。我們不難察覺，這種愛背後含有強烈的柏拉圖主義色彩，可說是柏拉圖式愛情的一種轉型。[12]

貴夫人把自己的身體與貞操給予丈夫，把靈魂與精神給予愛人；騎士則不把貴夫人當做官能的對象，而視之為純潔精神愛的對象。雖然如此，假若我們細心考察，便會發現騎士愛背後其實也潛藏著「通姦」的元

---

9. 轉 引 自 Vincent Brummer, *The Model of Love: A Study in Philosophical Theology* (Cambridge: Cambridge University Press, 1993), p. 83。

10. Irving Singer, *The Nature of Love*, Vol. 2: *Courtly and Romantic* (Chicago: The University of Chicago Press, 1984), p. 294.

11. 光復書局大美百科全書編輯部編：《大美百科全書》，頁 93。

12. 柏拉圖式的愛情，追求純潔的精神戀愛，本書第二章，有詳盡分析。

素。文森特・布魯默（Vincent Brummer）指出，「騎士愛在十二世紀的貴族社會中發展成為一種理想化的通姦關係」。[13]在中世紀基督教禁欲主義的宰制下，十誡中的「不可通姦」被奉為金科玉律，這種以有夫之婦為對象的愛顯然不為社會所接受。然而，這類通姦故事在當時卻廣泛流傳，甚至為人所歌頌，清楚反映出當時有許多人都渴望這種通姦的愛情，可說是對傳統的反叛。

十二世紀，除了無數詩歌、小說描寫有關騎士的愛之外，至今還流傳一本對研究騎士愛非常重要的書，就是卡佩拉努斯（Andreas Capellanus）所著的《騎士愛的藝術》（*The Art of Courtly Love*）。卡佩拉努斯在書中開首，即嘗試給愛情下定義：

> 愛（amor）的名字從「鉤」（amus）字而來，意即「俘虜」或「被俘虜」。因為，戀愛中的人被一連串的欲望與意願所俘虜，而用他的鉤去俘虜某人。[14]

他進而指出，愛情注定是痛苦的：

> 愛是某種天生的苦痛，這種痛苦來自對於異性美所見到或過多的思慮，以致令每個人最希望的就是擁抱對方，而一般都希望能在愛人的懷抱中實踐所有愛的箴言。[15]

這種苦楚源自對愛情的熱烈渴求。大體上，卡佩拉努斯的論斷決定了後來對浪漫激情愛的一切討論。所謂「激情愛」，是一種激情的欲望，即一個個體對另一個個體的熱烈追求。激情愛必須包含「苦痛」，這是一個饒有趣味的問題，而苦痛源自一種不能實現的愛情。卡佩拉努斯更在書中引述了三十一條《愛情的規則》：

---

13. 光復書局大美百科全書編輯部編：《大美百科全書》，頁84。

14. Andreas Capellanus, *The Art of Courtly Love*, trans. John Jay Parry (New York: Columbia University Press, 1990), p. 31.

15. 同前注，頁29。

1. 結婚不是拒絕戀愛的真正藉口。

2. 不妒忌的人無法戀愛。

3. 無人能確保獲得雙倍的愛情。

4. 眾所周知，愛情往往有所增減。

5. 違背愛人意願的戀人不懂情趣。

6. 男孩子除非到了成熟的年齡，否則他們不會真正戀愛。

7. 戀人去世後，在生的人必須守寡兩年。

8. 除非有最充分的理由，否則不應失卻愛情。

9. 受到愛念驅使的人才會戀愛。

10. 愛情往往是貪婪之家的訪客。

11. 不應去愛任何不屑與之結婚的女人。

12. 真心的戀人除了自己的愛人外，不會想擁抱任何人。

13. 在公眾場所性交的情侶，關係不會長久。

14. 容易得到的愛情沒有甚麼價值；經過重重困難障礙的愛情
    才珍貴。

15. 在自己的愛人面前，每一個戀人都會變得柔弱無力。

16. 戀人突然見到他的愛人時就會心跳加速。

17. 新的戀情會擊退舊的戀情。

18. 男人只要具有好的品德就值得人愛。

19. 一旦愛意減退，這段感情很快就會終結，很少能夠補救。

20. 戀愛中的男人往往是聰明敏捷的。

21. 真正的妒忌往往會令愛情加深。

22. 當戀人懷疑他的愛人時，妒忌會加深，而愛情亦同樣會加
    深。

23. 受感情困擾的人會寢食難安。

24. 戀人的一切行為都是以他的愛人為依歸。

25. 真心的戀人會認為只有取悅他愛人的事才是好的。

26. 戀愛中的人永遠無否定愛情。

27. 戀人永遠不會對他愛人所給予的慰藉感到滿足。

28. 戀人會因丁點的臆測而對他的愛人產生懷疑。

29. 太過受感情困擾的人往往不會戀愛。

30. 真心的戀人時時刻刻都會想著他的愛人。

31. 永遠無法阻止一個女人同時被兩個男人愛上，亦無法阻止
    一個男人同時被兩個女人愛上。[16]

　　這三十一條規則涵蓋了浪漫激情愛的基本元素。最重要的是，他在第 1 條即指出愛情與婚姻是完全兩回事；在第 31 條指出任何人都無法阻止或兩個女人戀上一個男人。西方中世紀時代，婚姻制度與宗教緊密關聯，婚姻、性、愛三者不能分割。十二世紀社會受到基督教倫理思想所支配，但當時竟有人指出愛情與婚姻無關，實在是一椿十分奇怪的事。伊藤勝彥在《愛的思想史》一書中對此種現象有較為深入的分析，他指出：

> 基督教禁慾倫理，在嚴格的一夫一妻的婚姻基礎上始可成立
> 的。原始基督教遵從耶穌與保羅的教訓，重視童貞，採行禁
> 欲，不過同時認為結婚乃神旨所定的生活秩序。基督教禁欲倫
> 理，毋寧以不能歸到結婚的一切男女關係為罪行而加責難，反
> 之騎士的愛之理想，與正式的婚姻無涉，揭櫫僅以戀愛為主的
> 情操。戀愛因結婚而植根於現實的人間關係之中，這是理想的
> 脫落。在騎士的愛裏，只有不講結婚，背叛結婚而相愛，才是
> 讚美的對象。[17]

　　這構成了一種張力，愛情與婚姻產生了矛盾。騎士把婚姻視為低下

---

16. 同前注，頁 184-186。

17. 伊藤勝彥著，譯者不詳：《愛的思想史》（台北：九大文化股份有限公司，1989 年），頁
　　79-80。

的事，而歌頌精神上純化的愛。這種愛情與婚姻不能兩立的觀念，在當時極為普遍。卡佩拉努斯在《騎士愛的藝術》一書中，引述了香帕妮伯爵夫人對婚姻所下的判決：「愛情不能將其力量延伸至夫妻之間。因為，戀人不必受任何逼迫，無條件為對方付出；夫妻則有義務，凡事都須依從彼此的意願。」[18]十二世紀貴族婚姻是買賣式的婚姻，所謂婚姻只不過是為封建制度服務，目的是為了合併土地，鞏固治權。「貴族選擇結婚伴侶並不是由個人的喜好所決定，而是為了靠妻子的嫁妝財產以自肥，以及為了與其他貴族結盟以擴大領土，以防外來入侵。」[19]簡而言之，貴族婚姻完全是建基於一種利害關係的政治婚姻，因此在當時社會中，無條件的付出、不求代價的激情愛之所以受人歌頌，實在不足為怪。因為，那時候無條件地為別人付出，這種純潔而真摯的愛情，在當時是罕有的。

　　基督宗教極端的禁欲主義貶斥肉體，對「性」採取強烈壓抑的態度。騎士不將女性視為官能對象，而視為精神上的崇拜的對象，顯然受了基督教對聖母崇拜的影響，以致把貴夫人等同於聖母瑪利亞。當時，聖母因著純潔的形象而受到歌頌，而夏娃的形象則因與性欲扯上關係而受到貶抑。二者正好對應柏拉圖《會飲》中提到的天上愛神與地下愛神的形象。電影《夢幻騎士》（*Man of La Mancha*）主題曲〈不可實現的夢〉（Impossible Dream）正好表達出騎士對純潔愛情的盼望：

> 做一個無法實現的夢，
> 對抗無法打敗的敵人，
> 忍受無法忍受的哀痛，
> 闖進勇者不敢闖進的地方，
> 糾正無法糾正的錯誤，

---

18. 轉引自 Vincent Brummer, The Model of Love, p. 91。

19. 同前注，頁 88。

在遙遠的地方，愛上純潔與貞節，

當你感到疲累時，

我仍會嘗試，

伸手去摘那摘不到的星星，

我所追尋的就是這些——追隨著星星，

無論多麼渺茫，無論多麼遙遠，

都義無反顧，為正義奮鬥，

以神聖的理由，我願意昂然踏進地獄，

而我知道我會堅持這光榮燦爛的追尋，

那麼，當我入土為安時，我的心靈會感到平和寧靜，

因此，世界會變得更美好，

而我這個人即使被人嘲笑，滿面傷痕，

仍會鼓起最後一點勇氣，

伸手去摘那摘不到的星星。[20]

　　若細心分析，我們會發現這首歌的歌詞含有強烈的柏拉圖主義色彩，即對精神純潔之愛的追求。中世紀騎士將他們戀慕膜拜的貴夫人形象純潔化、神聖化，正是對性欲壓抑的表現。但其實騎士精神的愛情十分矛盾，一方面將女性形象純潔化，另一方面又對性有強烈的欲求，以通姦形式的愛情表現出來。崔斯坦與伊索德可說是這類故事的典型。

---

20. 歌詞參考《追夢無悔》https://www.easyatm.com.tw/wiki/ 追夢無悔。

18.3 崔斯坦：神話傳統與影響

　　崔斯坦與伊索德的傳說所描寫的是關於男女通姦的愛情，起源不詳，相信大概形成於十二世紀，其後由於法國南部遊吟詩人的唱誦而廣泛流傳。內容大致如下：

　　崔斯坦出生於不幸的家庭，父母早亡，由康沃爾的馬克王撫育成人。他年輕時已屢建軍功，更把來犯的巨人莫爾霍爾特殺掉。在戰事中，他中毒受傷，在漂泊的生活中邂逅愛爾蘭金髮公主伊索德，並在她悉心照料下養好了傷。幾年後，一隻小鳥給馬克王帶來一根金色頭髮，馬克王決心要娶擁有這根頭髮的女子為妻，便任命崔斯坦去尋找那女子。由於遇上大風暴，崔斯坦再次踏足愛爾蘭領土，他又與巨龍搏鬥，解救了愛爾蘭首都之危，雖然最後把巨龍殺掉，但卻受了傷。伊索德再一次醫好了他。這時，伊索德已知道這個青年騎士就是殺他伯父莫爾霍爾特的仇人，她想殺他報仇，但崔斯坦告訴她，他此行的任務是為馬克王找王妃，於是伊索德寬恕了他，並和他一起返回康沃爾。

　　陰差陽錯，兩人喝了愛藥，因而深深愛上對方。但王命難違，崔斯坦還是把伊索德引見給馬克王，伊索德成為王妃。雖然如此，兩人仍然秘密來往，繼續維持戀人的關係。家臣知曉了這事，向馬克王告密，揭發了這段不倫關係。終於，馬克王抓住了證據，把崔斯坦放逐，而伊索德則被一群患痲瘋病的乞丐搶去。後來，崔斯坦救出了伊索德，兩人一起躲在摩洛亞森林，過著隱居的生活。一天，馬克突然在森林碰到這對戀人，只見二人並肩而睡，中間擱著一把出鞘的劍。看到他們這麼純潔，馬克王深受感動，於是悄悄地拿走了那把劍，然後把自己的劍放下。

　　三年轉眼即逝，愛藥的效力消失（據說愛藥只有三年效力），崔斯坦開始感到懊悔，而伊索德亦想念宮廷的生活，因此二人終於分開了，伊索德回到馬克王的身邊。雖然如此，二人仍背著眾人繼續維持戀人關

係。後來，崔斯坦屢次出征，與伊索德的關係日漸疏遠，更以為自己不再愛她，於是娶了另一個伊索德，她的名字是「白手的伊索德」（Iseult of the White Hand）。可是，因為崔斯坦依然眷戀金髮的伊索德，他一直都沒有與妻子發生關係。春去秋來，崔斯坦在一次戰事中中毒受傷，性命垂危，他希望王妃會再次為他醫治。為了救身負重傷的崔斯坦，伊索德揚著象徵希望的白帆乘船趕來，白手的伊索德因出於嫉妒之心，對崔斯坦謊稱船上揚起的是主凶的黑帆，崔斯坦絕望而死。這時，金髮的伊索德趕到，緊緊抱著愛人的屍體死去。

這個自十一世紀開始流傳的越軌的愛情故事，為遊吟詩人所歌頌，故事中涉及不少矛盾，而魯熱蒙在《西方世界的愛》一書中對這個故事亦作了極度的批評。他認為這個傳說是西方後來興起的激情愛與浪漫愛的原型。[21]

這種浪漫激情愛便成為中世紀以後愛的另一種原型，在此以前，「上帝就是愛」（God is love）——上帝作為一切行善的對象、最後的目的；上帝的愛是一種無私的愛，是一種完全給予的愛。至於中古時所謂的騎士愛，已變為「愛才是神」（Love is god）——愛是最偉大、最為人所盼望的；有了愛，一切都可以饒恕，愛能令人克服一切，因此愛便成為最大的理由和藉口。人可以對當時世界的不滿，以及對自己所做的一切被視為越軌的行為得以解釋。所以，整個浪漫主義的癥結，在於愛能帶給人一個新的世界，把人最壓抑的東西解放出來，因為人在現實世界中是一個不自由的人。這是在現實生活理想化的投射，因為我們活在這個世界往往都毫不自由，唯有透過浪漫的愛情，才能宣洩對現實的不滿。換言之，就是在愛情中做真正的自己。

---

21. 此處對崔斯坦故事原型的討論可參考本書第 17 章，17.4。以及 Dennis de Rougemont, *Love in the Western World* (New York: Harper & Row, 1956), p. 24.

十八世紀浪漫主義中其中一個重要人物盧梭（Jean Jacques Rousseau），在其著作《社約論》（*The Social Contract*）中寫道：

人是生而自由的，但到處都受着束縛。好些人自以為是別人的主人，其實比起別人來，還是更大的奴隸。[22]

這番話影響極為深遠，無論是十八世紀的浪漫主義，以至後來康德（Kant）、馬克思（Marx）的思想都深受這段話影響。盧梭指出人生而自由，而周遭一切令他們成為奴隸，無論道德、文化、社會、家庭，所有一切人要面對的事物，都為人的手足扣上桎梏。人常問：為什麼這樣對待我？是命運的作弄，還是上天的安排？為什麼我沒有任何選擇？看來人好像一點自由也沒有，但盧梭說人生而自由，問題在於怎樣把這自由釋放出來。而浪漫激情愛正體現了這方面的問題：浪漫愛就是一種把人壓抑在深層深處的自我解放出來的表現，這是浪漫激情愛最教人著迷的地方。浪漫愛釋放了人對於自由的壓抑，從中找到生命的意義。當一個人渴望擁有一段轟轟烈烈的愛情時，其實表現他對現狀極為不滿，覺得自己的生命毫無意義和價值，希望藉著愛把抑壓中的自我顯露出來。

魯熱蒙也指出，浪漫激情愛只不過是毫無用處的自我沉溺。激情戀人所嚮往的，並不是美滿的婚姻，更不是如童話故事般的結局：「以後過著幸福快樂的生活。」他認為崔斯坦和伊索德的愛雖然經歷千辛萬苦，但他們的愛是虛假的，他們並不真正深愛對方。事實上，無數轟轟烈烈的愛情故事也是一樣，他們所愛的並不是對方，而是愛上「愛的本身」，或許，他們就是想取得愛的感覺多過心愛的人；他們最重視的是自己的感受，他們愛自己比愛對方更甚。所以魯熱蒙說：

崔斯坦和伊索德並不深愛對方。他們當然否認，因為他們所做的一切都足以證明大家確實在相愛。但事實上，他們所愛的只

---

22. 盧梭著，徐百齊譯：《社約論》（台北：商務印書館，1966 年），頁 3。

是愛與被愛的感覺。他們好像意識到無論怎樣妨礙他們的愛，亦只會令他們的愛更加得以保證、更加鞏固在心中，縱使遇到真真正正的阻礙——死，他們的愛在這一刻亦會無窮無盡地得以加強。……他們所需要的並不是對方的存在，而是對方的離開。所以，戀人的分離一方面是由於他們本身的激情，另一方面是由於他們所給予的愛是著重激情，而不是著重愛的滿足或所愛的活生生對象。因此我們知道為什麼愛情故事／浪漫愛往往有無數的障礙；為什麼戀人是以孤獨無伴，令人震駭的莫不關心示眾，藉此以相互鼓勵大家向共同的夢邁進；以及為什麼浪漫愛發展至高潮是一個致命的解脫。[23]

崔斯坦和伊索德並不深愛對方，他們當然不承認，因為他們所做的一切都證明他們相愛，無論任何障礙，甚至最後要以死亡解決，也只會令他們的愛更加鞏固，得以長存。可見，障礙、衝突是構成浪漫愛情的最重要元素。浪漫激情愛是一種轟轟烈烈的、一種不應該愛的愛，它要面對一切客觀的阻礙，重要的是在於阻礙的出現，有阻礙才表現出真正的激情意義。所以，伊索德與馬克王結婚，仍跟崔斯坦秘密來往，繼續戀人的關係。直至兩人不倫之戀被揭發，經過重重波折，最後終於可以生活在一起。但是，他們的故事並不像童話故事般從此過著美滿幸福的生活。一個障礙剛衝破，又是另一個衝突的開始，為了延續愛，只有不停地製造障礙、衝破障礙。無獨有偶，類似的故事也出現在中國的戲劇作品，孔尚任《桃花扇》中侯方域與李香君千辛萬苦地相聚，但最終卻雙雙入道，成就了悲劇結局。這或許是因為孔尚任想以悲劇的故事引人入勝，但更重要的就是男女主角不過是追求「愛」的本分，孔尚任更重視那

---

23. 此處對崔斯坦故事原型的討論可參考本書第 17 章，17.4。以及 Dennis de Rougemont, *Love in the Western World* (New York: Harper & Row, 1956), p. 25.

矢志不渝的尋覓。

　　由此觀之，激情愛必須倚靠障礙、衝突、困阻等才得以發展。無論是先天還是人為的障礙衝突，都是燃起激烈愛火的必須條件。所謂「障礙、衝突」，往往來自家庭、友誼、道德、宗教，例如社會地位階級懸殊、雙方家長反對、宗教不同等。沒有障礙衝突，愛情就不會發展。甚至可以說，古今中外的愛情文學作無不必須經過障礙與衝突，才能塑造愛情文學。哪怕是作為喜劇的《西廂記》，張生與崔鶯鶯也不是一帆風順。對於激情戀人而言，這些障礙衝突永遠無法完全衝破，即使衝破了，他們自己又會製造另一些衝突，障礙愈多，愛便愈激烈。在無盡的障礙衝突之中，愛情始能存續。所以，我們可以理解為什麼崔斯坦和伊索德在樹林一起生活三年後便分開。因為愛的出現，正正源於兩人的分離，透過相互的思念，把對方更加理想化；一旦障礙消除，大家不再分開，理想化的空間也隨之消失。事實上在實現過程中，有不少客觀的限制存在，但想像卻可以增加很多幻想、誇張，把想像中的人美化、理想化，這種想像往往比真實完滿、美麗、理想。

　　因此，崔斯坦和伊索德若要延續愛，唯一辦法是分開。這是非常有趣的弔詭：戀人常常希望愛能天長地久；但這裡卻說：要永恆的愛，便須永遠分開，甚至死亡。他們的愛情由始至終都是與死相連，他們恰如把死亡視為終生追求的目的，因此全心全意去追尋自己存在的消滅。只有死亡才能把他們連在一起，也只有在死亡中他們的愛才凝結下來。透過死，把一切最美、最快樂的時刻停留下來，從而把愛變為永恆的存在。顯然，這種所謂永恆的存在，是他們兩人理念化的東西。這是一個悲哀的現實，卻是普天之下戀人的現實，愛情並不是永恆的，保留這個最美麗愛情的唯一方法就是死亡。就好比蝴蝶的屍體會腐化，只有將蝴蝶製成標本，才可將這份美長存不朽，怪不得這麼多文學作品充斥著為情而亡的結局了。

所以魯熱蒙指出他們並不相愛，他們所愛的只是「愛與被愛」的感覺，即「愛」的本身。由於個體的實在性，令他們原先已被理想化的東西漸漸消失。所以，他們要分開，崔斯坦繼續做武士，而伊索德繼續做皇后，但他們仍然戀戀不捨，因為這是命中註定，是不由自主、無法逃避抗拒的。縱使分開，他們強調仍然深愛對方，崔斯坦後來與白手的伊索德結婚，正因為兩人的名字相同，這表現出他對伊索德的愛沒有改變；他並沒有跟白手的伊索德發生關係，因為這種行為會污辱他對金髮的伊索德的愛。魯熱蒙更進一步指出，當中的理由實際上是自戀的表現。浪漫主義其中一個主題就是自戀，當崔斯坦實現自己的愛時，並不是透過與伊索德互相交往的愛，而是透過愛，愛上自己所愛的；他愛的並不是伊索德本身，只因為伊索德能把他所愛的呈現出來，所以他愛的只是自己所愛的東西而已！

既然如此，假若伊索德跟崔斯坦一樣，所滿足的就是自己，他們需要的便不是相聚，而是分離。因為分離令對方的一切凝結下來，這才有永恆的存在。甚麼是永恆？甚麼才算是永恆？當下（present）就是永恆。人永遠活在回憶中，永遠在當下把回憶呈現出來，使它永遠在經驗界中重複，永遠在意識中呈現，在某個意義上言，這就是永恆。永恆不是一個客觀的永遠存在，而是主觀的、永遠在當下意識中存在呈現，這是一種永恆的經驗。所以，沒有人能夠把這種最美的永恆經驗抹煞或改變，這經驗是最真、最可貴和最美麗的，在當下中可以體會，但不能實現。

浪漫激情愛的戀人又怎樣把愛延續至永遠？伊藤勝彥在《愛的思想史》中引述了諾瓦里斯（Novalis, 1772-1801）的名言：「結婚乃為了死而結合，愛情在死的籠罩下最甘美。」[24] 對於激情戀人來說，死亡是人衝破一切障礙的最佳方法，亦是唯一方法。透過死亡，他們的激情就會化為永

---

24. 伊藤勝彥：《愛的思想史》，頁68。

恆，這就是所謂「愛欲至死」的意思。死亡令戀人的愛停留在永恆之中，令戀人永不分離，因此死亡是激情愛的「最後高潮」。[25]現代無數電影小說的愛情故事，都跳不出這個框框，以死亡告終的愛情故事，往往最能打動人心。

由此可見，在《崔斯坦》的故事中，只有伊索德離崔斯坦而去，他的愛情才會激烈發放出來；但當兩人在一起時，愛火又像要熄滅似的。崔斯坦所愛並不是伊索德本人，而是愛的阻礙，以及因阻礙而激發起的熱情；說到底，他只是以愛為愛的對象。所以，根據魯熱蒙的理論，崔斯坦式的愛必須包含四個基本要素方可存續：（一）不由自主，（二）自戀，（三）對死亡的熱切憧憬，（四）必須充滿障礙衝突。美國學者 Dwight van de Vate（1928-2012）亦提出浪漫愛中四個信念，可代表現代美國對浪漫愛的某些看法：

> 每一個個體都深信在世上總有「一個」或「唯一一個」命中注定的浪漫伴侶；第二，人應會出乎意料地被一股強大而難以抵擋的感覺壓倒，與他命中注定的伴侶「墮入愛河」；第三，「愛情是盲目的」。那些被愛情弄得神魂顛倒的人往往忘卻伴侶的缺點，縱使這些缺點在每個人眼中都非常明顯；最後，「愛能克服一切」：受著情感的激勵，戀人們能夠克服任何社會或物質的阻礙。[26]

每個人都深信在世上總有一個命中注定的伴侶。正如柏拉圖（Plato）在《會飲》（*Symposium*）中講述阿里斯托芬「求完全」的愛情理論時提到，第一，在茫茫人海中，每個人都有一個注定屬於自己的另一半；第二，人將會出乎意料地被一股強大而難以抵抗的感覺壓倒，與他命中注定的

---

25. 可參看本書第 17 章，17.4。

26. Dwight Van De Vate, *Romantic Love: A Philosophical Inquiry*, University Park: Pennsylvania State University Press, 1991.

另一半共同墮入情網；第三，愛是盲目的。相愛無需任何理由，縱使對方在別人眼中有不少缺點，但在你而言，對方所有的缺點都變成優點，對方一切的不是往往被遮蓋；第四，愛是無敵的，它能激勵戀人對抗所有一切，克服任何障礙。

以上四種信念，包含了不少理想化的成分，但又確實為人所希望擁有，因為它能令生命更有意義、更有價值。從此可見，浪漫激情愛的真正意義並不是真的愛，它只是把愛變得理想化、理念化。我們都經歷過，只是托起愛人的手，就覺得瞬間世界就不同了。愛只是一個經驗，同時又是一種自愛。這當然是對愛一個很大的批評，但這種批評並沒有影響崔斯坦式的愛往後的發展。愛情的追求，成為十五、十六世紀到現在無數西方文化中最多人探討的主題。

18.4 浪漫愛作為不可能的愛

浪漫的愛情故事除了是自由戀愛的表現外，其實也是對不能實現和不道德的愛的挑戰，是一種越軌的愛、叛變的愛。在現實中，人往往過著重複、沉悶的生活；若然在平凡日子中突然出現激烈的愛情，人會怎樣呢？有些人會抱著等待的態度，但十八世紀浪漫小說中的唐璜（Don Juan）和卡薩諾瓦（Casanova）便不會這樣。他倆可說是典型的大情人，愛情經驗豐富。他們認為人生最痛快的事情，莫過於做一個誘惑者（seducer）。西方哲學家齊克果（Kierkegaard）指出，唐璜的愛情生活純粹是一種感性生活，這種感性生活不用理會道德、宗教等問題，所追求的全完是人可以得到感性。正如意大利導演費里尼（Fellini, 1920-1993）在電影《卡薩諾瓦》（Casanova, 1976）最後一幕中，拍攝卡薩諾瓦在舞廳跳舞，當鏡頭漸漸拉近，才發現他的舞伴並不是活生生的人，而是一個木頭人。這裡所表達的一個象徵意義是：卡薩諾瓦曾追求無數女

子，但他最終想要的並不是女人，而是一個木頭人——一個沒有獨立性格的人，一個能夠聽他命令、按他意願行事的人。

唐璜和卡薩諾瓦都是愛情經驗豐富、感情澎湃的人；更重要的，他們都是誘惑者。只有令對方墮入自己的圈套中、令對方愛上自己、令對方視自己為最重要時，這種感覺才最有意思，而這種感覺是不能停下來的。因此，他們成功地令女子愛上自己的那一刻，就是離開她們的時候。對他們而言，愛情的獲得雖然重要，但最終愛情也不過是一個遊戲。換言之，愛情本來看似非常重要，最後卻變成最不重要；當任何人都可以被他們愛上時，等於沒有人值得他們去愛，他們所愛的只是他們自己。他們只愛自己的形象，愛自己無數虛構出來的幻象夢想。一個曾經擁有無數女人的人，到最後竟然一無所有，剩下的只是自己的幻想，這可算是一個真正的悲劇！悲劇的原因並不是因為他一無所有，而是在於他愛的人其實是自己，這就好比希臘神話中的水仙花故事，美少年看見水中自己倒影就情不自禁愛上倒影，乃至抑鬱成疾死去。

整個浪漫愛和激情愛中最重要的因素，是一種不可能的夢和不可能的愛。這個「不可能」（impossible）不單涉及愛的問題；它更是一個現實和理想的衝突，人的欲望與能否滿足欲望的衝突，當中出現無數的張力、希望和壓抑等等問題。正因為這是一種不可能實現的夢、不可能實現的愛，所以才顯得偉大，它正代表著當時的騎士愛。愛的對象，遙不可及；但正因如此，愛才顯得更美麗、更理想。這種不可能實現的愛，與柏拉圖式的愛大異其趣：柏拉圖式的愛最終是真善美的追尋，而真善美是真實存在的，每個人都有能力透過內心努力而尋找，所以它是一種可以實現的愛。

柏拉圖主張的欲愛、亞里士多德的德愛和基督宗教的神愛，全都是能夠實現的愛，浪漫激情愛卻不能，因為浪漫激情愛中那些不能實現的夢是人內化、理想化、幻想化的過程；它是不能實現的，它是一種幻

覺，這種幻覺正是人在現實中投射出來的理想，而不是柏拉圖所謂「這個現實是理想的一種下降」：先有理想，繼而實現。浪漫激情愛剛好相反，人在不滿的現實中投射出一個理想，而希望這個理想成為其愛的對象。柏拉圖說：一切現實都是虛假的，上層理念世界的理念才是真實。上帝是真的，我們不須懷疑祂的存在，人對上帝的愛只不過是不能實現而已。但浪漫激情愛不同，愛就是神，愛能把對象幻想化、神化、理想化，這是一種人對現實不滿的轉化，這種轉化是把理想和幻想從不滿和不完整的現實中提升出來。人不斷追尋這個理想幻想，渴望它的存在，可惜人永遠尋找不到它，它是最美麗的，但卻是假的。不過筆者有時又會想，就因為它永遠尋找不到才是美麗的，正如蘇東坡的詩：

> 廬山煙雨浙江潮，
> 未至千般恨不消。
> 到得還來別無事，
> 廬山煙雨浙江潮。

中古騎士對貴夫人的愛是崇高的，他把貴夫人變為人間化、俗世化的聖母而追求。這種追求是遙遠的，在現實的反叛掙扎過程，成為浪漫愛重要的元素。浪漫愛的戀人能否繼續相愛，在於他們相愛時的衝突、欲望、阻礙以及矛盾有多少；二人之間已有著不平衡和不平等的關係，此外還要在衝突中加上情欲、性欲。這些元素，令愛情故事更添熾熱浪漫的感覺。柏拉圖和亞里士多德所言的欲愛，不謀而合地把情欲愛放在最低層次。浪漫激情愛卻視情欲愛為最重要，這種情欲愛在某個意義上，重現著柏拉圖《會飲》中阿里斯托芬所謂二人合為一體時的感覺。一切的歡樂、激情從情欲開始，因此激情愛與情欲愛成正比。然而，毫無痛苦的愛情，算不上是轟轟烈烈的愛情，由於現實和理想的距離造成痛苦，所以激情內部的意義，在於含有痛苦；在激情浪漫愛中，令你最開心的人，同時是令你最痛苦的，愛與痛苦也因此成正比，同時亦與你

對對方的欲望成正比。極樂和痛苦，在浪漫激情愛中是非常重要的「燃料」；另一種「燃料」則是罪孽感。在充滿社會地位衝突、背負不道德之名的背景下產生的愛情，戀人們往往充滿罪孽感，但這種罪孽感卻反而激化他們的情愛。由此可見，沒有衝突、沒有罪孽、沒有痛苦、沒有矛盾阻礙的愛，就不是浪漫激情愛。

另一方面，浪漫激情愛還涉及傲慢（希臘文 *Hubris* ）的問題。有云：「認識自己」（ know thyself ），當人知道自己是人而不是神，便認識自己的有限性。可是在愛情中 —— 特別是浪漫愛中 —— 卻出現一個特殊的「傲慢」：在某程度下，愛能令戀人感到他倆在全世界中是最偉大的，他們自覺他們的愛可以克服一切、勝過一切。然而，在這種傲慢的背後，往往潛藏著一個悲劇：兩人瘋狂的戀愛為世所不容，彷彿所有人都與他們對立。為了捍衛愛情，他們要與整個世界作戰，兩人透過互相繼續的愛抵抗世界對他們的責難。《羅密歐與朱麗葉》陽台相會一幕最能體現這點：

朱：啊羅密歐，羅密歐！你為什麼是羅密歐？

　　否認你的父親，放棄你的姓氏；

　　如果你不肯，那麼你只消發誓作我的愛人，

　　我便不再是一個卡帕萊特家的人。

羅：〔旁白〕我聽下去呢，還是就此開始說話？

朱：只是你的姓氏成為我的仇敵；

　　你就是不姓蒙特鳩，你還是你自己。

　　蒙特鳩是甚麼？不是手，不是腳，

　　不是臂，不是臉，也不是人身上任何其他一部份。

　　啊！換另外一個姓罷：

　　姓算得甚麼？我們所謂的玫瑰，

　　換個名字，還是一樣的香；

　　所以羅密歐，如果不叫羅密歐，

名字雖然換掉，依舊可以保持他的那份優秀。

羅密歐，放棄你那個名姓，

那名姓本不是你的一部份，

為彌補這名姓的損失，請把我整個自己拿了去罷。

羅：我就依照你的話了。

只要稱我為愛人，我就算是取了新的名字；

此後我再也不是羅密歐了。[27]

　　兩人相愛而與世相違，面對世界對他們的殘酷，唯一可做的，就是忘記過去、不理將來，把握現在，這是浪漫激情愛戀人的寫照。浪漫愛所希望的，是愛情感覺中的永遠停頓，即所謂時間的停頓。戀人當下的愛才是永恆，才是最重要、最偉大。當兩人瘋狂戀愛，誓要忘記過去，忘記自己是自己時，其實已承認「自己就是自己」。這當中存在著矛盾，任何人說忘記過去、否定將來、只有現在的時候，這個忘記和否定只不過是一廂情願的說話；實際上，他既有過去，也有將來。正因為當下世界中人的貪念、欲念和執著，希望把「現在」保存下去，像把美好的時刻透過詩詞、歌曲、照片保存下來一樣。是的，這確實很貪婪，也並不可能，但我們不是都經歷過這樣嗎？我們都渴望將美好的時光永遠停留，於是便有文字、音樂、影像的存在。然而，要不是人類的這份貪婪，我們就看不到這麼偉大的藝術作品了。在此看來，這種「現在」好像沒有過去，人把它從現實中抽離出來，成為回憶中一個永遠的現在，這是可能的事。這個永遠的現在是一個重新呈現的過程，但不是真正的呈現。它是一個重新的經驗，但不是真正的經驗。

　　戀人關心的，是當下感受有多激烈、多重要。最終，怎樣才能把這份激烈的愛凝聚起來呢？只有死。激烈的愛情不是透過相片來凝結，而

---

27. 莎士比亞著，梁實秋譯：《羅密歐與朱麗葉》（台北：文星書店，1964 年），頁 62-65。

是透過死。

崔斯坦：

> 讓我死吧！……
>
> 永遠不要醒！……
>
> 我正為愛而死嗎？
>
> 我樂意地為愛而死？
>
> 這愛怎樣與我一起走向死亡？
>
> 這長存的愛怎樣與我共同步向死亡？

崔斯坦怎樣因愛而死？

伊索德：

> 但這是我們的愛，
>
> 難道它不就是稱作崔斯坦和伊索德？
>
> 這甜美的「和」字恰如其義
>
> 把愛綁起來，結合為一，
>
> 儘管崔斯坦死去，
>
> 死亡可以摧毀這份愛嗎？

華格納的歌劇《崔斯坦》（*Tristan and Isolde*, 1859）第三幕唱出了兩人欲愛至死的感覺，這種感覺也是不少人所盼望的，多數人認為他們的殉情，顯現出愛的偉大。蘇格拉底（Socrates）為哲學智慧而殉道，耶穌為人類而殉道；當激情愛中戀人受著世界的阻撓，仍感到愛是最偉大時，就為愛而殉道，這樣做似乎可以把愛永遠停留，看似是一種美麗的感覺，但也可能是愚蠢的想法。

為何直至現在仍有那麼多人追求激情浪漫愛，希望擁有它呢？為什麼這一種在十二世紀出現的現象，到現在仍然是無數電影、小說、歌曲的重要題材，仍然是人們日常生活中盼望的東西呢？無論是欲愛、德愛或神愛的理論，它們強調的是一個普遍性、抽象和理性，強調人的反思

能力往往是理性比感性好，比個體好。柏拉圖式的愛一方面很偉大，另一方面它基本上是一種欲望，因為它是人所缺乏的，所以要追尋，追尋永恆的真善美。柏拉圖認為若然每個個體去愛，便會呈現一普遍化的東西——「美」；美比個體更重要，個體可以毀滅但美不可以毀滅，所以人要追尋美的本身，如哲學家追尋真的本身，人追尋善的本身，真善美是超越個人的。在超越個人領域上言，其實是面向一個由下而上的追尋，追尋範圍極之廣闊。可是，浪漫激情愛的情況不同，這種愛之所以重要，是因為它離開了理論層面，離開了普遍層面和抽象層面，而落在具體真正生活層面中每個個人的自我感受，並以此作為基礎。

亞里士多德曾說，只有哲學家才能夠真正和人交往；那麼，我們這些凡夫俗子該怎麼辦？凡人在芸芸眾生中若然遇上相愛的人，互相視對方為世上最重要的時候，自我便出現。儘管這份愛可能存在問題，它也會令人仿如受洗重生，成為一個新的人。這個人不再孤單，而是全世界最幸福的人。在戀愛當中，戀人所盼望的事，正是真正自我的呈現，而這個自我往往是透過對方襯托出來的。所以辛格所言的價值評估（appraisal）和價值賦予（bestowal），在正常情況下永遠是辯證地開始，對於「我愛你因為你美」和「我愛你所以你美」，平常人認為這些都是價值的互相給予和接受。

正當人感到自己在世上全無價值時，卻有一個人欣賞他、愛他；這時，他會發現自己並非毫無價值，因為愛他的人給予他價值，同時他亦賦予對方價值。在這「給予和接受」的關係中，對方成為全世界最重要的人，成為你一切的關注，你所有的注意力都在他身上。你把自己的生命交給他，同時亦深深相信他也把自己的生命託付於你，此乃所謂生死相許，亦即是亞里斯托芬所言找回原屬於自己的另一半，從而令自己變成完整，也令世界變得完整，世界一切的價值和意義就在他們的完整性中表現出來。

人常追求轟烈的愛，但這種愛卻帶來無比的傷心痛苦，換來無數的悲劇慘劇。人的自我，是否真的能夠藉著愛浪漫去表達呢？儘管浪漫激情愛是自我在愛中的呈現，但透過這種愛去顯現自我，是一件極度危險的事，因為過程中往往充滿著自欺欺人、危險、幻覺等情況；如前文所言，激情愛更可能會為世所不容，最終以悲劇收場。

第19章
愛情為幻象：斯丹達爾與叔本華

19.1 反浪漫愛的理論：愛情不過是幻象

浪漫愛情最能打動人心，而浪漫激情似乎已成為偉大愛情的必要條件。誠然，浪漫愛情最為人所嚮往，但有論者認為建基在浪漫激情的愛情只不過是幻覺罷了。引用存在主義哲學家沙特(Jean-Paul Sartre)的術語，愛情只不過是「無用的激情」(useless passion)（雖然這個術語不是專指愛情）。愛情本身只不過是心理幻覺，甚至是病態；換言之，戀愛中的人是瘋子。對於這點，柏拉圖早在《斐德羅》(Phaedrus)就已提出過。事實上，除了柏拉圖之外，歷來有無數思想家均對愛情抱有懷疑態度，儘管可能會令戀人失望、不滿，他們依然直率地表達對愛情的看法。

亞里士多德質疑激情戀人對愛情的態度是否認真，他在《尼各馬科倫理學》中指出：

> 青年人是很容易動情的，他們的愛情大多因情感而萌發，以快
> 樂為目的，火速地戀上，火速地分手，往往是朝不保夕……。[1]

莎士比亞似乎也說過，瘋子有四類：第一類是真正的瘋子，第二類是戀愛中的人，第三類是詩人，第四類是哲學家。他認為戀愛只不過是神經錯亂的行為。

德國悲劇哲學家叔本華(Arthur Schophenhauer, 1788-1860)，把宇宙的本質和人的存在歸結為一種非理性、本能的生存欲望或衝動。他

---

1. Aristotle, Nichomachean Ehtics, Bk. 8, 1156b, 2-5.

採取一種非理性的立場，透過意志來說明世界和人的本質，並聯繫性愛與死亡來說明人生的不幸與悲慘，進而指出愛情只是幻象，「性愛才是這個世界真正的世襲君主」，[2]「性欲是生存意志的核心，是一切欲望的焦點」。[3]愛是生命意志的表現，最終的目的不過是滿足人類生理欲望而已。根據叔本華的理論，愛情只是延續人類種族的手段。他明確地指出：

> 戀愛不但會與外界環境相衝突，連和戀愛者自身的個性也常相矛盾。因為撇開性的關係來觀察你的戀愛對象，也許那還是你本來所憎惡，輕蔑或嫌惡的異性。但由於種族意志遠較個體意志強烈，使戀愛中的人對於自己原來所討厭的對象特徵，都閉著眼睛毫不理會，或者給予錯誤的解釋，只企求與對方永遠結合。戀愛的幻想就是如此的使人盲目，但種族意志在達成任務之後，這種迷妄便立刻消失，而遺下了可厭的包袱（妻子）。[4]

斯丹達爾、叔本華與弗洛伊德均否定激情愛。斯丹達爾批評激情愛是自欺的行為，而弗洛伊德則指出激情愛只是性心理病的表現。

19.2 浪漫愛與性愛

在正式討論斯丹達爾、叔本華與弗洛伊德的愛情理論之前，先讓我們剖析浪漫愛與性愛的關係。在西方騎士愛的傳統中，激情戀人一方面追求純化的精神愛，另一方面又與性欲關係糾結重重，此一內部的矛盾衝突可追溯到希臘羅馬的愛神傳統，包含了天上愛神及地下愛神。[5]精神與欲望的矛盾衝突構成激情浪漫愛的必要條件。時至今日，「愛」（尤其是精神

---

2. 叔本華著，陳曉南譯：《愛與生的苦惱》（河北：中國和平出版社，1986 年），頁 3。

3. 同前注，頁 4。

4. 同前注，頁 9。

5. 可參考《生死愛欲 I》第 2 章關於《會飲》的分析，特別是泡賽尼阿斯（Pausanias）的發言。

愛)所佔據的位置已被「性」（sex）所取替。在現代流行小說電影所描寫的
浪漫愛情故事中，肉體的歡愉扮演極為重要的角色。我們很難想像，柏
拉圖式的精神愛會被視為浪漫的愛情。在這個意義上，激情愛與性欲似
乎有著必然的關係。

　　事實上，在現代日常用語中，「愛」與「性」差不多是同義詞。所
謂「愛」，淪為滿足人類欲望的手段，我愛「你」，只因「你」能滿足我
的欲望，這顯然與以愛為目的之精神愛背道而馳。對於陷入激情的戀
人來說，愛只是手段，並非目的。有論者將愛情與希臘神話納西瑟斯
（Narcissus）的故事扯上關係，指出愛情只是「自戀」（Narcissism）的行
為。根據希臘神話，納西瑟斯是一個俊美的少年，他迷上了自己在池水
中的倒影，對癡戀他的女子不屑一顧。另一個版本則說他迷上自己的倒
影後，一天一天消瘦下去，終於憔悴而死，死後變成水仙花。[6] 現代許多
學者即將類似納西瑟斯迷戀自己的心理現象稱為 "Narcissisim"，即「自
我迷戀」的意思。魯熱蒙早已指出，浪漫戀人所愛的只是愛本身，而以愛
為愛的對象顯然就是一種自戀的表現。當代情愛理論，一方面點出愛與
性的關係，另一方面又嘗試剖析愛與性對象的關係，這正是精神分析家
弗洛伊德的貢獻所在。弗洛伊德透過精神分析，嘗試為愛情找出合理的
解釋。下文將分述斯丹達爾與叔本華的愛情理論，再下一章我們會詳談
弗洛伊德。

19.3 斯丹達爾的愛情理論

斯丹達爾可說是第一個對愛情作心理描述的人。在《論愛》一書中，他提
出「結晶」（crystallization）的愛情理論。中國人常道：「情人眼裡出西

---

6. 參看齊默爾曼著，張霖欣編譯：《希臘羅馬神話辭典》（陝西：人民出版社，1987 年），
　 頁 270。

施」，似乎已點出了愛情是盲目的。到底是盲目令人戀愛呢？還是戀愛令人盲目呢？斯丹達爾指出，所謂「愛情」，只不過是人類主觀意欲投射出來的幻象罷了。根據他的「結晶理論」，愛情可分為四大類：第一類是激情愛（passionate love）；第二類是社交上的愛（manner love），講求公關的禮儀，是社會制度下人與人之關係的表現；第三類是肉體上的愛（physical love），即純粹欲望的滿足、性欲的發洩，目的只是為了歡愉；第四類是虛榮愛（vanity love），愛一個人只是為了搏取名聲，正如選擇美麗的女子為伴只是為了炫耀。[7]斯丹達爾指出，四種愛中以激情愛最為重要，它可以幫助我們了解愛情如何產生。此外，他又指出激情愛基本上有七個階段，從萌芽、發展、破滅，以至堅執不移，都是人主觀投射的結果。根據他的理論，由於我們需要一個對象來滿足自己，我們會令愛人變為合符自己心目中所要求的人，以致不斷將對方美化，甚至把愛人視為完美的化身；但這個所謂「完美的化身」，絕對不是客觀的實存，而只是幻象而已。斯丹達爾指出，若戀人在戀愛中得到回報，這段情便能存續，否則便會告終。愛情沒有所謂永恆不變、天長地久，目的只有一個，就是滿足自己，為自己帶來歡愉。在這個意義上，斯丹達爾的愛情理論，即使在差不多二百年後的今天，依然甚具真知灼見。

19.3.1 激情愛的七個階段：愛情的結晶理論

斯丹達爾提出激情愛的七個階段，每個階段的背後都是自我心理投射的結果；另一方面，為了得到更多的歡愉，戀人會自己製造疑惑、憂慮、矛盾、衝突，並從中獲取更多的刺激和快感。這七個階段是：

　　第一個階段是身體容貌的欣賞，愛情於此時尚未出現，而這種感覺

---

7. Stendhal, *Love*, Eng. trans. Gibert and Suzanne Sale (London: The Merlin Press, 1957), p. 25. 作者翻譯。

可能會轉眼即逝。

第二個階段是欣賞和遐想，例如你會想像如果與欣賞的對象接吻是多美好的事情。

第三個階段是希望。當她出現在你的眼前，你只會注意到她的優點，並會將她理想化、完美化，這是墮入愛河時必然出現的現象。

第四個階段就是愛情的誕生。「戀愛就是盡可能透過官能接觸，去留神注視、接觸、撫摸你所愛的人，來獲取快樂。」[8]如果對方接受，這段感情就會有進一步發展。

第五個階段是第一次結晶（first crystallization）。斯丹達爾指出，如果你肯定對方愛你，你會將她完美化、理想化，並從中獲得滿足快樂。這個過程稱為「結晶」。他舉了一個例：在鹽堡（Salzburg，即今譯「薩爾斯堡」）有一個鹽湖，如果將一枝光禿禿的樹枝放入湖中，過幾天把它拿出來，便會看見樹枝上結滿晶瑩通透的晶體，很多人都會欣賞結晶的美而忘卻樹枝本來的面貌。愛一個人也一樣，對方不會永遠美麗，若你要維持這段感情，就要令她繼續美麗，把自己理想中的形象投射在對方身上。[9]黑佐（Robert G. Hazo, 1932-2006）在《愛的理念》（*The Idea of Love*, 1967）一書中對斯丹達爾的結晶理論有較深入的分析，他指出：

> 結晶過程在激情愛中扮演極為重要的角色，這個過程一開始，戀人在愛人身上所發現的每一優點都是獲得喜悅的原因。戀人把一切他認為美好、完美的東西都投射在愛人身上。事實上，最重要的是，戀人把自己所喜歡的優點盡可能加諸在愛人身上。[10]

8. 同前注，頁27。

9. 同前注。

10. Robert G. Hazo, *The Idea of Love* (New York, F. A. Praeger, 1967), p. 352.

第六個階段是懷疑。你會不斷問：自己是否真的深愛對方？對方又是否真的深愛自己？如果肯定這份愛時，這段情便能維持，進入第七個階段，即第二個結晶過程（second crystallization），否則，愛情便會告終。正如歐文・辛格所說，懷疑是必然會出現的，因為，即使是最大的喜悅都總有一天會轉為平淡、沉悶。[11]

第七個階段是第二次結晶，此一結晶過程比第一次的更牢固。當你有意識地懷疑過這段感情時，如果你再度肯定對方愛你，你會把理想的形象進一步投射在對方身上。在這個階段，戀人腦海裡會不斷被三個問題纏繞著：

（1）她是完美的。

（2）她愛我。

（3）我如何能確保她繼續愛我？[12]

當然，即使第二次的結晶仍會有破滅的一天。正如當太陽的熱力照射在結晶上，結晶便會溶解；同樣，愛情亦會為著不同的原因而消失。因此，一切愛都是人主觀的心靈投射，正如希臘神話納西瑟斯的故事一樣，一切愛都只是愛自己的行為，一切愛都是愛上自己理想化的對象。

19.3.2 對「結晶理論」的評價

正如歐文・辛格在《愛的本性》一書中指出，斯丹達爾的結晶理論與賦予價值理論（bestowal theory）非常接近，即對方的價值由戀人所賦予。[13]可是，若進一步分析，會發現結晶理論實有別於一般的賦予價值理論，因為這種投射的價值只是為自己服務，目的不是真的把對方變成世上最

---

11. 同前注，頁 366，黑佐引用辛格的話。

12. Stendhal, Love, p. 29.

13. Irving Singer, *The Nature of Love*, Vol. II: Courtly and Romantic (Chicago: The University of Chicago Press, 1984), p. 365.

美的人;相反,把理想投射在對方身上,只是為了令自己更愛對方,最終目的只是為了自己。

對於斯丹達爾的「結晶理論」,後來的西班牙哲學家奧特嘉(José Ortega y Gasset, 1883-1955)也有同樣的批評。他指出「結晶理論」中所言的愛,完全是從一個主觀的欲望出發,可算是柏拉圖欲愛(erotic love)的表現;它沒有任何相互的作用出現,當中的價值完全是主觀、空虛的東西。這種愛完全為快樂原則(pleasure principle)所主宰,在這種愛之中,人與人的關係可以不涉及道德、價值、關懷,亦不需要任何的承諾。愛者實際是把自己所愛的東西加諸於對方,他只是愛上自己所愛的東西;所謂「被愛」,實際上是愛情活動中,透過愛情而得到快樂的工具。正如斯丹達爾也說:所有人都只不過是工具而已。[14]

在這個理論之下,刻骨銘心的愛有何意義?生死相許的愛只會變得虛假。人之所以能夠被愛,並不在於人本身的能力,而是在於對方有否投射自己所需要的、所愛的東西在所愛的人身上。若然被愛者能夠給予他所希望的、所需的東西,能夠滿足他的欲望,便能夠繼續成為他的愛人,否則這段愛情亦會終止。所以愛情中的每個個體最終只是成為對方的工具而已,愛情只是快樂的交換。如果雙方產生結晶的過程,大家的快樂便可以持久些;否則,當任何一方的工具性完結,這段感情亦不再繼續。

奧特嘉又指出,斯丹達爾的理論只是一個很初步、很膚淺的心理描述。他只是說了一個片面的人心理活動,他所謂主觀的心理過程,並不等於愛的全部。顯然,在愛的過程中,會出現一種互相的理想化,但理想化背後往往存在真正的意義,我們不能簡單地說,真善美本身只是人

---

14. 參考 "II: Love in Stendhal" in José Ortega y Gasset, *On Love: Aspets of a Single Theme*, trans Toby Talbot, New York: A Meridian Book, 1957, p. 9-78

的主觀意願；當我們能夠以真善美作為自己的理想，而又能夠把它投射到對方時，即是說人在愛中某意義下是追求理想的，這個理想並非空虛的。所以奧特嘉批評斯丹達爾是一個沒有理論的心理學家，是一個缺乏嚴密思考的愛情心理學家。[15]真正具有嚴格精密思考的心理學家是弗洛伊德。

19.4 叔本華的愛情理論

19.4.1 演化心理學

正式談叔本華的《性愛的形而上學》（*Metaphysik der Geschlechtsliebe*）之前，我們先看看當代美國演化心理學家、演化人類學家海倫‧費雪（Helen Fisher）的觀點。費雪並非哲學家，所以她的論述是基於經驗觀察以及現代生物學理論而獲得的。她出了一本關於愛情的經典著作《愛的解剖學》（*Anatomy of love*, 1992），試圖用演化心理學的角度去探討甚麼是愛情。她認為人的愛，是由腦內的化學物質產生出來的，如何分泌化學物，則由基因決定，而基因在演化的過程中一步一步演變成現時的模樣，是在幾百萬年間發展出來的系統。

費雪從演化心理學的角度寫出一道愛的自然史（Natural History of Love）。愛情、性欲是自然發展出來的，這與之前我們所談及的古希臘傳統，以及基督教傳統脫勾，沒有任何的神學以及道德判斷，也不談罪惡。愛的現象是由於人類這個族群，要這一個類能延續下去，而產生出來的重要機制。是以她說：「浪漫愛情源於哺乳動物的生物化學附屬系

---

15. 同前注。

統，旨在協調每個物種的特定繁殖週期。[16]

人是否真的有幾百萬年歷史？還是一如 17 世紀的教士們相信《聖經》的無誤，然後用《聖經》中的族譜所推斷，整個人類族群只有六千多年歷史呢？很明顯，在如今科學知識理論支持下，我們會覺得前者比較可信。

演化論的理論可以簡單寫成兩條規則：一、生物的基因會隨機變異；二、「物競天擇，適者生存」，有生存優勢的基因，會得到保留。

當經過數百萬年的演化歷程，經過多次的淘汰，現在還存在的生物，其基因都具有生存優勢，有著一套有效的生存策略。人類，作為現在還存在的生物的一種，當然也不例外。而愛情，其實是這套策略的「產品」。

在不同文化中，有不同愛戀、配對、建立男女關係、婚姻、生育的模式，這些都是因文化而產生的，但是最底層都是基於腦袋內的生理原因。就算是一見鍾情、調情，這些感性現象都是人作為動物，為了生存而產生出來的，是為了要驅使我們產生下一代而出現的機制，好使一男一女結合。

一切的浪漫愛，都有生物基礎的，性不用神話去作出解釋與說明，當然也不用形而上學、不用柏拉圖、不用《聖經》。性的本質是很簡單的，只是一種生物的現象。人類發展出不同模式去實現。來來去去，也是人類作為「類」的發展。

以下這一段是《愛的解剖學》的結論。

也許最重要的是，儘管婚姻已變得可有可無，但愛情卻沒有。阿爾迪愛過。露西愛過。Twiggy 愛過。直立人的男人和女人都愛。尼安德特人（Neanderthal people）也愛。你和我都愛。

---

16. Helen Fisher, "The Nature and Evolution of Romantic Love" in William Jankowski ed., *Romantic Passion*, 1995, p. 24.

在世界的每個地方，人們都會墜入愛河，並對彼此產生依戀。女人和男人就像兩隻腳；我們需要對方來取得進展。如果我們作為一個物種生存下來，我們的後代在一百萬年後也會墜入愛河，形成一對一的關係〔……〕所以我將以這個作為結論。任何關於未來關係的預測都必須考慮到未來最重要的決定因素：不可遏制的、可適應的、原始的人類愛的動力。[17]

所有關於愛的哲學都是多餘的，或許婚姻等制度（文化建構）會消失，但是愛情是不會消失的，因為愛情是由生物現實、由基因控制的，基因是指引我們如何生活的藍圖。

費雪是一位當代的演化心理學家，一提起演化這個術語，很自然地會想到達爾文（Charles Darwin, 1809-1882）以及他的《物種起源》（On the Origin of Species, 1859）。《物種起源》是一本很重要的著作，英國的自然博物館，就有一個達爾文雕像，紀念他的貢獻和成就。整個自然博物館的展品，把演化的證據鋪陳出來。當時，對基督宗教有十分之大的衝擊，甚至有人認為此學說，等同於「謀殺上帝」，當時甚至有人把恐龍的化石，視為魔鬼的陷阱。達爾文把人是被神所挑選的、作為所有物種的中心這一基督宗教傳統觀念打破。

還有另一個很重要的人物，也同樣地為人類的世界觀帶來天翻地覆的轉變。他就是弗洛伊德，他的潛意識理論，甚至把人一直以理性為人類本質的觀念打破。我們會在下一章談弗洛伊德。

但原來有人比費雪、弗洛伊德、達爾文更早提出相似的前衛理論，這位哲學家就是德國哲學家叔本華（Arthur Schopenhauer, 1788-1860）。

---

17. Helen Fisher, *Anatomy of Love - A Natural History of Mating Marriage and Whay We Stray* (New York: W. W. Norton & Company, 2016), p. 318-319 （作者翻譯）.

19.4.2 叔本華其人

叔本華他提出了很多前人未想及的事。尼采聲言「上帝已死」，但很可能在尼采之前，上帝已經被叔本華「殺」過一次，而尼采亦承認受叔本華所影響。叔本華是西方哲學史上，最重要的悲觀主義者，他認為一切的幸福都是多餘的，一切幸福都是假的、愛情無意義、生命無價值。人最好就是不要出生、次好就是盡快去世，因為生命只是被盲目的生存意志（Will to live）驅使，我們的生、死、愛皆是被這一力量所決定，人沒法逃離此一宇宙力量的支配，而這一宇宙力量是沒有任何價值與目的。

我們常常認為，存在必然有目的，上帝創造我們必然有意義；但同時，我們也會問，上帝又怎會創造出這樣一個充滿罪惡與殘忍的世界呢？若上帝是全知全能全善的話，怎會容忍南京大屠殺、納粹屠殺猶太人、地震海嘯等等的天災人禍發生？

很多人都十分討厭叔本華，例如羅素在其《西方哲學史》中，批評叔本華沒有人性，只會愛動物，但憎恨人類，而且特別憎女人，如此醜陋的人，怎麼可以尊崇他呢？但這是羅素的個人偏見。

叔本華其實是一個很聰明的人。幼年時父親去世，留下了很多遺產，母親後來改嫁他人，並成為一個小說作家。叔本華於德國得到博士之後，到柏林大學當私募教師（Privatdozent）。所謂的私募教師，是指完成教授資格論文（Habilitation）後，有資格在大學開課，但是大學並不會給予薪金，教師的收入來自學生的自由捐獻。

叔本華開課時，另一著名哲學家黑格爾也正在開課，黑格爾的課十分受歡迎，坐無虛設，但是叔本華的課卻是門庭冷落，讓他十分不忿。由於他也不愁衣食，於是就不再開課。

叔本華是一個受印度教與佛教影響的西方哲學家。佛教的中心是「諸行無常，有漏皆苦」，苦來自執著，叔本華也承認這一點。叔本華認為苦的原因，是來自我們的欲望，一種永遠不能被滿足的欲望，這決定一切

生命中的痛苦、悲劇的出現。

19.4.3 一切的愛皆出於性本能

叔本華認為，不論有多浪漫、多偉大、能引領我們向上升的愛情，也只是幻象。一切的愛，也是由於性本能變化而來。是以，很多人也不知道自己為何而愛。

愛情的種種神秘，無論是古希臘還是基督宗教傳統，都會承認愛情有著不能忽視的力量。然而，在叔本華的著作裡，不以神話或神的力量說明愛情。個人的愛情根本無偉大之處，不外乎由一種我們沒有意識到的力量 —— 生存意志（Will to live）—— 驅使，這觀點當時是聞所未聞的。以前的人說，Eros（欲愛）是離地的，現實上有多少人真的可以跟從柏拉圖指引，由愛而達到不朽？反而，叔本華則是在考察在人類世界中的，真實呈現的情愛現象。

當我們仔細閱讀，會讚嘆原來叔本華的思路，是如此領先時代，與如今流行的演化心理學如此接近。叔本華哲學評論者 Lance Byron Richey 如此總結：

> 叔本華作為人類性行為理論家的主要主張，來自於他在人類心理學的論述中，特別是通過引入無意識的概念（如果不是這個術語的話），以及在他更大的形而上學視野中所給予的中心地位，這使得性衝動成為世界本質的最純粹的表達，即意志。[18]

簡單而言，整個宇宙只有一種現象，就是生之欲。可惜的是，這種生之欲是沒有任何意義的。當我們放眼種種繁殖現象，例如三文魚拚命游回故鄉產卵，目的只有一個，就是要繁殖下一代，就算個體死亡，但

---

18. Lance Byron Richey, "Schopenhauer, Arthur" in *Sex From Plato to Paglia: A Philosophical Encyclopedia*, vol. 2, 2006, p. 968.

整個「類」亦不致消失。使「類」存活，就是一切動物背後的生命價值。人與其他的動物分別並不太大，人可能會以為個體可以靠著愛、理智，獨立於「類」，獨立於這種力量而存在，叔本華認為這個想法其實是錯的，人只是這種盲目意志之下的工具。

19.5 性愛的形而上學

叔本華的思想，與啟蒙運動高舉理性的想法格格不入，自笛卡兒以降，歐洲人日益強調理性的重要性。康德認為以理性去建構世界，才可達致永久和平；加上基督宗教的創世理論，人與上帝的關係得到保證，確保了人類存在的原因和意義，兩者使得歐洲人普遍有一個「正面、樂觀、有意義」的世界觀。但叔本華的世界觀恰恰相反，他認為這世界不是理性的，而是「悲哀、痛苦、無意義」的。所有關於幸福的追尋的思想都是自欺欺人的，因為追尋幸福是不可能的，快樂是短暫的，無窮無盡的欲望，及其帶來的痛苦，才是真實的。

在《性愛的形而上學》中，叔本華提出一些前人所未提的觀點，就是嚴肅正視愛欲的破壞力，因那足以決定人的生死。性愛（Sexual Love）是生命力量（Life Power），欲望是很強大的力量，驅使人行動。這欲望的本質是甚麼？是性欲，但性欲又為了甚麼？是為了對肉體快感的追尋、發洩與滿足。我們能否再追問，對肉體快感的追尋又是為了甚麼？就是為了生育下一代。交配是人類其中一個重要目的，交配是為了甚麼？單單為了歡悅？但歡悅是短暫的，真正能長存的，是繁殖下一代。是以，人的本質不是由理性，而是讓整個「類」持存的欲望來界定。

事實上，可以說人是具體的性衝動，因為他的起源是一種交合行為，他的欲望也是一種交合行為，只有這種衝動才能延續和維持他的整個現像外觀。誠然，生存意志主要表現為維持個體的努力；然而這只是

走向維持物種的努力的一個階段。[19]

　　中國人以前很早就結婚，可能早至十三、四歲已經結了婚，所以能夠解決青年人的性欲問題，但現代人晚婚，年輕人對性的欲望存在，只是很難宣之於口。戀愛的目的，是為了交配；交配的目的，是為了繁殖下一代。人的愛情，只是為了一個目的而設，就是繁殖下一代。雖然當時的人可能不自覺自己是為了繁殖下一代。

　　舊約《創世記》中亞當、夏娃，食了禁果之後，沒有立即死亡，反而得到了神聖的創生力量，可以生育。固然個體會死亡，但是作為一個族群卻是不朽地延續下去，只要一代又一代地繁殖下去。生殖下一代，不只是個人的意願，而是由我們不自覺的力量去驅動。

　　無數神話中的悲劇，都是因為欲愛而使人或神皆神魂顛倒，令事情變得一塌糊塗。為何會人（甚至神）都渴望伴侶呢？在柏拉圖的愛情理論裡，欲望本身就是來自缺乏（privation），我們需要一些我們未有的東西，而愛情是要滿足自己的動力。而然，叔本華認為這是錯的，愛不是這麼個人的事，愛是被宇宙的力量利用。

19.5.1 欲望的力量

欲望是無可置疑、最強大的力量，多少人皆因欲望而身敗名裂。純然的理性是否能完全令人滿足呢？在歌德的《浮士德》中，主角浮士德博士用了一輩子去研究，懂得世間上所有學問，那又如何呢？浮士德還是不滿足，要與魔鬼進行交易，得到從讀書中得不到的東西，那就是回復青春，以及得到絕色美女：神話中的海倫。所有男人對美女都皆有欲求。叔本華說：

---

19. Arthur Schophenhauer, *The World as Will and Representation*, Vol 2.trans. E. F. J. Payne, Ndw York: Dover Publication, 2000, p. 514（作者翻譯）。

它幾乎是人類所有努力的最終目標；它對最重要的事務有著不利的影響，每時每刻都在干擾著最嚴肅的職業，有時甚至讓最偉大的思想也困惑了一陣子。它毫不猶豫地闖入生命中，干擾政治家的談判和學者的研究。它知道如何把它的情話和鈴聲塞進部長的公文包和哲學的手稿裡。[20]

在欲望前面，人失去一切抵抗力。道德、身份、地位皆拋諸腦後：事實上，它剝奪了那些以前可敬和正直的人的所有良知，並使那些迄今為止一直忠誠和忠實的人成為叛徒。因此，總的來說，它就像一個惡毒的魔鬼，試圖歪曲、混淆和顛覆一切。如果我們考慮到這一切，我們就會感嘆：為什麼會有這麼多噪音和騷動？為什麼所有的緊迫性、喧囂、痛苦和努力都只不過是每個傑克（Jack）找到他的吉爾（Jill）的問題。為什麼這樣的小事要扮演如此重要的角色，並不斷地將干擾和混亂引入人類良好的生活中？[21]

這裡談的當然是性。為何性會令我們變成這樣？叔本華認為：

所有愛情故事的最終目的，不管是在襪子裡還是在公文包裡玩，實際上都比人類生活中的所有其他目的更重要；因此，它非常值得每個人以深刻的嚴肅態度去追求它。[22]

正因為所有愛情故事中，不論你是怎樣的人，背後皆因性欲。性欲是生存欲望的展現，愛情只是包裝，所以愛情不是目的本身，生存才是：

它所決定的，無非是下一代的組成。當我們離開現場時，將出現的戲劇人物，根據他們的存在和處境，由這些非常輕浮的愛

---

20. 同前注，頁 533。

21. 同前注，頁 534。

22. 同前注。

情故事決定。[23]

所有愛情故事，都是為了性，而性是為了產生下一代。產生下一代，可以是有意識的，或是無意識的。例如婚姻，就是向人公開想要下一代；而一夜情或是其他方式的男女關係，則是無意識的。任何形態的愛情，不因兩個人的喜好，都是被宇宙力量的所控制的。因為目的不是為了單一個體，而是為了「類」。下一代決定了一切的愛情故事：

> 這件事的高度重要性不是像所有其他事項那樣是個人的禍福問
> 題，而是關係到人類在未來時代的存在和其特殊建構；因此，
> 個人的意志成為物種的意志。正是這種高度的重要性，愛情
> 故事中可悲和崇高的元素，以及它們的狂喜和痛苦的超越性元
> 素，都寄託在這上面。[24]

個體都以為擁有自己的意志，但這只是作為「類意志」的個別表達方式。欲望與快樂都不是只屬於我們的東西。人類的整體存在、成長，才是每一愛情與性欲的目標，為著讓「類」持存的崇高目的，所有愛情，美麗的，令人驚喜的地方，就是在這兒。

19.5.2 盲目的持存力量

生存力量就是Wille zum Leben（Will to live），生物界的目的只有一個，就是繼續生存，這是自然界賦予我們的目的。人類固然有文化，但文化只是自然的變奏，我們還是不能逃離人的動物性，維持類的存在，這是人的根本目的。而大自然通過人的性欲來達到她本身的目的：

> 在這種情況下，性衝動雖然本身是一種主觀需要，但它知道如
> 何非常巧妙地戴上客觀的面具，從而欺騙意識；因為大自然需

---

23. 同前注。

24. 同前注。

要這種策略來達到她的目的。但是，在每一個戀愛的案例中，
無論這種愛慕是多麼客觀和崇高，唯一的目的是產生一個具有
明確傾向的個體。[25]

我們可以看出，叔本華先於弗洛伊德提出無意識的學說。我們以為
自己愛上一個人，是自己的自由決定，但叔本華告訴我們，背後的力量
其實是不為我們所意識的。其實我們的生理機制，體內的化學物質，已
經決定了我們愛上那一個人，不愛甚麼人。所謂愛，本身就是盲目的，
為的不外是要讓「類」持存。為了「類」而行動，是人不可逃脫的命運：

因為通過這些努力和付出，未來的一代才會在其個體的全部確
定性得到存在。事實上，它本身已經在為滿足性衝動而進行的
那種有遠見的、明確的、反覆無常的選擇中呈現，這就是所謂
的愛。[26]

一切的愛，都只是表面的原因，最終的原因是「選擇」下一代。愛是
最偉大的、神聖的力量，但叔本華認為是最簡單不過的，是人類為了繼
續發展下去而產生的。

19.5.3. 本能帶來愛的假象

愛情的偉大，看似是真實，但是「類」的 Will to Live，在每一個個體中
呈現出來，Will to Live 才是真實，其他的只是假象而已。我們可能因為
性欲的強烈，而以為性欲是最真實的，但其實不是。性欲是一種本能，
這種本能讓個體行動，這使得個體以為是依著自己的意志而行動，但叔
本華認為，這只是一種錯覺：

這種錯覺就是本能。在大多數情況下，本能應被看作是物種的

---

25. 同前注，頁 535。

26. 同前注，頁 536。

感覺，它向意志展示了對它有用的東西。然而，由於意志在這裡變成了個體，它必須以這樣一種方式被欺騙，即它通過個體來感知物種的感覺向它呈現的東西。因此，它想像自己在追求個人的目的，而實際上它追求的只是整體的目的。[27]

每一個體看似不同，但是有一力量，把全人類連結起來。無論我們喜歡與否、知道與否，我們生殖下一代，不是為了自己，而是為了人類整體。叔本華把人類整體，看成是一沒有上帝意識的上帝。這種創造與被創造，是個體不能避免的。我們每一個人，也都是被生育出來的，不是孤立的個體。

叔本華，熟悉康德哲學，當然也理解主體性，但主體還是不能獨立於其他人的共同存在，把我們連結在一起的，不是理性；柏拉圖認為每個人的理性是一樣的，每個人都會認同1+1=2，在精神上，我們是共同的；叔本華也認為我們是共同的，但不是在理性層面，而是我們都作為生物，作為同一類的生物，我們是要藉著性交去生殖下一代。

我們的本能是很複雜的，不只是單純的交配這麼簡單，性要由文化、歷史、象徵去表達。人類不單單滿足於性交活動，性行為可以有不同的呈現的目的，不同的意義。因此他說：「但事實上，我們有一個非常明確的、獨特的、確實複雜的本能，那就是選擇另一個個體以獲得性滿足，這種選擇是如此精細、如此嚴肅、如此反覆無常的」[28]。

19.5.4 達爾文式的性愛論

因為性是美好，也是反覆無常的，因此才可以解釋，何以一些不同於一般標準，甚至是所謂特殊的偏好，也有其「捧場客」：

---

27. 同前注，頁 538-539。

28. 同前注。

一個人的美或醜與這種滿足本身毫無關係，也就是說，就這種滿足是建立在個人迫切需求上的一種感官快樂而言。因此，對這種美或醜的關注，以及由此產生的精心選擇，顯然不是指選擇者本人，儘管他想像它是這樣，而是指真正的目的和用途，即要生殖的東西；因為這是要盡可能純粹和正確地接受物種的類型。[29]

這真正的預設了達爾文的立場。兩個人相愛結婚，結合成為夫妻，一定有原因，就是想透過兩個人的不同之處，去建立一個更好的下一代。每一對的結合，都是為了產生最好的下一代。

那麼，在這裡，就像在所有本能的情況下一樣，真理以妄想的形式出現，以便作用於意志。這是一種貪婪的錯覺，它使人相信，在一個女人的懷抱中，他將找到比在任何其他女人的懷抱中更大的快樂，或者，它專門針對一個特定的人，堅定地使他相信，擁有她將給他帶來無限的幸福。因此，他想像自己是在為自己的享受做出努力和犧牲，而他這樣做只是為了維持物種的正常和正確的類型；或者說，要達到一種相當特殊和明確的個性，只能來自於這些父母。[30]

我們以為我們交配是為了性的快感，一切的性的快感，其實不是最原本的。性的快感是為我們提供藉口、鼓勵人類生育下一代。性慾的滿足，帶來的只是幾秒鐘的快感，因此愛情最終都會步向幻滅，最後大家都會察覺，所謂愛情不過是性衝動帶來的幻覺：

根據所闡述的問題的特點，每一個戀愛中的人在他最終獲得的快樂之後都會經歷一種非同尋常的幻滅；他將驚訝地發現，以

---

29. 同前注，頁 539。

30. 同前注，頁 540。

如此方式所渴望的東西所達到的效果，不過是其他每一種性滿足所達到同樣的結果，所以他並沒有看到自己從中得到多大的好處。這種欲望與他所有其他欲望的關係，就像物種與個體的關係，因此就像無限與有限的東西的關係。另一方面，這種滿足實際上只是為了物種的利益，因此沒有進入個人的意識，他在物種意志的激勵下，在這裡以各種犧牲來達到一個根本不屬於他自己本身的目的。[31]

叔本華的論說是很男性中心的，以上這一段就是以男性為中心去分析的。男性性欲得到高潮滿足，可以是很短時間完成的事。有些人為了幾秒鐘的快感而發狂，當我們抽離來看，這是很荒謬的。但是，假如這幾秒鐘不出現，生產下一代便不會出現。現實上，很多人就是利用這強烈的欲望，發展出不同的商業活動。性工業的最重要元素，不是滿足，反而是沮喪。因為每個人都以為在愛情中能達到欲望的滿足，但每次欲望的產生，也會帶來更多的沮喪，因為下一個欲望又會隨之而來。

19.5.5 禁欲主義與不忠

知道欲望的力量，那我們要如何面對呢？叔本華認為我們可採取禁欲主義的態度來面對欲望。禁欲是 Will not to will，以意志去克服欲望的意志，是以意志達致不去意志，這是很難的。藝術或可讓人暫時忘卻欲望，例如聽音樂。但一首歌的時間還是有限的。當音樂完了，還是要面對欲望。然而，人無法完全逃避欲望，只可理解欲望背後的機制，即「生之欲」的機制。這不是於事無補、毫無意義嗎？也不盡然。人無絕對方法保證自己能得到幸福，但若能知道自己為何會不幸福，就能懂得如何面對不幸，不被不幸所控制，這比起完全無知好一點，也就是讀哲學的目

---

31. 同前注，頁 540。

的。

要了解為何欲望不能控制,可以從了解男人為何不忠入手。叔本華
說:

> 如果有那麼多的女人,男人可以在一年內輕鬆生下一百多個孩
> 子;另一方面,無論有多少男人,女人在一年內只能把一個孩
> 子帶到世界上(除了雙胞胎)。[32]

理論上一個男人,每天可以與不同的女人做愛,一年可以使三百
多個女性懷孕。中國以前的帝皇,後宮佳麗三千,每晚可以有不同的女
人。但是女性,無論如何,一年只能夠懷孕一次。因此,從天生的結構
而言,男人注定會拈花惹草,而女人,則本能地依附負責照顧她和她的
後裔的男人:

> 因此,男人總是四處尋找其他女人;而女人則相反,牢牢抓住
> 一個男人;因為大自然本能地、不加思索地敦促她保留這個未
> 來後代的滋養者和支持者。[33]

這完全是演化生物學風格的說法。男人的不忠,是在其基因當中。
忠誠反而是後天的,一夫一妻制,是用外在的制度去限制自己。

> 因此,夫妻忠誠對男人來說是人為的,對女人來說是自然的;
> 所以女人的通姦比男人的通姦更不可原諒,這既是客觀上的後
> 果,也是主觀上的非自然的原因。[34]

叔本華認為男人是天性不忠誠的,男人不易滿足的,當一個男人忠
誠於一個伴侶,反而是不自然的,是外力強逼的。然而,女性的不忠卻
不是自然的,因此女性的不忠在客觀上更不值得同情、更加罪惡。這種

---

32. 同前注,頁 542。

33. 同前注。

34. 同前注。
.

對性的看法，也是與基督宗教文化有衝突的，十戒中通姦（adultery）是罪行，男人不可有很多性伴侶，何況是女人？叔本華很鄙視女人，認為她們理性不夠，是次等的人。或者正因這樣，他雖有情婦，但終身不娶。

19.6 愛情優生學

從這理路推展，叔本華發展一套獨特的愛情與婚姻理論。他認為，所有男與女的關係，是互補的，高的人找矮的人當伴侶，寄望物理上、精神上的配合可以生出優秀的下一代。因此，女性擇偶的條件，是選取自己沒有的品質，因此女性往往會被男性的心或性格的品質吸引：

> 在這裡我們會發現，女人通常會被男人的心性或性格所吸引，因為這些都是從父親那裡繼承來的。女人尤其會被堅定的意志、果斷和勇氣所吸引，也許還會被誠實和善良的心所吸引。[35]

堅定的意志、決心、勇氣，都是女性所欠缺的。反而思想、智慧，女性也有可能擁有。因此他認為結婚的目的，是要尋求心靈的聯合，而這種聯合所追求的，是互相所缺乏的。因此說女性會愛上男人的思維，對他來說是荒謬的想法：

> 婚姻所追求的不是智力上的娛樂，而是生育子女；它是心靈而不是頭腦的結合。女人說自己愛上了男人的心思，是虛榮可笑的藉口，或者是墮落本性的矯枉過正。[36]

女人喜歡男人，是因為覺得這個男人能夠為她們提供具體的好處，能夠產生優秀的下一代。這蘊含著優生學的態度。然而，到底人的戀愛，是否真的有優生學傾向呢？這有待進一步的經驗考察。但是叔本華

---

35. 同前注，頁345。

36. 同前注。

提出這一點，是想強調自然的影響，大於個人的選擇：

> 愛的渴望，情欲，所有時代的詩人永遠都以無數的形式來表
> 達，這是一個沒有窮盡的主題，事實上他們無法做到公正；這
> 種渴望將無盡的幸福的概念與擁有一個明確的女人緊密聯繫在
> 一起，並將一種難以言喻的痛苦與這種擁有無法實現的想法聯
> 繫在一起；這種愛的渴望和痛苦不能從一個短暫的個人需求中
> 獲取它們的材料。相反，它們是物種精神的嘆息，它在這裏看
> 到了將要贏得或失去的、實現其目的不可替代的手段，因此深
> 深地嘆息。[37]

個體是很容易消逝的，但是種族的精神會持續下去。這是《性愛的形
而上學》一文的重點。叔本華這一關於男女性愛的理論，緊扣著他更加廣
闊的系統與世界觀 —— 作為意志與表象的世界（Die Welt als Wille und
Vorstellung）。

19.7 人類的不朽：愛欲作為宇宙意志的具體表現

叔本華的性愛形上學不單單是一種愛情哲學，同時一種整全生命觀、
世界觀，甚至宇宙觀。康德哲學的一個重要觀念：「物自身」（Ding an
sich, thing-in-itself）認為人只能認識到事物的表象，而不能理解物自身
／本體（noumenon），但叔本華認為，所謂的本體就是 world-will，宇
宙意志：

> 人類的真正存在與其說是在個人，不如說是在物種。因為對物
> 種的特殊結構的興趣，構成了所有愛情故事的根源，從短暫的
> 傾向到最嚴重的激情，對每個人來說都是最重要的事情，其成

---

37. 同前注，頁 551。

功或失敗對他的觸動最大；因此它被稱為**最重要的心事**（*affair of the heart*）。[38]

人的生命目的與意義就是這種生之欲。人的性欲與繁衍衝動，其實是宇宙意志的體現。作為個體的人並不重要，人類的整體生命才重要。這種生命的力量就是生命的 "Being in itself"。真正的本體，在於「類」，而不是個體。所有愛情的故事，其實都是這種力量的變奏。人最重要的是身為「類」的一員，而不是個體性的存在。作為具體的個人是一個假象。個體生命是由「類」的「生之欲」去驅使而已。因此，男人會為愛情、為女人犧牲生命，並不是因為個體的她，而是潛藏在背後對延續「類」的形而上追求，亦即對「不朽」的追求：

> 但是，恰恰是這種內在的本性，作為我們自己意識的核心，同是意識的基礎，因此，它甚至比這本身更直接，而且，作為事物本身（thing-in-itself），不受個體化原則（*principium individuationis*）的影響，在所有個體中確實是相同的東西，無論他們是並排存在還是一個接一個地存在。現在，這就是生命的意志，因此正是對生命和延續有如此迫切的願望。它對死亡是免疫的，不受死亡的影響。但還有一個事實是，它不能達到比現在更好的狀態或條件；因此，隨著生命的到來，肯定是帶來個人的不斷痛苦和死亡。[39]

為何會有人為情自殺？正正是因為個人的生命有限，「類」的存在才是不朽。這正好與柏拉圖相反，柏拉圖認為男女生出來的下一代是不重要的，精神生出來的產物（例如：哲學、藝術），才是最重要的。叔本華則認為，具體所生的才是有意義的，因為那能使「類」變得不朽。

---

38. 同前注，頁 559。

39. 同前注。

柏拉圖的「愛的階梯」追求的是個人的不朽，而這種個人的不朽，只有受哲學訓練的人才能達到，沒有哲學訓練的人是不能不朽的。在這一觀點下，柏拉圖的愛反而是「小乘」，愛是為了自己。但叔本華的愛情，是參與和實現了「類」的不朽，是個體成全整體，可謂是「大乘」的愛情觀。

　　從前的哲學家談愛，談的是理性、偉大、無私的愛，叔本華是第一個正視男女之間，具體的愛。真正的不朽，不是追求個人的不朽，而是「類」的不朽。在西方文化，不朽是源遠流長的追求。然而，不朽不一定是好的，因為「類」的欲望，正正是痛苦與不幸的來源。一代又一代，一次又一次，欲望的升起、滿足、再升起……這種永遠的不滿足、重複的折磨，有甚麼意義呢？無數的痛苦會不斷出現，愛情的快樂偶一出現，然後沉沒，這樣只會更加痛苦。叔本華的情愛理論當然不是完備的，例如就有人批評他解釋不了同性戀，但若視他為新路向的開創者，我們或能多體諒他一點。

第20章
愛欲的精神分析 —— 弗洛伊德

引子：日常生活裡的性欲展現

一談及性欲，從西方傳統的文化看，常常關涉基督宗教信仰，這往往將人的性欲與生殖此一目的扣連起來。不過，人的性欲並非如此簡單，在現今的日常生活當中，人處處展現出其性欲，或是作出相關性欲的舉措。可以說，有關愛與性的訊息或商品，時刻包圍著人們，從電視、電影、雜誌等媒介中，人們無一倖免會觸及「愛」和「性」。

性，並不僅與性器官或性器官的交合有關。中學的性教育只著眼防止性交發生，提倡避孕方法，似從未發現性事根本不為性器官所限，實際上，整個身體皆與性事緊扣相關。在這一節，我們主要著眼弗洛伊德的學說，他雖非為首個談性論色之士，但他的想法卻極具革命性。

20.1 視手淫為罪惡之由來

手淫（masturbation），源由自《聖經》中的「俄南之疾」（Onanism），現代人則多稱之為「自慰」／「自瀆」（solitary sex）。一般來說，說人「手淫」或「自瀆」總是帶著貶意 —— 尤其「淫」與「瀆」都是負面的 ——認為它乃污穢的。若用「自慰」代之，有著「自我安慰」之義，則減降了負面意思。

約在十八世紀的西方，手淫衍生了很大的問題：它被視為一種病。如此的定義不是出自宗教人士之口，而是由醫生定下的：

Dr. Reveille Parise 1828:

在我看來，無論是瘟疫，還是戰爭，還是小痘痘，或者類似的疾病，都沒有像手淫的習慣那樣對人類產生如此災難性的結果。它是文明社會的破壞性因素，它不斷地發揮作用，逐漸破壞一個國家的健康。[1]

為何手淫較於瘟疫、戰爭更為嚴重呢？這種「病」如此嚴重，甚至較一般罪惡更為「凶惡」，為什麼呢？再多看一段描述：

1867年，根據英國當時最偉大的精神病學家亨利·莫茲利（Henry Maudsley），自慰性精神病的特點是……在早期階段，感覺極端變態，思想相應失調，後期則是智力衰竭，夜間出現幻覺，有自殺和殺人的傾向。[2]

難道手淫乃是一種「自毀」嗎？在十九世紀時，手淫被認為致令身心受到無法挽救的損害，它使青少年陷落於身體極速衰退衰弱的困境，使他們變成了慘不忍睹的老年人模態。另一方面，在當時發明的「男性貞操帶」，非為防衛男性免受侵犯或懲治侵犯他人的男性，其主要功能是為了壓制陽具勃起，藉以消除手淫的問題。手淫，它之所以被當時社會有識之士排斥，因為它被判定為「非自然」的人類行為。這種精神病，手淫，既是超級大病，也是超級罪行。一旦手淫，就不能戒掉此習性，終日以至終生廢寢忘食，不能自已。這樣一來，人既無法騰出時間作其他該做的事，更別說思考了；再者，手淫只會令人越來越虛弱，加速步向死亡。還有更令人感到厭惡嘔心的說法：手淫的人已非活人，而是如屍體般，會流出濃液、散發出惡臭……難以想像如此的「人」，從前也是人。

那麼，何以手淫衍生出一連串「病患」（如痔瘡、青春痘、肺結核、

---

1. Quoted in Arthur N. Gilbert, Masturbation and Insanity, http://www.jstor.org/stable/4049257

2. http://www2.hu-berlin.de/sexology/ECE6/html/masturbatory_insanity.html

精神不振、失明、疼痛和死亡)呢？這可從《聖經》的《創世記38：6》說起。猶大為自己的長子珥娶妻，名叫他瑪。猶大的長子珥，在耶和華眼中是個惡人，所以耶和華取了他的性命。於是猶大對俄南說：「你去與你哥哥的妻子親近，向她盡你作弟弟的本分，替你的哥哥立後。」俄南知道生下來的孩子不會歸屬自己，所以每次與哥哥的妻子親近時，都遺精在地上，免得替哥哥立後。俄南所作，在耶和華眼中是件惡事，所以耶和華也取其性命。這裡要注意的是，究竟俄南之遺精，是什麼一回事呢？他如何遺下精液呢？耶和華對俄南遺精之舉不滿即要他死去，又合情合理嗎？俄南遺精這回事，可設想的可能：第一，俄南以手淫遺精，沒與他哥哥的妻子發生性關係；第二，他與他哥哥的妻子性交卻在射精之前停止了交合；第三，俄南與他哥哥的妻子性交卻沒能成功射精。至於俄南最終被判以死罪，那麼我們可以設想其原因是：他沒有盡到傳宗接代的本分。由此，大可推斷何以手淫被視為一大罪的因由：取消性交，未完成生殖之神聖任務，以及謀殺了未出世的子孫，是以手淫者足以被處死。可惜的是，《聖經》並沒有交代真正的理由。審視耶和華之愛的本質，極可能攸關於生殖之事，因而將手淫等同罪惡。所以，人之性欲的唯一目的，就是要繁衍下一代，此外其他一切的目的，皆不可接受，不可原諒。

從哲學層面來看，可有對手淫為罪惡的見解？當然有！德國最偉大哲學家康德關於「肉體罪惡」(crimina carnis)的說法便是一例。在探討此說法前，我們先要知道康德對道德的基本觀點。康德認為，我們必須要視每一個人為目的(ends)本身，而不可僅僅視之為一種手段(means)。若將人僅視為手段，亦即視之僅為要達成某種目的的工具的話，乃是一種不道德之舉。據此，康德認為：性歡愉源於視對方為手段而造就的：利用對象作為自我慰樂之用而非以對象為目的。這樣一來，性歡愉實質上違反自我守恆的義務，漠視作為人類的目的；性歡愉只是

人們在性事上的濫為，任何一種性沈溺與性放縱是性事上的濫為，是為「肉體罪惡」。只有婚姻的性愛才可被接受。

如此推想，可知在性事裡，例如一對夫婦為滿足性欲而視對方為獲致欲求的對象，則已是一種將人當成手段的做法，這是不道德的。此外，靠幻想而得來的性滿足，亦是一種不道德的行為，因此手淫是不道德的。康德直言：「（手淫）是一種沒對象而言的性器官濫用，這一運作性器官的方式全無相關實在的性對象，因此違反人類的目的：如此行徑致令人們自己不再為人，非但如此，更令自己墮落至豬狗不如的田地。」[3] 綜合說，手淫是一種為使性欲得以被滿足的手段，而且是一個人自己透過性幻想而進行的行為，因為它乃雙重的不道德，是為惡中之惡、罪中之罪。再加上康德指出，非婚姻關係的性行為乃是罪惡的（因僅為性歡愉、已非以生育為目的），由是手淫定必是罪惡的。它乃違反自然、違反人性，實是一非理性的獸行。

順理成章，不可生殖的性關係乃違反自然的，因此同性戀亦為康德所抨擊的，當然與動物的性交也是不能容許的。關於同性戀，康德指出：「這一做法違反人類的目的；有關性事方面，人類該以延續下一代為目的，發生同性戀則消卻了這一性事目的，如是人不再為人，豬狗不如。」[4] 另有關與動物性交的問題，康德亦說出類似的話：「此舉非人類為人的目的，乃非自然本性；如此行徑使人不再成為人，皆因沒有生物是與非同類交合的。」總而言之，在性事上，康德認為不符合人類目的的任何性行為都是罪惡的，手淫更是至惡的罪，犯下此罪之人十惡不赦，豬狗不如，實非人也。

康德極為痛恨手淫，視之為一種極惡，最為根本的因由是手淫這一

---

3. Immanuel Kant, *Lectures on Ethics*, trans. Peter Heath, Cambridge: Cambridge University press, 1977, p. 161 （作者翻譯）.

4. 同前注。

行為違反了人類與生俱來的義務目的：

> 從人類自生而有的義務層面看，（手淫）此舉是最不堪入目和最
> 降低人類質素的。自殺，縱然是一樁透了的行為，然而它不如
> 「肉體罪惡」那樣不光彩和邪惡。（手淫）簡直是人類無可再惡、
> 糟中之糟的一種罪行；它不為人們說得出口，它毫無位置可
> 言，與之相較自殺不及它那麼糟。[5]

康德不是醫生也非宗教領袖，他固然是一位偉大的哲學家，而他作
為哲學家彰顯的偉大理性，判定手淫乃罪惡的形象；更甚者，他透過理
性的話語，使得手淫等同於罪行更增添合理化。

20.2 現代的性學演進

二十世紀初弗洛伊德的心理分析對人類性事帶入新境界，可謂讓十八、
十九世紀的「病患」歐洲恢復了「健康」氣息。面對康德和啟蒙運動強調的
理性力量，弗洛伊德並未照單全收。對弗洛伊德而言，理性非一切，人
不是憑理性主宰所有思想和行為。因弗洛伊德的影響之故，隨後的學者
無不重新定調性事的意義，如1962年英國精神病學專家Clifford Allen
在其性欲精神病學教課書中對手淫如此寫道：

> 這些器官（陰莖和睪丸）中的任何一個會因手淫而受損嗎？沒
> 有。它是否會傷害到神經系統？這似乎是不可能的。手淫在哪
> 裏會造成損害？唯一的可能性是，由於其伴隨的幻想，它可能
> 加強母性情結，使個人更難愛上另一個女人。如果我們要把手
> 淫視為一種變態行為（它沒有完成使女性受精的生理目的），那

---

5. 同前注。

麼它就是最微不足道和最不嚴重的。[6]

可見，從康德至今，性事定然起了變化，對手淫的「病毒」見解也改變了，它現今已被看成是一「自我性事」（autosexuality）而已。與精神病沒有任何關係。

當然，除了弗洛伊德之外，影響現代性事革命還有其他重要學者。

首先，我們看一看德裔奧地利精神病學家，現代性學研究的創始人之一理察‧馮‧克拉夫特-埃賓（Richard von Krafft-Ebing, 1840-1902）的經典《性精神病態》（Psychopathia Sexualis, 1886）。克拉夫特-埃賓是從事性範疇的鑑證人員，愛收集相關性的事物，其中不乏性變態的行為。他在其書提及的性變態行為，為人所津津樂道，因為事實上人們對性事有無窮憧憬。剖析原因，想及的是十八、十九世紀的人們過於束縛自己的性欲，將性事規限過度，性踰矩就是不正當、就是禁忌，因此當性欲得以「解放」之時，人們自會對性的一切毫無保留地一探究竟。另一英國性學者哈夫洛克‧靄理士（Henry Havelock Ellis, 1859-1939）在其七大卷《性心理研究》（Studies in the Psychology of Sex, 7 vols., 1897-1928）中，綜合心理與文化兩個層面來剖析性事。他的學說亦被中國學人潘光旦（1899-1967）翻譯為中文[7]，潘光旦亦加了自己對中國性事的見解，使得對性事的探究更廣闊、更豐富。英國哲學家羅素閱讀此書後也有所得，指出有識之士眼中的「非正常」，實是一己對性事見識淺陋的結果而已。

另一更為重要的現代性學著作，首推美國性學家金賽（Alfred Charles Kinsey, 1894-1956）在1948年出版的《男性性行為》（Sexual Behaviour in the Human Man）和1953年出版的《女性性行為》（Sexual

---

6.　Clifford Allen, *A Text Book of Psychosexual Disorders*, London: Oxford University Press, 1962, p. 217（作者翻譯）.

7.　靄理士原著，潘光旦譯注本：《性心理學》，1934年。

Behaviour in the Human Femal）。他從社會學層面開展普查，收集數據並處理後得出結論：他將人的性取向分成6個層級，發現沒有所謂單一與及主流的性取向，反之人類的性取向原是有著不同的變化，可男可女或是兩性皆可。進一步說，傳統以來約定俗成的異性關係，只是宗教、神學與哲學造就並鞏固出來的，並非人自然而然如是。異性戀關係也不是社會的必然實況，這並不為生物層面所限定。金賽亦指出，手淫乃人們慣性進行的行為，如大學生，有著九成之多曾有手淫經驗。金氏調查結論，非從一開始由學說定位、據學說觀點造成的，他的結論只是反映社會現象的實況，由始至終在於揭示真相：性事無所謂先天命定。[8]

　　尚要提及的性學家，還有美國性學家威廉・霍華・麥斯特（William Howell Master, 1915-2001），以及維吉尼亞・伊詩曼・強生（Virginia Vsheiman Johnson, 1925-2013）。他們二人共著有《人類性反應》（*Human Sexual Response*, 1966）及《人類性缺陷》（*Human Sexual Inadequacy*, 1970）兩書。他們對性學最大的貢獻，就是對人進行實際的性交實驗而非流於思想上或心理上的考察。他們從實驗中得到的結果，是真實的、最為切合人之需要的結果。作一類比說法，吃東西，先經口部活動，隨後食物進入喉部、再到胃部等消化，如此呈現出來的是一有組織、有秩序的運作模式；性行為其實和消化行為本質上無甚分別。這個比喻意在指

---

8. 社會學的貢獻是在幾個很重要的領域裡豐富了性學研究。社會學家們仍然是有關婚姻、家庭問題的最前沿的專家。在人類社會裡，婚姻和家庭是表達和規範性行為的主要制度。同樣的，收集性行為為數據用得最多的調查方法，也是一種社會學技術。廣義地說，社會學家廣泛研究過的所謂「角色」的概念，可以直接應用到性角色上來；同樣，性變態（sexual deviance）的概念可以用角色理論來闡述，也就是說，因為或這或那的原因，個人扮演了「變態者」的角色。社會學家認為：「性行為由我們所扮演的性角色決定，這種角色或多或少是社會強加給我們的。換言之，社會學方法為我們理解個人性行為提供了一種較大的社會框架（Kando, 1978; Henslin & Sagarin, 1978），社會學家的興趣與人類學家的興趣是重疊的（Reiss, 1986）。金賽以後，有很多社會學家瘋狂從事人類的性學研究。引自《性學觀止（上）》，賀蘭特・凱查杜里安著；胡穎翀等譯（北京：世界圖書出版公司，2009年），頁6。

出，性交並非亂來，而是有其「步驟」。但有一點不同的是，吃下食物後的消化過程是自動運作的，而性交的行為則較為自主。在性交過程中起著變化的每一器官，它們的運作與變化，在麥斯特及強生的實驗裡被記錄。可知的是，男性在性交時陽具會勃起，而女性的性器官並非沒甚變化，一切的生理變化皆被全面量度。從中得出的結論：不論哪種膚色、哪個國家的人，或有著哪種社會背景、從事哪門行職業的人，總之只要是人，在性事上就無分你我，而展現出人的共性。

經靄理士、金賽、麥斯特及強生等學人從事的文化層面性事研究、社會學式性調查與及臨床的性交實驗，人們對性事的迷思、禁忌與及誤解等，紛紛破除，一般人重新認識到並接受了恰當的性知識與性事實況。不過，他們也有共同缺漏，就是沒有回答如下的一連串問題：性對人的人生有何意義？人總要經歷生死愛欲之事，那麼性在其中佔了何種位置、有何種角色？為何有人會被標籤為性變態？若要回應如此的問題，則須進入弗洛伊德的學說，從中找出答案。

20.3 弗洛伊德的改革

弗洛伊德直截了當告知我們，性非理性之事，亦非理性操控得了。在人的意識裡或意識深處，性念頭無所不在。然而，性欲又往往被壓抑，甚至並不自知，無所渲洩。弗洛伊德對性事的研究，其實是一種「心理和意識的深層歷史研究」，反映的是生命歷程與性事的關連。對弗洛伊德而言，人的任何一個舉動都負載著目的。既因為行動背後必有目的，那麼從行為現象深處探究其目的，便可了解人的生命與一切關係意義，得到對人的完整的認知了。可以說，弗洛伊德是身為心靈哲學家（Philosopher of mind）多於只作為一個心理學家已。

儘管很多從事哲學研究的學人，對弗洛伊德學說不為所動，甚至

認為其學說過於重情色、太過濫性，然而，其學說的影響卻極大。因為他說性欲並不只著眼於性器官的描述，更指涉人的心靈、意識與思考層面。他的一句名言：「性器官不在於兩腿之間，而是在於兩耳之間。」[9]正好反映其智慧，顯示其見識不僅限於生理上的性，更深層地剖析和揭示心理、或更準確地說是心靈裡的性。相應心靈層面的問題，弗洛伊德提出了三個精彩例子，說明西方傳統文化受科學演變的打擊。

第一，「地球為宇宙中心」說。這是藉天文學家如哥白尼和伽利略的發現，地球不是宇宙中心，太陽才是。因而推翻基督宗教肯定神創造萬物以地球為中心說；第二，藉達爾文的「進化論」，解說人類根本不是動物王國之主宰，而只作為延續更遠古物種的當前生物而已。這打破了人們慣有看法：人是神特別創造，是萬物的主宰。第三，弗洛伊德徹底懷疑自柏拉圖以降至康德、黑格爾強調人之理性的傳統。弗洛伊德指出，人的理性非人的意識中心，亦非人擁有之最高、最根本的力量。換個看法，弗洛伊德指出人並非每時每刻皆以理性行事，並非清清楚楚知曉自己為何或如何待人處事，人往往活得不知所以。弗洛伊德最為著名的乃是他的精神分析法（*Psychoanalysis*）[10]，而當他隨後引進幼兒性欲（infantile sexuality）的概念和伊底帕斯情意結（Oedipus Complex）的喻義時，他已將精神分析從社會精神醫學模式轉化為深層心理學（Depth Psychology）。[11]弗洛伊德固然從事心靈層面的探討工作，說他是哲學家

9. 並不能確定是從弗洛伊德著作所出。

10. 「精神分析學」這用詞是弗洛伊德在 1896 年 3 月發表的法語論文中首次正式出現的；接著，同年 5 月同一篇論文的德語版也正式發表了。弗氏從中提及，他採用的特殊的精神治療法——其中包括催眠法、滌清法、專心法等等，構成了他的精神分析學的重要組成部份；他的精神分析學包含著三個不可分割的內容：（一）精神治療法、（二）關於心理的一般理論、（三）精神分析的方法。參見高宣揚（編譯）：《弗洛伊德傳》（香港：南粵出版社，1980 年），頁 93。

11. 珍納‧馬爾肯著，陳系貞譯：《弗洛伊德檔案》，（台北：究竟，2001 年），頁 112。

也不為過的，至少他依循西方的理性先祖蘇格拉底的教誨：認識自己。弗洛伊德研究人的性事，從而揭示人性，好讓人們真實地、清清楚楚地認識自己。但要補充一點，弗洛伊德對人性的深層揭示，也讓人們知悉要清楚認識自己，實是一大難事矣。

1900年，西方學術界有兩本重大著作面世，一是從事現象學工作的胡塞爾（Edmund Husserl, 1859-1938）所著的《邏輯研究》（*Logical Investigations*），另一就是精神分析學派代表弗洛伊德的《夢的解析》（*The Interpretation of Dreams*）。弗洛伊德自言，此書是他最具代表性的作品。他明確表示，所有精神分析工作必然要從夢開始；夢非自然而來之事，而是依人的意識造就，這乃是其學問的癥結所在。[12] 當然，對一般人來說，解釋夢是令人半信半疑之事，甚至有人會認為，嘗試了解夢並不可能，人們每日睡覺總會作夢，只是並不知道自己作了夢，因為泰半都會忘掉夢境。我們觀察日常生活便知，睡著的人並非全無活動，除非他／她死了，否則即使睡著了也非靜止不動。有一測試作夢與否的方法，就是當人睡後45分鐘左右，若發覺其眼球轉動的話，則表示那人在作夢中，若這時被叫醒了，或可即時說出夢的內容。

在《夢的解析》第一章，弗洛伊德指出每一個夢定有被分析、詮釋的

---

12. 《夢的解析》是為弗洛伊德的自我分析的延續。自我分析過程是從童年生活的自我再現開始的。對於童年生活經歷的發掘，使弗洛伊德發現人類潛意識的基本成分恰恰就是幼年生活的凝縮物。因此，有目的地再現幼年生活經歷，將有助於了解潛意識的內容及其形成過程。這是揭示潛意識神秘王國的捷徑。弗氏寫《夢的解析》時他的父親已然離世，其內心感情被帶回到以往的生活經歷中。對父親的懷念，使他的腦海重演了一幕又一幕舊日生活的圖畫。他想起的舊事越多，越能在其中發現許多現有的感情和性格的痕跡；他發現日常生活中的各種無意識動作、習慣性行為及感情，都不過是童年時期經歷的翻版。因此，弗氏進一步加強了回想、分析和研究童年生活的決心。為了進行自我分析，進一步揭開覆蓋著潛意識世界的帷幕，在其父親逝世後，他更頻繁地詢問母親，打聽自己在小時候的生活情景。他試圖從他母親提供的線索和片斷材料中，盡可能完美地回憶那些早已遺忘了的童年生活。他把母親提供的材料，和自己所能回憶到的印象聯貫起來，又把童年時代的心理表現和成年後的許多心理現象加以比較，為他的進一步的自我分析工作提供了豐富的和有價值的啟示。引自《弗洛伊德傳》，頁99。

可能：經精神分析方法解構後，每一個夢必可呈現出與心靈關涉的意義結構，這結構反映著心靈在清醒狀態時的活動模樣。此外，他也指出心靈之自我矛盾或調和的本質，造就出夢來，導致了夢之所以不為造夢者理解。他提出「樣本夢境」之說，以說明夢境如何可能被拆解和分析。弗洛伊德認為每個夢境都是希望的實踐，當中又關涉自責與免除自我責任的投影。另「日間殘留」是弗氏釋夢所慣用的詞彙，用以表示夢境是當天或前幾天發生的事件之殘餘。[13]可以說，弗洛伊德給予人們一突破性觀點：研究夢是有方法的。

　　大體而言，弗洛伊德釋夢從而告知了人們，夢具有象徵意義，是有著令人感到滿足的功能價值。夢，與人的欲望有著必然的關聯，也往往與性（或說性欲）相關，所以釋夢實質上也就是關於性事（欲）的探究。在日常生活裡，人們的欲望很多時候不被滿足，那欲望何以能夠被滿足呢？這就以造夢來圓滿了。人總會藉自身無意識地自發而出的無形力量來滿足自己。在實際生活中所有不獲滿足的事情，不是過了便算了，它們全藏於意識深處，有待「被滿足」。[14]另一方面，人們在實況生活裡常

---

13. 《弗洛伊德檔案》，頁 74。

14. 弗洛伊德在他於 1933 年出版的《精神分析引論新編》的第一章〈夢的學說的修訂〉裡指出，「凡是夢都是願望的滿足」一語須引申解釋，因而引入了一種見解：將夢分為願望夢、焦慮夢及懲罰夢三種。依他之意，即使懲罰夢也是一種願望的滿足，而它們所滿足的，不是本能衝動的願望，而是內心的批評、檢討、懲罰的願望。繼而弗氏指出，夢的願望滿足說只有兩重困難，第一重是這樣的一個事實：曾受強烈的震驚或曾受強烈的心理創傷（例如戰爭中所常見的，且又可見於創傷性的癔病）的人，常在夢內重複喚回創傷的情境。是故夢的願望滿足說不合用於此一情況，因為回憶一種最痛苦的創傷經驗究竟能滿足何種本能衝動呢？這是無法揣測的。第二重困難見於分析的研究，這反映了精神分析法的內部問題。精神分析法的其一任務是要將籠罩在最早期的童年的失憶症之上的面紗揭開，將隱藏在背後的幼兒性生活的表現召入意識的記憶之內。幼兒的最早期的性經驗總伴隨焦急、禁律、失望、懲罰的痛苦印象。它們被壓抑的原因是分析者能夠了解的，但倘若被壓抑了，又何以會容易入夢呢？何以會為夢幻的景象提供出內容？而夢又何以會滿載著最早期的幼年情景之再現呢？這實在是難以了解的。由是，弗氏最後說道：「由於考慮到這些困難，也許可以說夢是企求願望的滿足而已。」參《精神分析引論新編》，弗洛伊德著；高覺敷譯（北京：商務印書館，2009 年），頁 19-21。

有著想做而不可做的事，如在公眾場合大說粗言穢語，如此的「妄為」大可在夢境中毫無拘束地發洩。換言之，在夢中人們可以有著能如願以償地做出他們在現實想做之一切事之可能性。不過，事實上並非「夢寐以求」便可得，因為夢境是不可操控的。人們想創造一個夢，操控夢境的一切，欲使夢境的內容如何如何，這是徒然的。只可以說，在現實裡被壓抑的一切，都會潛藏在意識的深層，等待在夢境中爆發出來。

　　弗洛伊德揭示出人的意識與潛意識，然則兩種意識構成了一個弔詭：如何可能將潛意識和意識關聯上呢？釋夢得以可能，在於將夢境內容拼湊組合，以完整地構作出意義；精神分析法又包含治療功能，反映出這方法有著讓人們認識自己，與及發放過去生活所累積的壓力之效。弗氏的精神分析法揭示人們的存活是為滿足自身的一切欲望，以及不斷地受壓抑之間的景況。

20.4《性學三論》

1905年弗洛伊德的《性學三論》(*Three Essays on the Theory of Sexuality*)問世即受到重視，因為倫理學家和衛道人士對他的理論表示極大憤慨和敵意，弗洛伊德也成為了當時德國科學界最不受歡迎的人。可幸榮格(Carl Gustav Jung, 1875-1961)在1908年創立了國際精神分析學會，在奧大利薩爾斯堡(Salzburg)召開了第一屆國際精神分析大會。那時候，精神分析學和其創始人弗洛伊德，正式得到了國際學術界的認可和重視。

　　弗洛伊德最初作為一個神經病學家和精神科醫生，從事歇斯底里症患者的研究，著眼於這類人的反常行為。弗洛伊德發現到，這類患者的反常行為並非單純、無目的和無意義，反而是有著特定的形成原因。是故他得到了啟發，認為精神科醫生的任務，並不是去尋找此病症的生理

原因，而是去發現此類患者的心理根源，如此才能夠獲知治癒這疾病的條件。弗洛伊德發現了歇斯底里症的起因，與患者本人某些無法被人接受、無法得到實現的願望有關，是為一種對「性」的願望。弗洛伊德認為，人早在幼年期就已有性欲，男孩依戀母親，女孩依戀父親。但由於客觀條件限制，兒童這些不現實的願望不可能得到滿足，因此產生了壓抑。這種失敗經歷並未因為時間流逝而被忘卻，反而一直被保留在意識深處，就像活火山那樣積聚著能量，直至一天突然爆發，引起神經症發作。[15]

弗洛伊德的研究以性為焦點，並且依據科學方式，有系統有組織地進行分析。毫無疑問，弗洛伊德將性此一繁複抽象的研究課題科學化，突破了在他以前那些神學家或哲學家所造成的理論困難，使人們不再對性有著難以啟齒的羞惡感。弗洛伊德告知了人們，性是與生俱來的，人並非到成年期或青春期才有性欲，在幼兒期已然有性了。另一方面，他亦指出性雖與性器官密切相關，但反過來說，性器官亦非直接代表著性本身。弗洛伊德要人們注意，性欲的意涵很廣，不應被性器官所限；性欲，實是一種生命力量。

20.5 性事定義的更新

性欲不等同於性器官，它與人的生命歷程緊扣。性欲與食欲無異，同是維持人得以生存的力量，也因此，性是一種欲，必須被滿足，這關乎對「快樂原則」（Pleasure Principle）的探討和解說。另一方面，分析「性」，亦即是是對「原欲」（Libido）的揭示。

在《性學三論》裡，弗洛伊德以「原欲」取代了「性欲」（Lust）。雖然

---

15. 參西格蒙德 · 弗洛伊德著，林塵、張喚民、陳偉奇譯：《弗洛伊德後期著作選》，（上海：上海譯文出版社，1986 年），頁 2-3。

性欲有著欲望（Desire）和快樂（Pleasure）的含意，但仍不足夠表達人類在性方面飢餓的那種衝動狀態，此一性欲衝動與人類覓食方面的衝動，同樣突顯了那種飢餓感。弗洛伊德認為，人天生已然具有一種基本的性衝動或能量，如此衝動或能量兼具精神上與肉體上的特徵，人自會從身體的器官尋找刺激來源，而且會感受原欲所帶來的興奮感，或者壓力。[16] 原欲強調性乃天生的、不是因某成長階段才產生的。所以，新生的幼兒會從自己的身體上尋獲快感，吸吮拇指便是一例。這是弗氏提出的第一個嶄新意義。[17]

就性欲問題，弗洛伊德明確區分出三個階段：[18]

口腔期（Oral stage）──

> 第一個始現情欲性欲的部位，從一出生便令心靈起著原欲需求的器官，就是口腔。從一開始，所有心靈活動乃集中於滿足口腔的需要。首要地，這滿足定是包括了營養的供求問題，不過生理學（physiology）不可與心理學（psychology）混為一談。嬰孩自身沒法控制的吸吮行為實際上表示了他早期的欲求需要；這一欲求不同於營養層面的欲求，因而可以也該歸屬於性方面。//0～2歲階段的嬰孩，他口腔的欲求對象就是母親的乳房（頭），因此吸吮母親乳頭的行為轉化為吸吮拇指行為。反過來說，因為嬰孩慣性地鍾愛吸吮行為，母親是故成為他的「愛

---

16. 張秀琴：《弗洛伊德無所不在》（臺中：好讀，2004年），頁22-23。

17. 心靈治療引起了人們史無前例的關注，這歸因於它對三個被忽略的事實之考據，致令大眾向來對性事的觀念作出了改變。它發現：第一，性生活並非始於青春期，而是自出世起便有著的。第二，「性」與「性器官」雖區分開來作審視，兩者的分別在於，前者是為一更廣泛的概念；它包含了非關涉性器官的許多活動。第三，性事包括兩種功能：一是從身體上獲得快感，一是引致繁衍後代的結果。不過，二者的關係非必然的。*Freud: An Outline of Psychoanalysis*, 1938, p. 26.

18. *Freud: An Outline of Psychoanalysis*, 1938, p. 28-29.

戀對象」，這又使嬰孩從母親的乳房移情於母親本人上。與此同時，戀母的嬰孩會將自身比作父親，漸漸將情感更為集中於母親身上而直視父親為障礙。這一景況被稱為「伊底帕斯情意結」（Oedipus Complex）的現象，如此現象更貫連以下兩個階段。

肛門期（Anal stage）——

口腔期的嬰孩偶爾長出牙齒，此時他們的殘酷性情亦湧現。此一性情在第二階段即肛門期更為彰顯，得以滿足乃源自攻擊行為的完事。這一種破壞力量之源由，實為原欲所引發；殘酷性原是原欲欲求與破壞力量的混沌互涉，不為外力左右。//2～4歲時的嬰孩受著積極與消極的衝擊：既有殘酷性的一面，亦有情意的一面。此時嬰孩的性欲求對象會變更為肛門口這部位。

陰莖期（Phallic stage）——

這階段是為性的意識形態作最後定位的前哨站。這不是以兩性的性器官作焦點而探討說明的，著眼的只是男孩的陰莖而已。//4～7歲時，男孩的陰莖作為他所專注的首要對象。男孩對排尿、對排尿的解放與停留，起了快感。若不慎「去勢」那就必然造成悲劇來；這又關涉「伊底帕斯情意結」的問題：面對一引發憂慮的分開景況，對母親的離棄與否的問題。這階段的男孩亦開始習得稍為抑制身體滿足的做法，換句話說這時的自我受訓練至懂得跟從實際原則從事，不逾軌，能夠操控使快樂的欲求不失控，當然如此的操控還不及往後更為成熟時的那股完善。「伊底帕斯情意結」的關涉是，男孩如何面對自身性取向的抉擇，不但相關自我的完善問題，而且也涉及「超我」的凝聚問題：父母教養的內化作用致使男孩能否呈現良知或罪責感的結果。在這階段男孩的早期性事問題已到了最尾階段，亦步入終止的時刻。男與女兩性有著不同的性事經驗的。兩性已學會透

過知性活動來處理性事問題：男的會幻想他的陰莖與母親的關連；然則也因為怕「去勢」又因知曉女性沒有陰莖之故[19]，感受到前所未有的生命最大的創傷感，這繼而又將影響他往後的性發展。

弗洛伊德的訊息：幼兒的性欲行為具普遍性，如吸吮行為乃每人皆有的。幼兒性事的發展歷程依據不同的對象，某一階段有著某一專注的對象，性欲力量自是集中於該對象。幼兒的性事歷程亦須有序地漸趨成熟，剛出生作為嬰孩至往後發展出懂得「收放」性欲的習性，這最早時期所謂的操控，尤以對大小便的關注為主。在此，一個很顯然的事實也帶了出來：最早期的性經驗很顯然影響到日後的性發展，以致愛情觀與及性取向（為男為女），也是於源自最早期的階段打下定模。

延續對幼兒性欲的研究，弗洛伊德明確提及「施虐欲」和「受虐欲」的問題，該置於幼兒性欲的中心位置上作探討。當然，他並非從人的道德層面探討被他視為性變態的「施虐欲」和「受虐欲問題，反之，他將兩種「欲」與幼兒性欲扯上關聯，明顯要指出兩種「欲」實與原欲關係密切[20]；繼而言之，弗洛伊德表示「施虐欲」和「受虐欲」是經由任何形式的羞辱與屈辱而獲得樂趣的，即使正常人也可能在自己身上找到兩種欲的傾向。簡言之，兩者構成了二元對立的矛盾，所謂的性變態問題，實質上就是非正常的行為引出的結果，乃歸納入「性倒錯」（sexual perversion）的解釋範疇裡。不過，弗洛伊德沒有把所謂的性變態定位成一種錯誤，反之，他讓人們理解到性變態只該被視為一種非正常狀態，作出如此非正

---

19. 弗氏這說法為日後的女性主義者抨擊，他被指責為有著很嚴重的重男輕女觀，強調男性的陰莖而反映女性沒陰莖，很顯然將女性天生的生理結構與人的精神層面扯上直接關係，其一結果是造成了女性似是被懲罰而沒了陰莖的一個「原罪」結果。

20. 弗氏說道：「肯定的是，剛出世的嬰孩有著的性感既可持續展現但也被強烈地壓抑著。這關乎嬰孩的性發育是否受著個人處身的環境所影響。」（*Infantile Sexuality*）這反映了幼兒剛出生已有性欲之餘，也示意性欲有著「正常」與「非正常」的發展之可能。

常行為並不一定關乎道德。因此，若說性變態，如同性戀或是戀物行為，探究的側重點是「性對象」與「性目的」的關係。弗洛伊德點明「性對象」與「性目的」既有關聯，但兩者卻可以分開審視。

弗洛伊德學理中出現的「性的可塑性」（Sexual Plasticity）一詞尤其重要。在這裡可指出一點：於弗洛伊德理論中，「性本能」這一表達並非最為可取，因德文成書原文是以 "Triebe（drives）" 而非 "instinct"，前者意謂一種「動能量」（motivational energy）、「生命力量」（life force）或「意願」（wishes），指涉的就是原欲本身；後者則在理解動物方面。說回「性的可塑性」，這表示「性對象」與「性目的」在人類的層面上並非同一，縱然兩者相互關涉。人的原欲令生活起了變化，性事顯現了多樣性，有著不同的內容。人的性之可被塑造，亦顯示出性本身與食欲不同：食欲單靠食下食物才能最終獲得滿足；性欲則非靠做愛才能獲得滿足，甚至做愛也可能不滿足，憑性幻想或已可成事。性對象實非必然選擇異性，也非必定擇人，擇物慰藉也是可能之事。

弗洛伊德重新為性事定位，突破了前人局限性欲目的與性欲對象的慣有做法，科學地解說出，所謂非正常性事之所以然的因由，為因約定俗成而被歧視的「性變態」行為翻案。從另一方面說，弗洛伊德擴充了性事的涵義，不將性事限於以性器官及生殖之事。若性行為只是關於性交與生殖，那麼「口交」、「肛交」等便不算性事了。「口交」、「肛交」、「戀物」與正統的性器官性交，一旦使人感到性滿足獲致性快感，也就同樣地被認作性行為。非正統的性交行為也是性行為，它們之被認為是非常態的，只因它們是一種「性倒錯」現象，嚴格來說，不一定就是性變態行為。

可以說，分辨性事正常與非正常的標準，並非先天有之，在生活裡見及的正常性行為與非正常性行為，全是每一個人從幼兒期即造就出來

的。[21] 換句話說，一切行為乃後天造成。在生活裡，一切行為皆事出有因，弗洛伊德強調每一後果都可追究其因。

20.6 分析「意識」的價值

弗洛伊德在1883年致未婚妻的信，當中描述一連串他觀看歌劇《卡門》時湧上心頭的想法：

> 芸芸眾生發洩他們的衝動（sich ausleben）（縱欲），我們則剝奪了自己。我們這樣做是為了保持自己的完整。我們節省自己的體力、精力、享樂的能力和力量：我們是為了某種東西養精蓄銳，但是自己卻不知道為了甚麼。持久壓抑自然本能的習慣使我們養成文雅的性情。我們也有更深切的感受，因此不敢對自己要求得更多。我們為什麼不酗酒？因為醉醒（Katzenjammer）後的不適和羞愧給我們帶來更大的「不快」，它超過酩酊大醉的歡樂。我們為什麼不和每一個人交友？因為失去他或者他遇到的任何不幸都會痛苦地折磨我們。所以，我們的努力是更多地考慮怎樣避免痛苦，而不是怎樣產生快樂。如果這種努力獲得成功，剝奪自己的那些人就會像我們一樣，為了生死而限制自己，忍耐著貧困和相互之間的羨念，以保持自己的忠誠，決不向命運的殘酷打擊屈服，任何從我們手裡奪

---

21. 弗洛伊德指出，在出生後5年裡發生的事情，對人們後來行為有著決定性的影響力。當世界對幼兒還是一個完全新奇的經驗時，這些體驗會持續在潛意識中形成一股強大的力量存在著，雖然意識上並不知道自己在收集儲存。而這些或清楚或模糊或細微或重大的幼年之人、事、物，多半影響成長後的生活方式。它們決定了人們長大後是一個懦弱或勇敢；退縮或進取；愛人或自私的人。依弗氏這樣子的說法，幼年經驗乃決定性的，很可能地幼兒在其生活時期對所接觸的對象易於牢記上心，印刻於腦海裡，而且往後會將這些早年生活經驗與社會發生關係，如影響日後的性行為發育與擇偶對象的抉擇。參《弗洛伊德無所不在》，頁38-41。

去最親愛的人：喜歡阿斯霍（Asra）的人只有一次愛。我們能夠隱藏起來，逃避最可怕的貧困，我們總可以逐步地擺脫我們社會結構帶來的不幸。貧窮的人，普通人，如果沒有粗厚的皮肉和懶散隨便的生活方式就不可能生存。既然自然和社會所包含的一切災難直接破壞他們所愛的東西，他們為什麼要強烈地感受自己的欲念呢？既然沒有其他甚麼東西等待著他們，他們為什麼要蔑視瞬息間的快樂呢？貧窮的人太沒有力量，毫無遮掩，因此他們不能像我們那樣去做。每當我看到人們盡情歡樂，置一切嚴肅而不顧，我就會想到，這是對他們的一種補償，以彌補他們在一切捐稅、瘟疫、疾病以及我們社會組織的罪惡環境面前的那種無能為力。我不再進一步發揮這些思想了，但是可以表明，民眾（das Volk）的判斷、信念、希求和工作與我們完全不同。有一種普通人的心理學，它和我們的心理學多少有點不同。這種人對「團體」也比我們有更多的感受：只有他們才對一個生命繁衍出下一個生命的方式十分敏感，而對我們每個人來說，世界隨著他的死亡而消失。[22]

這一大段引文很重要。弗洛伊德在這裡直說，人是有限的，非可用理性便能完全把握、操控，甚或主宰自己的生命歷程，如是既是打破、也是修正了自柏拉圖以降多個世紀以來，一切明言自己能夠主宰自己的學說與理念。弗洛伊德揭示出的真實乃是：人既能做某些事情，也不能做某些事情。人實質上不能藉理性便可全心全意去實踐意願，不能靠理性達成一切意欲的後果；理性只是附於人身上的次要能力而已。明白說，最為主導人的、於人內裡湧現的乃是人欲。即使說人欲控制人

---

22. 節錄〈1883 年 8 月 29 日致未婚妻的信〉，見鐘斯的《西格蒙德‧弗洛伊德的生活和事業》第一卷，頁 190-192；轉引自《弗洛伊德的使命》，埃利希‧弗洛姆著；尚新建譯（北京：三聯書店，1987 年），頁 38-40。引文的「著重號」是弗洛姆加上的。

的所有意願與行為，也是不為過的，不過，人欲亦給予人一個最真實結論——人是注定沒辦法滿足自身的人欲，定必以失敗遺憾收場。

理性與性欲，兩者看來相互交涉各不相讓。弗洛伊德提出的「精神分析法」，非常注重「抑制作用學說」，如前已交代過，歇斯底里症就被視為心理衝突和抑制作用等動力因素交互作用的「產物」。也因為著眼對病態抑制作用及各種現象作研究，精神分析學實是把人的潛意識，看成是人的精神活動的最原始、最基本、最普遍、最純粹的因素。所謂「潛意識」，就是原欲無意識的「心」，是一切意識行為的基礎和出發點。人類的一切精神活動，不管是正常或變態、外在或內在、高級或初級、複雜或簡單、過去、現在還是將來，都不過是這種潛意識的演變結果。依這學說，每種意識活動都在潛意識中有其根據。人們要認識心理生活，要治療變態心理，就必須探索意識行為及潛意識之間的聯繫。[23] 所以，弗洛伊德的精神分析學也就是一種心靈治療法（Psychotherapy），以考究人的潛意識為探索中心。[24]

意識行為及其潛意識源頭之間的聯繫，亦反映人往往處於矛盾與衝突之中。[25] 他說：

> 我們在肛門期發展出虐待性的情緒和快感機制，而這樣的機制持續終身，不斷地支使著大部分的性活動。而我們來自肛門期的這種既怕虐待又愛虐待；被虐待既有痛苦又有快感的通則，

---

23. 《弗洛伊德傳》，頁 98。

24. 另外在 1904 年發表的《日常生活的心理分析》（*The Psychopathology of Everyday Life*）一書中，弗氏對童年回憶與遮蔽性記憶、語誤、讀誤和筆誤、「印象」及「決心」的遺忘、「誤引行為」、「症狀性行為」及「偶發行為」、「雙重錯失行為」和其他各種錯誤行為等等現象進行分析，探討產生這些現象的心理根源，從中發掘到潛意識的存在，了解得著「潛抑」作用的基本功能。《弗洛伊德傳》，頁 147。

25. 在弗氏處身的「維多利亞」時期，從表面上看，當時的人們對性有著很強烈的顧忌，實際上那時的人們對性事最為熱中，無性不歡。

就是「矛盾情感」。對一個相同的目標，我們會有完全相反的感覺，愛與恨在我們的潛意識中緊緊相鄰。一個男人殺死他的女友時，喃喃自語：「我非常愛她。」因為，我們沒有辦法毫無條件地愛著一個人，只有不完全的愛才是真實而有可能的。[26]

在進行精神分析工作時，弗洛伊德發現很多「病人」藉「非正常」的性行為獲取快感，滿足了性欲。所謂的「性變態」的特徵其中有如下三點：第一，只觸摸或注視性器官（弗氏認為整個身體實是一個完整的「性器官」，非只限於生殖部位）；第二，只鍾情偷窺及觀賞生殖部位排泄便得到性滿足；第三，露體狂，而且愛對方同樣是露體狂。實際上，如此被標籤為「變態」的性行為，是源自人自出生便開展的歷程所導致，可謂「一出世便定八十」了。以「三面夏娃」故事為例：女主角有著三重性格，既溫順但亦反叛等，這源於她在幼童時被迫做了某些事，如親吻躺在棺材裡已然死去的祖父。由是，幼時經歷導致了往後的人格發展。在這意義上，弗洛伊德的研究亦可被稱為「人類心靈考源學」（archeology of the subject）[27]，在於追溯尋因。須再三強調，弗洛伊德非提出心靈活動有著必然的「因果性」，如說被迫親吻躺在棺材裡已然死去的親人此舉，也不一定引致變態行為的問題來的。簡言之，弗洛伊德的考察有著考源做法的明確性質，而不是落於用科學方式作預測因果之上。弗洛伊德只告知我們，人永遠有著過去，人不可能抹除過去而活於當下。

從另一方面看，弗洛伊德的考源性探究讓人得知：人往往得意識到自己的意願為何之可能，其一最為人不理解的是，人顯然趨向自己的死亡而生存著。這「向死」的意識反映人一直潛藏的暴力與破壞本性，尤其是透過性暴力獲取快感、樂趣的種種行為，更是人性的原始發洩途徑，

---

26. 引自《弗洛伊德無所不在》，頁 108。

27. 參看 Paul Ricoeur, *Freud and Philosophy: An Essay on Interpretation*, trans. Denis Savage, New Haven: Yale University Press, 1970.

不是經過理性思維作的抉擇。這觀點與孟子提出的「性善」說相違，究竟生而性善還是性惡，再成討論焦點。

人「命定為惡」的想法，從弗洛伊德提出的「伊底帕斯情意結」時，其喻義已清楚可見。我們先看看《伊底帕斯王》（亦譯「奧狄浦斯」）的故事：

伊底帕斯（Oedipus 或 Œdipus, 有時拼為 Oidipous 也有 Odypus）是希臘神話中忒拜的國王，是國王拉伊俄斯和王后伊俄卡斯忒的兒子，他在不知情的情況下，殺死了自己的父親並娶了自己的母親。拉伊俄斯年輕時曾經劫走國王珀羅普斯（Pelops）的兒子克律西波斯（Chrysippus），因此遭到詛咒，他的兒子伊底帕斯出生時，神諭表示他會被兒子所殺死，為了逃避命運，拉伊俄斯刺穿了新生兒的腳踝（oidipous 在希臘文的意思即為「腫脹的腳」），並將他丟棄在野外等死。然而奉命執行的牧人心生憐憫，偷偷將嬰兒轉送給科林斯（Corinth）的國王波呂波斯（Polybus），由他們當作親生兒子般地扶養長大。伊底帕斯長大後，因為德爾斐（Delphi）神殿的神諭說，他會弒父娶母，不知道科林斯國王與王后並非自己親生父母的伊底帕斯，為避免神諭成真，便離開科林斯並發誓永不再來。伊底帕斯流浪到忒拜附近時，在一個叉路上與一群陌生人發生衝突，失手殺了人，其中正包括了他的親生父親。當時的底比斯（Thebes 古稱忒拜）被獅身人面獸史芬克斯（Sphinx）所困，因為他會抓住每個路過的人，如果對方無法解答他出的謎題，便將對方撕裂吞食。忒拜為了脫困，便宣佈誰能解開謎題，從史芬克斯口中拯救城邦的話，便可獲得王位並娶國王的遺孀伊俄卡斯忒為妻。後來正是由伊底帕斯解開了史芬克斯的謎題，解救了底比斯（忒拜）。他也繼承了王位，並在不知情的情況下娶了自己的親生母親為妻，生了兩女：分別是安提戈

涅（Antigone）、伊斯墨涅（Ismene）及兩個兒子：埃忒奧克洛斯（Eteoclus）、波呂涅克斯（Polyneices）。後來，受伊底帕斯統治的國家不斷有災禍與瘟疫，國王因此向神祇請示，想要知道為何會降下災禍。最後在先知提瑞西阿斯（Tiresias）的揭示下，伊底帕斯才知道他是拉伊俄斯的兒子，終究應驗了他之前殺父娶母的不幸命運。震驚不已的伊俄卡斯忒羞愧地上吊自殺，而同樣悲憤不已的伊底帕斯，則刺瞎了自己的雙眼。[28]

這故事可以引出中西方文化差異之討論。中國人重倫理關係，即使從粗言穢語也可見之。英文粗話 "fuck your mother"，顯然這是中國人（更準確地說是香港人）的慣用表達句式，表示說粗話者成了被侮辱者的父輩，能對被侮辱者「合情合理」施壓。反觀西方人粗話，相應的是 "your mother fucker"，表示受辱者與其母亂倫。這反映了《伊底帕斯王》此故事背後的含意：弒父娶母為萬惡之首。

弗洛伊德引出了「伊底帕斯情意結」，示現的是人與生俱來已然具有的罪惡意識，欲作不能作之事。弒父與娶母同是禁忌（taboo），同為人（幼兒）所欲作之事（罪行）。嬰孩自出生便嗜母乳，這顯然構成了母子間的性關係，父子間又成為爭奪母親這性欲對象的衝突雙方。作為子，處於受母「誘惑」（性欲滿足對象）而受父「威脅」（怕被父「去其勢」）[29]的困境中。嬰孩戀母之情深遠，以至往後擇偶也是尋得仿母對象而感滿足。此

---

28. 參維基百科：《伊底帕斯王》，http://zh.wikipedia.org/zh/%E4%BC%8A%E5%BA%95%E5%B8%95%E6%96%AF%E7%8E%8B。

29. 一般而言，嬰孩最終認識到，他沒法超越自己的父親，最後只好屈從於父親之下，視父親為英雄，對他尊崇不已。弗氏認為如此的後果是為正常的性發展出路，使嬰孩日後得以有正常的心智發展。弗氏寫道：「嬰兒性生活的早期萌動注定要結束，因為它的願望與現實，與兒童所達到的那種未發育成熟的階段是不相稱的。這種萌動是在最使人憂傷的情況下終止的，同時還伴隨著極度痛苦的情感。」弗氏指出了性欲與失敗體驗密不可分；快樂亦與痛苦密不可分，最終前者被後者所抑制。參利奧‧博薩尼著，潘源譯：《弗洛伊德式的身體：精神分析與藝術》（上海：三聯書店，2009 年），頁 83-84。

外，欲弑父娶母的意向，揭示出嬰孩只愛自己，沒真正將他人放於心上。

20.7 心靈治療的啓示

對心靈作剖析，柏拉圖在《理想國》提出了一個想法：心靈源自三個部份而成，一為「欲望」，一為「精神」，一為「思維」。有時柏拉圖將心靈轉化為一個理性的存有，突顯的乃是理性的功能。至笛卡兒時，強調「我思即我在」之理，彰顯人的存在乃根植於人之意識。這繼而帶出了人之「主體性」問題，人之為人的條件以及價值問題，被進一步主題化討論：強調人的知性與智性能力之高，足以認識自己的一切與周遭事物。這其實又是衍生自柏拉圖思想。隨後哲學家繼續深化意識的探究，續有康德在意識考察的基礎上增添道德問題的討論，又有胡塞爾從現象學角度考究意識的結構與運作模態等事。然而，弗洛伊德有別於其他偉大學人之處，在於他首要、亦最為主題性地提出「無意識」（unconsciousness）問題。

對弗洛伊德而言，「我在」並非因為「我思」便能自明，人往往不是很了然「我思」與「我在」兩者；人並非活在清晰透視的意識架構中，因為無意識之故，人顯然並不十分清楚認識自己。

> 毫無需要去區辨甚麼是「意識」：所有哲學家的意識與大眾的意識無異。心智上的一切對我們來說皆是「無意識」的。意識一般而言非常流動不定的。甚麼為意識只可瞬間地被意識到……對我們思想過程的感知意識……或許持續一些時間，但也或許只剎那間流逝。一切為無意識的……很易與意識交替……可以說無意識「能成為意識」；而這樣子的無意識狀態則是「前意識」。心靈結構顯示出三個性質：意識、前意識或無意識。如此的區分實非一種絕對的或永久的認定。前意識轉為意識，非依靠任何外力的協助；無意識靠努力可轉為意識，在這努力轉變中我

們像感到克服了很強大的阻力般。[30]

弗洛伊德指明了意識的基本架構：「無意識→前意識→意識。」這樣一來，我們可反思到，活著的每個時刻並非常常「清醒」，不可能每每意識得到所有事，即使對環繞自己的一切人、事和物也不可能全部意識得到。在日常生活中，人不時或者往往會忘掉曾記於腦中之事，「遺忘」正是一個事實，「意識不及」是另一事實。於是乎，認識到人的意識為何，知悉「無意識→前意識→意識」的流程，才會真正認識自己。

揭示出「無意識→前意識→意識」的架構，實際上亦揭示了「我」（Ego），繼而又帶出了「它」（Id）與「上我」（Super-Ego）這三個心靈原素。[31] 簡要地說，這三個「我」構成了心靈的整個結構，三者同樣可以被看成是力量（energy），是生命的原始力量。審視一下三個「我」，「自我」相應意識到的「我」，關聯至理性能力的展現，而「它」是於無意識狀態中存在，「上我」則主要相對前意識狀態而言，介乎意識與無意識之間。三個「我」反映著整個心靈的作用，反過來說，心靈即有著意識、前意識和無意識的面向。我們如何知曉心靈的三分面向？事實上，無意識的活著不難理解的。我們一旦想及自己的心臟跳動、腸的蠕動，大抵就知道何謂無意識活動了。簡單來說，即所有不被察覺、不被操控但持續進行著的活動，就是無意識地進行、似是「被迫」運行著的原始力量。「我」層實是所謂的日常生活層，乃是被意識及知覺著的實踐世界。因為意識使然，

---

30. *Freud: An Outline of Psychoanalysis*, 1938, p.37, 37 ff & 38.

31. 依德文原字作理解，「原我」（Es）意謂「未經分化、渾然的我」，表示此「我」為最原始、最根本的；因此依我的理解，「Es」不該中譯成「原我」，該刪去「我」這用字，只表示為「它」就是最恰當的（只專注理解成一種力量而已）。至於「自我」（Ego）也有著翻譯的問題，「我」是最恰當的譯法，加上「自」字則著意了「自己的」之意涵，這不是本意。最後，「超我」（Super-Ego）的「超」使理解上衍生「超離或超脫我」的意味，並非最可取的譯字；德文「über」的意思就是「上的或上面的」，故譯成「上我」更佳。

知性、智性以至理性即附屬於這層面，然則弗洛伊德表示，「我」實非百分百為意識，而是還有「無意識」和「前意識」的部份。

"Wo Es war, soll Ich warden."

弗洛伊德此言常被學人揣摩，但亦難以被理解透徹，只知道的是他認為「它」（Es／id）是為最原始最強大的生命力量而已。「它」之所以原始，實源於它乃以身體之在與欲為本，透現出肉欲的原始獸性此一生命本源力量。此本源力量非學習得來的，而是生來即有。弗洛伊德續言及：

> 在外在的真實世界影響下，一部份的「它」受到了殊別發展。作
> 為原始的力量，它接收到外在刺激並因而起著保護作用以抵禦
> 外在刺激。如是一道相隔它與外在世界之間的媒介衍生了；此
> 就是「我」之所以然的因由而已。[32]

弗洛伊德區分「它」和「我」，以揭示「它」為最根本的生命力量，實際上推倒了笛卡兒主張「我思」（或說「知性的我」）之首要性這一理性思維結果。依弗氏的說法，如此的知性或理性只在一般的日常生活中展示，在其背後屬最為根本的一種基礎動力乃是「它」；換言之，知性或理性是被另一原始力量推動著是為一實況，而且揭示出更為具震撼力的事實：理性是被非理性的原欲推動而顯現的，而這是經心理分析考源出來的理論。

「我」可以被視為一能夠自我控制的力量，在日常生活裡人們能夠操控自己的行為、作自我保護、避開危機。另一方面，非理性的「它」之力量很強大，然而因「上我」的干涉、並且在生活層面有著「我」的習慣凝聚，所以亦可壓抑或避免了很多不必要的困擾，甚或危及他人與己的行為。一覽眾多原欲力量，尤以性欲最為強大、無邊際，因此反過來看，可知悉何以性欲是為最本源的原欲力量了。[33]

---

32. *Freud: An Outline of Psychoanalysis*, 1938, p.15.

33. 弗洛伊德曾說：「各種心理症的推動力量，無一不以性本能為根基。我的意思絕不是說，
性衝動的能源僅僅貢獻於病態的症狀形成。我所堅決認定的是，它根本就供應了心理症最

滿足「它」 的需要， 亦得出了所謂的「快樂原則」（Pleasure
Principle）這個概念。為每一個「它」（性欲）提供滿足途徑，實在就是人
活著的歷程：當欲求稍被滿足時，快樂即湧現。欲求與快樂相生相存，
不過活著的人欲求永不衰止，但人之獲致的快樂則有限時，這是沒法收
拾的殘局。如此一來，不被即時滿足的欲求只好被壓制，這樣子便佐證
了弗洛伊德考源出的見解：「它」處於無意識的層面，常常被壓抑著。[34]

> 在幼兒時期以內，幼兒依靠他的父母而過活，父母的影響致使
> 他於其「我」之中迅速習成了一特別力量——「上我」。此「上我」
> 不僅與「我」有別，更是與之對衡的。[35]

簡單地說，「上我」之習成，開啟出收斂「它」的無限制欲求之途。發
展出「上我」的幼兒，在日常生活中才能「知規矩守規矩」，否則的話我們
便會責難「這小朋友真沒家教」、「小朋友，知道甚麼是規矩嗎？你這樣
做是不對的」。由此觀之，家教很重要（對男孩來說，父親的管教起了非
常大的作用），這作為幼兒長成並投入於社會中生活前的一個學習知禮守
禮的初階（至身處社會時，幼童又會受到教師及其他社會模範所教育與規
管）。

在弗洛伊德的解構下，「我」是有著三重面向或結構（「我」--「上我」--

重要、獨一無二的能源，故而這些患者的性生活或全部、或大半、或部份地表現在這些症
狀裡。」弗氏從性變態、心理症的各種異常現象中，發現了性本能、性衝動在人的心性發
展中所起的重大作用和影響。《弗洛伊德傳》，頁 195。

34. 在《超越快樂原則》的第三章中，弗洛伊德提及：「毫無疑問，有意識的和無意識的自我
產生的抗拒是在唯樂原則的支配下發生作用的：它目是要避免不愉快，這種不愉快是由
被壓抑的部份得到解放而產生。但是，另一方面我們的努力的目標則是通過訴諸唯實原
則來取得對這種不愉快的忍耐。然而，這個強迫重複的現象，即被壓抑的東西的力量的表
現，又如何與唯樂原則聯繫起來呢？顯然，在強迫重複的作用下所重新經歷的絕大部分體
驗必定會使自我感到不愉快，因為它暴露了被壓抑的本能衝動的活動。……強迫重複也能
使人回憶起過去的一些不包含任何產生愉快的可能性的體驗，這些體驗甚至在很久以前也
從未給一直受壓抑的本能的衝動帶來過任何滿足。《弗洛伊德後期著作選》，頁 19-20。

35. *Freud: An Outline of Psychoanalysis*, 1938, p.17.

「它」),最為基礎的分別是「它」與「上我」,同是示意源由自過去所衍生的力量,而「我」是人從社會生活中承受到種種體驗而引致出來的。如此勾勒出來的問題乃是:同一「我」承受著三個「我」的壓力,須好好調適以免陷於失調甚至失控的地步。不過,調適非易事,每一個人往往就是受著外力壓制,例如在社會當中處於道德的規範壓力下過活[36]。亦即可以說,承受著三個「我」的要求來做人,致使「我」的心靈痛苦不堪,即使不是很痛苦也不見得舒懷,處處總是受制約,難怪每一個人也有著產生不同心理病的潛伏可能。

總結地說,「它」實是與生俱來、乃彰顯幼稚且自私的特性;「上我」源自一出生時受到的父母教育造就,內含「對與錯」、「好與壞」的標準觀念;「我」揉合「它」與「上我」,作為在日常生活裡最為顯現的一個「我」。弗氏考源出「三我的心靈結構」,將一個人自身的「矛盾」顯露無遺。

對於「生死愛欲」這課題來說,弗洛伊德的學說實帶出最重要的人生課題:人性衝突——我們如何處理內在的欲求?如何處理社會的道德要求?如何面對自己與及外在世界呢?弗洛伊德可謂考源出了人性最底層的性格,他提出的「快樂原則」,正是把人性中愛樂避苦的心態完全剖析出來。此外,弗洛伊德同時解說出,人作為社會的一份子,實際上須控制自身的快樂欲求,以調整出合情合理的行為,以符合社會的實況要求。

然而,弗洛伊德並非認同理性就是解決欲求的辦法,做人非以理性行事為最佳。人們無法滿足自身的快樂欲求如何是好?因此人自有「防衛機制」(Defense Mechanism)的出現,這防衛帶來的影響可大可小,極端的情況,人會高度沈溺於自己的內在想法裡,漠視外在世界而顯得極為沈默孤獨,這是一種精神病徵。繼而,這樣子過活的精神病病人,因

---

36. 社會的規範影響至深,如歧視同性愛或貶抑女性是常見現象的話,那大可不問究竟的處身其中,自然而然便成生活習慣了。

時刻也沒法抒發自身欲求，因而必定要轉移欲求目標，使得壓抑自己得以舒解，將處身現實世界的種種體驗扭曲不堪。

由此看來，弗洛伊德的心靈治療法，藉著人的行為作一還原，以考源出人性最底層的原欲來；可以說他亦傳承了先賢柏拉圖的想法，同樣探討出心靈一分為三部份的景象，只是在用語上因探討方式與思索側重點不同，以致有別而已。最後，以弗洛伊德的話語來結束這一章：

> 心靈治療有著一基本預設，對於它的探討乃是歸於哲學式思慮，而對於它的評價則著眼於它的結果而定。對於心靈，我們認知了兩樣事情：第一，它的肉身或說是活動的場地乃是頭腦；第二，意識的行動就是即時性的，非任何描述得以解釋之；一切於其中發生的事情不為人們認知得到，人們無法直接獲取相關意識運作之事。意識一旦起作用，就於整個流程裡局部地運作，這不易為人們所測量或析解。[37]
>
> 精神分析是一種治療，它對因情緒困擾而引起的生理失調，有著明顯的效果。在宗教懺悔儀式中，人們說出他所作所為、所知道的，而在精神分析過程中，分析師和病人一起去挖掘隱藏在行為和意識之下的事情真相。終究，病人會說出原本比他知道還多。[38]

---

37. *Freud: An Outline of Psychoanalysis*, 1938, p.13-14.

38. 《弗洛伊德無所不在》，頁98。

第21章
浪漫愛情之延續：傳統愛情思想的轉向

在之前各章當中，我們透過西方文化如何理解愛這回事，從古希臘傳統，柏拉圖及亞里士多德，以及基督宗教，以耶穌的愛或者是以德性來講甚麼叫真正的愛。在講這些愛之時，著眼點乃在於如何講一種普遍、永恆以及真理的愛，這些都是有價值的愛，值得人去追求的。柏拉圖在《會飲》當中，認為人應該要追求真善美，甚至要達到一個靈魂不朽的狀態，能夠與神看齊。

亞里士多德亦認為愛有高低之分，愛不能停留在飲食層次，與人交往，最重要的是因為對方有著德性。基督宗教亦有類似的教導，他們主張的是神愛，教導世人應愛人如己，是模仿神愛世人的一種博愛。裡面都包含著一種價值意識的，而現代的愛似乎不再是這樣的，要講出個體與個體之間的特定關係，這甚至在我們討論中國的情愛問題時，已經是這樣。《詩經》或馮夢龍的《情史類略》當中，都是講特定人與人之間的關係。因此之故，在現代世界中，愛已經變成了浪漫愛與激情愛。

但是，浪漫愛與激情愛裡面帶著某種挑戰社會規範，道德禁忌的意思。一男一女的愛，似乎是不理會世俗眼光的，具某種反社會的傾向，而當激情與性某程度上都是緊密地結合的，男女雙方所追求的激情，兩性之間的互相吸引，性欲比道德規範更重要，所以有通姦的成分，從而變成通姦愛。在西方當中，有很多愛情故事都是圍繞著兩個不應該相愛之人私奔，背叛了本來的愛人，因而死亡的。這種不應愛而愛，便是傳統基督宗教的禁忌，便成為一種罪。

以上這種愛，都是以二人的愛，與世界對立，這才是真正的浪漫，才是值得歌頌的偉大愛情。不過，這種激情的愛，是要用愛火燃燒的

愛，因此來得快，也去得快，過程十分短暫。

21.1「不在乎天長地久」之現代愛情觀

從古到今，無論東方或西方，傳統社會當中，「天長地久」之愛是一種對美好愛情的想像。例如之前所講，白居易的〈長恨歌〉便是歌頌男女之間，一生一世的愛情。有不少人以數字「一三一四」來表達，這是用中文的諧音來表達，不過有趣的是，這其實亦與「一生一死」的音相近，當中意義甚有玩味的。很多的流行文化當中，特別是電視廣告，亦歌頌一生一世的愛情的，比較著名的就是鐵達時（Titus）手錶廣告影片中，周潤發與吳倩蓮的故事，十分感人。其中片尾所講的便是：「不在乎天長地久，只在乎曾經擁有」。

以前中國傳統社會所追求的，是天長地久之愛，而現今的人則追求剎那間的浪漫，這種現象可以從網上的交友現象看得出來。當前最大的生意之一是互聯網的交友網站和手機交友應用程式。我們可以看到互聯網和智能手機帶來多大的革命，完全改變了五十年前的男女交友經驗。

在使用互聯網時，經常會看到一些交友網站的宣傳，有時連學術網站亦能見到。但我們不知道哪些網站是真正的交友網站，哪些是性交易平台。

在互聯網出現前，大家是如何認識男女朋友呢？舊同學聚會很喜歡聊舊事，然後發現三、四十年前你暗戀我、我暗戀你，最後原來所有同學都喜歡所有人。那是男女校的情況。男校、女校則期待聖誕派對的到來。我唸港大時住男生宿舍利瑪竇，大家最開心的是開派對時等候一輛輛載著女生們的旅遊巴士抵達，我們都排隊去接待她們。當時認識男女朋友的地方就是這樣。現在大家中學還有開派對嗎？還有去「的士高」（disco）嗎？

智能手機改變了我們交友的狀況，互聯網讓我們能夠接觸更多人。交友落入市場經濟中，每個人以顧客的身份出現。我們在網上介紹自己，盡寫優秀的地方。哪會有人寫自己是個矮冬瓜、收入僅有三千呢？每個人都搖身一變成為灰姑娘，人人都是俊男美女。不需要親身見面，不需要真的認識對方，也不需要別人介紹，每個人自己都可以在網上交友、在微訊與陌生人促膝談心。於是，出現了另一個問題：我們到底追求甚麼呢？

　　但是，從謊言夢話獲得網絡的浪漫滿足，帶來了另一個問題：在欲望大超市中，我們就像走入了特易購超市裡穀類早餐的貨架走道，幾乎沒有辦法作出選擇。「看一看他們的個人資料，他們都是一樣的。」Channelchris 在她的網誌哀嘆。「富魅力、愛好運動、大方、風趣、無城府、帥氣、性感……他們基本上保證你將無比幸福。」[1]

　　這些網上交友程式的廣告十分有趣，他們強調人們可以在這裡找到真愛，也有很多教導大眾如何找到理想的另一半。但問題是，這些方法真的能幫我們找到伴侶嗎？按照 Tinder 的數據來說，他們估計每個月有大概五千萬的用戶，並且每日大概有一千二百萬個配對。當中的人數可說是十分驚人的，我們的地球有七十二億人口[2]，光是這個應用程式便佔了那麼高的比例，而且其他還有千千萬萬個類似的程式。

　　對於這種現象，有不少人持反對的聲音，認為網戀從根本上破壞了愛情這回事。我們能夠看到，每一個人在這些交友程式當中介紹自己，都是把自己講得十分美好，看似沒有缺點，人們總會說自己聰明，而且身材很好。這樣真的能為我們找到愛情嗎？而這種網上交友的程式，與

---

1. 同上注。

2. 此為本文寫作時之人口數，至 2022 年底，全球人口已超過 80 億。

我們所講的愛情又有甚麼關係呢？英國《衛報》（*The Guardian*）中有一篇報導是關於這個討論的：

> cinderella69（AKA Jennifer，1969 年生）在網誌如此描寫她的網絡約會經驗：「我告訴你，這是戀愛時代、真愛之年、真實的事物。直至現在，你才能做到。過去你只一直等你的王子，等了又等，但依然有一段等候時間在前，因為他不知道你在等他，可憐。現在你能夠上網，所有人都在知道它，它不可能失靈，你只需要看一看它。」
>
> 上個千年，我們有72%的人在學校或大學、在工作中或在家庭或朋友的網絡中遇到我們的伴侶。其他28%的人，估計是在黑區酒吧外躺在自己的污穢物中時，被他們絆倒，從而遇到了他們生命中的愛人。[3]

以前我們透過學校、組織來認識我們的伴侶的，甚至很多都是熟人介紹的，現在我們則可以跨越熟人與生活周邊群體，來認識世界上任何一處的人。在網上交友，原則上我們可以有無限的可能性，可以對別人有很大的幻想。但問題是，這種網上交友是否真的能滿足愛情的欲望呢？上文的作者指出，這些公司兜售的，只不過是童話式的兒時夢想。而更重要的是，被你所選的人，原則上都是一模一樣的人，大家都用差不多的方式來描述自己。而網路上被揀選的人有無數多，但無數多的對象是否代表更容易找到理想伴侶呢？作者接著引述Jean-Claude Kaufmann的著作來回應這個問題：

> 索邦大學社會學家Jean-Claude Kaufmann，在他的新書"Love Online"中引用了上述性博客，他在書中反思了千禧年以來浪漫關係所發生的一切。他認為，約會的環境已經完全改變。我

---

3. Stuart Jeffries (2012, February 6), *Is online dating destroying love?*

們過去有父母來幫助我們結婚；現在我們必須自力更生。在我們的浪漫生活中，我們比以往任何時候都有更多的自由和自主權，我們中的一些人已經利用這種自由改變了目標：一夫一妻制和婚姻不再是我們許多人的目標；性，被重新配置為一種無害的休閒活動，包括最大化的快樂和最小化的承諾的麻煩，往往是在線約會網站加速了這些變化，提高了對性和愛的希望，加深了對性和愛的陷阱。[4]

21.2「麥當勞化」的愛情

當我們有愈來愈多的選擇與自由時，其實便會放棄婚姻的目的，這種追求浪漫激情，以性愛為本的活動，變成了閒時的娛樂活動，最終目的變成了享樂，而失去戀愛當中長久的特質。兩個人的關係，變成了平台之間的平等交易，婚姻因而變得次要，而激情的性關係才是最重要的。但這種現象究竟是怎樣出現的呢？當中有一個講法是，現代的愛情變得麥當勞化：

> 「社會的麥當勞化」是 George Ritzer 的一個案例研究的題目。簡而言之，麥當勞化是指「快餐店的原則越來越多地支配著美國社會以及世界其他地區的過程。」本質上，這表明，特別是在一個全球化的世界裡，麥當勞的工作方式和他們使用的程序可以應用於社會的各個方面。[5]

麥當勞可以說是快餐、全球化的代名詞，全世界都有的。我們進入這家餐廳後，縱使有很多的選擇，但整個生產過程是標準化（standardized）

---

4. 同前注。

5. https://itaint-necessarilyso.squarespace.com/articles/2014/10/30/the-mcdonaldisation-of-love

的。所以，在全球去任何一家分店都是差不多的，都是有巨無霸可以吃，味道也差不多，一式一樣。如果用以類比網上交友的現象，麥當勞化便是指愛情變成一種速食商品，甚至連性也變成了速食商品，當人們投入這個程式之後，參與者便變成了消費者，同時亦成為了商品，因此是買家亦是賣家。

但是，買家賣家是由價格來定義的，是用多少錢要量度的，問題是愛情真的是這樣的嗎？是否男才女貌，大家的條件相合，合乎自己本來的期望，愛情便會從中產生呢？所有網上交友的人，都是想找到浪漫愛的，但這是否真的代表找到了一個人陪伴，便能得到浪漫愛呢？完全能被掌控的浪漫愛情，真正的浪漫呢？作者如是說：

> 同時，大量的個人資料導致我們變得不切實際地挑剔。我們可以完全控制我們想見到的人，他或她應該是什麼樣子的。供應創造需求。交友網站上的過度供應使我們對「提供」的人產生不切實際的期望。同時，這也造成了某種可預測性，因為我們的偏好最終將導致相當標準化的選擇，符合我們規定的期望的匹配。[6]

整個過程都像是在我們掌控中，都落在一個可預測的過程中，但這是違反了浪漫愛的原意。整個網上交友工業，似乎都是依賴於人們對浪漫的想像，一個童話式的夢想，希望在千千萬萬人中找到自己理想中的情人。而當兩個人見面之後，發現原來這個人並不合乎本來的要求，便再找另一個人，很多人都希望下一個必然會合乎自己的理想條件。透過給予金錢來保證浪漫愛情的出現，因為怕受傷，而不肯冒險，便剛好破壞了愛之為愛的特點，正如法國哲學家巴迪烏（Alain Badiou）這說：

> 當我們知道收件箱裡還有10條來自潛在對象的信息之時，只會

---

6. 同前注。

令我們在第一次面對面的約會，擁有評估的心態。當然，這是在我們的約會沒有達到我們預想的失望之後所出現的。因此，我們很容易從一個人，跳到另一個人，以找到「完美匹配」。並且，進行利益成本分析，並去選擇收益最高的選項。我們開始無休止地尋找完美的伴侶，沒有停下來了解我們面前的這個人。有趣的是，研究表明，在了解一個人時，不考慮可觀察到的特徵實際上會產生更高的滿意度。大多數活著的人都相信有靈魂伴侶。這方面的問題是，相信「那個人」的人在關係面臨問題時更有可能結束關係。相信關係會成長並需要努力的人更有可能作為夫妻過上幸福、長久的生活。哲學家阿蘭-巴迪烏在他的書《愛的多重奏》中寫道，約會網站以一種類似於愛情保險的方式提供服務：似乎萬無一失，沒有拒絕的痛苦。問題是，愛情和痛苦是相輔相成的，沒有任何關係會沒有爭論和分歧。[7]

　　愛情的商品化所依賴的都是人們對愛情完美的想像，大部份的人都不想在男女關係中失望，因此用網上交友平台便是販賣這種需求。但問題是，在兩個人的生活世界當中，完全沒有失望的關係，是否真的可能呢？當然每個人都希望對方完全合乎自己所想，而當這個願望得不到之時，便轉戰網上交友平台，希望總有一日，有人能夠滿足自己的願望。這個過程充滿著理性計算，從而避免戀愛出現問題，但男女之間必然會出現無數不可計算的問題，我們又能從本質上評估任何人際關係嗎？正如巴迪烏所說：「他們的口號是『有愛無險』，『人可以不戀愛』，『你可以不用受苦就能完美地戀愛』。」[8]便是箇中問題所在。

　　在英國社會哲學家包曼 (Zymunt Bauman, 1925-2017) 的《液體之

7.　同前注。

8.　同前注。

愛》(*Liquid Love*, 2003) 這一著作中，便描述了這種現代世界愛情的特質，當中的關鍵概念便是「愛情液態化」。愛情之間是沒有保證的，情愛本來如此，但正正是真相如此殘酷，我們便祈求童話的出現以滿足這個夢想，兩者之間的互動便構成了一個看似對立，而實際上成雙成對的東西。Stuart Jeffries 從包曼這部著作中理解網上交友：

> 包曼在他 2003 年出版的 "Liquid Love" 一書中寫道，我們這些「液體現代人」不能承諾建立關係，也沒有什麼親屬關係。我們只能不斷地使用我們的技能、智慧和奉獻精神來創造臨時的紐帶，這種紐帶足夠鬆散，以阻止窒息，但又足夠緊密，以提供所需的安全感，現在傳統的慰藉來源（家庭、事業、愛的關係）比以前更不可靠。而網上約會恰恰為我們提供了這樣的機會，讓我們擁有快速而狂熱的性關係，在這種關係中，承諾是一個禁區，但數量和質量可以是正相關而不是反相關。
>
> 「我們必須在嚴格的臨時基礎上發現愛的方式」。或者，更有可能的是，意識到我們永遠不可能擁有一切。也許，我們注定是不滿足的生物，其慾望只是在我們去尋找新的對象來搔擾新的癢處之前暫時得到了滿足。這表明，在線約會網站將在很長一段時間內讓我們充滿希望和失望。[9]

男的希望女漂亮，女的希望男英俊，大家約會之時，可能仍會滿足，過了一段日子，當這個對象滿足不了自己之後便會失望，後來自然而然便會困惑，但最重要的是，人們會在此之後尋找一個新的對象，新的希望，以填補這個不能被滿足的心理位置。因此，整個販賣希望的網上交友平台工業，便是以這個原理生存，人們又能在這個市場當中再次

9. Stuart Jeffries (2012, February 6), Is online dating destroying love?, https://www.theguardian.com/lifeandstyle/2012/feb/06/is-online-dating-destroying-love

消費。在這個消費主義的世界當中，重點便是「總有東西比較好」。

我們以為自己有很多選擇，但當中未必只是從單方面的好處來看。昔日我們讀男校或女校之時，所見之人只有一個性別，這當然是沒有選擇可言的，但當人面對很多的戀愛選擇時，又會怎樣呢？當代美國心理學家貝瑞・施瓦茨（Barry Schwartz）便說明了為何身處二十一世紀當中，有過量的選擇，可能會為人帶來焦慮的。他這樣講：

> 這本書是關於美國人在生活中幾乎所有領域所面臨的選擇：教育、職業、友誼、性、浪漫、養育子女、宗教信仰。不可否認，選擇能提高我們的生活質量。它使我們能夠控制自己的命運，並接近於從任何情況下獲得我們想要的東西。選擇權對自主權至關重要，而自主權是幸福的絕對基礎。健康的人希望並需要指導自己的生活。
>
> 另一方面，一些選擇是好的，並不一定意味著更多的選擇是好的。正如我所言，擁有過多的選擇是有代價的。作為一種文化，我們醉心於自由、自決和多樣性，我們不願意放棄任何選擇。但是，頑固地堅持所有可用的選擇會導致錯誤的決定，導致焦慮、壓力和不滿，甚至導致臨床抑鬱症。[10]

在二十一世紀當中，我們以個人自由為榮，認為沒有個人自由的生活是不好的，這種自由主義的論述在政治層面上當然是合理的，但在日常生活方面，過分多的選項，是否真的能令我們作出選擇呢？有沒有可能，太多的選項，反令到我們根本不知道該如何選擇呢？當我們沉醉在尋找更多的選項之時，會否令到我們不敢真真正正向前行一步，為自由的生活作出關鍵性、決斷性的抉擇呢？這本書所講的，便是一個很簡單

---

10. Barry Schwartz, *The Paradox of Choice: Why More is Less*, New York: HarperCollins, 2005, p. 6-7 （作者翻譯）.

的道理：愈多的選項，不一定令你更加幸福的了。

　　而在這些網交交友平台當中，他們聲稱人們可以在這裡找到真愛，先不論真愛是否真的能夠在這裡找到的問題，我們似乎應先回歸正傳，回到問題到的核心：究竟甚麼是真愛呢？

21.3 自愛－自我－唯我

由古希臘、基督宗教到現代世界當中，對於愛的看法產生了一種關鍵的改變，就是從「兩個人」的關係，改變「一個人」關係，也就是變成了自我與自我之間的問題。現代世界的自愛（Narcissism），似乎變成了一種普遍的現象，有人說這是「精神病」，但究竟是否真的如此呢？美國著名女歌手惠妮・休斯頓（Whitney Houston, 1963-2012）在 1985 年的時候，有一歌叫作「最偉大的愛」（*The Greatest Love of All*），歌中所表達的便是自愛乃是所有愛當中最偉大的。自愛之人的自尊不會被別人所摧毀，是眾多愛當中最容易實現的。這首歌某程度上反映了現代世界對愛情的態度，例如是美國的「我的年代」（Me generation）等，這些都是現代自愛文化的產物。此想法若放在傳統基督宗教世界觀之中，是不可想像的，在西方世界當中，從古代到啟蒙運動，最重要的愛是神愛，又怎會是人的自愛呢？

　　西方傳統中，特別是在古希臘傳統，一直都相信人的存在是要依於整個社群的，個體只不過是社群的一部份，所以愛是不能離開城邦而存的，是與他人有關的。但是由「我」作為愛的中心點，只不過是一件很近代的事情。對於這個問題，在尼采的文本中，便曾講道，「成為你自己」這個概念。儘管他死的時候仍十分年輕，但在他短短數十年光陰當中，他對西方文化的影響十分大，而他所講的，便是總結了他所身處的時代特徵，也是對西方文化傳統的一種反叛。

他提到一個關鍵的概念，便是「愛情上的哥白尼式轉向」（The Copernican Revolution of Love）。哥白尼本來是一個天文學家，而他最重要的貢獻在於改變了人們對太陽與地球之間關係的看法，從人們一直相信的「地心說」變成了「日心說」。當時哥白尼並不敢直接出書改變這個說法，因為當時的基督教教會是以地球為主心，而他所講的「日心說」挑戰了教會的權威。

其後，笛卡兒要重新找到知識的基礎，認為一切的知識都是可被懷疑的，除了自己在正懷疑這回事，因此他提出「我思故我在」（I think, therefore I am），這是他在《沉思錄》（Meditation）中提出。這個「我」變成了理解世界的起點，以及不可動搖的根基。即使是全能的上帝，亦要透過「我」來肯定。

康德在討論啟蒙的問題上，呼籲人們用自己的理性來思考，而不應再無條件地相信權威。我們能夠直接把握的，是自己的主體意識，再進一步講究進入了康德的三大批判，討論「人為自然立法」的基礎，究竟甚麼是形而上學的話題。甚麼哲學問題是超越了理性的限制，甚麼哲學問題是留在可討論的範圍之內，這便是康德的工作，而當中的重點是「人」，不再是「神」了。

21.4 尼采：愛情上的「哥白尼式」轉向

到了十九世紀，達爾文演化論的出現，可謂歐洲基督宗教信仰的致命一擊。生物學的發展令我們知道人不是被上帝創造的，純粹是大自然的演化而成的，因此基督教的講法便變成了神話，人不再圍繞著宗教而活，而這正是尼采所講的「上帝已死」之義，他認為宗教生活不再是歐洲文化的核心，從而為此作出總結。他在《快樂的科學》（The Gay Science）當中如是說：

上帝死了！永遠死了！是咱們把他殺死的！我們，最殘忍的凶
手，如何自慰呢？那個至今擁有整個世界的至聖至強者竟在我
們的刀下流血！誰能揩掉我們身上的血迹？用什麼水可以清洗
我們自身？我們必須發明什麼樣的贖罪慶典和神聖遊戲呢？這
偉大的業績對於我們是否過於偉大？我們自己是否必須變成上
帝，以便與這偉大的業績相稱？[11]

尼采所講的只不過是一種描述性的事實，他問：難道現在世界中
的教堂，不是宗教的墳墓嗎？即使很多人仍然相信神，認為自己是基督
徒，認為神是最公義的神，但歐洲在十九世紀之後，這種宗教色彩漸漸
淡去，若神仍然存在的話，又怎樣會有二十世紀初的兩次大戰呢？甚至
有無數的人被送入集中營，被納粹有系統地屠殺呢？當時有很多無辜的
兒童、婦人、老人受害，而上帝又在哪裡呢？不過尼采所講的重點不
僅是這樣，問題是當上帝不再重要時，又有甚麼能夠取代這個價值位置
呢？這顯然是人自身變成了價值體系的中心，這個中心是由神變成了人。

當代英國哲學家西門‧梅（Simon May）這樣形容尼采所做的工作，
特別是關於「上帝已死」，或者是「一切價值重估」等的概念：

尼采在愛的歷史上有一個奇怪的意義。他為我們的愛的概念的
革命提供了基礎，而對它幾乎沒有任何新的說法。他是通過攻
擊整個柏拉圖式的基督教思想體系來做到這一點的，這個體系
構建了西方對愛的態度。這是一個使愛尋求永恆而不改變、好
而不壞、精神而不物質的理想的體系。

基督教，或者是為「人民」的柏拉圖主義（Platonism for "the
people"），均像尼采揶揄地描述的那樣，是出色的狡辯，把否
定生命變成了一種道德義務。它通過將世俗的、身體的以及將

---

11. Nietzsche, "The Madman," *The Gay Science, Section 125*, trans. Walter Kaufmann.

一個人的自然力量作為力量的主張視為邪惡來執行這一責任。他聲稱，基督教教導我們對所有這些感到內疚，而要重視它們的反面：無私和謙遜。它發明了一個拯救弱者、譴責強者的上帝；發明了「原罪」這樣的概念，使我們對自己不可避免的身份感到內疚；還發明了自由意志這樣的「禮物」，據說我們可以通過它選擇否定作為人類的一部份的慾望。[12]

按照西門・梅的說法，尼采整個工作就是攻擊柏拉圖主義或基督宗教，對永恆不變這種概念的想法，歐洲人的心靈似乎都是一直在追求靈魂不朽，一個永生的世界，而這個世界是沒有任何惡的東西的，是一個完美的世界，但是尼采卻認為，這個世界沒有壞的話，根本就沒有所謂的好，就只不過是沒有內容的，沒有物理性質，甚至不值得活的世界。這一切的想像，都是對生命的否定，既然自我委身於一個大的概念之下，便不可能是一個自主的生命，甚至不可能是一個有血有肉的生命。

對於柏拉圖主義者或者基督宗教，身體感官所帶來的快感並不是正面的，因此總是否定性愛對於生命的意義。奧古斯丁所講的原罪，就是對於性的避忌，而這正正就是尼采所批評的東西。他認為，基督教正正把人的懦弱，說成為一種罪，使我們永遠不能從而逃離出來。西門・梅接著說：

> 愛發源於這樣一個道德世界的——一個被對痛苦、損失和軟弱的恐懼所支配的愛；一個被憐憫的道德所支配的愛——是起源於怨恨和仇恨的。這是尼采關於從猶太教和基督教演變而來的愛的傳統的最驚人的說法：它從仇恨中生長出來……那種對自然、力量、生命本身的仇恨，推動著「愛的宗教」。愛怎麼會從一種最肯定的激情，變成了否定世界和人類繁榮的條件，除非

---

12. Simon May, *Love: A History*, New Haven: Yale University Press, 2011, p. 190-192.

渴望報復世界？

人類對痛苦的世界感到恐懼，對自己的無助感到怨恨，對自己的分裂感到厭惡，對自己不可避免的身份感到厭惡，對自己繁榮的條件和痛苦感到厭惡，同時也渴望繁榮：這也是一個人，他將努力發明想像的、奇妙的、他可以成為主人的世界。基督教的自我折磨，及其所有的罪惡感和壞良心，一直是「所有理想和想像現象的子宮」，並帶來了「大量奇怪的新美感的肯定」。[13]

　　無論基督宗教也好，柏拉圖主義者也好，他們均對身體情欲產生的快感口誅筆伐的，認為追求身體的快感，令人忘記如何完善自己的靈魂。尼采從中便提出疑問，為何靈魂重要而身體不重要呢？為什麼真善美重要呢？甚至是尼采追問下去，真善美的善，究竟有甚麼的善呢？在永生的世界當中，這種真善美只不過是概念世界上的善而已，並不是具體世界當中的，如果沒有身體在具體的世界當中行動，根本就達不到真正的善。這便如我們寫幾萬次「善」這個字，仍得不到善這回事的道理一樣的。甜的味道並不在於概念上的甜，而是有其物理的載體。因此，尼采不滿意的是柏拉圖主義者及基督宗教當中對身體以及自然的敵視，而這正就是毀棄生命的。

　　尼采可以說是站在柏拉圖以及基督宗教的對立面，認為他們所追求的理念，都並不是具體的生命。柏拉圖認為愛像是一個階梯，可以讓我們的靈魂層層上升，最後便達到靈魂不朽的境地，但這究竟是甚麼意思呢？永生究竟是甚麼意思呢？當《聖經》講天堂是永遠快樂的，人能夠從中得到永恆的生命，永恆的快樂是否真正的快樂呢？生命本來就有所謂的痛苦，人活著便要面對外界的挑戰，從中痛苦掙扎，如果人以為透過宗教的力量，放棄自身所面對的問題，把自身的生命交給宗教，從而解

---

13. 同前注，頁 193-194。

決所有問題，這只不過是一種自欺欺人的行為。當然這是一個非常苛刻的想法，並不容易做到。

我們從中可以看到，自笛卡兒開始，哲學與歐洲文化的發展，是一步步從描述理念的世界當中，走到具體的世界的。當自我成為知識的基礎，為什麼我們要接受傳統基督教的規限呢？這種強逼性的規限，又怎能讓我們接受呢？尼采於此，便進一步如是說：

> 尼采的答案是自愛。這不是指自滿或放縱的自我主張，他對此深惡痛絕，而是指對自己的嚴格敬畏，特別是對自己擁有值得尊重的高貴品質的敬畏。尼采堅持認為，這是我們對他人乃至對整個世界的愛的前提條件。沒有它，人類恰恰會陷入破壞性的怨恨之中，這種怨恨在「虛無的意志」中得到了體現。因此，尼采堅持認為：「有一件事是必要的：人應該對自己感到滿意……誰對自己不滿意，誰就會不斷地準備報復。」[14]

對於如何取代柏拉圖主義者及基督教所提出的生活方式，尼采便提出以自愛（self-love）的方式來應對。這種愛並不是要否定與其他人的關係，他想講的是，如果一個人不懂自愛的話，根本不懂得如何愛其他人，而這其實是一種對自我的知識。如果一個人不肯面對自己是甚麼，不肯學習面對自己，便對自己並不滿意，把自己的問題丟給別人，認為別人是所有問題的來源，便是一個正在充滿仇恨之人。如果大家記得亞里士多德的講法的話，他講的德愛，所愛之人其實是另一個我（alter ego）而已，他也認為如果我們根本不愛自己，甚至不愛自己的德性之時，根本不可能與其他人交朋友，更遑論是進一步的情愛了。

當然尼采在愛情上的哥白尼式轉向，其實是源自於哲學史當中對康德的定位，康德在形而上學當中倒轉了主體與客體之間的關係。尼采所

---

14. 同前注，頁198。

講的，並不是討論德愛與神學，而是返回自身，回到主體之上討論何謂愛的問題，自我變成了愛的出發點。但是這樣說的話，從自我的角度來討論愛情，是否代表著世界上不再有天長地久之愛呢，同時也沒有普遍意義的愛呢？那會不會變得自我主義（egoism）呢？尼采如此回答：

> 冒著觸怒天真無邪的耳朵的風險，我提出：利己主義乃是高貴靈魂的本質。我指的是一種不可改變的信念。其他存在物必須自然地服從於像「我們」這樣的存在物。高貴的靈魂接受利己主義這個事實，不提出絲毫抗告，也未感覺到其中有什麼刺耳、令人不舒服或武斷之處，而是將其視為這樣一種東西，其根基存在於事物的基本規律之中。如果要為它取名字的話，他會說：「這就是正義本身。」在某些情況（這些情況會使他在開始時猶豫不決）下，他承認，有另外一些享有同樣得天獨厚條件的人；一旦解決了這一地位問題，他便仰賴傑出人物都懂得的一種上天賦予的超凡心理機制，像自己獨處時那樣，充滿自信而又謙遜地知道如何尊重他人，周旋於那些與自己地位相等的人和享有同樣得天獨厚條件的人當中。[15]

21.5 自愛與女人之愛

不過，我們要注意的是尼采所講的自我主義，並非古代中國楊朱的唯我論，即不是以滿足個人欲望為本的想法，而是指我們要重新理解，人類只不過是地球上的其中一種動物而已，不是活在世界之外的，只不過是自然世界中的一員，只是其中一種物種。人類作為一個物種，是一個活生生的、活著的、有身體的存在。他認為過往的人都以概括的普遍理論

---

15. 尼采著，朱泱譯：《善惡的彼岸》（北京：團結出版社，2001 年），頁 216。

來理解人。即使人是有理性的,但以「人是理性的動物」來定義人,是一種太過概括的描述。他接著說:

> 在與地位相等的人交往時,必須具有的這種技巧和必須進行的這種自我約束,是利己主義的又一例證。每一傑出人物都是相互一樣的利己主義者;他尊重他們就是尊重自己,讓予他們權利就是讓予自己權利,他確信,榮譽和權利的交換,作為一切交往的本質,也是事物的自然狀態。高貴的靈魂受充滿激情而敏感的報答本能的推動,既索取又給予,這一本能位於其本性的根部。在地位同等的人當中,「施惠」這一概念沒有意義,也沒有好名聲;也許有高妙的辦法贈與禮物,像是從上面照到人身上的陽光,有高妙的辦法把它們當作露珠如饑似渴地喝下。但高貴的靈魂卻沒有玩弄這些手法和作這些誇示的才能。在這方面,利己主義阻礙了他。一般說來,他固執地「往高處」看 —— 他要麼準確地和故意地往前看,或往下看 —— 他知道自己處於一定的高度。[16]

這裡提到的一個重要概念 —— 個體主義(individualism),這是一個大題目。人的位置是從人際關係之中呈現的,尤其對於中國傳統,一個人的位置取決於人與人之間的關係,每個人的價值是從父母以至朋友等五倫中展現。所以中國傳統其實沒有「in-dividual」(不可分割的個體)的概念(「in-」即是「不」,「dividual」即是「分割」)。西方傳統則認為人是不可分割的單位,請注意,這不是自私的意思,而是指「我」是不可被化約為其他事物的,沒有其他事物可以代替「我」,「我」不可被分割。尼采就是提出這一點——「我」是存在上最基本的條件。

因此,尼采想做的是,希望在西方文化的語境當中,使人能夠從普

---

16. 同上注,頁217。

遍人性論當中解放出來，我們不一定需要做理性的動物，甚至追求靈魂的真善美，甚至根本沒有需要壓抑身體的欲望。人不應該向上走，變成上天國，一個形而上的概念存在；而是要向下走，變成一個具體生命的存在。他在「我」的概念中提出一個重要的觀點——"*amor fati*"，即是「愛你的命運」（love of fate）。一個愛自己、接受自己的人，就是接受自己如此這般，接受自己被給予的模樣，亦可說是接受自己的命運。尼采不是第一個提出這種觀點的人，最早提出的是斯多亞學派（the Stoics）。他們認為宇宙變化是自然的、是理性的，一切在世界之中的都是依因果存在，理性就是「神」。我們接受我們的現在就是如此，我於香港出生，我接受在如此歷史背景之中生存。我們首先知道命運是甚麼，不是否定這個命運，而這正是我們的起點，從而能從中找到意義為何，然後接受自己，我們才第一次真正肯定自己，愛自己，這也是「愛你的命運」（*amor fati*）要說的主旨。故他這樣說：

> 我對人類偉大的公式是「愛你的命運」（*amor fati*）：不希望有任何不同，不希望向前，不希望向後，不希望在所有的永恆中。不只是忍受必要的東西，更不是掩飾它——所有的理想主義在必要的東西面前都是虛偽的，而是去愛它……[17]

尼采雖然肯定愛的重要，但仍然屬於男性中心的愛情，如果大家有留意的話，大部份講愛情的理論家都是男人。尼采這樣說：「我絕不承認在愛情方面男女應該是平等的。因為根本就沒有平等這回事。」[18] 這是百多年前的話，相信到了現在很少人會認為男女是不平等的。尼采那句話是在幾千年的西方哲學背景下建構的，他認為男人被塑造成愛情主導者，女人則成為被動者，是從文化而來的。「女人所了解的愛，顯而易見

---

17. Nietzsche, *Ecce Homo, How To Become What You Are*, trans. Duncan Large, Oxford: Oxford University Press, 2007, p. 35（作者翻譯）.

18. 尼采著，余鴻榮譯：《快樂的科學》（北京：中國和平出版社，1986年），頁363。

的，即是靈與肉的完全奉獻（並不只是付出而已），這種奉獻不問動機，毫無保留。」[19]

尼采的話很有趣，女人在愛情中想要甚麼？女人想被擁有。尼采認為男人和女人的分別是，男人作為主動，女人作為被動，因此說女人是第二性（the second sex）。在傳統上，女人貢獻自己一生，成為別人的太太、別人的媽媽，為丈夫、為子女，貢獻一生，並被要求永遠忠貞，從一而終，否則她是不道德的。「甚至一想到附帶條件或約束的愛，都會感覺羞恥和恐懼。這種毫無條件的愛正是不折不扣的『忠誠』—— 男人是女人的一切。」[20]

在傳統中，忠誠是怎樣的呢？看看荷馬史詩的《奧德賽》（Odyssey），奧德賽十年後回家，稱讚太太的不動心，外面很多人想娶她，她都不願意，她說是為了她的愛情。奧德賽在中途卻遇到不少女士，其中一位女神跟他說：「別回去，回去時你的太太也老了。你留下來的話，我會讓天神給你不老不死的生命。」後來，他還是回家了。從這裡可以看到東西文化中，女人的忠貞都被視為美德。這個美德意思是，一旦入了男人家門，女人便奉獻一切。我猜直到五十年前此觀念仍然如此。

> 男人一旦愛上一個女人，就只想得到此一特定女人的愛，並認
> 為站在男人的立場，要求完全的奉獻並不足為奇……男人若是
> 像女人那般地去愛人，最後一定會淪為奴隸；然而，女人若依
> 女人的方式去愛人，則會因此而成為一個更加完美的女人。[21] 這
> 很有趣的，男人深愛一個女人，就會被嘲為「老婆奴」，女人卻
> 在忠貞中令自己成為更好的女人。所以尼采所說的「愛自己」是

---

19. 同前注。

20. 同前注。

21. 同前注。

有性別傾向的，只限男人愛自己。因為尼采認為女人是依靠他
人而生存的，亞里士多德、《聖經》亦是如此看。「女人毫無條件
地放棄了自身的權利，事實上，她也預料到對方並不見得會以
同樣的熱情來作為回報。[22]

女人的奉獻是無條件的，但男人不可以這樣。「女人希望被男人當作
擁有物一般地接收，一心一意想成為男人財物的一部份」[23]女人的妒忌心
在於她是否被一個男人完全擁有，亦可以說她同時擁有那個男人，這就
是弔詭的地方。愛，亦即是在於完全被愛。「女人奉獻自己，男人接收。
我不相信任何人能憑藉任何社會的規約而打破這自然的男女之別，也不
認為會有人出來主持公道；儘管他們對這種不斷出現在眼前的不可原
諒、可怕、難以理解而不道德的現象非常希望能避免，但依然不會有人
挺身而出。」[24]男女對立之間就在於主動與被動、擁有與被擁有、接收與放
棄。

「在女人的愛裡面也包括了貞潔，這是愛的定義之一；對男人來說，
他雖可能遵守愛的忠貞，但那或許是出於個人不同的性情，故而感受便
不一樣，忠貞乃成了不是他所必須具備的操守。」[25]即是說，男人的忠貞只
是品味（idiosyncrasy），但女人的是必須的。貞操之說，還未見到男女
對等的情況。傳統上很多人會認為對愛情忠貞是一回好事，甚至對於女
人而言是一種必須的義務，若不對愛情忠貞，這便違反了社會倫理，特
別是在宋代理學興盛之後，情況更甚。其實，追求一生一世之愛，對於
男人來說，可能都是一種浪漫的事，但尼采似乎認為這種想法實是一種
虛妄：

---

22. 同前注。

23. 同前注。

24. 同前注。

25. 同前注。

人們可以許諾行動，但不可以許諾感覺；因為感覺是不自覺的。誰許諾將永遠愛某人，或永遠恨他，或永遠忠於他，誰就是許諾了力所不能及的事情；可是他大概可以許諾這樣的行動：這種行動雖然通常是愛、恨、忠誠的後果，但也可能出自其他動機，因為多種途徑和動機都會導致同一種行動。因此，許諾永遠愛某人意味著：只要我愛你，我就將對你作出愛的行動；如果我不再愛你，那你也將繼續從我這裡接受同樣的行動，儘管出於別的動機：以至於在我們同胞們的腦袋裏，表面上似乎愛仍然沒有改變，仍然一如既往。──因此，即使人們清醒地發誓永遠愛某人，人們許諾的也只是愛的表面現象的延續。[26]

他認為愛情裡很多都是由激情或情感所構成的，而這種東西本質就是會變，一生一世至死不渝之愛，似乎並不容易做到的。但問題是，為何世間仍有人相愛一生一世呢？對於尼采來說，有很多原因，例如是習慣，因為結了婚，雙方有宗教信仰，有小孩，甚至可能有財政上的問題。這意思就是說，很多人相愛很久，原因並不是純粹因為愛情，而是有很多愛情以外的原因所致。這樣說的話，男女之間相愛很久，也可能是這種激情的愛轉化為另一種愛，才可致長久。這個轉化的問題可以再作深入研究，而轉化過程成功或失敗，便可能是能解釋二十一世紀，許多男女離婚與再婚問題的其中一種原因。

21.6 現代愛情模態的轉變 ── Ulrich Beck: The Normal Chaos of Love

如果我們觀察十六世紀，那時關於男女之愛的畫作，已經出現了比較

---

26. 尼采著，楊恒達譯：《人性的太人性的》（北京：人民出版社，2011年），第58節。

直接與裸露的作品，不過主題大多是關於希臘神話的，例如布龍齊諾（Agnolo Bronzino, 1503-1572） 的《維納斯與邱比特的寓言》（*An Allegory with Venus and Cupid*, 參見圖21-1）。到了十九世紀的浪漫時代，哈耶茲（Franscesco Hayez, 1791-1882）所畫的《親吻》（*The Kiss*，參見圖21-2）便是男女雙方在樓梯間的激情擁吻，這是真正兩個具體的人了。不過，最有趣的是到了上個世紀，畢卡索（Paul Picasso, 1881-1973）所畫的《擁吻》（*The Kiss, The Embrace*），他想表達的是一種完全扭曲的狀態，看畫的人只覺得是一種非常模糊的狀態，並不一定覺得這幅畫有美感。

在現代愛情的世界中，很多人都一直尋找「適合自己」的人，或者可以稱之為「靈魂伴侶」的人，這不單是朋友，是也需要明白你、照顧你的人，這是一個情人，同時是一個朋友，還要是最理解你的人。就如2013年的一齣電影《雲端情人》（*Her*）當中，女主角是一個人工智能，所以永遠是最明白主角需要的人。但是，這個最明白主角的人，卻沒有具體的身體。在與人工智能相愛的過程中，不需要擔心任何事，「她」只不過是個電腦程式，絕不會離棄你，除了沒有身體以外，這個人工智能都能滿足你。無論主角講甚麼話題，人工智能都知道。但是，這真的是愛情嗎？最後，主角發現這個人工智能可以同時與3000個獨身男人談戀愛，這正好與愛情的「排他性」相違，為什麼愛這個人而不是另一個人呢？如果一個人可以愛任何一個人，那這種愛是愛情嗎？

尼采便說到，這只不過是一種概念上的存在，不是肉體性生命的愛情。因此，這種浪漫愛其實只不過是一種概念而已，世間並沒有這種愛，僅是人想像出來的，而這個想像其實就是人自己的一部份，因此浪漫愛其實是一種自戀而已。沒有任何對立，絕對滿足自己的愛是不存在的。

還有一部講述愛情是混亂無章的書，作者是德國社會學家烏爾利

希・貝克（Ulrich Beck, 1944-2015）所寫的《愛情之混亂》（*The Normal Chaos of Love*, 1995）[27]，他所講的是，愛情當中的混亂似乎是必要條件。浪漫愛實際上是沒有保證的，我們根本不能保證愛情當中的任何事。特別在二十一世紀的反現代主義，世界上的一切似乎都是沒有保證的，一切都是不穩定的。

自從「上帝已死」之後，人們不再關心宗教，不再去教會參加活動，這導致人們很難參與集體活動，很難找到伴侶，而且人們對鄰居也漠不關心，傳統的家庭觀念慢慢消失。表面上，人們多了自由，方便尋找新的對象以滿足自己的個人欲望與需求了。在網上交友活動中，為何有那麼多商家視愛情的愛與性為商品呢，這是因為當下的人，認為愛情不可靠，但卻仍然需要。而同時，市場所提供的，是基於人對愛情的迷茫，而不是滿足，只要人在愛情路上感到迷茫，想找尋另一個更合乎自己的對象，網上的交友平台便能賺取收入。

我們所追尋的幸福究竟是甚麼呢？正如1776年《美國獨立宣言》當中所強調的三種基本權利，包括生存權（The right to live）、自由權（The right to liberty） 與追求幸福的權利（The right to pursuit happiness）。這裡把追求幸福視為一種人權，而明顯地這種人權並非集體的人權，而是指個人的。所以，追求幸福實際指的是追求個人幸福，而是現代世界的基本要求，就是強調個體的重要性。當然這會引申出很多的問題，例如是獨我主義（egoism）與自戀主義（Narcissism）。以我為中心的世界觀，常以為自己是對的，而別人是錯的，甚至每個人自己的欲望才是最重要的，成了一種幼稚的自戀形式，而事實上又有多少人聽到尼采所講的「愛你的命運」（*amor fati*），這種愛命運、愛自己仍愛別人之先決條件的呼聲呢？

---

27. Ulrich Beck, Elizabeth Beck-Gernsheim, *The Normal Chaos* of Love, Oxford: Blackwell, 1995.

在現代世界，人們認為最重要的事，就是自己，真正重要的並非他人，當資本主義出現，金錢可以買下很多東西時，令人們以為連愛都可以用買的。特別是現代人的社交關係網極為鬆散，人們自然便會以個人欲望（Eros）代替其他需要。當然，柏拉圖所講的欲愛（eros）並不是這個意思，他講的是一種對理論理性的追求，而這裡的用法是比較接近弗洛伊德的，就是每一個人具體的肉體欲望。為什麼關於何謂欲望的問題重要呢？特別是在二十一世紀，人們似乎逃避不了孤獨感，怕自己一個人獨處，因此會有與其他人共在，與其他人合一欲望，想擁有另外一個人，就如佛洛姆（Eric Fromm）所言：

> ……陌生人變成了一個「親密」的人，戀愛的經歷又是令人振奮和激烈的，它又慢慢變得越來越不激烈，並以希望獲得新的征服、新的愛情而告終——總是抱著新的愛情將不同於先前的幻想。這些幻覺因性慾的欺騙性而得到極大的幫助。性慾的目的是融合——絕不僅僅是一種生理上的慾望，是對痛苦的緊張的緩解。但性慾可以被孤獨的焦慮所刺激，被征服或被征服的願望所刺激，正如愛一樣，也可以被虛榮心、傷害甚至破壞的願望所刺激。[28]

人類正在重新尋找與大自然連結方式，其中一個原因是人類在現代世界變成了商品。當別人成為了商品，我可以要求別人為我做很多事，在馬克思的《1844年經濟學哲學手稿》中，人異化成了商品，變化抽象的勞動力。當自己、別人與自然變成了商品，這便與原本的世界分割了。當別人成為商品，愛情亦隨之成了商品，愛情便失去了其內在的價值，失去了無私的愛。亞里士多德的德愛在現代世界當中是用不著的，現代的浪漫愛講求的是個人的條件，究竟自己有甚麼本錢，這種商品化的關

---

28. *http://steveroseblog.com/2015/01/20/the-normal-chaos-of-love-2/* （作者翻譯）

係並不是一種平等的關係。因此，愛情變得混亂，乃是價值世界崩潰後的結果。

21.7 紀登斯：親密關係的變革

另一本相關的著作，是英國社會學家紀登斯（Anthony Giddens, 1938- ）所寫的《親密性的轉變：近代社會的性、愛與情慾》（*The Transformation of Intimacy*, 1993）。他同樣認為當前的時代，整個人際關係都改變，是十九世紀完全無法想像的，而神奇的是我們的確活在這個時代。整個社交生活可以分為三種：第一種是純粹關係（Pure relationship）、可變的性關係（plastic sexuality）與融合之愛（confluent love），

第一種純粹關係：他所指的並不是柏拉圖式的關係，只是一種理性的交往。而是男女之間的關係能不能夠給予對方需要的愛，兩個都是獨立的主體，並不一定需要結婚生子的。只要雙方在這個階段仍然開心就好，直到大家不能夠再在一起，只需一聲通知便可：

> 純粹關係與性的純潔無關，它是一個限制性的概念，而不是一個描述性的概念。它指的是這樣一種情況：一種社會關係是為其本身而建立的，因為每個人都能從另一個人的持續聯繫中得到一些東西；而且這種關係的持續，只是因為雙方都認為它能為二人之間，提供足夠的滿足感而留在其中。[29]

第二種則為可變的性關係。傳統上，我們根本不可能想像有男女之愛以外的愛情故事，愛情似乎只屬一男一女之間的雙性戀關係。對於大部份人來說，同性戀其實是一種禁忌，更不用說是雙性戀。當代的社會慢慢轉變，特別是對性的態度有很大的改變。西方的傳統中，特別是對

---

29. Anthony Giddens, *The Transformation of Intimacy: Sexuality, Love & Eroticism in Modern Societies*, 1992, p 58.

於基督宗教，性是一種神聖的活動，乃是用於生兒育女的。但是，現在的人卻認為，性不一定與生育有關，視性行為乃一種社交活動，而且是兩個人之間的私事。所以，才有現在的LGBTQ運動，正如紀登斯所說：

> 因此，正如尼克拉斯·魯曼（Niklas Luhmann）所說，性已經成為一種「交流的代碼」，而不是一種與人類生存的更廣泛的要求相結合的現象。在性行為中，快樂和生育之間一直是有區別的。然而，當性行為和親密關係之間形成新的聯繫時，性行為變得比以前更徹底地與生育分離。性變得雙重構成，既是自我實現的媒介，又是親密關係的主要手段和表現。[30]

第三種則是共融之愛。當兩個人在情感上，不能互相滿足，便希望分開。傳統的愛情觀，並不認為情感上的不合，便要分開，離婚乃是大事，但現代世界的年輕人，似乎認為合則來，不合則去，同時預設了情感上的給予與接受，為愛情最基礎的東西。這種關係的轉變，實顯現出現代世界，對愛情態度的一種轉向：就是從男性中心的愛情觀，轉變為兩個主體之間平等交往的關係。這在基督宗教時代所講的神愛，有上下之分，或以男性為中心的愛情完全不同，紀登斯說：

> 共融之愛假定在情感的付出和收穫上是平等的，越是接近於純粹關係的原型，就越是如此。在這裡，愛情的發展只有到了親密關係的程度，到了每一個伴侶準備向對方透露關切和需要的程度，以及對對方的脆弱性。
>
> 與浪漫的愛情不同的是，共融之愛不一定是一夫一妻制的，或排他性的。純潔的關係維繫在一起的是，伴侶二人均能從關係中獲得足夠的好處，直至分手通知前，均努力使關係繼續維持。在這裡，性慾的排他性在關係中的作用是夥伴們共同認為

---

30. Ibid, p 164.

可取或必要的程度。[31]

這並不是一個愛者，而另一個為被愛者關係，不是一個給予，然後另一個接受，而是雙方同時給予，亦同時接受的。

21.8 鮑曼：液態的愛

第三本便是包曼 (Zymunt Bauman, 1925-2017) 的《液態之愛》(*Liquid Love*, 2003)，這本書所講的就是現代愛情關係的脆弱性。就好像沙灘上的畫，一沖即散。現代世界的特點，就是沒有辦法停下來，廿年前我們根本沒有手提電話，現在，當我們一有需要時，就立刻能找別人幫忙，而這是傳統社會沒有辦法想像的，而這些通訊工具的存在，也令所有人根本無法停下來，所有事物都在流變之中，不能被固定，而這便是他所指的「流動性」(Liquidity)。正如他所說：

> 流動的現代性為其「居民」（第vii頁）提供了無限的行動機會，由於不斷升級的消費主義和全球化，令到人們能直接控制管理他們與他人的關係。這種對個人約定的個性化監督承諾，卻不能完全滿足一個人的慾望。因為，沒有人際交流的普遍保證的情況下，個人只要稍稍感覺到可能的損失，就會輕易放棄他人的承諾。流動的現代性的高度不可預測性，滋生了持續的不安全感、脆弱性和焦慮感，這反過來又進一步加劇了社會紐帶的脆性、易碎性和臨時性模式。[32]

現代人似乎有無數的可能性，就如打開社交媒體，每個人似乎都有無數的朋友，無數的群體，但這些是否真的是自己的朋友呢？我們可以

---

31. Ibid, p. 63.

32. https://understandingsociety.blogspot.com/2014/05/liquid-modernity.html

很容易找到朋友，但從另外一方面講，這正體現了這種人際關係的脆弱感，就是在眾多的人際關係中感受到不安感。包曼思想評論者指出：

> 在包曼看來，「關係」（Relationship）在液體現代性中被「聯繫」（Network）所取代。個人不再願意與他人結合，為了聯繫而聯繫，為了個人的獨特性而愛；因為這樣做意味著放棄了找到更令人滿意與滿足的可能性，「放棄了『獵取新的牧場』的權利，至少在（他人）首先要求這種權利之前」（第11頁）。相反，他們選擇與他人「連接」，置身於一個「網絡」中，這個網絡足夠緊密，可以減輕一個人的不安全感，但又足夠鬆散，可以為了新的滿足感的一時誘惑而放棄。[33]

他所指的現代人，純粹尋找更加多的社會連結，建立人際網絡，從而找到更多好處以滿足自己的欲望。但是，更脆弱的人際關係，意味著人只對自己有興趣，某程度上只是一種自戀，這是否代表著現代人比過去的人，更加孤獨？

---

33. Burçak Keskin Kozat, "Review of Liquid Love," *Contemporary Sociology*, 2004: 33, 4, p. 494-495.

第22章
本己之愛：哲學家的愛情

我們在上一章提及浪漫愛的問題，到了現代世界，特別是資本主義發展，社會高速流動的時代，這些現象如何影響到我們理解何謂愛的問題。人們似乎失去耐性，對愛情的態度亦如是，因此很多人在網上交友平台嘗試尋找真愛，而其實最後所得的，往往只是與理想不相符的對像。後來便又再找另一個人，到了最後，自己對於戀愛的理想終告幻滅，繼而心生迷惘，再依賴這些戀愛平台，找另一個新的對象來滿足自己。

按照包曼的講法，這種現象乃現代世界高速流動的特徵，愛情變得液態化，變得更為不定與流動，世界失去固定的存在（Being），而僅存流變（Becoming），這種對揚的講法，其實早在古希臘已有，只不過把這對概念用來理解當下情愛問題，亦見合適。其中關鍵的問題，在於人所追求的浪漫愛，是真正愛另一個人，還是愛他自己呢？這是否如弗洛伊德所言的自戀（Narcissism）一樣？

耶穌在《登山寶訓》當中便講過，要「愛你們的仇敵」，這種愛又與男女之愛有何分別呢？基督教所講的是「神愛」，是一種普遍愛，是無條件的，柏拉圖則認為愛能令靈魂純潔，離開肉體，接近真理，他所講的是知識意義下的「欲愛」，而亞里士多德所講的是「德愛」，認為真正愛一個人，是因為他有德性，一些人應具備的美好特質。

問題是，「真愛」這個詞語很含糊，這是否為真愛呢？甚至是，甚麼叫真愛呢？愛有沒有所謂的真與假，好像知識一樣的問題呢？這講法當然很容易落入知識論的問題，特別是關於「甚麼」（What）的問題，但這個問題並非筆者在此想探討的，筆者感興趣的是「如何」（How）的問題，

是人真正投入愛情時，究竟呈現了甚麼狀態。過往的哲學家，自柏拉圖開始，都有一套關於愛的說法，但我們對哲學家的理解往往流於理論，很少探討關於他的生平與其理論之間的關係，究竟其中有沒有矛盾，有沒有衝突等等，這種探討是平面的，不能立體地理解他們整個人與他所愛者之間的關係。正如美國作家安德魯‧薛佛（Andrew Shaffer）所言：

> 哲學家們一直在思考最棘手的問題，從倫理到政治到存在的本質。如果有人能教給我們像愛這樣抽象的概念，哲學家，最初的「愛智慧的人」應該名列前茅。但事實證明，智慧的愛好者和明智的愛人是兩件非常不同的事情。

> 雖然我們大多數人都曾經在愛情中失敗過，但許多哲學家的戀愛經歷和不檢點的故事卻比婚禮上的更多。你可能忘記了一個紀念日，但至少你沒有勒死你的妻子（阿爾圖塞），沒有把你的情婦當作你的女兒（薩特），也沒有因為有外遇而被流放到另一個國家（年輕的塞內加）。[1]

法國哲學家阿圖塞（Louis Pierre Althusser, 1918-1990）殺了他的妻子，羅素有四段婚姻，海德格有婚外情，其中的故事固然耐人尋味，哲學家對於如何實踐他所講的對愛的理念，同時又是遇到甚麼真正的問題，這是才是筆者在這一章想探討的。

22.1 阿伯拉爾（Abelard）與愛洛依絲（Heloise）情欲與禁忌的衝突

很多時候哲學家所講的，都只是理論而已，人生中所做的，未必如他所說的一樣的，這個就是理論和實踐的問題。特別是我們讀哲學的人，通

---

1. Andrew Shaffer, *Great Philosophers Who Failed at Love*, HarperCollins e-books, 2011, p. 1-2（作者翻譯）.

常只關注哲學家的理論，而沒有從他們個人生命史當中，找出可作哲學討論的部份。即使我們所讀的都是大哲學家所寫的理論，但他們仍只不過是一個人，一個活生生、有血有肉，有欲望的人，同時他們想要的情欲，未必會展現在他的理論當中，但我們仍能從他們的書信當中，理解他們的生活世界，從而立體地理解整個人。如果僅從他們的理論世界來理解哲學家的話，這只不過是一種片面的理解。

十二世紀的哲學家阿伯拉爾（Peter Abelard, 1079-1142）與愛洛依絲（Heloise, 1100-1163）之間的關係，被後世傳頌，特別是他們之間以書信來往很久，卻沒有見面，原因是他們被迫長時間分離，但最終仍不捨不棄，可見他們的忠貞。我們可能比較少閱讀阿伯拉爾的著作，他在中世紀哲學的地位，當然沒有奧古斯丁（Saint Augustine）及阿奎那（Thomas Aquinas）那麼著名，但是他在經院哲學當中，仍有一席之地。

而女主角愛洛依絲是當時著名的才女，懂希伯來文、拉丁文等多種語言，之後也成為哲學家，她對知識有很大的熱情，對人為何存在等真相感到興趣，故到巴黎求學，及後受到阿伯拉爾才華的吸引，而成為他的學生。二人互生情愫，雖說雙方並非純肉體之間的關係，但在當時中世紀的保守社會氣氛之下，師生戀是不被社會所容許的。人們活在那個時代，很多時候要壓抑自身的肉欲，遵守中世紀基督宗教的教條，特別是教會視人的欲望為洪水猛獸，認為只為滿足性欲是卑劣的，自然當時的人會向這種社會風氣投降。

後來他們抵受不住對方的精神與肉體之間的吸引，社會禁忌亦抵擋不住他們之間的情欲，因而發生了性關係，愛洛依絲懷有身孕，這事情注定會東窗事發。然後他們回到法國布列塔尼（Brittany），即阿伯拉爾的出生地，認為這比巴黎更安全。不過，愛洛依絲的叔父認為他的侄女聲譽受損，因而派人襲擊仍身在巴黎的阿伯拉爾，並閹割了他的生殖器官，同時亦強逼愛洛依絲放棄他的孩子，且永遠禁止二人見面。

愛洛依絲得悉此事之後，當時傷心欲絕，但她與阿伯拉爾二人決定成為教會的修道士，雖後來雙方沒有再見，但是從未終止過二人之間的書信來往。拿破崙第一任妻子約瑟芬・德・博阿爾內（Josephine Bonaparte），深受此事感動，便命人把阿伯拉爾與愛洛依絲合葬於巴黎拉雪茲公墓 (Père Lachaise Cemetery)。二人生前固不能在一起，但仍望他們死後能夠同在。

　　愛洛依絲和阿伯拉爾之間的書信來往，均是以拉丁文寫就的，而現在我們仍可以從英文翻譯中，看出二人之間的情欲與禁忌之間的衝突，而阿伯拉爾其中一篇給他朋友 Philintus 的書信，亦可略見一二：

　　……現在，我的朋友，我將向你揭露我所有的弱點。我相信，所有的人都有必要在某些時候向情欲投降，而努力避免愛情是徒勞的。我是一個哲學家，但這個心靈的暴君卻戰勝了我所有的智慧……。

　　愛是無法掩蓋的；一句話，一個眼神，亦不是沉默，就能說明問題。我的學者們首先發現了這一點；他們看到我不再有那種萬事俱備的思想活力；我現在只能靠寫詩來撫慰我的激情。我放棄了亞里士多德和他那乾巴巴的格言，去實踐更巧妙的奧維德的戒律。我沒有一天不在創作多情的詩句；愛情是我的靈感之源，阿波羅。我的歌聲被傳播到國外，並經常獲得掌聲。那些和我一樣處於愛情中的人以學習這些歌曲為榮，而且由於幸運地運用了我的思想和詩句，他們獲得了也許他們不會獲得的好處。[2]

　　阿伯拉爾責怪自己被情欲所蒙蔽，認為這種要不得的衝動，使自己失去理性，亦荒廢了自己的學術工作。從這裡我們已經可以看見情欲

2.　https://www.sacred-texts.com/chr/aah/aah03.htm

與禁忌之間的衝突，他認為自己犯禁的行為是不應該的，並非理性的行為，也不是基督教所容許的。但問題是，他清楚知道這種激情是控制不了的，沒有任何方法可以壓抑自己的情緒，即使他想這樣做，也做不到。

而愛洛依絲給阿伯拉爾的信當中，更顯這種矛盾心態：

你一定記得（因為戀人是不會忘記的），我在聽你說話的過程中度過了多少個愉快的日子。當你不在的時候，我是如何把自己關在家裡給你寫信的；當我的信到了你手裡的時候，我是多麼的不安；需要多麼大的努力來安排信使。這個細節也許讓你吃驚，你為接下來可能發生的事情感到痛苦。但我不再為我對你的熱情沒有界限而感到羞愧，因為我所做的比這一切還要多。我恨我自己，是為了愛你；我到這裡來，是為了把自己毀在永久的監禁中，是為了讓你安靜地生活，安心地生活。除了美德，加上完全脫離感官的愛，沒有什麼能產生這樣的效果。邪惡從來沒有激發過這樣的東西，它太受身體的奴役了。當我們熱愛享樂時，我們愛的是活人而不是死人。我們不再為那些不能再為我們燃燒的人燃燒慾望了。這是我殘忍的叔叔的不對；他用我的性別的弱點來衡量我的美德，認為我愛的是男性而不是人。但他的罪過是毫無意義的。我比以往任何時候都更愛你；因此，我向他報復了。我仍將以我靈魂的全部柔情來愛你，直到我生命的最後一刻。如果說，以前我對你的感情不是那麼純潔，如果說在那些日子裡，身心都愛著你，即使在那時，我也經常告訴你，我對擁有你的心比任何其他的幸福都要高興，而男性是我在你身上最不看重的東西。[3]

信中講到，愛洛依絲不再為自己曾愛過阿伯拉爾而感到羞恥，原因

---

3. 同前注。

是她認為自己愛上他，並不是純粹為了激情而已，她不是只為了情欲而愛上這個男人，而是為了更純粹的愛，她愛的是這個「人」。所以，她斥責她的叔父的粗暴行為，而透過自己成為修道士，來向他報復。而最關鍵的是，她的叔父認為愛洛依絲所愛的是一個「男人」，而不是「人」，也就是暗指她受情欲擺佈，但她卻認為自己對阿伯拉爾是純潔的。甚至愛洛依絲認為，她與阿伯拉爾相愛，這種美好的回憶，成為了日後痛苦的來源：

> ……但是，哦！那段快樂的時光在哪裡呢？我現在哀嘆我的愛人，我所有的快樂都沒有了，只有痛苦的記憶，它們已經過去。你們這些曾經用嫉妒的眼光看待我的幸福的對手們，現在要知道，你們曾經羨慕的他再也不可能屬於我了。我愛他；我的愛是他的罪行，也是他受到懲罰的原因。我的美貌曾經迷住了他；我們彼此相悅，在寧靜和幸福中度過了我們最美好的日子。[4]

這段文字當中的第一句是重點，人並不純粹活在當下的，她的未來亦非純粹的未來，而他們二人所經歷的過去，在她的未來中出現，從而在當下處境中一同呈現。而愛洛依絲想做的，就是當下的行動，對他叔父的報復，認為即使他的叔父想留住她的人，亦留不住她的心，因此她成為修女，透過對自己的禁欲，來對他叔父報復，使他永遠都得不到愛洛依絲這個人。這種從愛當中一步步生出恨，當然這個恨不一定是對情人的報復，也可以是其他的對象。而更有趣的是，愛洛依絲對自身進一步的禁欲，使她更痛苦，也是她想呈現自身更愛阿伯拉爾的原因，痛與愛交織在一起，更顯其中痛愛的特質，就是得不到的情欲與禁忌之間張力的表現，而這甚至是向自己報復的表現。

---

4. 同前注。

而阿伯拉爾則對愛洛依絲回信表示，他是在煩惱究竟如何從他所憎恨的激情、非理性，從他所愛之人當中抽離出來？其中的罪惡與愛，其實就是二人交往的一個很大的主題：

> 我怎麼能從我愛的人身上分離出我應該厭惡的激情？我所流的眼淚是否足以使它為我所厭惡？我不知道這是怎麼一回事，為心愛的對象哭泣總是一種快樂。在我們的悲傷中很難將懺悔與愛區分開來。對罪行的記憶和對令我們著迷的對象的記憶是如此接近，以至於無法立即分開。而上帝的愛在開始時並沒有完全消滅對受造物的愛。[5]

但問題是，如果二人之間真的沒有情欲的話，又怎會產生性關係呢，怎會懷孕呢？他們所講的與所做的似乎是不一致的。人必然有情欲，哲學家也是一樣，即使他們追求的是純粹的愛，但世間上究竟有沒有完全純潔，沒有身體關係的愛呢？他們自己也拒斥情欲，不肯承認自己甚至人必然有情欲這回事。因此，二人身陷基督宗教倫理教條之中，對身體的情欲自我撻伐，正是身體情欲與教條衝突的表現。因此，寫關於愛洛依絲與阿伯拉爾的作者便如是說：「……阿伯拉爾和愛洛依絲，不是作為知識份子，而是作為戀人：一個愚蠢到認為自己可以把愛情和婚姻結合起來，另一個則是無私的愛的化身，這樣的愛從未有過。」[6]

而在他們的書信來往中，二人所追求的愛，似乎都不是現代世界當中所講的浪漫愛，而是沒有身體接觸，純粹愛著對方的德愛（*philia*）。德愛當中的重點是，另外一個人有著一種美好的特質，是一些普遍的德性，在這個人身上展現出來，而亞里士多德便認為，這個因有著德性，因此是值得去愛的，而這是一種讓人與人之間，靈魂有著提升的愛，故

---

5. 同前注。

6. Contant J. Mews, *Abelard and Heloise*, Oxford University Press, 2005, p.6.

有普遍知性的目的的。但問題是，如果愛一個人，是因為對方有美好的特質才愛，那麼我們所愛的是這個德性，還是這個特定的人呢？男女之間的愛的其中一個特點，是這個特定的對象乃不可取代的，愛這個人的原因是因為愛這個人，不是因為別的理念而愛的。這個就是愛的本身，愛一個人本身自有其內在的價值，這個是無法解釋的，如果可以解釋就不是愛了。

　　男女之愛似乎避免不了個體化，是一個人對另一個特定的對象的關係，而非愛對方的一些永恆特質，愛是有著肉體的、佔有的，是有排他性的，並非任何一個人都可以的。如果大家有看過世界各地的鎖橋，熱戀中的男女以情鎖放在橋的欄杆處，以表示二人愛情之永固，便是一個最明顯的例證。筆者認為，這個行為隱含著以上所講的愛情意義，就是將對方永恆地「鎖起來」。如果有佛學認識，都知道這是不可能的奢求，因為一切都會變化，愛情也是無常的，但人偏偏要將這些無常的愛，轉化為永恆不朽。

22.2 存在與激情的衝突：鄂蘭與海德格的愛情

漢娜・鄂蘭（Hannah Arendt, 1906-1975）對愛情的看法便與愛洛依絲完全不同，愛洛依絲認為女人對男人的愛，是無條件地接受，即使她在理論上不是這樣說，但她對阿伯拉爾忠貞的方式，便是一種對所愛男人無條件服從的態度。但鄂蘭對海德格（Martin Heidegger, 1889-1976）的熱情，或者是激情，與她存在的自主性，有很多的衝突，我們可以從鄂蘭與海德格的關係，看出愛情的另一種模式。

　　特別是她離開馬爾堡時，要與海德格告別，她要為自己的信念，以及政治信念離開德國，她不能接受當時的納粹政權，甚至認為海德格加入納粹是一個政治錯誤。後來，鄂蘭在出版《人之境況》（*Human*

Condition, 1958）一書時，她有想過此書是否應獻給海德格，但最終她並沒有在書中提到要獻給誰，僅留下一個空白，其中的問題，關係到她與配偶海因里希・布呂赫 (Heinrich Blücher, 1859-1970) 之間忠誠的問題。有一本著作便是講述鄂蘭與海德格之間的關係，如是記載：

> 這段文字當然不僅僅是針對她與海德格的關係；它還表達了她為接受 Heinrich Blücher 的戀情而做出的努力。然而，人們在這裡發現，她在書中拒絕寫上獻給海德格，具有更深的含義：她不能把書獻給他，因為不忠阻隔了他們。但她不可能真正知道，海德格是否已經放棄了她。也許她想到的是他 1925 年 1 月的那封郵件，那封郵件讓她離開了馬爾堡。「我忘記了你，不是因為漠不關心，不是因為外部因素闖入我們之間，而是因為我不得不忘記你，而且只要我進入工作的最後階段，就會忘記你」。無論如何，她希望這種遺忘，如果它已經發生，不要像以前那樣被遺忘。她不能忘記。她不能讓她的愛消失。她的書，她不能獻給他，但都與對海德格的愛有關。Amor mundi，對世界的愛，是其偉大的主題。在她的短筆記中，鄂蘭巧妙地表明了一種特殊的榮譽。她讓他知道，他的思想是她思考的中心。但他能夠破譯她紙條中的典故嗎？
>
> 在她死後，在她的文件中發現了一篇從未發出的短文，顯示了她是多麼強烈地與自己的感情抗爭。
>
> 「這本書的序言是空白的。我怎麼能把它獻給你，一個如此接近我的人，我一直忠於你，也不忠於你，但都有愛。」[7]

他們二人之間也不完全是純粹的友誼，當然是比朋友之間的感情

---

7. Antonia Grunenberg, *Hannah Arendt and Martin Heidegger-History of Love*, Bloomington: Indiana University Press, 2017 (2006) p.247-248.

更多，雖然鄂蘭與海德格之間關係，出現過很多次的不信任，但是對於鄂蘭來說，她仍然想對海德格保留一份真誠。海德格的太太埃爾弗里德 (Elfriede Heidegger, 1893-1992) 也知道海德格與他學生的關係，也清楚了解他與學生的情史。埃爾弗里德負責日常的家庭事務，要照顧他們的孩子，但是否海德格的太太知道他在外與學生偷情，而沒有任何的行動呢？其中的關係未必是這麼簡單的。即使海德格曾經加入過納粹，在政治上受過很多的挫折，但他仍然是國際上知名的大哲學家，受到很多人的尊重。但是，大哲學家並不是單靠思想，便能夠生活的，他仍然是一個有血有肉的人，他曾經這樣寫信給鄂蘭：

> 親愛的鄂蘭小姐！今天晚上我必須去見你，與你的心對話。我們之間的一切都必須是簡單、明確和純粹的。只有這樣，我們才有資格被允許見面。你是我的學生，我是你的老師，但這只是發生在我們身上的偶然場合，我將永遠無法稱你為我的。但從現在開始，你將屬於我的生活，它將與你一起成長。[8]

海德格開宗明義便說，你就是我的，他對此亦十分坦白，但亦表明他不會為了鄂蘭而離婚。到了 1925 年，他又給鄂蘭寫信，他如此寫道：

> 為什麼愛遠遠超越人類其他可能性，而對那些被愛情抓住的人來說，是一種甜蜜的負擔？我們成為我們所愛的人，但仍然是我們自己。然後我們想感謝所愛的人，但發現什麼都不夠。我們只能用我們自己來感謝。愛將感激之情轉化為對自我的忠誠，轉化為對對方的無條件的信任。這就是愛如何穩定地加強它最神秘的地方。在這裡，親近是一個與對方保持最大距離的問題——這個距離不會讓任何東西變得模糊，而是將你放入一個啟示的透明，但不可理解的「只有這裡」。如果有一天，另一

---

8. *Arendt and Heidegger, Letters*, letter 1, p. 3; *Briefe*, p. 11.

個人的出來，闖入了我們的生活，這是任何人都無法控制的事情。人類的命運，只能交給人類的命運；而純愛的責任，就是讓這種自我給予，像第一天相遇時那樣清醒。[9]

這都是海德格對於愛情中理想的說法，他認為愛情令人能夠成為自己，對自己忠誠。當情愛出現之時，人好像能夠超越一切的限制，這早在柏拉圖的《會飲》當中便說過，愛情十分偉大，能夠令人堅強，使人免於恐懼，而海德格甚至說愛情是一個無條件的信仰（unconditional faith）。當人墮入情網時，會使一切的理性，甚至是世界暫時懸擱，也就是說，當人墜入（falling in）時，便是脫離（falling out）世界。當兩個人墜入愛情之時，便離開了這個世界，世界的一切都不再重要，不是他所關心的重點，因為這並不是靈魂或理性可以控制的，是自然而然的。相信大家都經歷過這個時刻，自從拉著對方的手到海邊漫步，說一句「我愛你！」一起看日出日落，你會發現這個世界是最美好的。這當然是海德格在這信中的講法，但愛情是否必然是不受控的呢，這一點是可以追問的，不過筆者打算留在後面的章節再談。

海德格與鄂蘭大約在 1925 年左右分開。海德格要與她分開，不是因為另結新歡，而是為了寫他的大作《存在與時間》。他認為他的哲學工作更為重要，而這個立場某程度上是柏拉圖的立場，就是認為創造活動，是人的精神活動，因此哲學思考便成為人類創造活動的一種，海氏似乎也是這種立場。《存在與時間》可謂二十世紀當中，最重要的哲學作品，而從他的哲學創作來說，便看得出海德格實際上是柏拉圖精神上的子孫，而他的行動與他在書中批評柏拉圖的立場就有所不同了。

在另外一些書信當中，海德格講出另一個版本的浪漫愛：

感謝你的信，感謝你如何接受我進入你的愛。你知道這是一個

---

9. Ibid.

人最難忍受的事情嗎？對於其他任何事情，都有方法、輔助、限制和理解——只有在這裡，一切都意味著：在一個人的愛中，就是被迫進入一個人的內心深處。Amo（愛）意味著volo（意欲），ut sis（我希望你成為）。奧古斯丁曾經說過：我愛你，我希望你成為你的樣子。[10]

海德格亦引用過奧古斯丁對於愛的看法，講給鄂蘭聽。他認為愛是為了讓他人成為他自己，而不是佔有，而拉丁文的原意正是如此。這樣說的話，海德格認為這種愛是存在論式的，人與人之間亦應如此。當然他在理論上是這樣講的，但實際上他有沒有這樣做呢？在鄂蘭的著作，《心智生命》（*The Life of the Mind*, 1977-1978）當中也有類似的講法，似是回應海德格與她在書信中的對話：「當一個有意欲的人，說出它的最高尚的愛：我愛你；我想讓你成為（Amo, Volo ut sis），而不是『我想擁有你』或『我想統治你』，這顯示出它能夠擁有與所謂上帝愛人的那種愛。」[11]而書中的作者則這樣評論：

> 根據鄂蘭提出的對聖奧古斯丁的世俗化解釋，不僅是上帝能夠愛另一個生命，一個整體的時間性存在。在鄂蘭和海德格都採用的新奧古斯丁式的觀點：愛能夠讓我們這些凡人，進入一個普通時間流逝之外的視角，從這個視角中，生命時間的日常展開，混亂亦消失了，令時間從零碎分開，而因親密聯繫，使隱藏的生命時間，能夠統一地呈現出來。有意思的是，在海德格和鄂蘭於1950年（2月7日）重逢，20年來首次見面後，海德格喚起了這種新奧古斯丁式的情欲願景，「把過去的東西帶入持續的東西。時間聚集到親密關係的第四維，就像我們直接從永恆

---

10. Iain Thomson, "Thinking love: Heidegger and Arendt," *Cont Philos, Rev* (2017), 50:453-478.

11. See Arendt, *The Life of the Mind*, one volume edition (New York: Harcourt, 1971), vol. 2, p. 136.

中走出來，又回到了永恆中。這種對情慾的新奧古斯丁式的愛情觀理解，到由時間上不同的親密時刻所構成的連續性，因此幫助戀人認識到，他們在日常意識中的，對自身更深層次，更一致的理解。」[12]

人能夠令別人成為自己，這便是最重要的愛，而海德格所講的便是這種存在論式的愛。海德格與鄂蘭之間的關係，當然不像阿伯拉爾與愛洛依絲一樣，先有親密關係，然後再被時勢強逼分開。鄂蘭離開了海德格，去美國發展她自己的事業，講授她的政治思想，便是對她自己的忠誠。海德格似乎也贊同這個做法，他認為情人相愛是一回事，但要保證雙方的獨特性，才是愛原來的目的。愛一個人不是想擁有他，而是想令他成就自己，這種講法仍然是很亞里士多德式的德愛。為了對方的德性，為了對方的良好意願，愛就是讓對方成就自己。但是，具體來說，人又是如何保證自己的獨特性呢？一旦墮入愛河，我們便很難抽身，這也是人之常情，大哲學家也不例外。

這基本上是從海德格的書信當中，看到海德格對於何謂存在論式的愛（ontological love）的立場，美國海德格學者伊恩·湯姆森（Iain Thomson）在他的書中，這樣描述海德格的這個概念：

我們可以看到海德格爾在他發表的作品中唯一一次提到愛時，開始闡述這種成熟的存在論之愛的觀點。1946 年，他寫道：擁抱一個「物」或一個「人」的本現意味著愛他們，偏愛他們（mögen）。以一種更原始的方式思考，這種青睞意味著將他們的本現，作為一種禮物贈予。這種愛是「能力」（Vermögen）的本質，它不僅可以完成這個或那個，而且還可以讓某些東西在其顯現自身（或「站出」）（Herkunft）本質上展開，也就是說，

12. Iain Thomson, "Thinking love: Heidegger and Arendt," *Cont Philos Rev* (2017) 50:473.

可以讓它成為自己。能力（Vermögen）是一種「力量」，通過這種力量，某物能夠適當地成為（即成為它自己的或真實的，（eigentlich zu sein）。這種能力便是可能性而已。[13]

海德格所用的essence並非亞里士多德的講法，如果這個概念與他在《存在與時間》當中所講的essence同樣的話，這個概念應該被理解為本現（本質，Wesen），讓他人敢於成為他的可能性。進一步講，讓一個成為他自己，就是讓他成為他的可能性，也就是令愛人發展出他潛能的一種可能性方式。當然，明顯地這種本現（本質）是比較動態的，也就是做回他的本己。我們的存在，其實就是不斷向著未來存活，一步步開展他的可能性，並且在與他人的共在，與他人的人際關係當中，一步步展現出來的。

因此，這種愛並不純粹是佔有，但又不是主張絕對的分離。但我們要謹記，這種愛並非每個人都可以的，這種愛的方式未必合適於所有人。雖然海德格在他的書信當中，形容這種愛是普遍的，是每個人都可以的，但其實不然。這種愛只不過是限於海德格與鄂蘭，兩個獨特的個體，特別是兩位都是大哲學家，當然有他們的思想與生活的獨特性的。他們的愛並非純然是欲望的，但問題是他們的愛仍然是從欲望開始。海德格在1924年，看到教室裡這個獨特的女孩，然後二人墜入愛河。當中的過程是不知不覺發生的，而這絕不可能是純然理論，必有原始情欲在其中。

阿伯拉爾與愛洛依絲僅透過書信交流，但是海德格與鄂蘭不僅僅有書信來往，而且二人亦在學術與政治思想上，有很多不同的交流，甚至是衝突的，因此二人在對對方的感情上，如何維持忠誠，是一個重要的問題。

---

13. Ibid, p. 475.

將愛視為存在論事件，意味著無條件地愛，但它避免了任意性的問題，因為無條件地被愛，不是神秘的，而是被愛者永遠無法被完全理解的，因為這種存在隨著時間的推移，在其獨特的特殊性中展開。故此，被愛者的存在保持了一些神秘性，但當通過愛的眼睛跨時空觀看時，也能再次保持某種統一性和一致性。那麼，就像完美主義模式一樣，把愛想成一個存在論事件，鼓勵愛人成為她自己，但它避免了偶然性和僵化的問題，因為愛不試圖預先確定愛人自我實現的形式。在這一點上，它也鼓勵愛人成為他自己，作為一個不受他控制的本體論可能性的耐心牧羊人。因此，他們的愛令人成為他自己，它總是超越我們的理解能力。在我看來，正是這第三種，將愛視為對存在論真理事件，一種忠誠的思考方式，構成了兩位二十世紀最偉大的思想家之間的終生愛戀中，得出的最重要的積極教訓。[14]

海德格與鄂蘭之間的關係，並不是單純老師與學生之間的關係，二人之間的愛，基本上維持了幾十年。他們兩個人的相遇，其實是一個愛的事件，使得他們一步步展現自身的可能性。這種講法亦與海德格哲學中，強調可能性高於實然性有關。愛並不是一種外在的情欲滿足，重點是更深層次的：要使得另一個人成為一個人，引導其他人成為自己。正如筆者之前所講，這種愛是亞里士多德式的，與柏拉圖或基督宗教講法不同，亞里士多德講德愛的重點在於當中的相互性，認為他人並不是服從自己的，而是與自己平等交互的，這才能使別人成為真正的自己。柏拉圖式的愛，特別是他所講的真善美，似乎都是永遠不變的，但我們觀察海德格與鄂蘭，其實是不斷在變的。

海德格在1925年到1927年之間寫完了《存在與時間》，其後便停頓

---

14. Ibid, p. 477-467.

了一陣子，而後來鄂蘭則成為美國著名的政治哲學家。1971年之時，海德格年紀老邁，於是與太太搬到另一個用作退休的家度過晚年。到1976年，海德格在睡夢中過世。但是，海德格與他的太太之間的關係，並非如此簡單的，到了2005年的時候，他的大兒子赫爾曼（Hermann Heidegger, 1920-2020）公開承認他的的生父原來並非海德格，而是海德格當時的朋友弗列德爾·凱薩（Friedel Casear）。赫爾曼在1920年出生，那究竟海德格知不知道此事，若海德格知道，那他當時究竟是怎麼想的呢？鄂蘭對於愛的寬容這樣說道：

> 「寬恕與和解，恢復了和平與友誼，是愛的表現。」作為對他人的尊重，愛的表現。鄂蘭與海德格之間的和解，尊重年輕時的愛情回憶，並通過新的開始，重建對世界的承諾。存在於世界是否因此而變得更好？也許最好的答案是卡爾·桑德堡 (Carl Sandburg) 的存在主義問題。[15]

海德格的想法是否如鄂蘭所想呢？這便不得而知了。

22.3 西蒙·波娃與女性的愛情

接著本文要討論另外一對哲學家情人，他們便是沙特 (Jean Paul Sartre, 1905-1980) 與西蒙·波娃 (Simone de Beauvoir, 1908-1986)，兩者可謂二十世紀法國知識份子當中的風雲人物。他們兩人在讀大學的時候，沙特是考第一名，而波娃則是考第二，所以波娃便覺得沙特是唯一一個比她聰明的男人，所以他們兩個便走在一起。他們之間的愛情故事，可以說是為了探索愛情關係的一種新可能性，一種新的存在模式。他們一生的歷史可謂是一種真正本己的愛情，當然我們這裡所講的本己，是指

---

15. Ibid, p. 477-478.

根據自己的本性，對自身生命可能性忠誠而行事的。我們在追求愛情的時候往往喪失自我，彷彿為了對方而活，對方就是我的一切了，但沙特的愛情故事也是例外。

海德格與鄂蘭兩者，都把對方當成自己的目標，從愛當中成就他人，但是鄂蘭似乎沒有講到，女人在戀愛當中的意義位置在哪裡。而波娃的女性主義哲學，可謂日後整個女性主義運動當中的先鋒人物，她要重新肯定女性在社會中的位置。在愛情哲學這個領域中，似乎主導一切的都是男人，這個情況在中西皆然。在二十世紀的自由戀愛當中，要肯定的就是雙方都是一個自由的個體，一個獨立的個體。這種自由、平等與博愛，這個從法國大革命開始所主張的理念，並不是流於口號的，也要實踐於男女平等之中。

她有兩本重要著作：《第二性》（*The Second Sex*, 1949）和《論老年》（*The Coming of Age*, 1972）均影響深遠。她更在後者中指出人的價值在於與他人的關係，包括愛情、友情等等。女性能夠在社會上取得權力，《第二性》可說是功不可沒。作為著作者的她自然選擇與以往女性不一樣的生活方式。未來有一天女人很有可能不再用她的弱點去愛，而是憑藉著自己的力量去愛，女性不再逃避自我，而是發掘自我；她不再貶低自我，而是展現自我。到了那時候，愛情無論對於哪一方，都不再是知名的危險的源泉，而是成為生命之源。尼采的愛情哲學肯定了「我」，但仍然是以男性中心，而波娃在《第二性》開頭，便從尼采出發，提出男女兩人其實都是自由個體，這才是愛情最重要的條件。

由於社會上的性別定型，性別角色一直被傳統規範，人們認為由男人追求女人、女人溫柔體貼、男人英雄氣概等都是理所當然的，那麼面對傾斜的規範，最理想就是兩人作為自由個體去自由戀愛嗎？沙特和波娃告訴我們答案是肯定的。波娃說：「如果愛足夠強大，期望將成為幸福。」沙特說：「所有事物都無因由便出生，並偶然死去，所以生命和死

亡都沒有意義。」存在主義認為人是從出生後才創造自己和意義，即先有存在才有意義。「人注定是自由的，因為一旦被拋進這個世界來，他就必須為自己所做的每一件事負責。一切全看你如何去賦予生命意義。」我們需要重塑自身的意義。其實這些思想早已滲透我們，我們不需要真的閱讀過沙特的作品。因為沙特的哲學思想就已經活在我們的生命當中，當我們抉擇的時候，每一個抉擇都是創造自己的生命。後現代懷疑大傳統，打破所謂真理和標準，一切都成為相對的，只能在脈絡（context）中才能產生意義，再沒有所謂的普遍真理（universal truth），沒有能夠脫離我們的時空和文化仍可獨立自存的真理。所謂真理還是必須在一個背景下才能顯現。儒家文化的真理只在儒家出現，基督宗教的真理只在基督宗教出現。

不過，在波娃出現之前，十八世紀的英國作家、哲學家和女權主義者瑪麗・沃斯通克拉夫特（Mary Wollstonecraft, 1759-1797）曾寫了一本《女權辯護》（*A Vindication of the Rights of Woman*, 1792）。可惜的是，這位哲學家很早便死了。她可以說是第一個針對西方世界「厭女症」(Misogyny) 的問題，例如盧梭十分怕女性便是一例。當時的社會認為女人只應該做家庭主婦，不應該做其他東西，更不應該有自己的事業。早在古希臘，亞里士多德便認為女性沒有真正理性的機能，這些都是針對女性的講法，認為女性智力比男人低下。沃斯通克拉夫特認為，一切關於女性的問題，是因為社會根本不容許女性有足夠的機會接受教育，她們沒有與男人一樣，有同等受到教育的機會。所以，她主張的是教育與機會上的兩性平等。

不過，波娃則在此更進一步地討論這個問題，她認為：「人並非天生為女性，而是後天成為女性的」。為什麼她的書叫作《第二性》呢？這關係到《聖經》的故事，上帝從亞當的身體裡抽出一條肋骨，做出女性，為亞當作伴。由於亞當找不到合適的伴侶，他身邊全部都是動物，因此上

帝便為他做出女人。從基督教的神話來說，女人只不過是第二性，因為先有男性，而女性是從男性而來的。而波娃所說的女人有她的獨特世界觀，是與男人不同的，而更重要的是這種世界觀並不是次等的，她這樣說：

> 男人和女人之間總是存在著某些差異；她的情慾，以及她的性慾世界，有其自身的特殊形式，因此不能不產生一種特殊性質的感性，一種敏感性。這意味著，她與自己的身體、與男性的身體、與孩子的關係，永遠不會和男性對自己的身體、對女性的身體、對孩子的關係相同。[16]

女人就是女人，男人就是男人，兩者根本就是不同。女人的身體，整個生理結構，便是與男人截然不同，因此她感受世界的方式，以及她的情欲，便與男人不一樣。這種現象甚至顯現在家庭當中，男人與他小孩的關係，與女人對她的小孩，是完全不同的。當然，傳統家庭當中，男主外女主內，這些全都只是刻板印象而已。但問題是，究竟女人是怎樣看待愛情的呢？她引述尼采的話來討論這個問題：

> 愛這個詞對兩性來說意義並不相同，這也是造成他們之間嚴重誤解的原因之一。拜倫說得好：「男人認為愛是生活中的一件事，但愛情卻是女人的所有」。尼采在《快樂的科學》中表達了同樣的想法。
>
> 「愛情這個單一的詞對於男人和女人來說，實際上意味著兩種不同的東西。女人對愛的理解很清楚：它不僅是奉獻，它是身體和靈魂的全部禮物，毫無保留，不考慮任何東西。她的愛的這種無條件的性質使它成為一種信仰，是她唯一的信仰。至於男

---

16. Beauvoir, quoted in Andrew Shaffer, *Great Philosophers Who Failed at Love*, HarperCollins e-books, 2011, p. 24.

人，如果他愛一個女人，他想要的是她的這種愛；因此，他很難設想出與女人相同的情感；如果有男人也感到這種完全拋棄的願望，聽我說，他們就不是男人了。」

相反，對女人來說，愛是為了一個主人的利益而放棄一切。正如 Cecile Sauvage 所說的那樣，女人在戀愛時必須忘記自己的個性。這是一條自然法則。沒有主人的女人是不存在的。沒有主人，她就是一束枯萎的花。

事實是，我們在這裡與自然法則毫無關係。男人和女人在愛的概念中所表現出來的不同，正是他們處境的不同。[17]

尼采認為，女人對於愛是沒有保留的，是一個完全的無我的投入，是身體與靈魂的完全投入，而男人只是投入他的部份而已，更重要的是男人只是想要女人愛他自己，男人與女人對於愛欲的態度完全不同。而波娃認為過往的女人，純粹對自己所愛的男人完全服從，是完全交出她身體與靈魂的自主權，成為男人的一部份，成為他的擁有品。在中國亦有類似的講法，所謂「女子無才便是德」，所主張的便是女人愈沒有性格則愈好，太有性格的女人，很難被駕馭。而這種女人對男人的愛，就如同修女要嫁給上帝一樣，把自己完全從屬於上帝，故不把自己呈現出來，要求放棄自己的性格。因此，女人最大的快樂，便是成為男人的一部份，在今天聽起來好像很諷刺。但在當時社會而言卻是活生生的真實——女性從來都只可以當作男性的附屬品。

其實愛洛依絲與阿伯拉爾對於愛情的態度也是一樣的，她對阿伯拉爾的態度亦是一種完全服從的狀態，她視阿伯拉爾為完美的人格，用他的眼看事物，用他的角度思考問題，她並沒有自己的思想，純粹想與他同一，而這其實正是傳統西方女性的一種體現。但問題是，這是否是必

---

17. Beauvoir, *The Second Sex*, translated by Constance Borde, p. 608.

然的呢？會不會有一些男女之間的關係，是男人服從於女人，男人放棄自己的事業的呢？不過，重點仍然是女人能否打破這個枷鎖，不可放棄自己，否則永遠只是一個「第二性」（The second sex）。故波娃這樣說：

> 我們已經看到，愛的行為需要女人深刻的自我放棄；她沐浴在一種被動的慵懶之中；閉著眼睛，默默無聞，迷失方向，她感覺好像被海浪帶著，被風暴捲走，被籠罩在黑暗中：肉體的黑暗，子宮的黑暗，墳墓的黑暗。她被消滅了，她與她的自我被廢除了，成為一體。但當男人離開她時，她發現自己又回到了地上；在光明中，她又有了名字，有了面孔：她是一個被征服者，獵物和物件。[18]

為什麼歷史上有那麼多的悲劇出現在女人身上呢？原因是很多女人把男人當成神，把男人想像為全能者，而自己則是必須要服從他的無能者，這種看法不僅僅令女人產生痛苦，同時亦對男人產生痛苦。她覺得女人在失戀之後，心靈上受到很大的打擊，也就是因為她把生命的重點交給了男人。為什麼一個愛得愈深的女人，最後會因愛成恨，轉而做出報復的行為呢？關於這個話題，我們在下一章便會講到，關於愛情中的報復問題。

對於存在主義者來說，生命本身就是一個偶然，並不是必然的，生命中的事物都是由自己創造的。把愛人偶像化，其實就是一種幻象而已。這只不過是把另一個人晶體化（crystalization），即只從一個抽象的角度來理解人，而這套世界觀只圍繞著男人而轉，所以當男人離開以後，女人便失去了所有東西。當然，男人亦可以如此，他也可以把他的生命圍繞著他的女人而轉。不過，這種對男人及女人的印象當然是來自於當時的社會情況的，因此波娃引述尼采的話來討論這個問題：

---

18. Ibid, p. 614.

尼采在《快樂的科學》中說：

女人的激情，對自己所有權利的完全放棄，恰恰說明了同樣的
感覺，同樣的放棄慾望，也存在於另一個性別中，因為如果兩
個人都為愛而分別做出這種放棄，就會產生，用我的話說，我
不知道是什麼，我們應該說，也許是對虛無的恐怖吧？女人希
望被佔有……因此，她要求有人來佔有她，這個人不奉獻自
己，不放棄自己，相反，他希望通過愛來充實自我……女人奉
獻自己，男人通過佔有她來充滿自己。[19]

波娃又是怎樣看的呢？她認為真正的愛，是兩個自由的個體，平等
地互相認同的，她如是說：

真正的愛應該建立在對兩種自由的相互承認上；這樣，戀人就
會體驗到自己既是自我又是他人：雙方都不會放棄自身的超越
性，都不會被殘害；他們會一起在世界中體現價值和目標。對
於一個人和另一個人來說，愛將是通過自我的饋贈來揭示自
我，並使世界變得更加豐富。[20]

當然這只是一種理論上的說法，但這個問題仍是十分重要的，特別
是愛與被愛的兩個人之間，又如何能夠做回真正的自己呢？用一個比喻
式的講法：究竟1+1要如何大於2，而同時又是1+1呢？也就是說，兩個
人在一起，如何產生比兩個人獨自生活更多的東西，但同時間又能保留
了自己？而且一個人與另一個人在一起，當中的重點是要保證兩個人均
能平等地相處，這絕對是不容易的。會不會是人的獨特性，要在二人關
係當中呈現，才能得以可能呢？這便如波娃所說：「只有當女人作為for-
itself（pour-soi）而存在的時候，她才會有同樣的情況；這將意味著她

---

19. Ibid, p. 623.

20. Ibid, p. 631.

有經濟上的獨立性，她朝著自己的目的前進，不以男人為中介而超越自己，走向社會整體。」[21]

可是自己的世界觀圍繞對方而轉，那就喪失了自我本身了，那麼我還存在嗎？人究竟是如何與他人不同呢，這當然首先是要自身獨立自主，而這便是二十一世紀的主張。男性不再是整個家庭的經濟命脈，而女人在財政上也不再依賴男人，女人要先財政獨立，才能實現她自己的可能性，從而忠於自己，從而進入社會。當代世界所主張的，便是女人不再需要依靠男人，也能進入社會工作的一種生活方式。因此她認為女人應該要積極地離開這種男人中心主義的暴政。

當女人能夠自主，也不需要再依賴男人而生活的時候，她就不需要活在生活的恐懼當中，男人不再是她的保護罩，不再是她的救世主，而直到那一天，女人才可以找到她真正的自己，然後才能領悟何謂真正的愛，這才是生命之源。也在這個時候，女性終於能夠獨立自主了，由這一天開始，女性才是尋覓真正的愛。故波娃這樣說：

> 當有一天，女人有可能不以她的軟弱，而以她的力量去愛，不逃避自己而找到自己，不貶低自己而堅持自己，在那一天，愛對她來說將像對男人一樣，成為生命的源泉，而不是致命的危險。同時，愛情以其最感人的形式，代表了被禁錮在女性世界中的女性所受到的沉重詛咒，女性被肢解，無法滿足自己。無數的愛的殉道者見證了命運的不公，他們把不育的地獄作為最終的救贖。[22]

---

21. Ibid, p. 631.

22. Ibid, p. 632.

22.4 沙特與西蒙‧波娃的存在主義式愛情

沙特的重要的著作《存在與虛無》（*Being and Nothingness*），講到人的存在，基本上可以分別兩種不同的存活狀態，第一種是「自為存在」(Being-for-itself)，而另一種則是「自在存在」(Being-in-itself)。自為存在所指的就是人的意識，或者是思想，永遠都是向未來開展的，這是人之為人，作為主體存在的面向；而自在存在，人類作為物件的層面而存在的，這是人作為一個object而存在的一個面向。沙特想強調的是，自為存在與自在存在兩者是永遠沒有辦法調和的，並且有著永恆的距離。

如果自己是一個自為存在的時候，那麼他人便是自身的客體（object），因此是其中一種自在存在，沙特認為人與人之間的衝擊是不可能避免的，人的存在永遠都是一種掙扎。當我是主體之時，你便成了客體；而當你是主體之時，我則變為客體。主體與客體之間是永遠不能調和的，這不僅落在自己與自己的關係，更落在與他人的關係，甚至落在愛情之上。愛情是否能真正達到同一呢？這對於沙特來說便是一個極大的疑問。

沙特在《存在主義是一種人文主義》（*Existentialism is a Humanism*），當中便提過，存在主義想研究的是對於人類存在的處境。人永遠都是不斷地創造自己，人是自己的作者，因此人會不斷地依於自己的自由而行動。而他也不單純在理論上如此講而已，沙特也是如此地行動的。Hazel Rowley 如此評論沙特和波娃：

> 我們想到沙特和波娃，我們就會想到自由。沙特說：「人是避免不了自由的」。他的自由哲學不是象牙塔裡的理論。它是為了應用於生活。作為存在主義者，他和波娃拒絕任何「人性論」的講法。作為哲學家，他們挑戰了所有的社會慣例。沒有人可以告訴他們如何生活，甚至他們的愛情生活。他們有意識地「創造」他們的關係。

他們拒絕婚姻。他們從未住在一起。他們公開地有其他情人。他們與對方的情人是好朋友；有時他們會分享他們。他們最初的協議（沒有傳達給相關的第三方）是，他們的其他愛情是「次要的」，而他們的愛情是「絕對的」。[23]

沙特認為波娃對他來說是絕對的，甚至認為她佔了沙特生命當中的第一位，這或許是波娃的知性條件與沙特相當，所以他也很難在其他地方找到另一個合適的對像。不過有趣的是，波娃在美國有另一個對象，但最終她也回到了沙特身邊，與他一起，所以顯然而見的是，他們二人並非象牙塔內的知識份子，沙特曾經辦過《解放報》(Libération)，而現今仍在運作，而且在1968年五月風暴當中，他也參與學生的反抗運動，這些都是沙特積極參與社會運動的例子，最特別的是沙特曾經參加過反納粹的地下游擊隊，他曾經寫過一篇文章，講述為什麼法國人在納粹統治之下是最自由的，因為只有在一個強權或暴政之下，才會感覺到他所做之事的意義。當然，這是一個題外話。

沙特對自由的追求，不限於他在理論與政治上的追求的，他對待愛情的問題，也採取了同樣的態度，很多人都批評沙特與波娃之間中有很多的婚外情，但問題是他們似乎並不視此為大問題，他們只關心二人之間是否有愛，為什麼愛一個人，必然要限定另一半呢？這是否是真正重要的問題呢？愛的重點是，能否使對方本己地活著，能否令對方成就自己。但是，究竟本己是甚麼意義呢？本己並不是指人生到達某一個階段，例如拿了博士學位，便認為學問到了另一個階段，或者是到達了某一個職位，賺了很多錢，這些都不是本己的意思。本己地活著，除了要人對自己不斷地反思以外，更要對自己的自由與責任忠誠。所以，一種

---

23. Hazel Rowley, *Tête-à-tête: The Lives and Loves of Simone de Beauvoir & Jean-Paul Sartre Hazel Rowley, Tete-a-Tete The Tumultuous Lives and Loves of Simone de Beauvoir and Jean-Paul Sartre*, HarpperCollins e-books, 2006, p. vi.

存在主義式的愛，就是要使對方不斷地對自己的存在反思，這些都不是在性的層面上可以觸及的，因此，在性關係上，究竟有沒有真正意義下的出軌呢？沙特對於此是存疑的。

很多傳統的立場都認為，愛情之間的關鍵因素就是互相佔有，而對方為自己的獨特對象，若愛人有其他所愛之人，必然會感到嫉妒。這也解釋到為何古今中外會有這麼多的情殺案，這些都是因為那種放不下的佔有慾。沙特似乎並不同意這種說法，這便如以下所說：

> 他們覺得嫉妒不會成為一個問題，因為他們承諾對彼此完全誠實和開放。為了證明這一點，他們簽訂了一個協議，告訴對方其他關係的每一個細節，並解構每一種感覺。沙特稱此為透明度。「隱私這概念是資產階級虛偽的遺物。為什麼要保留秘密？在他們看來，作為知識份子，他們的任務是探究表面之下的東西，挖掘經驗的深度，揭穿神話，並向讀者傳達不加修飾的真相。」
>
> 然而，他們發現他們不能完全公開，因為涉及到其他人，所以他們無恥地對他們的第三方情人（也可能對彼此）撒謊，以減輕他們的感受，讓他們高興。[24]

當然，這並不容易做到，即使他們能夠互相坦白，可以講出對第三者的感覺，但這變相是把第三者的秘密講了出來，就算他們之間沒有秘密，認為隱私只是資產階級的，但這並不等於第三者同意把他們的隱私講出來。即使他們想本己地活著，並不表示其他人亦想如此做。而問題是，即使他們想本己地活著，但這是否代表本己地活著就是好，而非本己地活著就是不好的呢，這似乎是另一個更根本的問題。甚至我們可以

---

24. Skye Nettleton, *Loving Existentially: Liaisons dangereuses & romantic love philosophies of Simone de Beauvoir & Jean-Paul Sartre*, Cogito vol. IV (2006) No 1, p.17.

問，沙特這種想法，會不會只是一種理想？

對於存在主義思想家來說，愛不是一個抽象的概念。愛只存在於兩個人之間的交流活動化中。正如沙特在他的演講《存在主義是一種人文主義》中所說：「除了被建構的愛，沒有任何愛不是在愛的關係中表現出來的。」

因此，理想的羅馬式愛情關係，是指伴侶雙方在生活中和相互交往時都運用存在的原則。他們沒有惡意或不誠實的行為，因為他們沒有呼籲任何角色，如丈夫或母親，來決定行為。此外，他們也不求助於一個理想，如愛情，來逃避自由。[25]

雖然他們批評一種抽離現實的愛，抽離肉體接觸的愛，永遠都在行動中呈現，但要落實到人的創造現實中，這又是否容易實現呢？愛情少不了矛盾，否則人們不會以「情鎖」的方式，希望把對方鎖在身邊。愛情似乎必然有痛苦、衝突與幻想破滅的問題，這才是真實的愛情。

這便如沙特所說：「他人就是地獄」，我們不停把他者當成為物件來理解，因為我們根本沒有辦法進入他人的主體性來理解世界，我與他者之間必然有此鴻溝。他者根本不可能與我一樣，與我有同等的主體性。但問題是，我在他人的理解之下，亦會變成他人眼中的物件，因此我便在他人的世界當中失去我本來的主體性。所以，對每個人來說，他人都是一個威脅，就是會侵佔此人主體性的存在。因此，所有人都會爭奪世界的主體性，避免自身失去本來的主體性。

理論上當然可以這樣說，但波娃又是如何理解他們二人的關係呢？作者又說：

根據沙特的觀點，浪漫的愛情只是一種試圖通過推翻愛人的自由，來重新控制自己的主體性。它也是以一個人在另一個人面

---

25. Ibid, p.18.

前定義自己的策略，而這個人的自由是他試圖擁有的。然而，這最終是徒勞的，因為一個人永遠無法佔有另一個人的自由。

因為我永遠無法體驗或理解他人的主體性，我永遠無法知道他真正的想法，因此，「我們注定要在完全的個體性中度過我們的一生」。儘管我們試圖接近他者，尤其是在性愛過程中，但我們無法真正理解他者，或者讓他者真正理解我們。沙特認為這是地獄，而波娃則對這種情況持積極看法。

對波娃來說，「他者」仍然和沙特一樣重要。通過他人，人們學會了以某種方式活出自己的身體，或事實性（日常生活狀況）。例如，人通過他人學習語言、語調和態度。這就是波娃在《第二性》中寫到「人不是生來就是女人，而是變成女人」的意思。sex是生物性的，但女性氣質或男性氣質是一個人的gender。女性氣質是一個人在發現自己在社會中作為一個女人意味著什麼時，對自己的性別所做的文化外衣而已。[26]

對於沙特來說，似乎對方從原則上來說是不能被侵佔的。如果我侵佔他人，把他人的主體性消除，他人失去了自由，這便是他人自身本來的面貌。沙特認為這根本不可能被稱為愛，而純粹是一種佔有而已。所以，「我愛你」等於「我佔有你」，並想要你的一切時，這不可能是愛。波娃亦會同意這一點，正如之前討論《第二性》時，女人把自身的主體性與自由交出去，主動交出自己而被男人侵佔，這便不可能是愛。

雖然直接地把自己交出去，是一條比較容易走的路，但反過來說，過一種本己性的生活，這絕對是不容易的事情，不容易的生活方式。我們也許可以思考一下，沙特本己的愛情，能夠不受束縛地享受愛，又何須理會世俗的認可？沙特和西蒙波娃都有各自的性伴侶，他們之間沒有

---

26. Ibid, p.19

結婚，卻認定對方是終身情人，傳統來說這些絕對不能接受。但正因如此，沙特就是活出了自己的人生，在愛情身上實現自己的本己性

22.5 有沒有永恆不變的浪漫愛？

情人之間的衝突，基本上是一種常態，當一個人是主體時，另一個必然是客體，這種衝突是難以調解的。而當兩個「我」變成一個「我們」之時，究竟誰佔著主導權呢？自己或者伴侶又會不會變成了一言堂，甚麼都一個人說了算？正如 Skye Cleary 在《存在主義與浪漫愛》(*Existential and Romantic Love*) 當中便講到：

> ……浪漫愛情這理念可能令人困惑，因為合一和團結的夢想是幻覺；感覺它將永遠持續下去，但不能保證它將持續到晚上；戀人希望和諧，但爭吵是不可避免的。在關係中追求幸福和長壽的理想是充滿危險的，因為根據存在主義哲學家的觀點，相戀必然會讓自己陷入失敗。相反，存在主義的方法表明，追求真實有意義的關係更有價值，更有收穫。[27]

浪漫愛當中最大的問題，就是自己被對方吞食，或者是自己吞食了對方。兩個人在一起，很難會不想更進一步地接近對方，然而這便會令其中一方失去了自主性。若其中一方刻意把自身的自主性交出去，主動地放棄自己的自由，這對於沙特來說，是一種「自欺」(bad faith)而已，因為人是自由地使自己不自由，終究來說仍是自由的。但是，這樣說的話，兩個人會爭奪主導權，那必然會發生衝突，那衝突又如何能構成和諧而永恆的浪漫愛呢？既然浪漫愛那麼痛苦，那最好便是找另一個對象陪伴，這又返回我們上一章講現代愛情「液態化」的問題，浪漫關係變得

---

27. Skye Cleary, *Existentialism and Romantic Love*, London: Palgrave Macmillan, 2015, p.160.

不穩定，不可靠。

那究竟有沒有解決方式呢？對於波娃來說是有的，那就是要接受愛情關係中，有不斷衝突的部份。如果有些人的人生找不到生活的意義，而要把生命寄託在浪漫關係上，那便更加危險了，浪漫關係是不可測的，又怎能構築生活意義於此？正如此書作者所言：

> 對沙特和波娃來說，問題在於，由於戀人相信愛情會持續一
> 生，他們把對方確立為生活中意義的主要來源。然而，沙特強
> 調，絕對的安全是無法實現的，因為個人是被創造的虛無，人
> 類能以不可預測的方式自由變化。故此，永遠不知道愛是否會
> 得到回報以及回報的程度，儘管我們不希望它結束，但這種可
> 能性籠罩著我們。波娃表明，一旦愛慕的新鮮感消失，衝突和
> 無聊就會扼殺浪漫。因此，在如此不可預測的事物中，嘗試建
> 立自身存在的意義是有風險的，如果關係停止，戀人就失去了
> 意義。[28]

希望情不變，只是一個幻覺、一個幻想而已。如果我們要透過存在主義的生活方式，建立一種真真正正的關係，雙方都知道不能依存於對方，也不能活在幻覺之中。而在這裡的討論當中，仍未談及家庭問題、兒女問題，甚至是社會文化等問題，愛情其實從來都不容易。但問題是，為什麼有那麼多人會對浪漫愛情有所盼望與美好的幻想，卻又想有無限的自由呢？這便是值得眾人深思的問題。

沙特1980年去世，波娃在沙特死後一年出版了記錄沙特死前十年日子的書，描述她和沙特真情和悲傷關係，儘管相處幾十年中有不少悲歡離合的處境，但是至死不渝。波娃在書末如此寫道：

> 他的死確實使我們分離。我的死不會讓我們再次聚在一起。事

---

28. Ibid.

情就是這樣。我們能夠和諧地生活這麼久，這本身就是了不起
的。[29]

波娃 1986 年逝去，二人合葬於巴黎的蒙帕拿斯（Montparnasse）公
墓。（圖 22-1）

29. Simone de Beauvoir, *Adieux: A Farewell to Sartre*, 1981, trans. Patrick O'brian, New York: Pantheon Books, 1984, p. 127.

第23章
愛情終結之悲劇

　　我們一般討論愛情的問題，往往從正面去探討，就好像文學作品中的少女，總是憧憬著愛情的美。正如我們在上一章中提到的三對哲學家，無論他們之間的愛是否為本己的愛，還是拒斥身體欲望的愛，這幾種模式都是比較正面的愛情。但對於愛情的反面，則鮮少有人談論。特別是為何情會使人由愛生恨，這是情愛十分獨特的面向，何以本來相愛的情人，最後竟反目成仇呢？這基本上是很多情殺案的原因。而此類行為比比皆是，打開報紙也有很多關於情殺案的報導，但一般人不會去討論這些情殺案背後真正的原因，只會單純地在茶餘飯後談論案件的表面前因後果，至於正式的哲學討論就更少觸及到了。

　　關係到愛情之終結的問題，而這個現象可以在很多的詩詞當中找到。近代愛爾蘭詩人葉慈（W B Yeats, 1865-1939）便寫過一首詩〈愛的悲傷〉(The Sorrow of Love, 1891)，描述失戀時的情境：

愛的悲傷

威廉·巴特勒·葉慈

屋簷下的一隻麻雀的聒噪，
皎潔的明月和如水的夜空，
還有樹葉精彩和諧的歌調，
遮掩了人類的影像和哭聲。

一個紅唇淒然的少女浮現，

彷彿廣大的世界浸滿淚水，

像奧德修斯船隊歷盡艱難，

像普里阿摩率部傲然戰死。

浮現，在這喧鬧的簷角上，

空曠的天穹裡上升的月輪，

還有樹葉的一切哀悼悲傷，

只能構成人的影像和哭聲。[1]

　　本來他在樹林中看到美麗的風景，把一切的其他事情都遮蔽住，其實就是講他遇到所愛的女孩時，所見世界，都是美麗的。中間的段落，便提及到兩個人物，一個是奧德修斯（Odysseus），而另一個則是普里阿摩（Priam）。奧德修斯參與特洛伊戰爭，十年之後才能回去見他的太太，而普里阿摩則是特洛伊的皇帝，之後則被殺了。而最後一段才是重點，特別是第一段與第三段對比，因為失戀，本來看到美麗的天空，一下子變成了空洞的天空，就連和諧的樹葉，亦變得悲傷起來。愛情就是讓人變得盲目——這句話實屬老生常談，但用文學的筆觸最能將這句話呈現出來。

　　這當然是詩人很扼要地描述愛情從有到無，由得到失的一種情態變化，中國的古詩，甚至在漢樂府當中也找到很多類似的作品，例如這首漢樂府〈有所思〉：

聞君有他心，拉雜摧燒之。

摧燒之，當風揚其灰。

從今以往，勿復相思。

---

1. 傅浩翻譯，https://www.en84.com/literature/waiguo/201104/00006209.html

相思與君絕！」

這些關於愛情的詩詞，一開始的時候便是講愛情的開心、興奮等等，慢慢變演變失戀而成的痛苦。失戀又是甚麼意思呢？當愛情終結時，其實又是怎樣的呢？在情愛出現時，人就是入情（falling in love）的狀態，在這個情況當中，很多時候都是開心的，但當人出情（falling out of love）時心生痛苦。當情人離開時，愛情終結，就像自己失去了一部份，對於這個人來說，是一種缺失（loss）。我們損失的就是本來賴以生活的價值、幸福與希望等等，過往日常生活當中的事，這些都是建構我們日常意義世界關鍵的東西。而失戀就是突然間失去這些東西，就是把過往的意義世界斬斷了。從此人生便出現了一道斷層，美好的東西已經不復存在，成為泡影。

而這便令人從一個完整的生命，撞碎成零散的生命，失戀的人難以從中找到價值。當自己與對方融合在一起，愛情就成為了所有，但當愛情離開時，便是最可怕的。有些人會失去對自己的理解，甚至不再信任別人。正如柏拉圖《會飲》中阿里斯托芬所講，對愛情的追求，就是使生命成為一個整體，但當失戀之時，存在的完整性便被打碎了。這種損失最大的關鍵就是失去了自我的形象，或者是自我的意義，帶來的便是一系列的情感問題，人會感受到痛苦、悲哀、無助等等，甚至是產生嫉妒與仇恨。用佛教的講法，就是人執著於定常，認為這個世界的一切是永恆的。當美好的事物失去，自己的貪愛產生了瞋恚，最終做出了愚痴的行為。

而失戀又可以是因雙方同意而分手，或者只有單方面提出分手。而在第21章〈浪漫愛情之延續〉中，我們便曾提及現代愛情觀念常常默認若兩方都認為不能再因對方的存在而快樂，只要通知一聲，便可以離開對方。經過雙方的同意之後而分開，這個分開不一定指是兩地相隔，可以是兩個人的情不能繼續，精神上不再相愛。在第22章〈本己之愛〉，阿伯

拉爾與愛洛依絲即便兩人雖分隔兩地,不能相見,但情仍在,書信亦不斷往來。也有一些情人分開的理由是因為年老,這是比較少人提及的,例如老人痴呆症,把對方忘記了,縱使已作老夫老妻多年,卻因身體的衰敗而不能再相愛。當然還有伴侶死亡的問題,以致情不能繼續,還有伴侶的背叛。各式各樣的原因如恆河沙數,但我們不是要討論這些原因,筆者想討論的是這些「因」與「果」之間的關係。

`

23.1 情之怨恨

為什麼愛情會使人那麼痛苦呢?箇中的原因就是因為過往相愛之時,過得很快樂。英國作家和神學家路易斯,本來是單身的,但是因為遇到了美國的一位詩人,便墜入愛河。但後來這位詩人早死,只遺下了他們的兒子。他曾經講過一句非常有洞見的話:「過往的快樂成為了當下的痛苦」(Suffering present is the happiness past)。他所感受到的痛苦,與他在愛情中得到的幸福是成正比的,這種愛的失去,是沒有辦法彌補的。可以說,戀愛中的經歷越愉快,失戀的時候越痛苦。當然這是因為死亡,而引出痛失愛人的問題。

　　本章筆者最想探討的是,因為背叛而生的仇恨。2013年網站有篇探討愛情與背叛的文章,裡面有幾句話形容愛情,描述得很貼切:

> 愛。它是英語中最有力的詞。當它與兩個代詞並列時,它就成
> 為英語中最有力量的句子。我愛你 (I love you)。這三個字改
> 變了人心。它們改變了生活。它們改變了一切。
> 不管你生活在世界的哪個地方,也不管你說什麼語言,都有這
> 三個詞的對應物。它們在任何地方都帶有同樣的力量。對於說
> 這些話的人,以及聽到這些話的人。

但是如果這些話後面沒有愛的行動，那就是混亂的開始。這就
是背叛的開始。[2]

這幾句所講的是指，當人墜入情網之後，所講的「我愛你」是有著很
強的力量的，而這個人所看到的世界都為之改變，這是認真和嚴肅的，
當然也有很多人說「我愛你」，但同樣的三個字，他們未必認真。在西方
世界，很多人都會對著不太熟悉的人講「我愛你」，這是西方文化當中的
一部份。但是，甚麼是真正的「我愛你」，是真正愛情意義下的我愛你，
是人能夠感受到的？上文最一段最關鍵：任由我們如何說愛是甚麼都是空
談，怎樣有愛的行動才是最重要的。所以，愛的重點是如何實現，否則
便會令人感到混淆。

23.2 情愛之憂鬱：少年維特

德國大文學家歌德 (Goethe, 1749-1832) 寫過一本對當時影響力很大的
愛情小說，這便是《少年維特的煩惱》(The Sorrow of Young Werther,
1774)，當我們講到因愛情而憂鬱的時候，這部著作便是一個很好的參
考。整本書所講的其實很簡單，在現在看來，純粹是一個很常見的失戀
故事。小說中一位名叫維特的少年，追求一種最純潔的愛情，認為要得
到一個最理想的女孩。相信很多讀者都經歷過類似的戀愛故事，曾經有
一段純潔而且美麗的初戀，這個就是故事的開端。

後來，主角當然遇到他所愛之人，不過他所愛的卻是他朋友的未
婚妻，這便是問題所在，也令他產生無數的掙扎。他不能忍受他所愛之
人，被其他人佔據，並且捨棄他，因此他認為生命沒有意義，所以便自
殺了。有人認為這是歌德自傳式的小說，當中有不少是他真實的經驗，

---

2. Lee Habeeb, "Love and Betrayal," *National Review*, August 6, 2013.https://www.nationalreview.
   com/2013/08/love-and-betrayal-lee-habeeb/

當然他沒有因失戀而自殺。而這部著作影響當時很多的年輕人為情自殺。但為什麼歌德自己卻沒有自殺呢，箇中的關鍵便是他將這種失戀的情感，當中的傷痛，以藝術創作的方式昇華，因此消解了這個自毀的衝動。所以，筆者經常說讀文學作品就是讀他人的故事，千古文人用自己的經歷寫出了驚世巨著，用自己的人生感動他人。歌德沒有期望自己成為偉大的文學家，但他期待將來有一個明白自己的人。

而故事當中的維特一看到女主角，便立即墮入愛河，有一篇文章是這樣描述的：

> 當他(維特)遇到綠蒂，一個漂亮、迷人的年輕女子，她失去了母親，取代了母親成為一眾崇拜她的弟弟妹妹的指定母親形象，他立即愛上了她——瘋狂地愛上了她。他知道她是可遇不可求的，因為她已經訂婚，很快就會嫁給一個非常合適的年輕人，但他無法阻止自己為她而傾倒。他無法抑制自己越來越以她為中心的存在，也無法抑制自己越來越為沒有她而折磨自己。他的疼痛和痛苦越來越深，直到它們佔據了他的整個存在，當它們成為他的時候，其他一切都被掩蓋了。[3]

究竟一見鐘情是如何可能的呢？我們看到很多故事，主角都是對別人一見鐘情，而這是很重要的一個課題。莎士比亞的《羅密歐與朱麗葉》，羅密歐在仇家的舞會中的情況就是這個現象的描寫。雖然羅密歐已有一個情人，但當他一見到朱麗葉的時候便一見鐘情，不能自拔。他們的初見是否真的產生了很多「化學作用」呢？這種觸電的感覺是如何呈現的呢？當然，裡面可能有很多只是情欲的部份，甚至整個一見鐘情的片段都是幻想出來的。但我們不能如此輕描淡寫地說一句「這不過是幻想而

---

3. Martin Silverman, " The Story of Young Werther and Goethe's understanding of Melancholia," *The Psychoanalytic Quarterly*, 2016 Volume LXXXV, Number 1, p.201.

已」，背後的現象我們需要分析。

當維特見到他一見鐘情之人出現在他面前時，他雙手震動，心跳加速，整個生命好像都圍著她轉，人生中重要的事情都已經包含她在內。而一個人墮入情網，是沒有任何人能把他拉出來的，我們可能都有類似的經驗，一個戀愛中的朋友，無論你怎樣批評他的愛人，他都聽不進去，最後甚至因為這些勸告，導致朋友反目。

維特也正如很多人一樣，為何一個關鍵的改變，會使得整個人不再一樣，而他所經驗到的種種事物的意義，也都不再一樣。這正如我們之前討論中國的一個經典故事一樣，《河間婦》中的女主角，也是因為一個關鍵的改變，導致她整個生命的意義，以及她所呈現的方式完全改變了，但這究竟是如何可能的呢？是否失戀導致了創傷？當維特所愛之人離開了他，他生命的滿足感全都失去了，所以他決定自殺：

> 維特決定，他也必須死。在他死後寫給綠蒂的信中，他寫道：「以一種決定性的方式」，他得出結論，他必須放棄自己的生命。這不是絕望；這是一種確信，我已經遭受了足夠的痛苦，我正在為你犧牲自己。是的，綠蒂！我為什麼要對你隱瞞呢？我們三個人中必須有一個人離開，而我就是那個人！哦，我最親愛的，我受傷的心一直被一個可怕的魔鬼糾纏著。要謀殺你的丈夫！或者你！或者我自己！好吧，那就這樣吧。[4]

在這個三角戀愛中，他認為綠蒂並非真的不愛他，只不過是因為他朋友的存在，問題是這段戀愛是一段三角戀。三個人不能共存的話，那必然是其中一人要退下來，這便是一種生死相拚，你死我亡的狀態。而在維特的看法中，他選擇殺死自己，他借了朋友的槍來殺死自己。這當

---

4. Martin Silverman, " The Story of Young Werther and Goethe's understanding of Melancholia," *The Psychoanalytic Quarterly*, 2016 Volume LXXXV, Number 1, p. 141.

然是一種虛妄，認為只要大家一起死，便能夠永遠在一起。當然他覺得死亡能夠把他生命中的痛苦取消，而他認為在死亡中，對於他自己得不到的愛，單戀的痛苦，能以這種取消自己存在的方式，重新走在一起。

　　他為什麼這樣做呢，從一個局外人來說，一定會認為他是一個「傻子」。但當我們身在其中時，就不容易處理了。如果我們跟這類人說，全世界還有無數的女孩，為何要為一棵樹放棄整片森林，他必定是聽不進去的，原因是他已經把整個生命的存在，固定在這件事之上。後來，弗洛伊德便把這個故事，以憂鬱症的角度進行解釋：

　　我們知道弗洛伊德讀過歌德。我們還知道，弗洛伊德從他所讀的書中學習。在《少年維特的煩惱》最初出版近150年後，他出版了《哀悼與憂鬱症》（Freud, Mourning and Melancholia, 1917）。在這裡，弗洛伊德通過將其與普通的哀悼進行對比，研究了憂鬱症，或深層的去壓抑。與哀悼不同的是，在哀悼的情況下，一個被珍視的愛的對象已經失去，而憂鬱症發生在一個人對失去或經歷來自一個或多個他人的重大失望的反應中，而這個人非常需要來自這些人的讚賞、愛和對他或她的價值的肯定。

　　簡而言之，在哀悼中，人們失去了一個基本不重要的愛的對象，而在憂鬱症中，人們對一個失去的和／或令人失望的、自戀的、不能接受拒絕或拋棄的對象有著高度矛盾的依賴。該對象被無意識地保留下來，通過回歸性地認同該對象，顯然是按照進食食物的模式，以防止它被不見。此外，從哀悼中恢復的特點是逐漸接受所愛之物的喪失，而在憂鬱症中，個人認同亦隨著愛與恨矛盾對象遠去，而逐漸被摧毀。弗洛伊德所強調的憂鬱症的核心問題是自戀的對象選擇和極端程度的矛盾心理，這

正是歌德《少年維特的煩惱》中迸發出來的東西。[5]

　　當人遇到另一個人的死亡，離開這個世界，這便是所謂的哀悼（Mourning）。弗洛伊德認為，一個所愛的對象，例如是爸爸、媽媽或者是愛人離開了，正常的情況是會產生傷痛的，並透過一個過程，令這個傷痛減退，而當人接受這個傷痛時，便能夠對此有所克服。但是憂鬱（Melancholia）並不只痛苦傷心這麼簡單，這個傷痛會轉化成為他生命中的一部份。在憂鬱的過程中，人是難以區分究竟是純粹自己憂鬱，還是外物導致自己憂鬱的，而這便是關係到此人所愛的對象，可能只是自戀（Narcissism）而已，他透過外物來承認自己，外物是他存在的必要中介條件，並把所愛對象之存在，與自己等同。

　　當人面臨重大的傷痛，例如親人的離世，若他認為這只不過是與我存在無關，是對象的，這便還好，但是對於維特來講，綠蒂並非一個客觀的存在，他們的關係已經轉化了，綠蒂並不是綠蒂，而是「綠蒂與維特」：維特與自身的關係，把綠蒂是否愛他與自身存在等同起來。這個混亂的位置在於：一方面維特得不到這個女孩，而另一方面這個女孩又同時在他心中。因此，他得不到是一個客觀事實，他也知道綠蒂不會因為他而離開他的朋友，但同時這位女孩是維特一生當中最重要的。女孩的離開只不過是客觀存在上的離開，但卻留在他的心中，因此便產生了一個矛盾：是離開了，卻也永遠不能離開。或者是說，維特根本不想承認，他所愛的女孩已經離開了。因為不能接受，所以選擇離開這個世界，這個是維特個人故事的悲哀，也是所有為情自殺的人的悲哀。

　　這便是所謂「依附性愛的對象」（anaclitic love object）失去後的問題，同時這部份的說明，是弗洛伊德對愛情分析的重要部份。本己的

5.　同前注，頁 206-207.

愛，正如上一章哲學家所講所做的，都是為了對方，雙方也都能分開兩地，也能獨立。但問題是，當兩者猶如一體時，便容易成為自戀形式的愛。自戀狂的意思，就是把所愛的對象，與自己放在一起，這便是「矛盾」（ambivalence）的意思。這便如弗洛伊德所說：

引用弗洛伊德所說的：

憂鬱症患者表現出某種……在哀悼中所缺乏的東西——他的自尊心的異常減弱，他的自我的大規模的貧困化。在哀悼中，是世界變得貧窮和空虛；在憂鬱症中，是自我本身。病人認為他的自我沒有價值，沒有能力取得任何成就，在道德上是卑鄙的；他責備自己，詆毀自己，並期待著被驅逐和懲罰。

據我們判斷，在自我貶低的程度和其真正的理由之間沒有對應關係。一個好的、有能力的、有良知的女人，在她發展到一定程度後在她患上憂鬱症之後，她對自己的評價不會比一個事實上沒有價值的人好。前者可能比後者更容易得這種病。事實上，前者可能比後者更容易得病，我們對後者也沒有什麼好話可說。[6]

當與愛的對象不能在一起時，即是失去了自己的一部份，這便會令人感到無能，感到生命的無意義，無以為繼。而一個人要自殺，便是因為他再也不能得到他想得到的。憂鬱症最麻煩之處，就是一個人困在他自己的世界裡，沒有真正存活在世界之中，與其他人共在。弗洛伊德的精彩之處，便是不斷探討人的深層欲望究竟是因何產生的。

一個憂鬱症的人要自殺，是因為他的能力問題，是他的自我如何看待外在世界的問題。為什麼要選擇殺自己，而不是殺其他人呢？因為自殺是最簡單的選項。但我們可以追問的是，為情自殺這個問題，當中究

---

6. 同前注，頁 246-247。

竟有沒有任何的意義，可以讓我們肯定呢？少年維特的煩惱，仍然是一種理論性的討論，在愛與被愛，拋棄與被拋棄的過程中，當我們要做一件事，若做得不好會感到罪疚，便會想找尋懲罰。

甚至有趣的是，失去愛的人多數是百感交集的（ambivalent），憤怒與悲痛均佔據其中。我們對於弗洛伊德對於歌德這部著作的分析，當中最重要的莫過於對憂慮症的講法。正如Martin A. Slverman所講：

> 弗洛伊德對憂鬱症的描述和歌德的故事之間的對應關係是驚人的。弗洛伊德對憂鬱症的觀察直到現在也仍然有效。在我曾經和目前正在治療的憂鬱症患者中，明顯的特徵包括無法忍受的、極其痛苦的失去一個或多個理想化的，但被矛盾地看待的愛的對象（過去和現在）；一種被「拒絕」和／或拋棄的極端感覺。可怕的無價值和／或不被他人重視的感覺；痛苦的孤獨和寂寞；內臟出現疼痛與痛苦病徵（嚴重干擾飲食和睡眠；胃腸道症狀，如腹痛、便秘、腹瀉、「腸易激」）；以及極端的內疚和需要懲罰（例如：想到自己應該被「關進監獄」，甚至「關進死囚牢房」，以及感到無助和通常無望的跡象。一般來說，有大量的跡象表明，對當事人所依戀的人的態度極其矛盾，通常伴隨著大力否認對那些似乎讓他或她失望、拒絕和背叛的人所懷有的怒氣。弗洛伊德對嚴重抑鬱症的敏銳性令人印象深刻。歌德對它的文學描寫令人震驚。我們應該感謝他們每一個人，因為他們闡釋了這種可怕的痛苦。（頁208-209[7]）

少年維特其實曾愛上幾個人，但這幾個人沒有表示愛他的，沒有對他表示任何愛意的。像他這個情況猶如一個自戀狂，想像一個自己心愛

---

7. MARTIN A. SILVERMAN, "THE SORROWS OF YOUNG WERTHER AND GOETHE'S UNDERSTANDING OF MELANCHOLIA," *The Psychoanalytic Quarterly*, 2016, Volume LXXXV, Number 1, p. 208-209.

的對象，亦同樣地愛他，但這只不過是他自己的虛妄而已。但為情自殺還算好，這個只是為愛瘋狂的第一級別，還有更辣手的。

23.3 情花之毒：李莫愁

相信很多人都看過金庸的小說，他在很多部著作中，都對情愛著墨甚多，有許多深刻的愛情情節值得讀者思考。特別是《神雕俠侶》，他花了很多篇幅講述由情轉恨的問題。書一開頭便提到元好問的詩句：「問世間情是何物，直教生死相許」，以此為開場白。但大家要留意的是，講這句話的人，並不是楊過和小龍女，而是李莫愁，在第一回中便有如此描述：

> 過了良久，萬籟俱寂之中，忽聽得遠處飄來，一陣輕柔的歌聲，相隔雖遠，但歌聲吐字清亮，清清楚楚聽得是：「問世間，情是何物，直教生死相許？」每唱一字，便近了許多，那人來得好快，第三句歌聲未歇，已來到門外。
>
> 三人愕然相顧，突然間砰砰喀喇數聲響過，大門內門閂木撐齊斷，大門向兩旁飛開，一個美貌道姑微笑著緩步進來，身穿杏黃色道袍，自是赤練仙子李莫愁到了。[8]

李莫愁愛上陸展元，但他不愛她，是以李莫愁認為陸展元是負心漢，便要殺盡一切與陸家有關係的人。這樣帶出來的，便是一個悲劇。她的仇恨不斷累積，對陸家報仇已經滿足不了她報復的欲望。她為求報復，便要追求更高的武功境界，後來為了《玉女心經》，更多次威脅小龍女與楊過的性命，成為一個心狠手辣的人。

李莫愁後被情花毒所累，落入絕情谷，她要求得到情花毒的解藥：

> 李莫愁一生倨傲，從不向人示弱，但這時心中酸苦，身上劇

---

8. 金庸，（第一回：風月無情），《神鵰俠侶》，1959年。

痛，熬不住叫道：「我好痛啊，快救救我。」朱子柳指著天竺僧的遺體道：「我師叔本可救你，然而你殺死了他。」李莫愁咬著牙齒道：「不錯，是我殺了他，世上的好人壞人我都要殺。我要死了，我要死了！你們為什麼還活著？我要你們一起都死！」她痛得再也忍耐不住，突然間雙臂一振，猛向武敦儒手中所持長劍撞去。武敦儒無日不在想將她一劍刺死，好替亡母報仇，但忽是見她向自己劍尖上撞來，出其不意，吃了一驚，自然而然的縮劍相避。

李莫愁撞了個空，一個筋斗，骨碌碌的便從山坡上滾下，直跌入烈火之中。眾人齊聲驚叫，從山坡上望下去，只見她霎時間衣衫著火，紅焰火舌，飛舞身周，但她站直了身子，竟是動也不動。眾人無不駭然。

小龍女想起師門之情，叫道：「師姐，快出來！」李莫愁挺立在熊熊烈火之中，竟是絕不理會。瞬息之間，火焰已將她全身裹住。突然火中傳出一陣淒厲的歌聲：「問世間，情是何物，直教生死相許？天南地北……」唱到這裡，聲若游絲，悄然而絕。[9]

　　而她到了臨死之際，仍吟著元好問的詩句：「問世間，情是何物，直教生死相許」，她一生被情所困，甚至在臨終之時亦不解究竟何謂愛情。由情生怨，由怨生毒，最後情無所歸，以致狂性大發，便是她一生的寫照。她雖然貌美如花，風情萬種，還與楊過相處後，抱郭襄而餵養數日，亦可見其母性尚存。她的母性與自身的美麗，反過來成為情毒的原因，因得不到她想要的東西，便由母性愛的轉而生恨，變成殺人放火，無惡不作的女魔頭。

　　先不論她這樣做是否正確，我們首先懸擱這個問題，我們應該討論

---

9. 金庸：《神鵰俠侶》，「第三十二回：情是何物」，香港：明河出版社，1967 年。

的是，為什麼一個人會變成這樣？為什麼一個人會如此殘忍呢？這是因為她覺得自己被人遺棄、被所愛之人拋棄。在《神雕俠侶》裡面，中了情花毒便要受苦，不過情花毒是有解藥的，這便是斷腸草。不過斷腸草自身也有毒性，所以，用斷腸草解情花毒，是以毒攻毒的做法。

而金庸所講的情花毒，就是愛情中的相思之苦，落在李莫愁身上，其實愛和被愛，都是情花毒，沒有解藥，唯有斷腸忘卻，也就是後來讓郭襄大徹大悟的那句，「由愛故生憂，由愛故生怖，若離於愛者，無憂亦無怖」。這番說話，便是佛家對於愛情的看法，關鍵處便是執著，執著於自己沒有的東西，並視之為理所當然的存在。

金庸如此描述中了情花毒後的感覺：

情花的花瓣嬌艷無比，似芙蓉而更香，如山茶而增艷，入口香甜，芳甘似蜜，更微有醺醺然的酒氣，後來有一股苦澀的味道。情花結的果實或青或紅，生著茸茸細毛，醜如毛蟲一般，啖之酸臭辣苦多而甜少；也有甜而好吃的，但是外表看不出來，只有親口試過才能知曉。情花的莖上長遍小刺，被刺到者，心中一動情便會劇痛。中毒輕者可自癒；但中毒深者會在情花毒遍佈全身後死亡。[10]

當中的意思便是說，愛情不是說出來就可以明白，而要是親嘗才能知道的事。就好像只有經歷過失戀的人才能夠體會失戀的痛，這個痛說不出來的，假如各位讀者的朋友告訴你：「我女朋友離我而去，我真的很難過。」但你也無法直接代入他，除非你也經歷過，才能夠明白和體會。

---

10. 金庸：《神鵰俠侶》：「第十七回：絕情幽谷」香港：明河出版社，1967 年。

23.4 復仇情毒：曾先生

接下來筆者要講一件真人真事的案例。1981年2月，在馬爾堡的一份報刊上，記載了一件情殺案，筆者在此將案發經過翻譯如下，這篇報導如是說：

> 來自慕尼黑的凶手
>
> Barfüsserstrasse 上的可怕流血事件：一名 26 歲的中國學生多刀刺殺了一名馬爾堡學生，動機不明。
>
> 在警察部門鄰近的地方發生了血腥的謀殺案！29 歲的菲利普大學學生托爾斯滕·里普的胸部、頸部和背部被刺傷，在巴富塞大街的人行道上遭遇了可怕的結局。凶手冷漠地蹲在他旁邊，他的衣服被受害者的血浸透了，他就是來自香港的26歲學生曾 XX。週四晚上 22 點 19 分，他乘坐從慕尼黑出發的特快列車 Herkules 到達馬爾堡火車站，他的褲腿下藏著一把刀。僅僅兩個小時後，就完成了這一可怕的工作，刑事警察昨天還不能確定其動機。當警官們在街上偵察線索時，被謀殺者的公寓發生了火災。被及時來到的消防隊阻止更糟糕的事情發生。[11]

關於這件事，筆者知道背後的原因與動機，因為這件事的主人翁是筆者在德國讀書時，認識的一位朋友。1977年，我在德國的弗萊堡讀書，大概在1979年左右，筆者在大學的食堂裡聽見有人講廣東話，便以為這是香港人，之後與他閒聊了幾句，得知他也是中大的校友，然後拿了獎學金，來了德國讀德文。他的本科不是中大，他是在美國讀本科的，而且在1970年代正值文革，因此他亦深受當時的思潮影響，政治立場是一個不折不扣的左翼。後來四人幫下台，文化大革命已經完結，他

---

11. Approx. Feb, 1981, Marburg, Germany.

認為無產階級的革命已經行不通，這對於他的理想來說，是一種傷害，因為一切的幻想都破滅了。這就是他去中大讀書，讀生物化學的原因。而他拿獎學金，是為了在德國繼續研究針灸麻醉，在人體裡是如何運作等現象。

他在弗萊堡大學讀完德文之後，便到馬爾堡繼續他的學業，成為了研究生，繼續他的研究生涯。而他也時常來筆者家吃飯，偶有小聚，聊一聊生活的話題。這樣過了一個學期，他開始說他沒有甚麼朋友，也認為德國人對他不夠好之類的問題。不久之後，他交了一個女朋友，這位女孩是從大陸出國讀書的，後來與他成為同學。當時他還說要帶這位女朋友來與筆者認識，假如有空的話一聚無妨。

到了1980年聖誕節，他本來想帶其女友一同到筆者家一聚，後來因筆者不在附近，所以這件事沒有兌現。到了1981年尾，他來筆者家聊天，甚至一起打球，他臨走時，曾與筆者坐在廚房聊了很久。他說，他很愛他的女朋友，已經到了談婚論嫁的地步，而且他的女朋友是位高材生，希望回到中國服務大眾，並把最新的科學研究引入國內。

不過1980年頭，他因為研究工作出現問題，便轉到慕尼黑的馬克思普蘭克生化研究所（Max Planck Institute）繼續他的研究。他的女朋友則仍在馬爾堡，而他便留在了慕尼黑，二人相隔差不多六至七小時的火車路程。在這段時間，他們雙方仍有來往，彼此往返慕尼黑與馬爾堡。

但是，在1980年的聖誕節，他告訴筆者，原來他的女朋友在馬爾堡參加了一個派對，並認識了一位德國男孩，而後來便與這位男孩發生了關係。不過，我們朋友認為他的女朋友對於此事，也十分不開心，因此向我的朋友道歉，並解釋她對這位德國男孩並沒有愛意，只是沒有深思熟慮，喝了些酒，便與他發生了關係。

這位朋友想了很久也不明白。他認為這位女孩，如此純潔，為何會作出這般不道德的事。對他來說，這位德國男孩把他對這位女孩一切

的期望，一切的幻想，全都破滅了。但正如筆者在本書中很多章節都講到，在現代西方文化中，他們對於性是沒有多大忌諱的。筆者估計這位德國男孩也是這樣想的：雖然這位女孩有男朋友，但並不代表與她發生性關係，是罪大惡極的事情。

當時筆者只好安慰他，人生不如意事十常八九，而且他們二人的關係沒有變過，他們仍是相愛的，雖然這件事令他們不快，但可以把這件事放在後面，當這件事為歷史。我們傾談了三個小時，也談了很多哲學的問題，好像相談甚歡似的。而他便回去慕尼黑了，筆者還送他上火車。筆者甚至還記得當時他臉上的表情是如何的，也記得他告訴筆者，他已經開心了許多，比之前釋懷了。而且他回去之後，還跟筆者說，他跟他女朋友聊了很久，覺得很開心，然而，這一次就是他跟筆者的最後一次見面。

三日之後，一位馬爾堡的律師打電話給筆者，他說一位曾先生犯了事，而我是最後一個見他的人，而這位朋友也在被扣留期間，說了筆者的名字。筆者便立即到了馬爾堡，見他的律師，並嘗試見他。不過，最後卻沒有辦法見他，只見到了他的女朋友。諷刺的是，這是筆者第一次也是最後一次見到他的女朋友。她跟筆者說，由於她是第一批文革後大陸出國留學的學生，現在國家有指示，要她馬上回到中國。

她與筆者聊了很久，她說，筆者這位曾姓朋友，原來在床上三天三夜，思考了很久，沒有上班。然後，他用一張人民日報的報紙，包著一把刀，放在腳上，然後坐火車，去找這位德國男孩復仇。他砍了這位德國人38刀，然後在他旁邊跪著，沒有離開。後來這座建築物還起了火，幸好及時撲滅。後來筆者再沒有與他有任何的接觸了。

各位讀者或許會和當時年輕的筆者一樣，感到詫異，並且問一個問題：「為什麼這件事會演變成這樣呢？」他的世界觀是十分偏執的，例如他的政治烏托邦，從四人幫倒台以後便幻滅了。他自身的經驗當中，

認為這位女孩是他的夢想，但只不過是一個偶然的遭遇，遇上這位德國男孩，便把他的理想世界全都打破了。而他的反應，並不如維特一般自殺，他的憂鬱症結構中，認為這個夢的破壞者，是這位德國男孩。當然，他殺了這位德國男孩，更破壞了這個家庭的生活，而他的家人完全是無辜的。而他的女朋友，本來是一位前途無可限量的科學家，因為這件事，亦可預見她往後並不好過。當然，他亦殺死了自己的前途。

在日常生活當中，男女發生的情欲關係，會轉化成為這般殘忍的結局，而這是真人真事，曾發生在我身邊的事，這便是一個大問題：為什麼會這樣？為什麼情會生毒呢？我們再回頭看看西方的傳統怎樣說。

23.5 怨毒之情：美狄亞（Medea）

如果要從西方傳統，特別是希臘文化當中找尋因愛成恨的例子，美狄亞可以說是當中的佼佼者。這個故事本來源自希臘神話，後來變成一個著名的希臘悲劇。在文藝復興時期，有很多畫作均以此為題材，而她最瘋狂的地方乃是把她兩名兒子殺害了。當然，這是源於美狄亞與她的丈夫伊阿宋（Jason）之間的恩怨。（圖23-1）

她本來是居住在科爾喀斯（Colchis）的一位公主，而這個地方並非希臘世界的中心，這與雅典以及斯巴達十分遙遠，被當時的人認為是蠻荒之地。而戰神Aries卻把金羊毛放在此地。希臘的王子伊阿宋便想尋找金羊毛，而美狄亞一見到他，就一見鐘情。美狄亞要求他的爸爸交出金羊毛，她的爸爸當然不肯，同時給了伊阿宋很多不可能的任務。美狄亞看不過去，便與伊阿宋協議，如果能與她結婚，便幫他拿取金羊毛，伊阿宋當然就答應了。

後來，她當然也成功幫助伊阿宋通過了重重難關，不過父親卻食言，派人追捕他們。二人打算帶著金羊毛逃回希臘，並帶著她的弟弟一

起上船逃亡。父親當然不會這麼容易讓他們得逞，也上船緊隨其後。美狄亞知道自己沒有那麼容易逃脫，認為只能做一些極端的事，才能打破僵局，便心生一計，把自己的弟弟殺了，然後碎屍萬段，丟入海裡，她的父親當然傷心欲絕，就沒有趕上。美狄亞和伊阿宋便回到希臘本土結婚。

當伊阿宋得到了金羊毛，回到希臘後，便愛上了另一位公主，而不肯娶美狄亞。起初美狄亞假裝同意，並說不想事情愈弄愈大，希望大事化小，所以自願離開，實情是她另有計劃。對於美狄亞來說，她為了伊阿宋做盡了一切事，背叛她的爸爸，殺了她的兄弟，又為他生了兩個孩子，然而到了現在，他竟然另結新歡。

在伊阿宋籌備婚禮時，美狄亞準備了一件有毒的衣裙，以及有毒的王冠，當這位公主，即伊阿宋的未婚妻穿上去時，她的皮膚便中毒燒傷，她的父王嘗試撕破衣服救她時，也同時中毒，父女倆最後死在一起。而美狄亞還計劃殺死她的兩個親生骨肉，同時也是伊阿宋最愛的兒子，藉此向伊阿宋報復。故事當中，最有趣的是，美狄亞把壞事做盡，但沒有受罰。她可說是一位半人半神，他的祖父是太陽神，但眾神卻沒有對她的行為有所指責。這便是一個很特別的現象，值得討論。

這個希臘悲劇，應該是在公元前473年左右的春天上演的，當時的雅典人很喜歡看喜劇與悲劇，就好像我們今天很多人都看電影。不過我們要知道的是，悲劇並不單是指令人傷心這麼簡單，亦不單單是重演當時的神話故事。所謂的悲劇，其實就是古希臘的劇作家，往往是透過神話故事，同時把故事的主人翁置身一個特殊的境況，來捕捉到人一些普遍性的特質。而這些特質，往往是人內心的痛苦、掙扎、憤怒與悲哀，並透過劇場的方式，把這些情感發洩出來。希臘悲劇當中，少不了要講述英雄的故事，對於他們不接受命運對他們的捉弄，要反抗命運，縱使不可能成功，也要對此說「不」。即使身處在三千年後的現代世界，亦少

見有如此的氣魄。

但是，我們該如何理解美狄亞這個悲劇呢，她究竟算不算是一位悲劇英雄呢？所有一切的東西，都因她而成，如何理解這也是悲劇呢？她的報復又有何意義呢？同時，希臘文化崇尚理性，美狄亞並不是希臘人，她一連串的報復行動，全無理性可言，這又是怎樣一回事呢？或許，悲劇的「悲」就在於這一切都是命中注定，由主人翁的出生開始，命運就作弄他們。更重要的是，這一切都是人們內心情感的共鳴，這些「悲」是普遍性的。

23.6 怨毒情之分析

我們經常看報紙時，會發現很多倫常慘劇。光是2020年的香港，就有5宗父母殺子女的慘劇，正常人會覺得此事令人髮指，這些變態殺手應該要坐牢，而究竟為什麼這些人會做出如此殘忍之事，這是極難想像的。正常人都可能代入這些殺人犯的心態，而美狄亞這種劇目，便也能一步步讓我們理解，這類型的人可能的心態是甚麼。

美狄亞覺得自己的生命很痛苦，生命中的一切只以伊阿宋為中心，而當她年老色衰，這個男人無法再被吸引時，她便認為伊阿宋是個負心漢。而在這齣劇中，也有很多部份是講述二人之間的性關係。因此，即使美狄亞被丈夫背叛、遺棄。也不代表一定要如此這般向伊阿宋報復。我們可以看到中國傳統中，不少負心漢的故事，例如杜十娘。杜十娘當然覺得自己被欺騙，會感到憤怒，但她選擇的方式卻是把所有的珠寶沉入河裡，然後自殺。筆者在此當然不是鼓勵自殺，也不主張殺人，筆者只是想追問，何以至此，背後的理由為何？

歌德的維特也是如此，從頭到尾，別人都沒有真正的愛上他，他只是一廂情願地自戀，他不能忍受自己不被接受，所以自殺。而美狄亞所

做的事中最重要的並不是殺伊阿宋，而是，她認為伊阿宋是把過去一切的幸福奪走的人，因此她也同樣要奪走他的最愛，也就是準備結婚的公主、他的父王，再加上他的兩名兒子。只有這樣，才能令他終身遺憾，這便是怨毒最極致的一種方法。可能很多倫常慘劇中的殺子女案，都只是一時衝動而已，但美狄亞的個案，正是一步一步的預謀。

而後來便有一詞「美狄亞情意結」（Medea Complex）[12]，便是指因為想向丈夫報復，而殺子的行為。但問題是，情愛當中的破壞力量到底是怎麼樣的呢？這種因愛成恨的動力，是否因為保護自己而產生的呢？為了得到愛的純潔性，而以「愛」之名殺人，是最可怕的事情。由情生怨，由怨生恨，由恨生惡，由惡生毒，當中的緣起都是為了「情」。所以，我們在講情的時候，不能夠只講正面的東西，歌頌它如此美好，情亦有其負面之處。

理性與情感之間的衝突，又有愛情之故，情感戰勝了理性之時，我們又該如何呢？美狄亞是否真的要受憤怒所支配，而找理由來證成自己的行為？古羅馬斯多亞學派哲學家愛比克泰德（Epictetus）說：

> 那麼，當一個人同意假的東西時，要知道他並不希望同意假的
> 東西：「因為沒有一個靈魂會因為自己的同意而被剝奪真理，」
> 正如柏拉圖所說，但假的東西在他看來是真的。
> 現在，在行動領域，我們有什麼與感知領域的真和假相對應？
> 什麼是合適的和不合適的，有利的和無利的，適當的和不適當
> 的，等等。
> 那麼，一個人難道不能認為一件事對他無利，而去選擇它嗎？
> 人絕不會如此。而美狄亞卻說：

---

12. 參看 Robert Tyminski, "The Medea Complex-Myth and Modern Manifestation" *Jung Journal Culture and Psyche*, Vol 8, 2014.

我清楚地知道我想做什麼壞事，但是，激情壓倒了勸告我的話。[Euripides：《美狄亞》，頁1078]

在這裏，激情的滿足和對丈夫的報復，她認為比拯救她的孩子更有利於她。[13]

愛比克泰德這段文字當中，便引述柏拉圖的話。柏拉圖認為人會犯罪，會做錯事，是因為無知，如果有知識的話，則不會犯罪，一切的罪惡均源自於知識的問題。但在美狄亞這件事當中，她絕對明白她所做的事是如何的，她絕對知道自己所做的是邪惡的，但她偏偏要這樣做，而且是有計劃地做，柏拉圖又該如何解釋呢？愛比克泰德便接著說，對於一般人來講，是不會做一些對自己沒有好處的事情的，但問題是，美狄亞做了一個損人不利己的選擇。她知道這是對自己毫無利益的惡毒行為，但她真的如此選擇。所以，這並不是理性要求她做的，是情感要求她如此。而我們則可以追問，如果是這樣的話，情感控制了心靈之時該如何是好？

情感與理性之間的衝突，絕對是西方哲學當中的一個大主題，而柏拉圖與亞里士多德絕對會選擇理性，而把情感放在一個較低的位置。不過，人是否能夠這麼容易擺脫情感對自己的控制呢？正如帕斯卡（Pascal）所言：「情感有它的運作模式」（Passion has its own rule），情感有它的軌跡的，因此以理性控制情感並不是這麼容易。當然，有時候可以，有時候不行。而當情感成功被理性壓下來，憤怒與怨恨是否很容易被消融呢？

美狄亞除了因為覺得自己被背叛而感到憤怒，還有是因為覺得自己「輸了」，所以她決定「以牙還牙，以眼還眼」。其中的關鍵，是她把自己當成了一個受害者，而不是一個加害者，她認為自己有著復仇的正義。

---

13. Epictetus: *Discourses*, Bk I, XXVIII.

對斯多亞學派的立場來說，人是不應該被這些東西蒙蔽的，即使自己不快樂，也不應該把這些問題加諸其他人身上，否則只會變成一條毒蛇，正如愛比克泰德所言：

「是的，但她被欺騙了。」

明確地向她證明她是被欺騙的，她就不會這麼做，但只要你不給她看，除非你不給她看，還能遵循什麼？沒有什麼能做的。那麼你又為什麼對她所做的事感到憤怒，她是個不幸的女人，在最重要的事情上被蒙蔽了，從人變成了蛇？你為什麼不憐憫她呢？就像我們憐憫盲人和瘸子一樣，我們也應該憐憫那些在最重要的能力上被蒙蔽和傷害的人。

我們必須清楚地記住這一點，人以他的印象來衡量他的每一個行為；當然，這些印象可能是好的，也可能是壞的：如果是好的，他就不會受到指責；如果是壞的，他就會以自己的身份來支付懲罰，因為一個人被欺騙，另一個人卻要為此受苦，這是不可能的。我說，記住這一點的人，不會對任何人生氣，不會對任何人憤怒，不會謾罵，不會指責，不會憎恨，不會冒犯。[14]

情感與理性之間，似乎有其對應的關係的，對於斯多亞學派來說，情感帶來一連串的行為，應該要讓理性接受，因此消融這些負面的想法。接著愛比克泰德如是說：

她說，那麼我就這樣向那個對我不利的人復仇，使他受到侮辱。憤怒。然而，把他置於這種痛苦之中有什麼好處呢？那我該怎麼做呢？我殺了我的兒女，但我也要懲罰自己。我在乎什麼呢？[15]

---

14. Ibid.

15. Ibid.

當伊阿宋令她痛苦，美狄亞的願望便是純粹地讓伊阿宋感受到痛苦。所以，在人的報復行為當中，一個承受了一些痛苦，如果她不能夠找到另外一些對象給她發洩，讓她的情感轉移，便會出現這些殘忍的行為。弗洛伊德的文獻中，講述了很多關於自我防衛機制，以及如何導致報復的問題。一個人在工作的時候被老闆罵，回去之後便罵太太，如果不敢罵妻子，便罵小孩，這便是當中的奧妙之處。但是，即使是這樣，問題仍是解決不了的。當美狄亞進到復仇的狀態時，她連自己的幸福，自己的骨肉也不顧，不惜自毀，也要同歸於盡，無論如何要懲罰伊阿宋。

希臘悲劇中，伊底帕斯所遇到的是命運，是命運對他的捉弄，但美狄亞的故事與命運無關。美狄亞是有選擇的，有自由意志的，結果她選擇的不是一個人的痛苦，而是一群人與她一起加倍的痛苦。如果我們熟悉劇本，可以知道，當她準備一步步復仇時，正好就不可能是情感使然，而是理性讓她如此復仇的，因為她絕對不是一時衝動，而是經過理性考量才行動的。

後來康德說，實踐理性、自由意志與道德之間有著關聯，特別是道德行為不可能是他律的，不可能是別人要求我們做，道德的行為是自律的，即自己為自己立法，自己自願去做。哈伯瑪斯也討論了很多關於溝通理性與工具理性之間的分別，納粹對猶太人所做的事，就是有計劃的一步步犯罪，這便是工具理性的運用，而不是康德所講的實踐理性。美狄亞的故事也早已反映了啟蒙時代對於道德問題在理解上的缺失。人並不是只是功能性的機器，這其中必然有很多的變化。

無論李莫愁也好、美狄亞也好，或者是筆者的朋友曾先生也好，他們不可能不想去復仇。這個也是筆者剛才所提及悲劇的「悲」，這個方法是命中注定的。因為他們失去了自己的世界，失去了一切價值的源頭。他們的世界便隨著陸展元、伊阿宋、曾先生女朋友的背叛而崩潰了。

23.7 怨恨之現象學

講到復仇這個問題，究竟現象學學派有沒有相關的回應？

德國現象學哲學家舍勒（Max Scheler, 1874－1928）寫了一本書，名叫《無名怨憤》（*Ressentiment*），書名是法文，而 Ressentiment 也是尼采經常使用的一個概念。舍勒可謂英年早逝，當時海德格知道他去世，花了不少篇幅與時間講述他的哲學。而復仇這個問題，對於理解我們當前的現代世界，有很多的幫助。

在日常的世界中，我們會理解殺人這個概念為復仇，但舍勒所講的並不限於此。他所說的是對於外界的一種仇恨，或者是一種拒絕，他會感受到一種很強的無力感。很多時候人都無法對外在世界對自己的壓迫，作出即時的反應，而是放在心裡面積累，直至一有機會便發洩出來。人作為一個個體，身處在集體的世界中，時常會遇到壓迫，被人打壓，我們也常見到，當下無處不在的權威，人們無處反抗，那人們該怎麼辦呢？當人遇到不公平、不公義，未必立即報復，或者轉而找一些對象發洩，但有時候遇到類似這種事情，都是會心生不忿，這便是舍勒所講的無名怨憤。

有人會選擇以另類的方式，來表達這種情緒，這便是為什麼社會上會出現精神病的症狀，或者是一些變態行為的其中一種原因。特別是，這些人不懂得如何發洩，甚至不願意看到自己的無能，這些都是不容易表達出來的：

> 在哲學和心理學中，是怨恨或敵意的形式之一。它是法語中「怨恨」的意思（拉丁語強化前綴 "re" 和 "sentir"「感覺」）。怨恨是一種敵意，針對的是被人認定為造成自己挫折的原因，也就是說，對自己的挫折進行指責。面對「原因」的弱點或自卑感，也許還有嫉妒，產生了一種拒絕／辯解的價值或道德體系，攻擊或

否認被認為是自己挫折的來源。然後，這個價值體系被用作證明自己的弱點的手段，將嫉妒的來源認定為客觀上的低劣，作為一種防禦機制，阻止怨恨的人解決和克服他們的不安全感和缺陷。因此，自我創造了一個敵人，以使自己免於承擔罪責。[16]

這個解釋，就是自己無法把自卑感發洩出來，而這慢慢內化成為一種不可消解的憤怒。這是一種對自己有毒的想法，而慢慢被心靈系統地壓抑下來，變成了自我的一部份，更重要的是，這種東西會維持很久。人如果能夠「以牙還牙，以眼還眼」，當中的憤怒便有機會被消除，而不會構成怨恨，但若對方與自己不對等，便會轉而成為報復的心理：

> 怨恨是一種自我毒害的心理，有相當明確的原因和後果。它是一種持久的心理態度，由某些情緒和情感的系統性壓抑引起，而這些情緒和情感本身是人類本性的正常組成部分。對它們的壓制導致了沉溺於某些類型的價值妄想和相應的價值判斷的持續傾向。主要涉及的情緒和情感是復仇、仇恨、惡意、嫉妒、減損的衝動和怨恨。

> 對復仇的渴求是情感的最重要來源。正如我們所看到的，「情感」這個詞本身就表明，我們要做的是以先前對另一個人的心理狀態的理解為前提的反應。復仇的慾望，與所有積極的和侵略性的衝動相比，無論是友好的還是敵對的，也是這樣一種反應性衝動。它總是以攻擊或傷害為先導。然而，它必須與報復或自衛的衝動明確區分開來，即使這種反應伴隨著憤怒、狂暴或憤慨。如果一隻動物咬了它的攻擊者，這不能被稱為「復仇」。[17]

> 因此，復仇有兩種必要的特點：

---

16. https://en.wikipedia.org/wiki/Ressentiment

17. Max Scheler, *Ressentiment*, 2007, p.29.

首先，立即反應的衝動，以及伴隨的憤怒和狂暴的情緒，被暫時或至少是暫時的遏制和克制，反應因此被推遲到以後的時間和更合適的場合（「等待下一次」）。

這種封鎖是由於反映出立即反應會導致失敗，以及伴隨著「無能」和「無力」的明顯感覺。因此，即使是這樣的復仇，由於它是建立在無能的經驗之上的，總是主要是那些在某些方面「軟弱」的人的問題。此外，復仇的本質在於它總是包含著「以牙還牙」的意識，所以它從來不是一個單純的情緒反應。[18]

其中一個關鍵是，人感到自己無能、無力感，這是人認為自己身處在弱者的位置，才會有這種悲怨的想法。第二個關鍵，則是受到委屈的人，不會即時反應，而是轉化為久久不能平復的積怨。接著舍勒說：

復仇、嫉妒、減損的衝動、怨恨、幸災樂禍和惡意，只有在既沒有發生道德上的自我征服（如復仇時的真正寬恕），也沒有發生行為或其他適當的情感表達（如辱罵或握拳），並且如果這種克制是由明顯的無能意識引起的，才會導致情緒低落。如果被仇恨吞噬的人傷害了他的敵人，給他「一個念頭」，甚至只是在別人面前發洩他的怨氣，就不會有反感了。如果嫉妒者試圖通過工作、交換、犯罪或暴力的方式獲得被嫉妒的財產，那麼他就不會落入情緒的支配之下。

只有當這些情緒特別強烈，但又必須被壓制時，才會產生反感，因為它們伴隨著一個人無法將其付諸行動的感覺，要麼是因為身體或精神上的虛弱，要麼是因為恐懼。因此，通過它的起源，反感情緒主要局限於那些服務和被支配的人，他們對權

---

18. Ibid, p. 29-30.

威的刺痛毫無結果地反感。[19]

德語 "Schadenfreude" 這個字十分有趣。其中 "Schaden" 這個字可以指「做錯事」，"Freude" 則是「快樂」，整個字合起來便是解作「幸災樂禍」。為什麼我們有時候看電影，看到劇中有人做錯事，被罵時，觀眾反而覺得很好笑呢？這在看馬戲團的小丑表演，甚至在看周星馳的電影時，都能夠感受到這種情緒。看到別人受苦時，我們會發笑，這便是 "Schadenfreude" 的意思。

這是一個集體的行為，當我們看到娛樂版有不少名人被爆料，看到他們受苦，然後覺得他們活該，這便是一種社會現象。當中關係到嫉妒的心態，但為什麼會這樣？當小朋友看到別人考第一，而自己卻考第三，他感受到不快，其心態是在於：「這個第一名本來是我的，不是你的，這是你搶來的東西。」在《少年維特的煩惱》裡面，當他知道他的愛人不選擇他，而選擇他的朋友，他所想的便是妒忌，因為他心底裡覺得這個女人應該選他，而不是他的朋友，這是他本來覺得應有的。當他得不到本來要得到的東西時，便會有嫉妒的心態出現，甚至會埋怨、仇恨，而這個人知道自己有這種心態，所以不會即時報復，而是把這種感覺壓抑下來，靜候時機而已。

這個情緒的破壞力，可以是很巨大的。金庸小說《天龍八部》中喬峰與馬夫人的關係便是如此，原來喬峰一切所遇到的不幸，是源於一個無關緊要、荒謬的事，就是因為喬峰沒有在洛陽百花會中，正眼望一望她，所以她心生怨恨。正如舍勒這樣解釋：

因此，針對他人本性的存在性嫉妒，是最強烈的情緒來源。彷彿它在不斷地低語。「我可以原諒一切，但不能原諒你，你就是你，我不是你，事實上我不是你。」這種形式的嫉妒剝奪了對手

---

19. Ibid, p. 31.

的存在，因為這種存在被認為是一種「壓力」，一種「責備」，和一種無法忍受的羞辱。[20]

　　箇中的關鍵，似乎與人的「人有我有」的心態有關，否則便會感到不公平，而且會轉化出各式各樣的怨恨，可能會攻擊別人，或者是攻擊自己，但人之為人，報復行為是否是必然的呢？我們有沒有可能走出這種怨恨的陰霾呢？又有沒有方法轉化這個不公義的感受呢？這便是十分重要的事情，也是我們身處在這個時代的重要問題了。

---

20. Ibid, p. 35.

第24章
情愛現象學與愛情意義

24.1 愛情的定義，本質

在這一章，筆者想為這本書作出總結。就是關於愛情的終極問題：愛情的本質究竟是甚麼。

當我們說：「問世間情為何物」時，其實便是想尋找愛情上的定義，或者簡單來說，就是在追問究竟情為何物。在西方文化底下，「愛」這個問題是其中一個最重要的話題，無論欲愛、德愛、神愛皆然。相反的，在中國哲學傳統中，很少談愛為何物，儒家講的是四端，是心性與倫理問題，這是把男女之情轉化為倫理道德來理解。西方諺語所講：「愛能征服一切，讓我們臣服於愛」（Omnia vincit amor et nos cedamus amori.），便能令人感受到愛的偉大，與無所不能，這種想法在東方很少見。不過，這些話很容易說，但絕不容易實行，否則愛就不會成為很多人存在的大問題了。

但西方文化為什麼會說「愛能征服一切」呢？（圖24-1）這指又是甚麼呢？很多年前，香港填詞人潘源良在一本香港雜誌中述說愛情是甚麼：

甚麼是愛情？

愛情甚麼都是，甚麼都不是，愛情甚麼都對，甚麼都不對，

愛情甚麼都有，甚麼都沒有，愛情甚麼都可能，甚麼都不可能，

愛情甚麼都真實，甚麼都不真實，愛情甚麼都好，甚麼都不好，

愛情甚麼都美，是的，甚麼都美，也衹有美。

連最絕情的分手，最傷心的痛哭，最終印在心上的痕跡，也總

是美，而絕不會醜，這就是愛情，也就是千百年來，人間最集
體公開的私人秘密。[1]

　　這段便是潘源良很多年前所寫的內容，他說的重點是，愛情甚麼都
是，也甚麼都不是，而他所描述的愛情，最重要的則是過程中的美。我
們在上一章中便提及，似乎愛情也有很多負面的部份，不一定是美的，
整個過程也會產生很多怨恨，甚至是惡毒的東西。愛情存在的時候可以
很美，而無情的時候，卻可以是很醜惡的。

　　瑞士哲學家魯熱蒙曾寫過一本關於西方世界對愛情意義的書，是從
古希臘到現代世界關於愛情的理論；不過，他對於中國傳統浪漫愛的看
法，筆者是不太同意的：

任何類型的浪漫主義、理想化或準神秘主義的熱情都被排除在
外。愛，如我們自十二世紀以來對它的理解，在他們的語言中
甚至沒有一個名字。在漢語中，最接近我們的動詞「愛」的是
一個表示母親和兒子之間關係的詞……。從愛的概念的角度來
看，確實有兩個世界，東方和西方。[2]

　　他認為中國沒有浪漫愛這個傳統的，的確「我愛你」這三個字，在
1900年之前的中國文獻當中，是找不到的；「愛」作為欲愛、德愛與神愛
的意義亦是不存在的。不過，中國講的是「情」，而不是講「愛」，因此我
便在之前提出了關於「中情西愛」的講法。由柏拉圖到基督宗教這個西方
傳統當中，他們講的「愛」是有對象的，例如是「我愛你」這三個字，當中
是有具體的對象存在。但是中國的所講的「情」，是存在於人際關係之間
的東西，這並非一個動詞，而這早已在之前幾章中，略有所及。

　　不過，最重要的是，似乎魯熱蒙誇大了東方傳統中間完全不講情愛

---

1. 潘源良：《愛＋情故事》第一期 ，1993年。頁1。

2. Denis de Rougemont, "Love," in *Dictionary of the History of Ideas* (New York: Scribner's Sons, 1973), p. 100.

的東西，這是不可能的，難道中國與印度的文化沒有情愛問題嗎？這絕對是誇大了東西方的差異。這樣講的話，似乎我們無論怎樣講「愛」這個問題，對於「愛」怎樣追問，都是難以找到一個具體的答案的，正如佛家禪宗所語，一旦我們一問何謂愛，便問錯了問題：「愛情有若佛家的禪，不可說，不可說，一說就是錯。」或如香港女作家葉明媚所言：

> 愛情是一個沒有謎底的謎。其實所有企圖對愛情作說明和分析
> 都不過是一種聊勝於無的做法。……相信沒有誰能為愛情下一
> 明確的定義，因為愛情是一撲朔迷離的感受和經驗，一旦成為
> 理性的分析對象時，愛情也就消弭如春夢了無痕。愛情像是鏡
> 中花、水中月，是在美麗而又撩人的距離中一場逍遙的遊戲。[3]

從西方文化史的角度來看，如果依這種說法，那麼究竟探討愛情又有何用？沙士比亞便有另一種看法，來形容愛情當中這種不清不楚，如入迷霧的感覺，只有當事人才清楚·就如墮入愛河中的瘋子，就是把日常理性運作完全割離的一群人。但究竟這種所謂的瘋狂，又是指甚麼呢？似乎對於愛情，大部份的人都參與其中，但是卻都說不清楚。這種說不清楚的事，卻又是最日常、最簡單、每個人都能參與的重要事情。

教宗本篤十六世對於愛亦有他的看法，他認為上帝本身就是愛：

> 當人的身體和靈魂緊密結合時，他才是真正的自己；當這種結
> 合實現時，可以說是真正克服了情慾的挑戰。如果他渴望成
> 為純粹的精神，拒絕肉體，因為它只與他的動物性有關，那麼
> 精神和身體都會失去它們的尊嚴。另一方面，如果他否認精
> 神而把物質，即身體視為唯一的現實，他也同樣會失去他的偉
> 大。……只有當這兩個維度真正結合在一起時，人才會達到
> 他的全部高度。只有這樣，愛才能成熟，才能達到其真正的偉

3.　葉明媚著：《天地人間總相逢》，香港：突破出版社，1993 年。

大。[4]

　　傳統西方世界所講的愛，是身體與靈魂整體的愛，所以他所批評的是現代世界所講的欲愛，即只講速成的身體情欲。其中一項例子，便是現今世界網上交友等等的速食文化。本篤十六世也說，真正的愛是要使得人的身體與靈魂連在一起的，這便是我們一開始就說的「愛可以征服一切」的意思，不過他所講的是神的大愛。神並不單純是具體的個體之間的關係，而更是具有超越性的，這對於他來說才是真愛。基督宗教認為婚姻亦應如是，正如《哥林多前書》所言：

> 愛是恆久忍耐、又有恩慈。愛是不嫉妒，愛是不自誇、不張狂、不作害羞的事。不求自己的益處，不輕易發怒，不計算人的惡，不喜歡不義，只喜歡真理。凡事包容，凡事相信，凡事盼望，凡事忍耐。愛是永不止息。（哥林多前書13：4-8）

　　但是，大家要理解到基督宗教所講的愛是神愛，是一種無條件的愛，是沒有具體肉身的意義的愛，也是由神到人，由上而下的愛。這種從神而來的愛，從無到有的創世之愛，是一種恩澤，是一種博愛而已。我們究竟應該如何彰顯神對我們的愛呢，正如耶穌所說，我們根本不可能做到上帝那種全能全善全知的愛，作為一個有限個體而言，我們可以做的只能是「愛人如己」而已。所以，神愛與博愛的一種恩澤，轉化成為人與人之間的愛，從而彰顯出上帝的愛是如何的了。

　　這當然只是基督宗教所講的愛，往後的二千多年所講的愛，自然有其變化。美國哲學家辛格，這樣比較基督宗教所講的愛，與其他文明所講的愛有著甚麼樣的分別：

> 宗教之愛主要是猶太教-基督教傳統的產物。儘管佛教和印度教的許多思想涉及與愛不無關係的高尚情感，但東方宗教幾乎

---

4. Pope Benedict XVI, *ENCYCLICAL LETTER DEUS CARITAS EST*

沒有發展我們所知道的概念。只有根植於猶太教的基督教，將自己定義為愛的宗教。我這樣說並不是說天主教或新教教會的成員比其他人更有愛心。西方世界的歷史，主要是由基督的信徒制定的，很難說是愛的勝利的故事。但基督教的與眾不同之處，使其在人類的思想生活中具有獨特的地位，就是只有它將愛作為所有教條領域的主導原則。無論基督徒對他人或自己做了什麼，他們的信仰是唯一的信仰，其中上帝和愛是一樣的。兩千年來的基督教神學和哲學包括一個又一個試圖理解並使之可被崇拜的愛，這種愛可能就是上帝。[5]

　　基督宗教與其他宗教之不同，在於它把「愛」當作成為整個理論的中心點，而因此成了一種教條。後來的哲學家，無論從笛卡兒到康德，或者是黑格爾，他們的哲學中的重要問題就是如何解釋何謂「神愛」，這是西方文化中的重點。但是，現代世界宗教色彩愈來愈少，我們再不能把愛視之為如此「理念化」的東西，認為這只是彼岸世界之事。但是我們又該如何思考愛呢？正如筆者的朋友陶國璋所言：

　　愛是瞬間即逝，又有怨恨；愛是既嫉妒；又自戀，又張狂，常做害羞的事，只求自己的益處，會輕易發怒，且計算人的惡，不喜歡道理，只喜歡甜言蜜語。凡事不包容，不相信，不盼望，不忍耐。愛是一閃而息。

　　他的說法難道不是基督教的反面嗎？他所講的愛絕不可能是《哥林多前書》所講的愛，而是浪漫激情愛。至少「愛是瞬間即逝」，便不是《聖經》所言的「不變之愛」。然而，如果愛是瞬間即逝，那麼愛又是甚麼呢？

　　叔本華也有另一種講法：

　　……因為所有的愛，不管它是多麼虛無縹緲，都僅僅植根於

5.　Irving Singer, *The Nature of Love*, Vol 1, Boston: MIT Press, 2009, p. 159.

性衝動，不，它絕對只是一種更加明確的、專門的、實際上在最嚴格意義上是個性化的性衝動。如果現在考慮到這一點，就會發現性衝動在所有程度和細微差別中不僅在舞台上和小說中發揮著重要作用，而且在現實世界中，除了對生活的熱愛，它顯示出自己是最強大和最有力的行動，不斷要求獲得人類年輕部分的一半力量和思想，是幾乎所有人類努力的最終目標。它對最重要的事件產生不利影響，每時每刻都在打斷最嚴肅的工作，有時甚至使最偉大的思想暫時陷入困境，毫不猶豫地用它的垃圾干擾政治家的談判和學者的調查，知道如何把它的情書和髮絡塞進部長的文件袋和哲學手稿。[6]

這說法明顯是與弗洛伊德相似的，當然弗洛伊德也參考了不少關於叔本華的思想。他認為所謂一切偉大的愛，只不過是一種幻象，純粹是一種性欲的表現形式而已。[7]

那麼「愛情」是甚麼呢？當我們尋找定義時，首先要知道它是甚麼。例如我們追問「人究竟是甚麼」，我們首先要知道人與其他動物不同之處在哪。而亞里士多德會回答，人就是一個能言善辯的存在，因此與貓狗不同。這種分析的關鍵，首先在於我們預先知道這是何物，但問題是，愛情是否一種東西呢？就像一支筆或一個三角形，把握背後的理念便能進行分析？

鄧麗君有一首歌《你怎麼說》，當中便有一句：「把我的愛情還給我」，愛情是否能像物件一樣，可以還給別人呢？我們可以給予別人金銀珠寶，但絕不可能是愛情。當然，貴重物品有它的意義，但它們本身並不是愛情。愛情可以附加在事物之上，例如送給情人禮物，這個動作是

---

6. Arthur Schopenhauer, *The World as Will and Idea*, vol III, New York: Dover Publication, 2000, p. 349. 亦可參見本書第 19 章。

7. 如果讀者要看仔細分析的話，就請回到本書第 20 章談弗洛伊德的精神分析那一部份。

愛的表現，但愛本身是不能給予別人的。

　　換言之，愛情是不可能直接交換的，這就是愛情這種活動，與其他活動的重要分別。地球上每天都有千千萬萬人說「我愛你」這句話，但這是否是真正帶有愛意的活動呢？「愛」可以很容易便說出口，正如很多歌手都會在演唱會當中對歌迷說「我愛你」，但這絕不是愛情。因此，愛情究竟如何與其他的活動區別？而問題的重點，應該變成「甚麼使愛情成為愛情」了，這就是如何（How）的問題了。

24.2 情愛現象學

對於如何理解愛情這回事，似乎不能不從這個經驗活動如何呈現的角度來理解。辛格便說：

> 愛自己，愛人類，愛自然，愛上帝，愛母親和父親，愛孩子，愛部落或國家，愛愛人或配偶或性偶像，愛物質財富，愛食物或飲料，愛行動和休息，愛運動，愛愛好或令人著迷的追求，愛正義，愛科學，愛真理，愛美，等等，層出不窮。每一種愛，涉及其特殊的對象，都有自己的現象學，在界定人類經驗的光譜中，有自己的斑斕。
>
> 為了進行充分的研究，每一種類型都需要單獨的分析。從一個到另一個，它們的成分往往沒有什麼共同之處。[8]

　　他的意思是指「愛」並不是單純指愛你的情人，愛你的女朋友，愛可以指涉人類、自然，父母等等不同的對象。這些不同的愛，都是同一種意義下的愛嗎？如果這些指的都是不同的愛，為何又都以「愛」這個字為指涉呢？即使我們說「自由」、「民主」、「理想」、「情人」、「民族」都是有

8.　Irving Singer, *Nature of Love*, vol. 3, 431-32.

價值的，那又是否代表我一定要愛以上這些對象呢？顯然不是。為何對象不同，卻可稱之為愛呢？筆者曾寫過一篇文章，討論過以上問題的，當中有幾句關鍵的話，值得和大家分享：

> 因此，愛表現為價值、美德、關懷或琴酒。愛表現在父母之愛、友誼、性愛、攝影之愛，甚至是我對辛辣食物的愛。
>
> 但這種對愛的描述是誤導性的，因為人們傾向於認為「愛」是一種物質，在一些人際關係中表現出來。在我和我所愛的對象之間，存在著愛。但是，愛的存在是在愛的經驗中呈現，也就是說，我對母親的愛只有在「愛我的母親」對我來說是一種生活經驗（Erlebnis）時才有意義。這種愛不能從愛我母親的「我」那裡抽象出來。因此，關於愛是什麼的問題是一個形而上學上的錯誤問題，因為愛不是實質性的東西。簡而言之，愛是虛無的。
>
> 我沒有被稱為「愛」的東西，但我在愛著某種東西。這種愛作為一種不可複製的獨特的中間生活經驗就是愛的現象。由我自己體驗到的愛的「方式」在現象學上比愛的理由或原因或意義更原始。[9]

我稱以上這些人的活動為愛，是因為這是一個人正愛著某物的生活經驗（living experience of loving），正如海德格所講的一種存活的活動，即是一種體驗（Erlebnis），一切追問愛情是甚麼東西的時候，這只是把愛情錯當成一種形而上學的問題，而關鍵在於愛根本不是一項物件，因此我們不能擁有愛，而是正在愛著某件東西。一切的愛，當然關係到情感，但是愛情不可能只是一種情感而已。

所以，愛情是一種體驗，而這種經驗乃在於，愛必然是在愛的活動

---

9. from my paper "Between myself and others: Towards a phenomenology of the experience of love," in *Existential Questions*, Waldkirch: Edition Gorz, 2019, p. 140.

中呈現的。以現象學的角度來說，愛的經驗如何呈現，是先於愛究竟有何價值的問題。在大部份西方哲學討論愛的文獻當中，當哲學家追問甚麼是愛之時，往往太快跳到討論甚麼是真愛與有道德的愛等等問題上，而沒有做一些預備性的工作，例如人在愛情中的經驗究竟是怎樣的一回事，或者是愛情是如何呈現的問題等等，這些討論都是不足的。

　　無論從神愛或者德愛的角度討論，愛情本來的經驗為何的問題，經常被倫理學或神學問題所覆蓋了。因此，我們要重返現象學的立場來討論，甚至要作一種跨越東西文化的角度，來討論愛的經驗，特別是當我們討論到宗教或道德議題，很快便會進入到文化差異。而且，站在香港的立場來說，我們的文化早已是中西文化交互融合的結果，而不可能單純是東方，或者是西方的。

　　我們之前討論中國的「情」的問題時，基本上已經知道中國的傳統很少討論究竟「情」是如何出現的。例如馮夢龍的《情史類略》等的著作，他們覺得情早已存在，所以才能變成二十四種不同的情愛模式，甚至馮夢龍也不曾懷疑人對自然有情，甚至對靈體、死者亦有情，認為這是人之常情。人的情早已存在於愛與被愛兩者之間，特別是這種情愛活動早於任何的價值判斷，正如筆者之前在其他文章中所講：

> 因此，對愛的現象學理解的主要任務是使這種愛的生活經驗透明化。欲愛 — 德愛 — 神愛的模式必須首先被中止，以便拋開所有的形而上學和倫理的表述。拋開所有形而上學和倫理學的表述。作為第一個描述性的意義，我建議愛情中的生活經驗，可以被領悟為我自己對所愛之人的意向性 — 情感性 — 評價性 — 直覺之活動，同時構成在我自己和為我自己與他人的實際結合。[10]

因此有如下四點：

---

10. C F Cheung, *"Between Myself and Others,"* 2010, p. 185-186.

1. 愛是存在的，它作為一種活生生的經驗存在於愛人和被愛者之間。

2. 愛的體驗存在於任何關於真實的、真正的、理想的規範性判斷之前。

3. 對愛的經驗以現象學描述追問愛是「如何」呈現的。

4. 這種愛的體驗的基本要素是什麼，它區別於其他人類體驗又是甚麼。

人並不是預先有所謂的真愛與純愛的存在，然後才去愛的，人是首先落在愛情這個體驗之中，然後才會能夠反問究竟何謂愛情。很多人都把愛情理想化，究竟這份愛是否為真愛呢？這對象究竟是不是我的真命天子呢？這對象又是否與我能夠合一呢？又或者這種愛情是否一種本己的愛呢？一切一切的問題，都是建基出愛情這個愛的經驗出現了之後，才能夠問得出來的。但是，我們無緣無故又怎麼會對此發問呢？這似乎是一到了某種關鍵時刻，愛情出現了裂痕時，才會追問的問題。這裡講的時刻，是極開放的，的確可以有很多可能性。

情愛的經驗可以分為六個部份：

1. 不確定性：沒有明確的愛的原因

2. 意向性：呈現在戀人和愛人之間

3. 價值：評價和賦予

4. 情感性：激情、情欲、情緒感受

5. 扣連（連結）：相聚、依戀、融合

6. 活動性：去愛或被愛

第一個為情愛之不確定性。一切愛情的關鍵秘密，便是在於它的不確定性。當我們說我愛世界，我愛大海，我愛父母時，都不是非愛不可的，我愛這些對象僅僅是我所愛的結果而已，背後並沒有原因逼使我一定要愛這些對象。情的不確定性，就是沒有必然性的。舉例來說，父子的關係是客觀的，但是也可能無情，就算作出道德指責，也不能勉強

使情感出現。在男女關係中，更容易看到這一點，一個追求者，付出很多，對方可能會感恩，但不代表能換來對方的感情。人與人之間，情的必然性是最難解決的難題。

例如有人說莫札特的音樂很偉大，但即使他的音樂很偉大，也不代表其他人必然要喜歡莫札特的音樂，覺得他的音樂很有影響力，也不一定為他的音樂感到著迷，這當中並沒有任何矛盾。又或者是上帝愛我，那麼我究竟是否一定要愛上帝呢？即使對於某個人來說，他真的知道上帝愛他，但對他而言，愛上帝只不過是一種責任而已。而例如我愛我的母親，我們之間有很多美麗的回憶，但這不是因為我們之間有很多美麗的回憶，所以我才愛她，而是因為我早已愛我的母親，所以這些回憶有著母子關係之間的愛。

最日常的例子，莫過於很多人為他喜歡的女孩做盡所有能做的事，但是她卻無動於衷，只說一聲謝謝而已。在愛情當中，最有趣的地方在於，為何眾裡尋她千百度，她喜歡他，而他卻沒有感覺呢？為何有些人喜歡這個，而不是那個？正如馮夢龍所言：「萬物如散錢，一情為線索，散錢就索穿，天涯成眷屬。」當中的「一情為線索」，要以「情」來貫穿人與人之間的關係，這種「穿」是一種主動的活動，是要人把自己的情愛給予對方的。

一切的責任與價值，都不能令人產生愛意，兩者並非同一件事。

第二個重點是，愛必然是一個意向性的活動。簡單來說，就是愛必然是愛著某一項東西，必然有一個對象。這便如笛卡兒的方法懷疑論一樣，他無論怎麼懷疑，必然有一被懷疑的對象，也有一正在懷疑的主體，兩者是不可完全分割的。而愛這種活動亦然，不可能存在沒有對象的愛。即使我們聽一首情歌，甚至是沒有歌詞的音樂，例如電影《花樣年華》中的配樂，日本作曲家梅林茂所作的「在愛的感覺之中」（In the mood of love），這類型的歌或曲，要與個人的情愛經驗連結，才能夠產

生共鳴，否則會覺得這只是一首普通的歌曲。

所以，在愛這個活動當中，必然存在被愛的對象。神愛世人，所以亦有了神以外的存在物讓祂得以去愛，而我們作為人類也一樣。我對別人有情，而別人也對我有情，這種情必然是在人際關係中展現（interpersonal）的。

第三點，可以說是辛格三大部關於愛情著作的重點，這便是「評價」(Appraisal) 與「賦予」(Bestowal) 之間的辯證互動關係。「評價」所指的，其實是很簡單的事：「我愛你，因為你很好」；而「賦予」則是：「我愛你，所以你很好」。無論怎麼說都好，這個說法的重點都是肯定對方的價值，這個價值可以是對方很美，或者很聰明等等，而這些價值，也同時會令人產生情欲。

這樣說的話，似乎情愛活動必然涉及價值活動，他人對我而言，必然有其價值意義。而反過來講，這個價值雖然在他人身上存在，但這並不等於我們要愛他，德蘭修女很偉大，她所做的事很有價值，但這不代表我們要愛她。所以，愛當中必然有「評價」這個價值評估的活動，同時更重要的是，我們也要先愛著這個對象，整個情愛的關係才得以可能。

這並不是純粹的理論層次，在日常世界中，我們的情愛活動並不需要關注這些，因為情愛活動是存活體驗的問題。第三點所講的重點是，無論我們愛的對象如何，是否會引起我們的情欲，對方的美必然是有其價值的，這不能只是停留在價值的層面，而是要回到具體的所愛之人身上，才能展現出愛。

所以，辛格所講的是「評價」與「賦予」之間的辯證互動關係。過往柏拉圖講的愛與基督宗教所講的愛只是說明，愛情的原因乃在於對象呈現著普遍美好的特質，人為什麼會愛這些對象，是因為他們美好。但問題是辛格並不完全同意這種講法，美好可以為愛情的必要條件，但不應該是充份條件。在愛的互相交合的活動中，無論其中的交流是否包含了善

或是美，這種說法補足了柏拉圖等理型論者的缺失：「你很美，不過我愛你，所以你更美。」

舍勒對此也有相關的講法：

> 當然，在愛中我們會意識到所愛之物有其正面價值，例如，人的美麗、魅力和善良；但我們也可以在沒有任何愛的情況下意識到這些。只有當在已經被承認為「真實」的價值上，出現了一種運動，一種意圖，朝著比已經給予和呈現的價值更「高」的潛在價值發展時，愛才會發生。[11]

一切愛的活動，必然關係到價值，但有價值卻未必會令我們去愛，而其中的關鍵乃在於，這個對象是否為我正在愛著的對象，在其之上加上更多的情愛活動之意義，甚至更重要的是，把這種關係當成一種創造的力量。正如柏拉圖所說，一個懦弱的人被別人愛上之後，慢慢變得勇敢起來，是因為這種情愛的關係，讓他能夠好好的反省自己，讓自己能夠向前走。

接下來是第四點，亦即所謂的感情，或者是情緒。過往中國哲學的討論，只把情當作情緒。但是，傳統儒家所講的情，與七情六欲是沒有關係的。情不一定是負面的，也可以是快樂，甚至是狂喜的狀態。不過我們同時要知道的是，即使一件事令我們很高興，我們也未必會愛上它。情緒究竟是否能使我們產生愛情？答案是：應該仍有不足。這種七情六欲的情，和與人有情或相思之情，是不相同的，這一點是我們需要留意的。不過，在任何的情愛活動中，當然不免關係到情緒反應。

第五點則是與他人扣連（連結，togetherness）。如果說，他愛自由民主，但從來沒有去過遊行，也沒有其他實際的社會行動，那麼這是否真正愛自由民主呢？所以，在愛這個活動當中，必然存在一個嘗試與

---

11. Scheler, *Phenoemnology of Love and Hate*, p. 153-154.

被愛者在一起的欲望。正如：「兩情若在久長時，又豈在朝朝暮暮」的詩句，其實正就是想要天天見面。如果有人說，他愛上一個人，與他有情，但不想和他見面，那麼你還肯定這是情嗎？除了這個人身上有美好的價值，這個人也是你想見的，想與被愛的對象合一、連結的。

　　沒有人相信愛一個卻會不想和他見面，也不會有人相信這兩個人是好朋友，卻不想見面。正如元代的詞人管道昇所寫：

你儂我儂，忒煞情多，

情多處，熱如火。

把一塊泥，捻一箇你，

塑一箇我。

將咱兩箇，一齊打破，

用水調和。

再捻一箇你，再塑一箇我。

我泥中有你，你泥中有我。

與你生同一箇衾，

死同一箇槨。[12]

　　第六點則是愛一個有意的自願行為。例如一個人喜歡哲學，他會自己買書研究的。如果一個人喜歡做一件事，他便會有相應的自願行為，去維持這種生活的模式，在情之上亦如是。特別是情愛這種關係，是從活動當中產生的，情愛不只是一種文學形式，或者一種純粹概念的活動。以下便是筆者對情愛活動的分析，得出的幾項總結：

這三個要素：評價、情緒和連結是通過我在自己和對方之間意向性的愛－生活－體驗而呈現的。必須再次強調，愛不能被簡化為價值、情感或結合。正如上面的討論所顯示的，任何美

---

12. （元）管道昇：我儂詞。

德、快樂的感覺或迷戀都不能成為愛的原因。只有在我特定的
愛的行為中——自願的、自發的、自由的將我的愛的意向性賦
予我愛的特定對象的行為，才能體現出這三個要素。然而，這
種賦予行為不一定是一種有意識的行為。我不需要事先對我的
愛有任何認知上的了解，就能意識到我的愛的意圖。相反，只
有當我對自己的評價、愛意和對與所愛之人的相聚的渴望有了
直觀的把握後，我才知道發現原來我早已在愛中。[13]

　　無論如此，在情愛活動中，價值、情緒與合一的欲望，總是圍繞
著這個活動，缺一不可。而我們要了解情愛活動時，並不是把它當成一
個認知的活動，必然是要人身陷其中，甚至人根本不能控制自己是否去
愛，而是早已在愛河中，回頭一看，才發現自己原來已在愛情當中。

24.3 愛的階段

辛格的著作對於分析何謂愛情十分重要，我們在上節當中，已經提及他
的著作。而在 2015 年他逝世時，《紐約時報》(New York Times) 曾這樣
介紹他的著作：

> 辛格教授構建了愛情知識史，而不是高深莫測的《愛經》，他從
> 不厭倦探索浪漫的愛情是否是新近的發明，並將其置於哲學背
> 景中。在另一個三部曲「生命的意義」的序言中，他寫道：
> 「我設想美好生活的整體包括對人、事和理想的愛，這些愛錯綜
> 複雜地交織在一起，一個人的意義有助於其他兩個人的意義。
> 這最終導致了每個人都渴望的幸福狀態」。
> 辛格教授把自己描述為一個「重建的浪漫主義者」，他說：「我不

---

13. from my paper "Between myself and others: Towards a phenomenology of the experience of love," in
Existential Questions, Waldkirch: Edition Gorz, 2019, p. 144.

相信浪漫的愛情，因為它必須是甜蜜和無痛苦的。」他說，人們
所能期望的最好結果是「有意義的，有真正幸福的時刻」。[14]

我們愛一個人，並不只是浪漫愛，很多人都以為愛情必然是浪漫
愛，只要理解甚麼是浪漫愛的話，就可以了解甚麼是愛情了，其實世間
還有很多種不同類型的愛。不過，有趣的是，人能夠愛別人，的確是人
之為人的一種獨特性，這是人類存在的一種特有現象。人的獨特之處乃
在於人有情，而有情之人，是能夠給予所愛的對象。這是一個積極的、
有意識下做出的活動。

24.3.1 入情

從愛情的角度講，特別是從時間的順序來講，第一件最重要的事，當然
是墜入愛河，而我則稱其為「入情」（Falling in love）。一切浪漫愛的
開始，便是墜入情網。任何人對世間上一切的事物來說，不多不少都關
係到情，但這並非一定需要「入情」。例如，我們與父母的關係，不必要
有一個「入情」的步驟，原因是我們早已與父母之間有情，這是生而有之
的。從中國哲學的角度來說，我們與子女有情，兄弟有情，甚至朋友有
情，從五倫的角度來說，這是人際關係當中，自然而然有的存在。

但是，這並不能解決為何人只會對某個人有情，為何人總是喜歡這
個人，而不是另一個人呢？縱使某個人條件很好，也不必然會吸引我愛
這個人，這就關係到了人的獨特性問題。如果我們一切都愛的話，換句
話說，其實就是甚麼都不愛，因為沒有獨特性可言。

而「入情」其實是一種發現，發現自己早已圍繞著愛的對象生活，這
便如張學友的一首歌〈我愛上你〉：「我跟你在一起，下雨天也不生氣，就
愛粘著你舞台上演的戲，不管它多給力，時刻檢查手機，溫習你發的訊

---

14. New York Times: *Obituary of Irving Singer*, Feb 15, 2015.

息，簡單又甜蜜」。其中所講的，就是早已愛上了一個人，後來才發現愛上了這個人。為什麼會發現自己入了情呢？這是因為這份情，令自己看世界，看事物的態度不再一樣。

現代女詩人Marinela Reka的「墜入情網」（Falling In Love）更進一步描述了其中的奧妙：

愛是最有趣的藥物
它不常出現，但當它出現時；

哇哦
你忘記了你的過去和未來
你專注於現在的奇蹟

你把你的心給了別人，
只希望它不會被摧毀或打碎。
儘管你知道你不應該這樣做，
但他的眼神是最重要的。

你的身體失去了思考的能力，
沒有他突然出現在你的腦海中，
用一個俗氣的短語和動作
或某種記憶

蝴蝶從他遠去的視線中腐蝕了你的胃
你忍不住要排練你要說的一切

藥物是一種改變你身體的東西
並以某種方式改變你

如果我說錯了，請糾正我，

但我認為愛情也是一種毒品。[15]

　　這首詩與張學友的歌，都是在描述同一回事，當一個人入情之時，會經歷一種突變，或者是這個人的存在出了變化。如果這個人沒有這種變化的話，我認為這便算不上是「入情」。詩中也說到，這好像是一種毒藥，令人整個狀態都變了。特別是當人發現自己與這個人完完全全連上了，這便讓人感受到一種很戲劇性的變化。正如辛格所言：「這是一個戲劇性的事件，經常是創傷性的，對習慣性的行為模式造成麻煩。墜入愛河的人可能感到一個新的現實已經展現在他面前，神秘主義者經常把他們的宗教皈依描述為愛上神性」[16]

　　可見「入情」這回事，其實是脫離了日常世俗的空間，脫離了營營役役乏味的生活，使人進入了一種特殊狀態的二人空間。從海德格的角度來看，常人 (the They) 的日常存活，都是重複又重複，朝九晚五，上班下班的活動。常人的生活，都變成了在日常世界的規劃當中，但是偶爾出現了一個人，打破了這個日常生活的固有秩序，整個生活的節奏都改變了，這種驚喜使人的生活增添趣味，能令人暫時從乏味的世界中，逃離出去。

　　在莎士比亞的著名作品《羅密歐與朱麗葉》當中，兩位主角在派對中相遇，一見面便被對方深深吸引。本來羅密歐有他的情人，但當他一見到茱麗葉時，便被她深深吸引，自此之後，他的眼中便只有朱麗葉。他們知道兩家的家庭背景有著敵對關係，所以知道兩人不應該在一起。但正是這種「不應該」，這段關係成了禁忌，更顯得這段情的浪漫。浪漫的愛，始終都離不開挑戰禁忌，因為沒有比為愛人犧牲更偉大的了，而偉

---

15. Marinela Reka, Falling in Love, http://www.lovelifepoems.net/love-poem/falling-in-love-by- marinela-reka

16. Irving Singer, *The Nature of Love*, Vol 3, p.383.

大的愛往往都是一場浪漫的悲劇！其中最關鍵的片段，可以說是在這裡：

朱麗葉：羅密歐啊，羅密歐！為什麼你偏偏是羅密歐呢？否認你的父親，拋棄你的姓名吧；也許你不願意這樣做，那麼只要你宣誓做我的愛人，我也不願再姓凱普萊特了。

朱麗葉：只有你的名字才是我的仇敵；你即使不姓蒙太古，仍然是這樣的一個你。姓不姓蒙太古又有什麼關係呢？它又不是手，又不是腳，又不是手臂，又不是臉，又不是身體上任何其他的部分。啊！換一個姓名吧！姓名本來是沒有意義的；我們叫做玫瑰的這一種花，要是換了個名字，它的香味還是同樣的芬芳；羅密歐要是換了別的名字，他的可愛的完美也絕不會有絲毫改變。羅密歐，拋棄了你的名字吧；我願意把我整個的心靈，賠償你這一個身外的空名。

羅密歐：那麼我就聽你的話，你只要叫我做愛，我就重新受洗，重新命名；從今以後，永遠不再叫羅密歐了。

〔……〕

羅密歐：我藉著愛的輕翼飛過圍牆，因為磚石的牆垣是不能把愛情阻隔的；愛情的力量所能夠做到的事，它都會冒險嘗試，所以我不怕你家裡人的干涉[17]

他們二人的相遇，使得大家的世界不再一樣，這是一個關鍵的愛情事件，使得圍繞著二人生活的意義，整個世界都戲劇性地改變了，就像閃電一樣！原來的時間，好像暫時停頓了，只剩下二人存在的世界而已。當兩個人一起構成一個完整的世界，便會覺得其他事物都是多餘的了，他們的相愛使得整個過去的包袱都被取消了，所以整個日常世界都被拋諸腦後。而這個戲劇之所以為悲劇的原因，乃在於這個日常世界是

---

17. 莎士比亞：《羅密歐與朱麗葉》，第二幕，第二場。

不可能真正消失的，當中的衝突之處便是最令人感到無奈的。但是，當二人入情時，就恰恰會出現這種想法。

當人入情之時，其實可以說是一種固執的痴迷，特別是熱戀中的人都好像是一種瘋狂的狀態，這便如辛格所說：

墜入愛河是火山爆發式的。它是一種巨大的情感壓力的現象。它可能很容易接近對另一個人的痴迷狀態，導致一個人先前的價值體系被破壞。這在青春期很常見，因為這不僅是一個情慾覺醒的時期，也是一個價值質疑的時期。但戀愛可能發生在人生的任何時期，特別是在價值觀不穩定或快速變化的社會中。雖然古代世界的道德家認為戀愛是一種瘋狂，中世紀的教會譴責它是一種靈魂疾病，使人們偏離對上帝的正確愛，但過去一百年來，精神病學家在記錄其頻繁的病理學方面做得最多。當弗洛伊德驚恐地說他的許多病人患有「浪漫的愛」時，他一般是指墜入愛河。墜入愛河不僅是一種情感的爆發，而且是一種基於準魔法——因此也是危險的——保證終於遇到了可以讓生活變得有價值的人。[18]

但無論兩個人如何相愛，整個過程如何痴迷，他們總要回到日常世界。海德格所說的也有類似的意思，人的過去或者是他們的歷史，他們的家族背後的愛恨情仇，並不是那麼簡單，不是三言兩語便可以說得通，然後整個問題就會消失的。所以，為什麼有些情人遇到這種情況便會「私奔」，就是因為這個原因，而這也是羅密歐與朱麗葉要走的路。

他們的情並不見容於他們的世界。父母不同意，家人不同意，同時連朋友也不同意。二人的愛與他們所身處的價值意義網絡並不相容，按照海德格的講法，人又不能離開這個意義網絡，這是日常意義活動之根

---

18. Ibid, p. 384.

本，給予我們日常一個基本定位。但當一對情侶入情時，便是想打破這個舊有的意義網絡。

24.3.2 有情

但是，這種狂喜的狀態，也需要重返世界，使愛情能夠持存。辛格如是說：

> 考慮一下男人和女人之間的紐帶，他們在對方的公司裡待了很多年，每個人都以經常性和互惠性的關注來滿足對方的需求。無論他們是否追求獨立的職業和過獨立的生活，他們都以對彼此的特別依戀來定義自己。他們可能有共同撫養的孩子，而且他們可能認同他們共同屬於的社會階層。進一步假設，每個人都感覺到，如果沒有這個人，生活會大打折扣。最終，這種關係將失去一些性方面的吸引力。它將包括憤怒、無聊、厭惡和仇恨的時期。在某些時候，它可能類似於一種自願監禁的狀況，剝奪了一個人也渴望的情感性質。[19]

有情的關鍵，在於二人的激情，能否在日常存活意義下的世界之中，重新找到意義，這基本上是合作的一種創新活動。當然，整個過程並不容易，因為想像出來的浪漫世界，與日常營營役役的世界，兩者是互相排斥的。人們經常依靠愛情來逃避現實，甚或是挑戰禁忌，而這正是愛情初始時的浪漫之處，而現在要二人重返現實，要求他們接受「二人世界」只是一種偶爾的想像而已，這並不容易令人接受。

從「入情」（Falling in love）轉到「有情」（Being in love），這個轉換到日常存活的狀態是極不容易的。因此，很多人便在這個過程中分開，直接跳到「斷情」的階段。而在沙士比亞的悲劇中便正是如此，對於

---

19. Ibid.

這個衝突，他們認為只能夠透過一同死亡，才能越過這個衝突。

　　但是，我們要留意的是，當二人進入到「有情」這個階段時，並不代表二人會選擇結婚，這並不是必然的。在「有情」的階段，二人有很多不同的磨合，在這個方面筆者與亞里士多德的看法並不一樣，很多時候，即使所愛之人有著德性，但這並不代表雙方的整個交往，是一個愉快的過程。人與人之間有特別的感情，有些可能是情欲的激情開始，但到最後，若兩個人想持續地交往的話，則必然有一個磨合的過程。而這個變化，未必是快樂的。

24.3.3 持情

而到了第三點，我們便要講到「持情」。在「有情」的階段當中，很多對情人在融合二人的世界，在這個難捱的磨合階段當中，並不能夠做到完全融合的。當然，全面融合的世界，並不一定是好的事情。在老夫老妻的階段，二人之間的愛，已經不需要再多明言。當他們問：「你是否愛我嗎」的時候，對方可能便會覺得這是一個多餘的問題。

　　但是在一個共同的生活，共同的生兒育女的階段中，這便是一個「持情」的活動，整個階段是不需要激情的。當中最重要的，乃在於在這個階段，有共同生活的感受。但是，很多人即使是結婚多年，一起養育子女，都不一定有共同的生活。所以，「持情」可以說是staying in love或者可以說是staying in pair，並不一定完全等同於staying in marriage。

　　「持情」必然是關係到兩個人的，彼此的世界觀，個人的歷史，身邊的朋友，這個過程不一定是幸福、快樂的，一切負面的情感都可能在這個階段出現。「有情」是兩個人之間的關係出現了羈絆，變成了更緊密的一對。而在「持情」階段，這變成了一個分享的關係，因此如果對方有不滿的負面情緒，都能完全感受得到。不過，為什麼那麼多人認為持情那麼痛苦，婚後完全沒有任何的激情，一點都不快樂，但仍然在一起呢？

這是因為二人之間還有情，而且兩個人的價值意義世界，已經纏在一起了，不能完全分開你或我。反過來說，如果二人的意義世界，不再交織在一起，這其實已經沒有任何的情可言了。

> 這種結合可能很容易成為習慣或平淡無奇，它可能顯示出對冒險的恐懼，對情慾精神的貧乏。然而，它也可以說明在一生中發展的那種愛。我所說的保持愛，包括珍惜一個人與另一個人的共同經歷，以及珍惜與我們一起經歷過這些經歷的特定的人。它體現了對那個人的基本忠誠，因為他或她恰好是這樣的人，不管是哪種情況。認識到這種忠誠的存在，使每個人都能在許多場合體驗到自發的信任。雖然旺盛的熱情表現可能很少，但留在愛情中可以放縱大量的激情……
>
> 在失敗或成功的時刻，會有驚愕、焦慮、勝利或喜悅的情緒。如果關係惡化——參與者在他們寧靜的結合中變得過於懶散，與超越自身的挑戰可能性過於隔絕——留在愛中可能是一種令人羨慕的狀況。就像所有的愛情一樣，沒有辦法保證這種關係將永遠是令人滿意的。然而，留在愛情中可能是男人和女人可用的最有意義的愛情形式。對大多數人來說，這可能是他們與另一個人找到和諧的唯一機會。[20]

我們沒有人能夠保證情人能夠在一起，但無論如何，只要人能夠持情，這便是一個有意義的事，因為這是極不容易，極難得的。有些人的一生當中，可能都沒有「入情」、「有情」、「持情」，更何況是「斷情」呢？對於某些人來說，更是怕了「有情」甚至是「持情」的責任，所以有些人喜歡在追求別人成功，得手之後，立即轉身就走，原因是不想進入真正的二人磨合的世界，不想為對方負責，這便是為什麼有那麼多人沉迷在社

---

20. Ibid, p. 386.

交媒體中，當出現了「有情」的階段，發現了對方不完美之後，便立即轉身去找另一個人。

而對於辛格來說，以上的例子當然不是一種真正幸福的愛情，他所講的是一種幸福和諧的愛（harmonization of love），他如是說：

> 我所說的「戀愛」本身就是一種協調，介於戀愛和保持戀愛之間，介於狂熱的渴望和或多或少的永久結合之間。戀愛取決於賦予和評價的成功合作，兩者都是強化的伙伴。這是一個理想主義和現實主義哲學所接受的目標，儘管並不一致，但作為人類幸福的基礎。[21]

24.3.4 斷情

為什麼人會斷情呢？這在上一章當中亦略有所及，特別是和大家探討了為何人會由愛轉恨的問題。當然原因十分多，兩個人之間的性格差異，在相處久了會慢慢生出衝突，本來兩個人生活在各自不同的價值世界，後來發現根本融合不了，甚至溝通不了。而在兩個人的關係當中，特別是在「持情」的階段，雙方必然會對對方負上一些責任，承諾會如何如何，這個互動關係會接收、給予的，而後來發現對方所做的與自己期望有落差，也會生出問題。最常見的一個原因，當然是有第三者的出現，使得整段關係崩潰。

當人進入這個「斷情」的階段時，不免會十分失望，之前對方做過甚麼好的事情，都可能會忘得一乾二淨，整個過程甚至會扯上金錢也是司空見慣之事。

有不少著名的分手例子，可能純粹是因為一些表面的理由而已，例如只是愛上對方的容貌。美國女明星伊莉莎白‧泰勒（Elizabeth Taylor,

---

21. Ibid, p. 440.

1932-2011)以前是一位著名的女演員，也因為容貌出眾，所以受到很多男士的青睞。她其中一位丈夫，也是著名演員李察‧波頓 (Richard Burton, 1925-1984) 便曾講過：「她的身體是建築的奇蹟」(Her body is a miracle of architecture)，然而過了不久，他又說：「她太胖了，她的腿太短了」(She's too fat and her legs are too short.)。那麼，當一個人年老色衰的時候怎麼辦呢？到了那個時候又該如何持情呢？

　　如果人接受不了這種變化，自然會走入「斷情」的階段。而在這個階段，從入情到斷情，便要接受失去所愛的對象，一直賴以為生的人，過往共同生活的所有意義價值網絡，一下子便中斷了，我們在上一章也已經探討了很多相關的話題，不再此多作論述了。

24.4 愛情之意義

既然愛情有斷情的一面，會產生那麼大的痛苦，那為什麼我們仍然要愛呢？究竟當中有甚麼價值，值得我們去追求的呢？正如巴拉塞爾士 (Paracelsus, 1493-1541) 所言：

> 一無所知的人什麼都不愛。一無所能的人什麼都不懂。什麼都不懂的人是毫無價值的。但是懂得很多的人，卻能愛，有見識，有眼光……對一件事瞭解得越深，愛的程度也越深。如果有人以為，所有的水果都同草莓一起成熟，那他對葡萄就一無所知。[22]

　　愛情裡面的獨特性，乃在於與知識的關係。我們這本書的討論，想在最後帶出一個重點：很多人認為愛情是不需要學習的，不需要理解，不需要反省的，認為愛只不過是人的一種即時反應。這個是佛洛姆

---

22. Paracelsus.

（Erich Fromm, 1900-1980）在《愛的藝術》(*The Art of Loving*, 1956)一書開頭，便提出的說法。佛洛姆著作很多，作為法蘭克福學派的一員，一位精神分析學家，馬克思主義者，這本書可以說是一本通俗易懂，關於愛的哲學，或精神分析學的精華。

　　對他來說，人的存在必然要靠情來維持的，因為人是一個孤獨的個體，沒有辦法完全獨立地生活，是一個不完整的存在，就像柏拉圖在《會飲》當中所講，人本來就是不完全的，需要找另一半來填補，透過互相成就對方，從而成為一對更完整的存在。因此，佛洛姆認為愛可以填補這個問題，他說：

> 任何關於愛的理論都必須從關於人、關於人類存在的理論開
> 始。雖然我們在動物身上發現了愛，或者說，愛的等同物，
> 但它們的依戀主要是其本能設備的一部分；在人身上只能看到
> 這種本能設備的殘餘部分。在人的存在中，最重要的是他從
> 動物王國中走出來，從本能的適應中走出來，他已經超越了自
> 然，儘管他從未離開過自然，他是自然的一部分，然而一旦脫
> 離了自然，他就不能再回到自然中去；一旦被拋出天堂，一種
> 與自然原始合一的狀態，如果他試圖返回，就會被帶著火焰的
> 劍擋住道路。人只能通過發展自己的理性，通過找到一種新的
> 和諧，一種人類的和諧，而不是不可挽回地失去的前人類的和
> 諧，才能向前邁進。[23]

　　如果人能夠克服自身存在的焦慮，理解甚麼是存在價值的崩潰，那麼在荒謬的世界，便能透過愛來應對以上種種的問題。我們以為愛可能是一種買賣，但他在整本書中都說愛是一種藝術，而藝術的意思乃關係到如何實踐，便也關係到如何學習，關係到自身修養的問題。如果真正

---

23. Eric Fromm, *The Art of Loving*, p. 13.

的愛出現了，便會發現其中的關懷、責任、知識與尊重。

愛意味著關懷，這在母親對孩子的愛中表現得最為明顯。如果我們看到她缺乏對嬰兒的照顧，如果她忽視了餵養，忽視了給孩子洗澡，忽視了給孩子身體上的安慰，那麼她的愛就不會給我們留下真誠的印象；如果我們看到她對孩子的照顧，我們就會被她的愛所感動。即使是對動物或花卉的愛也沒有什麼不同。如果一個女人告訴我們她愛花，而我們看到她忘記給花澆水，我們就不會相信她對花的「愛」。愛是對我們所愛之物的生命和成長的積極關注。在缺乏這種積極關注的地方，就沒有愛。……

關心和關注意味著愛的另一個方面；即責任。今天，責任往往指的是義務，是從外部強加給人的東西。但真正意義上的責任，是一種完全自願的行為；它是我對另一個人的需求的回應，無論是否表達出來。負責任意味著能夠並準備好「回應」。[24]

那麼究竟何謂責任呢？他認為責任就是對人的尊重，是為了成就他人，讓他人成長，而不是讓對方服從我。兩個人在一起，除了是1+1=2，二人成為一體，但同時又要視對方為一個被尊重的獨立個體，當然他也要對我同樣如是，這便是最難的地方。同時，我們也需要有知識，才能夠愛別人。這裡所講的知識，並不是理論，而是知道如何愛人，雙方有一定的經歷。這便如喜愛飲酒的人，也需要對酒有知識才行，不是任何的酒，都是值得欣賞的。

知識與愛的問題還有一個更基本的關係。與另一個人融合以超越自己分離的牢籠的基本需要，與另一個具體的人類慾望密切相關，這就是「人類的秘密」。雖然生命在其單純的生物方面是

---

24. Ibid, p.27.

一個奇蹟和一個秘密，但人在其人性方面對他自己和他的同伴來說，更是一個深不可測的秘密。我們了解自己，但即使我們做出了種種努力，我們也不能完全了解自己。我們想了解我們的同伴，但我們並不了解他，因為我們不是一個東西，而我們的同伴也不是一個東西。我們越是深入我們的存在，或別人的存在，就越是無法達到知識的目標。然而，我們不能不渴望深入人的靈魂的秘密，深入「他」這個最內在的核心。[25]

每個人心中的經驗與自己都不相同，是獨立於我而存在的，那究竟我們該如何接受他呢？而更重要的是，究竟我們要怎樣從愛世界、愛上帝，與愛情之間互相轉變呢？特別是如何克服自身的自戀，跨越自身的舒適區，以愛越過自己的界限，這便是實踐的問題，而非單純理論上可以講得通的事了。

因此，從情愛這個活動中，我們可以一步步靠近對方，而當我們投入這個活動時，人便能夠從中學習，並了解到自己原來不足之處。從西方傳統而言，從柏拉圖開始所說的，只不過是人與真善美這種「理型」的結合，這其中是沒有個體的，其目的是為了達到人的不朽。而這是可以單靠自己的努力，便可以達到的，但問題是，這是否是真正愛別人的那種愛，還是，只是自己愛自己呢？

當代英國哲學家西蒙·梅在其《愛情》一書中，提出一個概念，叫做「存在論根源」(ontological rootedness)，這個概念當然是他創作出來的。這個重點其實很簡單，原因是他認為人能從情愛這個活動中，找到他所屬的世界，找到他得以存在的意義，找到他生命的根據。當然，愛情可以成為人生存的一個根據，但未必是唯一的根據。一個人可以愛大海，愛國家，愛自由民主，這些東西全都是我所愛的對象，每個人都需

---

25. Ibid, p.28.

要肯定這些所愛的東西，從而肯定生命的意義。而一個人若找到這個關鍵的生活意義泉源，他便不會感到無家可歸，從而擺脫孤獨感。人似乎無可避免要找到他所愛的東西，這樣才能使得他的生活感到有價值。

> 這就是我所說的「存在論根源」（ontological rootedness）的感覺——存在論是哲學的一個分支，涉及到存在的性質和經驗。我的建議是，我們將只愛那些（非常罕見的）能夠在我們身上激發出存在論紮根的承諾的人、事、思想、學科或景觀。如果他們能做到，我們就會愛他們，而不管他們的其他品質：不管他們有多美或多好；不管他們（就我們所愛的人而言）有多慷慨或利他主義或同情心；不管他們對我們的生活和項目有多感興趣。甚至不管他們是否重視我們。因為愛的首要關切是為我們的生命和存在找到一個家。[26]

無論我們說了多少有關情愛的理論，情愛活動便好像跳舞一樣，沒有你肯配合的舞伴，從理論上怎樣說都沒有用。無論有多少有關情愛活動的說法，總會有人不同意，但至少我認為，應該沒有人認為真正的愛，是一門獨腳戲吧。正如辛格引述羅素所說：「羅素（Bertrand Russell）說：『美好的生活是由愛激發並由知識引導的生活。世界現在需要的不僅是愛，而是關於愛的本質的更多知識，更多複雜性。』」[27]

生死愛欲並不是一個科學問題，我們一生中可以不理會任何的科學難題，但是生死愛欲的諸種問題卻是我們必須面對的。為什麼這麼說呢？因為，我們早已身在其中了吧。

---

26. Simon May, *Love: A History*, 2011, p. 6.

27. Irving Singer, *The Nature of Love*, Vol 3, p. 430

附錄
德愛之現象學[1][*]

「友誼，就像靈魂不朽，好得令人難以置信。」

愛默生（R. W. Emerson）文集，1841 年

一

　　我們相信，朋友對我們的生活至關重要，沒有朋友，我們的存在便變得單調而乏味。友誼是我們快樂的源泉。魯益師（C. S. Lewis）認為友誼是最為人性的一種關係，因為這「最不是自然而然產生的一種愛，最少建立在本能有機、生物、合群和必須的基礎上[2]。」與親屬關係不同，我們自由選擇友人，自願建立友情。這種形式的愛（philia）與欲愛（eros）和博愛（agape）不同，它注重互動和互惠：朋友是一個個體，彼此之間以善意相待，互相交流價值。的確，我們都珍視朋友，把友情當作天長地久，因為我們相信，我們在友誼中的施與受是可以永遠保留的。當然我們有許多朋友，但可以分享情感、觀點、興趣、秘密和生活的好朋友並不多，一般而言，我們單憑直覺判斷誰不是朋友、誰是普通朋友、誰是好朋友；確切地說，我們在日常生活中，並不嚴格區分各式各樣的朋友。在公民社會中，友善是一種禮貌，是一種謙恭地與人打交道的辦法，博愛則體現了一種集體的友情，是所有現代文明的美德。因此，不

---

1. ＊我想借此機會感謝我的好友劉國英，其一是因為他關於德里達（Derrida）友誼論的文章挑戰了我先前對於友誼的概念，啟發了這篇文章的寫作；其二，更重要的是因為過去十年，我們一起為發揚現象學而甘苦與共。也許我們不是就每件事都有一致的看法，但無論如何我們為許多共同的關懷而並肩奮鬥。

2. C. S. Lewis, *The Four Loves* (New York: Harcourt Brace Jovanovich, 1960), p. 88.

管我們對他人了解多少，又或許大家只是偶然相遇，不會再見面，我們仍然跟大多數人以朋友相稱；但即使如此，回想起來，我們仍然覺得可以辨別誰是好友甚至摯友，因為我們知道並非所有朋友都是一樣的，他們有親疏之別。

但我們知道朋友意味著甚麼嗎？亞里士多德在《尼各馬科倫理學》（*Nichomachean Ethics*）第八、九兩章中關於德愛（philia）的專論，樹立了對友誼進行哲學討論的典範。從西塞羅（Cicero）和塞涅卡（Seneca）、蒙田（Montaigne）和培根（Bacon）、康德（Kant）和黑格爾（Hegel），到現代哲學家依莉莎白・鐵爾佛（Elizabeth Telfer）等人，我們在這些哲學家關於友誼的論述裡，都可以發現亞里士多德式的迴響。友誼在本質上與德行和正義相連，而摯友是另一個自我；友誼實際是道德事宜。關於理想或完美友誼的討論告訴我們好友應是怎樣。我們期望我們和摯友相互抱有善意，彼此照顧，我們希望友誼長存。但我們如何得知他／她是不是一個好友？我們如何得知一個過去的朋友是否仍然是朋友？我如何得知我曾經被當作朋友？我們如何得知大家已建立起「純潔」或「完美」的友誼，視對方為摯友？

這篇短文的目的是反省德愛的現象。我想指出，傳統的友誼哲學僅僅說明朋友和友誼是甚麼或應該是甚麼（德愛的倫理學），卻不曾說明友誼如何表現（德愛的現象學）。我認為在討論德愛的倫理學之前，應該先了解德愛的現象學。

二

「我親愛的朋友們，其實沒有朋友這回事[3]。」這裡，康德感嘆完美友

---

3. 原　文　為 "Meine lieben Freunde, es gibt keinen Freund!"　見 Immanuel Kant, *Metaphysik der Sitten*(Hamburg: Verlag Felix Meiner, 1966), S. 331。應該指出，儘管蒙田、德里達（Derrida）

誼之不可得。根據康德所言，「友誼（就其完美形態而言）是兩個人通過平等的互敬與互愛而形成的結合[4]。」完美友誼的不可能性，存在於自愛與兼愛的緊張關係中。「我們基於道德選擇友誼，卻基於實際選擇自愛。沒有人比我自己更能照顧我的福祉，但是不管在二者中選擇甚麼，卻總有一些缺失[5]。」因此康德指出，友誼之中存在著一個不可解決的道德困境：完美友誼要求犧牲自己的幸福。實際上，當我把人們叫作我「親愛的朋友們」時，我並無必要以完美友誼的最高標準來衡量他們。他們之所以成為「親愛的朋友們」，可以是因為我們都完成了朋友的責任，大家在平等且榮耀的基礎上彼此關愛。他們便這樣被完美友誼的標準所衡量。但是這樣的衡量並無絕對標準。康德表示，只要把人們放在「需要、品味或者性情[6]」等三個範疇下考量，且條件符合，他們就是朋友。不管我們是因為共同的需要還是品味成為朋友，只要我們能夠照顧彼此的需要或者一起享受生活，我們就是朋友；當沒有共同的需要和品味時，友誼也就不復存在。簡言之，成為朋友的條件，可以只是出於共同需要或分享生活情趣的活動。可是，真正情投意合的朋友，並不受以上對人類情感的社會性厭抑的限制。朋友之間彼此充分交流，他們也許擁有不少因為實際需要或品味而走到一起的朋友，可是當中只有一兩位可以稱得上是情投意合。「沒有朋友這回事」這句話，其實是體現了對完美友誼的一種最高要求。我們身邊有普通朋友，甚至有時是不錯的朋友，但是不可能有一個真正而理想的朋友。

和康德將這一感慨歸於亞里士多德，我們在亞里士多德全集中卻找不到這一引文。有趣的是，康德在他的《倫理學講稿》中，認為這段引文出自蘇格拉底（Socrates）而非亞里士多德。見 Immanuel Kant, *Lectures on Ethics*, trans. Peter Heath (Cambridge: Cambridge University Press, 1997), p.185.

4.　Kant, The Metaphysics of Morals, op. cit.p. 215.

5.　同前注。

6.　同前注，頁 186。

在這方面，康德對友誼的討論與亞里士多德距離不遠。完美的友誼，據亞里士多德說，是「善良而且同樣傑出的人之間的友誼[7]。」當然，友誼有不同的類型，有源於實際需要的，也有建基於快樂之上；但是建基於美德的朋友，即那些彼此之間建立起理性、自願聯繫的朋友，才可分享彼此的生活，一起渡過時光。亞里士多德強調友誼對於人類幸福的重要貢獻。一個真正的朋友是另一個自我，「提供一個人通過自己的努力所不能達到的東西。[8]」但是從甚麼意義上講，一個真正的好朋友才算是「另一個自我」呢？根據亞里士多德，只有善良和有道德的人才能成為朋友，而真正的朋友是另一個自我 —— 我自己，那麼使完美友誼得以建立的先決條件，便是我自己和他者的認同：我變成你，你變成我！但是，期待朋友和我分享生活的全部，是不切實際的想法。我們還是不同的個人，只是在某些活動中我們有一致的感覺、想法和道德情感。另一個自我只是一個有待實現的觀念，儘管亞里士多德式的德愛似乎與柏拉圖的欲愛不同，德愛強調互惠而不是自我中心地對欲望對象的追求，不管其是真是善抑或美，但德愛分析到最後，還是柏拉圖所謂欲愛的一個變體。因為在圓滿的德愛中，我是在朋友身上尋求自身的善。對另一自我的呼喚，如果從字面解，意味著阿里斯托芬所謂分裂的自我重聚的另一種表達。因此柏拉圖《會飲》中對欲愛的討論，也同樣適用於德愛。德愛也仍是一種自愛。

「哦，我的朋友們，沒有朋友這回事。」儘管我們找不到亞里士多德著作中這句引文的出處，但是不難想像亞里士多德會發出這樣的感慨。從哪裡去找另一個自我？哪裡有第二個亞里士多德？如果說整個古希臘的哲學追問肇始於「了解你自己」（know thyself）的格言，那麼實現完美

---

7. Aristotle, *Nicomachean Ethics*, VIII, 1156b7.

8. 同前注， IX, 1169b6；亦見 1166a29-32, 1170b5-7。

友誼的先決條件便是依賴於對真實自我的了解，這樣才能明白朋友是否和我共用一個真實的自我。但是對真實自我的了解決非輕易可得。我得努力追求並且理解甚麼是真實、純正（eigentlich）的自我。悖論就在這裡：為了找到一個真正的朋友作為另一自我，我必須了解真我是甚麼，可是既然認識我自己是那麼不確定的事，更不用說真我了，那我怎麼能知道朋友的自我是否等同於我的自我呢？這裡的問題出自「自我」概念本身的模糊性。我們由衷相信我們彼此抱有善意，所以假定我們之間的愛（互相承認是對方是另一自我）互利互惠。然而，我們認定的理想友誼，只不過是一個美麗的誤會。試想像相反的情形：這一感慨不是由我，而是由朋友發出，他發現我不像他的自我。他的哀嘆和我一樣痛苦。我們以為彼此是朋友，可事實上我們之間並無真正的友誼。

發現朋友不是一個真正的朋友，總比發現他根本不是朋友好。他還是一個朋友，只不過以真正友誼的道德標準衡量，他還不夠格而已。另一方面，亞里士多德和康德都強調，真正朋友是十分罕有的。我們承擔不起擁有多於一兩個真正的朋友，因為這要求排他性的關注、愛護、親密、分享私人的時間、空間和思想，以及彼此之間不容置疑的責任。這是具有很高道德要求的彼此關愛，因此，如果友誼破滅，我的一部分生命也就隨之死亡，這是因為我在以往的友情中形成的同他禍福與共的感覺已經不復存在。我們之間高尚的友誼降格為一種平凡的關係，其實質不再是德行而是實用或快樂（亞里士多德語）、需要或品味（康德語）。

所以當愛默生（Emerson）將友誼和不朽並列時[9]，他渴望找到這種情誼，儘管看似不可能，然而，他說：「我們對友誼的要求越高，當然就越少機會真實擁有它，我們在路上獨自行走。我們渴望的朋友只在夢和傳

---

9. Emerson, "Friendship," in Michael Pakaluk ed., *Other Selves: Philosophers on Friendship* (Indianapolis: Hackett, 1991), p. 222.

說中，但是一個高貴的希望激動著虔信的心靈，它告訴我們在世界上某一個角落有些靈魂在行動，忍耐，勇於承擔，他們愛我們，也值得我們愛[10]。」對真正德愛的期盼是一個夢。為什麼這樣？有甚麼關於德愛的教學法嗎？愛的階梯，正如第沃馬（Diotima）在柏拉圖的《會飲》中流暢描繪的那樣，總是指向愛的實踐。起初我們可以遵循在追求外在美的過程中所獲得的指導，逐漸一步步邁向處於教育盡頭的最高境界。「突然他將見證一種震撼人心的自然之美，蘇格拉底，這種美便是他迄今為止所有努力的報償[11]。」必須明白，可以使我們達到德愛真正目標的教育法並不存在。但是亞里士多德、西塞羅、康德、蒙田、魯益師和鐵爾佛等人卻提出了一些界定完美友誼的標準或條件。然而，即使我有願望遵循所有這些標準，事實上我也只能滿足真正友誼的必要條件，當中的充分條件 —— 一個和我分享友誼的人 —— 卻未必一定能夠實現。不同於對欲愛的追求，在追求真正友誼中尋找終極目標的所有願力在我心中，我不能強迫任何人做我真正的朋友。這個另一自我並不在我的掌握之中，我不能向別人要它或者創造它，我也不能要求別人因為我的付出而對我抱以善意。互動和互惠是條件，但不是我盡力為別人的利益做好事的必然結果。我只能祈禱並且希望這類事發生：做我的好友！但是我並不一定如願以償，而且多數時候善良的願望只是被忽略。於是痛苦襲來，我不得不再次呼叫：「哦，我親愛的朋友們，沒有朋友這回事！」

三

　　然而，這種找不到真正朋友的痛苦是否必要？尋找完美友誼真的

---

10. 同前注，頁231。

11. Plato, Symposium, 210e-211a.

有意義嗎？友誼和不朽可能都是虛幻的概念，只是一種對人類經驗的錯誤期待。德里達的《友誼政治學》（*The Politics of Friendship*）開始於同樣的感慨（引自蒙田，也是間接從亞里士多德來）。德里達在此文和同名的專著中均未提供任何友誼倫理學。友誼政治學是一種詮釋學，旨在處理通過自我與他者之間的友好關係，而形成的模糊而微妙的人生經驗[12]。這就背離了在道德和正義基礎上對友誼的傳統理解。同時開闢了關於朋友之間友好接觸的辯證法的新視野。這是一個期待與失望、德愛與homonia 之間的辯證法。友誼不能看作是一種狀態、一種已經實現的東西。它不是已經被給予的事物，而是一個透過回應他者的要求而給予的過程。德里達這樣描述：「友誼從來不是既定的，它屬於那種期待、許諾或約定的經驗。它構成一種祈禱似的論域，開始一個過程，卻不作滙報。它不滿足於現狀，轉移到新位置，使責任開闢未來[13]。」因此，「沒有朋友這回事」並不僅僅意味著因缺乏理想的朋友而失望，而是一種呼喚，「因為它向未來揮了一下手，做我的朋友，因為我愛你，或者將會愛你，聽我說，留意我的呼喚，多些理解和激情，我在尋求同情和共識，做我期待已久的朋友吧[14]！」通過呼喚將來，友誼的過去必然揭示出來[15]。「哦，我親愛的朋友們」，如果當下這樣說，必然是以過去的經驗為基礎，所以我可以對我親愛的朋友們講話。在朋友和非朋友或陌生人之間已經作了區分。友誼已經存在了。因此，感慨的後一部分「沒有朋友這回事」應以友誼的過去為基礎才能理解，也只有這樣才能呼喚將來。

---

12. 德里達並未使用詮釋學（hermeneutics）的說法。這一點我是從劉國英的論文中借用，見 Lau Kwok-ying: "Non-familiarity and Otherness: Derrida's Hermeneutics of Friendship and Its Political Implication", paper presented at the OPO II, August 2005.

13. Jacques Derrida, *Politics of Friendship*, Eng. trans. George Collins (London: Verso, 1997), p. 236.

14. Jacques Derrida, "Politics of Friendship", Journal of Philosophy, 85 (1988), p. 635.

15. 同前注。

友誼是一種至今尚未在傳統哲學中探討的時間結構。德里達對友誼之辯的特別貢獻，我認為是在於對友誼時間性的現象學描述，他說：「在矛盾或悖論的邏輯遊戲之後，也許『哦，我的朋友們，沒有朋友這回事』確實表明作為友誼的發展和時間的不可否定的未來超越了現在。……時間的扭轉因而使得論斷性的陳述『沒有朋友這回事』與感慨（『哦，我的朋友們』）交織在一起。這一不對稱的扭轉在永遠不會竭盡的祈禱過程中包含了理論上的決斷和知識。這種不對稱帶我們回到我所謂回應的問題[16]。」

　　這是對他者的回應。傳統的友誼倫理學，以朋友之間的互惠和互動為友誼的本質。我們期望或者要求朋友之間存有互惠的善意，因為我們大概不是為了自己的利益而是為了他們，向他們表達了善意。但是我們為什麼需要回報呢？如果我們能夠擺脫友誼的自愛理論，那麼我們追尋的不是對互惠的善意的償還，而是一種呼喚。因為友誼不是一成不變的。朋友總是在友誼的特定時間脈絡下受到欣賞，我可以隨時與朋友建立深厚的友誼。但是沒人可以保證這一段友誼會永遠長存。友誼的本質（Wesen）不在互惠的美德而在我和朋友之間友好的活動。當下的友誼召喚友好的過去，並且因為這一過去而呼喚將來，朋友可以曾經是親密、自信而且熱烈的，但是所有這些都會褪色。然而這一親密、自信而且熱烈的友誼總會變成我和朋友之間歷史的存在。如果我說沒有朋友這回事，我的意思是現在不再有親密、自信和激情。我呼喚友誼的復興。這不是要求而是請求：再做我的朋友。

　　然而這便立刻進入了友誼之最微妙的現象。一方面，在不同程度上，不管友誼是源於實用需要、快樂還是性情相近，擁有朋友是最普遍的人類經驗。另一方面，我們又難以準確判斷友誼何時產生。儘管我們能列出友誼的條件和本質屬性，但卻不能描述友誼如何發生。友誼不

---

16. 同前注，頁 638。

能給予所有人，只能是一個或幾個人。我只是這個或那個特定的人的朋友。出現這樣的情況，固然有其內在的原因。對友誼倫理含義的討論是一種「後見之明」。友誼和朋友一定是先於其倫理含義而存在的。普通朋友和真朋友之間不可避免的也有一些不很明顯的界限。可是這一界限模糊而難以判斷。一次又一次我曾認為自己感覺到友誼的萌芽，後來證明只不過是偽裝起來的好或壞的信念。

　　我之所以有直覺而未加反省的對萌芽中友誼的理解，是因為我們作為日常的此在（Dasein），生活在一個大部分時間由他們（Das Man）決定的世界。我們和別人相處的狀態（Miteinandersein），常是在一種閒談和模糊狀態之中。海德格有一次很偶然地提到友誼，他說：「友誼或許不再是、不主要表現為一種堅定而彼此慷慨地在世上互相扶持之道，而表現為一種持續而優先的留心，看別人如何打算處理友誼的內涵，一種持續的檢查，看他是否變成了朋友，因而這樣一種彼此相處便在兩方面都起到作用，能夠導向最深刻的交談和討論，終於一個人便發現他有了一個朋友[17]。」

　　海德格關於理解友誼模糊性的獨到見解，最具啟發性。傳統的友誼哲學並未考慮「此在」日常彼此交往的存在條件。由此，我們作為理性、自覺的人，融入人群，我們有衡量普通朋友和真朋友的尺度，所以我們知道如何區別普通朋友和真朋友。但是我們的日常生活為許多模糊不清的狀況所籠罩。我們大多數時候並不真實，或者說我們自己也被蒙蔽。我不是我自己，因為我首先屬於他人。「『他人』並不等於說在我之外的其餘的全體餘數，而這個我則是從這全部餘數中兀然特立的；他人倒是我們本身多半與之無別，我們也在其中的那些人[18]。」從這個意義上講，每個

---

17. Martin Heidegger, *History of the Concept of Time*, Eng. trans. Theodore Kisiel (Bloomington: Indiana University Press, 1985), p. 280.

18. 陳嘉映、王慶節合譯：《存在與時間》（北京：三聯書店，1987 年），頁 146。

人都有一個特定外在形象，像戴著一種社會的面具，透過扮演被他人規定的角色和相應的禮節，彼此打交道。友好當然是所有人交往時的理想氣氛。所以我們覺得自己總是在交朋友。

四

「哦，我親愛的朋友們，其實沒有朋友這回事。」對這一感慨的閱讀因海德格對他者的分析而轉移，重心現在是普通朋友們和朋友之間的模糊性。轉換成一種反思的模式，這句感慨便可以理解為：「哦，我有許多朋友，但是我沒有一個朋友。」但是我怎樣才能從眾多朋友中找到我的朋友呢？答案取決於我如何知道真正的友誼何時出現。不幸的是，我沒有任何清楚頭緒。真正的友誼不是看得見、摸得著的東西。它也不是主觀的，因為它不是一種心理傾向或精神狀態。它已經在那兒了。它本身就是一種情緒（Stimmung）[19]，根據海德格，情緒不是一種情感，既不主觀，也不客觀。「一種情緒等待被喚醒。然而這意味著它既在也不在，如果情緒具有『既在也不在』的特點，那麼它必然與人的存在的最深層的本質相關，即與此在相關。情緒屬於人的存在[20]。」當然，海德格在《形而上學的基本概念》（*Fundamental Concept of Metaphysics*）一書中詮釋的基本情緒與友誼或德愛並無直接聯繫。然而，友誼的確是「既在又不在」的。朋友們和沒有朋友的模糊性首先肯定了友誼的存在，德愛在朋友們身上找不到，但是卻會在我的朋友身上被喚醒。不能在我的朋友中

---

19. 海德格關於「情緒」（attunement）的現象學描述是《存在與時間》第 29 節對 Being-in 的此在分析中最精彩的部分之一。對「情緒」更詳細的討論，請參見 *The Fundamental Concept of Metaphysics*, Eng. trans. William McNeill & Nicholas Walker (Bloomington: Indiana University Press, 1995)，特別是 §16。

20. 同前注。

找到真正的友誼，是對人類的特別有限性的承認。友誼不在我的掌握之中。我的意願並不能使其發生，儘管我希望那麼做；然而友誼已經在那兒，只是等待被喚醒。真正的友誼本身就是一份給我自己和我的朋友的神秘禮物。當它被喚醒時，便能立刻直覺地被承認和欣賞。也許《莊子》中的一則小故事可以把我的意思生動地表達出來：

> 子桑戶、孟子反、子琴張三人相與語，曰：「孰能相與於無相與，相為於無相為？孰能登天遊霧，撓挑無極，相忘以生，無所終窮？」三人相視而笑，莫逆於心，遂相與友。[21]

引文中提出的問題並未得到解答，實際上，也無須解答。可是這三個人都笑了，他們彼此了解，因為他們分享同樣的心境。德愛在那裡，他們是朋友，而且是真正的朋友。

也許那句著名的感慨應該作一點補充。我們沒有必要哀嘆找不到真朋友，與其說沒有朋友這回事，不如說：「哦，我親愛的朋友們，我們都是朋友，而且我們能夠做朋友。」

---

21. 《莊子‧大宗師第六》。

後記

「愛欲」已論，「死亡」如何？

本書第 I、II 冊一共二十四章，從希臘神話，基督宗教，中國傳統思想到現代西方理論，篇幅可算不少，但對於「生死愛欲」人生大問題，儘管千言萬語，仍是掛一漏萬。很多課題沒有處理，很多重要哲學思想沒有充分討論，當然是筆者學識不足，不能全面把握，只能儘自己所學所想對這些實存課題提供理解和分析。

但是「死亡」在此書下半部差不多沒有涉及，筆者當然沒有忘記這重要課題，基本上近代哲學對死亡的反思是因為現象學的興起，對傳統「身體，心靈和靈魂」作為人的理解有根本性的顛覆，是以「死亡」和相關的課題，如「不朽」、「死後生命」再不能以傳統思維方式去處理。海德格在《存在與時間》對死亡的現象學分析影響筆者至深，依海德格，「死亡」（death）不能作為事件分析，死亡不是人的經驗。也不是在人存活（human existence）之外，而是在存活之內。是以「死亡」應作為「死亡中」（dying）人的活動去理解。對死亡之分析就是對人在死亡中的經驗反思。

和「死亡中」同樣成為當代最重要，但並沒有充分討論的哲學課題是「年老化」（ageing）。「死亡」從來都是中西哲學傳統所關心的課題，「年老」並不是。因為每一個人對死亡不能避免，年老卻不是。直到上世紀，無數人年老前已逝世。但到現在，人口老化是社會大問題，長壽不再是祝福說話，很多活到高齡才死去。因此之故，「生死愛欲」不能不將「年老」放入人生處境（human condition）作全盤考慮反思。

筆者在香港中文大學哲學碩士班最後一課（2021/22年度下學期）就是「死亡與年老哲學」（Philosophy of Dying and Ageing），十五週每講三小時。是次講座筆錄現由楊德立博士負責，並與我同撰寫這書《死亡與年老哲學》，補充《生死愛欲》不足之處。現在積極進行中，文稿期待2023年初完成，年中出版。

是為後記

張燦輝

2022年8月

記於英國聖奧爾本斯